在人民之間

Minjian

The Rise of China's Grassroots Intellectuals

魏簡

曾金燕、徐曦白 譯

Sebastian Veg

目次

推薦序

民間作為抵抗的社會網絡

吳介民／中央研究院社會學研究所研究員

《在人民之間》英文版原名《民間》（*Minjian*）。這部專書介入當代中國知識分子轉型與理論定位的辯論，並且以出色的研究對「草根知識分子」這個主題做出卓越的貢獻。

熟悉西方公民社會理論的讀者，傾向從國家、市場、社會（或公民社會、第三部門、非營利組織、非政府組織）的三分法來定位知識分子。在西方式社會脈絡中，公共知識分子屬於公民社會這個場域。然而，在當下中國語境，所謂公知被揶揄為「磚家」，傳統上通才型啟蒙知識分子的地位也急遽殞沒。那麼，我們如何精準捕捉形形色色的專業人士，包括女權活動家、獨立電影導演、業餘史家、維權律師、NGO工作者、媒體記者、地下刊物編輯、部落客和社會學者，她／他們既不從屬於國家、也不依循市場邏輯或試圖掙脫市場誘惑，從各自實存的特定社會角落，依憑其專長知識，提出對國家和市場的批判，她們具有共通的社會特徵嗎？

針對這個問題意識，魏簡爬梳西方理論傳統中對知識分子的定義流變，從專業化與自主性這兩個維度的分析，得出「特殊知識分子」（specific intellectual）這個類型，這類人具有專業化的特定知識，但在財務與政治上能夠獨立於國家控制之外。在中國這樣的黨國資本主義（之前是國家社會主義體制），財務自主尤其緊要，因為國家掌握龐大而無所不包的經濟資源，對人民施展廣泛的吸納與懲罰。至於知識分子如何逃脫國家監控，或者，是否能夠真正掙脫政府控制，則是一門從實踐中才能檢證的抵抗藝術。于建嶸似乎是這方面的佼佼者，他在從商致富後獲得「自由」（他說：賺錢是為了自由），投入法學研究得到博士學位，他以「訪民」研究樹立了一種介入模式，並在宋莊藝術村成為農民和創作者。

魏簡從理論檢討中得出特殊知識分子這個理念型之後，回溯中國知識分子研究傳統。他以「民間」來總括當代中國各種草根知識分子的抵抗空間。這群「體制外」的人，在天安門事件之後，大都不再標榜政治正確的宏大敘事，甚或與「中國情結」保持距離。因此，可以想見她們與政權鼓吹的主旋律的距離，也標記與儒家文人學官傳統的割裂。例如，作家王小波在一九九〇年代擔任了開路先鋒，對「沉默的大多數」做了深刻的剖析，自己也認同屬於「沉默的大多數」，反對人民為國家做出無意義的犧牲，即使被貼上「民族虛無主義」的標籤亦不畏懼。王小波提示了中國新型知識分子的思考與生存方式。

筆者認為，本書在理論和方法上皆有創新之處。魏簡在提出民間知識分子這個理念型的過程，重新（或原創地）定義了「民間」這個直觀、簡潔但豐富的概念：民間是存在於政權邊緣或遊走體制內外的社會網絡，這個網絡由偶發事件與眾多發聲者交織而成，這些發聲者在認同上貼近、或等同於事件當事人的底層社會位置，基於特定知識或個人知識而發聲或採取行動。在此定義中，發聲者的網絡連結具有流動性、靈活性、曖昧性；此網絡空間承載著多元公共性，拒絕國家權力（或結合市場）的全面滲透，捍衛公共論述的權利，而展現出抵抗的意義。

在此意義上，當代中國民間知識分子不再是舊俄民粹主義者所鼓吹的「到民間去」，而是「生活在人民之間」。生活在民間，對知識分子既是反諷，也是救贖：反諷是，對照中國文人儒官傳統的菁英性格，他們不是人民，因此知識分子必須到民間去、必須上山下海接受人民改造；救贖是，以真實的基層生活來重獲自我認同，並且是以喜悅和自足體驗此認同。如于建嶸在宋莊小堡村：「我將自己變成了宋莊的農民。我同世代生活於此的農民一起建房，種菜，養狗，燒煤爐取暖……我同來自五湖四海的藝術家們一起畫油畫，寫歌詞，神聊，拍電影。」一如出身農村的賈樟柯：拍電影不只為底層大眾發言，他的原生認同就是底層，「自己親身經歷的一種有細節的記憶」提供他創作養分；如同大多數民間行動者，他主張跟權力保持距離，他排拒「使命」，因為「實際上你是在索要一種權力」。

然而，同樣在民間行動，眾多維權律師的命運和于建嶸或賈樟柯天差地遠。例如，同樣受訪民經驗啟發，也是「公盟」共同創辦人的許志永，在為上訪者持續發聲的過程中不斷遭遇國家暴力，最終被判刑入獄。公盟遭關閉後，于建嶸曾鼓勵許志永「謀求在法律框架內解決問題，用為自身『維權』來踐行自己的理念」。但在中國，法律框架的邊界由國家專斷決定。當中共政權掐緊社會控制，民間自由空間便退縮。自二〇一四年以來「公民社會」等詞彙成為禁忌（七不講），二〇一五年，維權律師遭七〇九大抓捕，社群媒體也日益被嚴管。公盟的悲劇性結局顯示，維權律師這個領域，與國家終究是硬碰硬，即使民間行動者做了妥協轉折，曖昧空間仍不許存在。

因此，在習政權底下，「民間時刻」已經過去了嗎？

魏簡提到廖亦武的《中國底層訪談錄》，他那滿溢現場感的人類學式書寫，紀錄自身和交往的弱勢底層的實境（充斥著被侮辱、迫害與誘惑的故事），讓我想起亞歷塞維奇的《二手時代》。亞歷塞維奇以巨大的耐力，進入一個被時代拋擲的歷史斷層中的人群，守候、體察、傾聽、採集、編寫她們的聲音，以第一人稱再現主角們艱難、離奇的生活，以及對「社會主義祖國」的回憶。《二手時代》描寫的社會景況，是當代中國，也是未來中國的可能寫照，但其降臨與否，蘊含著不確定的政治開放的歷史時刻；而一旦歷史時刻到來，人們將如何回應？《在人民之間》以一章討論研究毛時代的民間史家，讓讀者目睹極權體制下偉大抵抗者如林昭、遇羅克的遭遇，反右勞改營和大饑荒的非人實況。這些被國家暴力和社會遺忘所掩蓋的歷史，都堆擠了中國民怨的厚度。

本書雖然聚焦知識分子在天安門事件後的轉進，但民間作為一個抵抗的社會網絡，可以貫穿詮釋中國近現代史。草根知識分子的介入，為中國傳統的民間注入了一股新力量，也重新界定了民間。魏簡在結論說：「民間」一詞凸顯出當今中國的公民身分仍然是有條件的，因為民間行動者未必具有充分的公民權利意識。儘管民間不等於公民社會，筆者認為本書帶來對中國的國家—社會關係演變的新一層認識，也對西方公民社會理論提供了新的批判視角。

我也很同意魏簡在中文版序言所言，儘管近年來中國對外部世界愈形封閉，但是「中國的社會和思想領域遠不像受到嚴格管控的公開記錄中所描述的那般鐵板一塊」。基於同樣的判斷，在政權無情打壓下，民間不得不暫時屈身隱蔽，但它永遠不會屈服消亡。

推薦序

定格中國民間知識分子的草根轉身

趙思樂／前中國時政記者、現加州大學聖地牙哥分校博士生

「知識分子」這個概念，自「八九學運」以鎮壓收場後便在中國逐漸衰微。及至現在，「公共知識分子」或者其縮略語「公知」，在中國民族主義的網路話語中幾乎成了罵人的詞彙，指高高在上地指點江山以博取粉絲和社會地位的投機者，有時還暗含崇拜西方、給政府添亂的指控，讓人避之唯恐不及。法國社會科學高等研究院教授魏簡則在本書中提出，九〇年代以來，知識分子群體並非在中國匿跡，而是轉換了存在和表達的形式。

魏簡認為，當代中國的知識分子不同於傳統意義上的知識菁英階級，他們來自不同的專業領域、更獨立於體制、更草根，他們不執著於討論國家的政治制度和意識形態等宏大議題，而是將目光集中於特定社會議題、弱勢群體，用更專業化的討論介入公共話語——魏簡將這種新型知識群體定義為「民間知識分子」。

為了在學術脈絡中定位這一觀點，魏簡比較了布赫迪厄和傅柯對知識分子的定義。布赫迪厄始終將知識分子理解為菁英階層的一部分，他們利用在專業領域積累的聲望對政治議題發聲。而傅柯則更重視知識分子的專業見解，將「特殊知識分子」定義為基於其專業造詣參與到特定議題

的公共討論中的人，這種對具體事務的討論也使得他們更貼近大眾。魏簡認為，中國民間知識分子「無疑是傅柯式」。

魏簡隨後透過五個分主題的研究，描繪「傅柯式」的中國知識分子。首先，魏簡詳細解讀了王小波的雜文對知識分子的批判和倡議。王小波被九〇年代末到二十一世紀初的中國知識群體奉為圭臬，他對傳統文人的泛道德化和家國情懷的諷刺，及對自由和理性的推崇，都極大地影響和反應了九〇年代以來中國知識分子的轉向。

如果說對王小波的文本解讀是為全書對中國知識分子的描繪定下基調的話，魏簡在其後四章對中國民間史家、獨立導演、草根專業人士和民間言論群體的詳細記述，則是為中國的新型知識群體勾勒出了極為具體的面貌：他們在體制的打壓和收編的夾縫中求生；他們關注「中國崛起」的宏大敘事下隱匿的真相，無論是反右和大饑荒受難者的口述史，還是農民工、訪民等弱勢群體的社會境遇；他們構建一個個帶有烏托邦意味的、獨立又聯結的社群，一度形成了一張平行於主流的社會網絡——至少在習近平對民間社會的打壓全面來臨以前。

魏簡的研究和紀錄是珍貴的。極少有人對王小波對中國當代知識分子的影響進行系統性解讀，也極少有正式出版物綜述中國民間史學和獨立電影的成就和樣態。草根專業人士，如維權律師和獨立學者，及民間言論群體，如部落客和非主流文化人，雖受到一定的外界關注，但針對其的研究遠未及其豐富性。從反映一個民間中國、尤其是知識分子群體的角度，《在人民之間》有其無庸置疑的貢獻。

從學術的角度來說，魏簡本書在記述上的優勢也有可能被視為它可商榷的地方。首先，本書在研究上主要是「描述式」而非「因果式」的：它致力於展現一種此前鮮被注視的現象，而非企圖解釋這種現象發生的原因。但作為講述一種「轉變」的專著——中國知識分子從家國天下的菁英轉變為關注具體草根議題的專家——讀者難免在閱讀時不斷想問，這種轉變是為什麼，如果期待在本書中獲得一個明確的答案，恐怕是要失望。然而，若讀者能以開放的心態去了解一個特定時空中發生的故事，尤其是這樣一個對中國社會意義深遠的故事，而後在自己心中或從更多的閱讀中形成關於「為什麼」的假說，這或許是更誠懇也更有裨益的知識傳遞過程。

另外，從嚴格的方法論角度，魏簡此書恐怕難免受到一些學術同仁的質疑。哪些中國知識分子會被呈現在此書中，用於對「民間知識分子」特徵的論證？被呈現的知識分子又被以什麼標準劃分在不同的類型？這些類型能否涵蓋中國民間知識分子的主要面向？相信魏簡在這些方面都做過深入的思考，但在此書中的說明並不十分清晰。在筆者與魏簡的書信往來中，魏簡承認材料的納入和選取主要基於他個人的大量閱讀和與中國知識群體的親身接觸，這固然展現了他驚人的學術投入和才能，但也在材料的「全面」和「客觀」程度上留下了仁者見仁的空間。

在以上兩段吹毛求疵的「批評」之後，筆者認為，對於這樣一本論述中國鮮為人知的面向的研究專著，必須回到評價其價值的最關鍵問題：它是否抓住了一個重要面向的本質特徵，並為其作了可靠的呈現？作為研究和書寫中國民間運動多年的記者和作者，我認為兩個問題的答案都是肯定的。中國的新興知識群體，更傾向於討論具體的社會問題，在自我定位和關注上更接近於社會底層和弱勢群體，而魏簡此書為這一重要現象作了可敬、可信的論述。

中文版序

《在人民之間》一書的靈感來自於九〇年代末和二〇〇〇年代，那時在中國突起一類新型知識分子，他們在官方體制外生產歷史和社會相關知識，並在與社會邊緣群體的聯繫中建立知識分子的威信。一九八九年六四後，知識分子因為精英主義視角以及與政府的建制關係而飽受批評，獨立於國家和市場的「民間」領域成為了思想活動的新中心。在接下來的十多年裡，業餘史學家、紀錄片導演、維權律師、NGO工作者，以及部落客、記者和出版人共同促成一種新型公共文化。

二〇一二年底，習近平成為中共領導人後，首要的顧慮就是在中國社會各領域重新樹立黨國的權威，包括在民間領域。新聞媒體首當其衝，《南方周末》在很多方面堪稱民間時代的象徵，這份報紙在二〇一三年的新年賀詞事件中受到整肅。不久後，中共中央於二〇一三年四月二十二日發布名為「關於當前意識形態領域情況的通報」的文件，簡稱「九號文件」。這份文件列舉出中共不再容忍的各種思想活動，包括批判性歷史調查、獨立新聞、宣揚憲政和強化公民社會。民間知識分子生產的大部分知識都可以直接歸入「九號文件」所列舉的幾大類別中。文件發布後，各方面都推出相應的具體措施。為維護英雄和烈士的名譽，新的《民法典》和新通過的一部法律將「歷史虛無主義」列為犯罪行為。二〇一六年，文革五十周年，當局的標誌性動作是打壓批判性的歷史研究，對《炎黃春秋》進行重組。新的《電影產業促進法》禁止以任何形式製作或發行獨立電影，各大獨立電影節被迅速關閉。多年的影像檔案和無可取代的資料在宋莊電影節和電影學校的查抄中流失。新的《境外非政府組織境內活動管理法》嚴密控制非政府組織並禁止外國資助。維權律師則成為二〇一五年「七〇九大抓捕」的對象，許志永和新公民運動的其他成員隨後受到審判。「尋釁滋事罪」的範疇被拓展到網路領域，部落格和線上活動受到越來越嚴密的監控，懲罰力度也越來越重。

然而，民間運動並未就此停息。從歷史的角度來說，民間知識分子這一現象並非史無前例，而是代表中國現代史中的一種隱性傳統：從晚清的「民間啟蒙」改革派，到「鄉村建設運動」的倡導者和五四時期的各種烏托邦社群，到南京國民政府時期的「社會調查」運動，再到冷戰時期香港第三勢力運動中的刊物以及七〇年代初毛澤東治下的地下閱讀小組。這個傳統不可能一夜之間消亡。實際上，仔細觀察就會發現，始於九〇年代和二〇〇〇年代的許多活動繼續在非公開或者組織更嚴密的群體和網絡中展開。一些活動的公共性確實在一定程度上受到影響，它們轉入半公共或者私人空間。曾在網站上刊出或者廣為流傳的非正式出版物現在只能在封閉網絡中的有限參與者之間傳播。這一轉變也促使以微網誌（如微博）為中心的、更加公共的網路向以微信為中心的、日趨區隔化與碎片化的社交媒體領域移動，後者在大型群組、公共發文和公共帳號方面受到嚴密監管。

習近平執政後，中國社會的政治極化無疑更加嚴重。對意識形態的重新強調和由宣傳部門鼓動的日益高漲的民族主義話語，激發社會中的一批高調群體，他們特別積極地傳播黨國的觀點。意識形態整肅是持續進行的反腐敗運動的核心內容之一，而正因如此，人們越來越難公開發表與黨的路線直接衝突的觀點。許章潤可能還不算是民間知識分子，但他因為發表控訴檄文而被剝奪教學資格和進入公共空間的權利，只能在日常生活中保有最低限度的人身自由。二〇一八年的修憲更是將黨之於國家的領導地位進一步法律化，使得文化、資訊和媒體領域的幾個重要機構直接受到中共中央宣傳部的監管。其結果是出現許多好鬥的主權主義者，他們認為西方世界已經衰落，並從納粹法學家卡爾．施密特（Carl Schmitt）的國家主義觀點中得到啟發。他們鼓吹「入關」：亦如滿洲人奪取儒家意義上的「天下」，中國現在也應該奪取世界體系的控制權，對其進行重組以為自己服務。面對「入關學」的興起，據說一些無力的批判者接受「加速主義」的哲學，認為中共的過度膨脹會加速它更早崩潰。但有一些人則支持「躺平」，盡量迴避國家主導的官方領域和過度競爭的「內捲」式市場。雖然這些人稱不上嚴格意義上的「知識生產者」，但他們展現出相對於國家和市場的獨立性，這是民間領域的一個重要特徵。

不論如何，新冠疫情的爆發還是向人們展示了在官方體制外，各式各樣的民間知識仍在生產和傳播。吹哨人如李文亮和艾芬醫生在向公眾披露疫情上發揮重要作用，而一些科學家則冒著巨大的個人風險在公共伺服器上與全世界的科學家分享有關SARS-CoV-2基因序列的敏感資訊。以艾曉明為代表的民間知識分子、以方方為代表的知名作家以及許許多多普通公民，在封城期間不顧難以預測的官方審查，透過網路日誌發表並交流想法。甚至在中央政府官員來到武漢宣布「戰勝」病毒並進行「感恩教育」時，也有公民在自家窗前進行公開抗議。李文亮的微博帳號成為一座非正式的墓碑和藍儂牆，國家容忍網路用戶在此有限度地公開表達批判性觀點。

十年前，吳介民提出「第三種中國想像」，旨在突破傳統的機會與威脅二分法，直接觸及中國的公民社會。由於疫情和更早之前的趨勢，中國無論在實體或思想上對於外面的世界都越來越封閉。然而中國的社會和思想領域遠不像受到嚴格管控的公開記錄中所描述的那般鐵板一塊，而是值得我們持續關注。

二〇二一年七月十四日於台北

致謝

我已經在英文版裡對啟發和支持我的許多朋友與同事表達了深切的謝意，在這裡我不再複述。本書英文版面世後，曾金燕提議將其翻譯成中文，徐曦白與她一起完成翻譯工作，對此我十分感激。中文版即將與大家見面，我很激動，也微微有焦灼之感，因為本書的主人公們現在可以讀到我「不成熟的看法」了。

我想對北京、上海、成都、昆明以及世界各地的朋友、同仁和民間知識分子表達謝意。他們抽時間回答問題、討論觀點、提供研究資料和最新的參考書目，不少人也發表了自己的研究。他們所做的工作真正地啟發了這本書。

這本書主要的寫作工作是在我回到巴黎後完成的，主要的研究則是我常駐香港期間開展的。香港在這些年提供了無與倫比的思想論述環境，可以與當代中國保持互動。最近這個城市的學術和思想論述環境發生了變化，這確實讓人傷心難過。在這樣的情況下，令人高興的是，本書的中文版得以在台灣出版。感謝台灣的朋友和同仁們的支持，以及他們對中國和中國之外的民間知識分子議題的推動。

導論

在過去的二十五年中，中國社會發生了一系列深刻的結構性變遷，知識分子和公共話語領域的變遷尤為顯著。一九九〇年代的文化生產市場化，創造出新型態的都會媒體，邊緣化了傳統學者。網路、部落格、社群媒體和智慧型手機為介入與辯論，以及監視與控制提供了新的空間。數位影像設備賦權予草根記者與藝術家，他們創造了自給自足的獨立電影製作次文化；地方的社會運動家使方言和地方文化遺產在全國各地獲得復興；民間宗教顯著地恢復活躍。儘管政治體制依舊拒絕改革，但社會以令人吃驚的方式多樣發展：在經濟改革過程中，專業人士得以立足，草根律師與非政府組織越來越頻繁地協同被剝奪權利的社會群體，就具體的問題共事推進。資訊科技在連接不同參與者上起到重要作用。而與之相伴的是，行動者對行動本身也做出相應的論述。本書的研究致力於這些論述，以及這些論述如何間接或直接地重新定義了中國改革開放後知識分子的地位。

確實，在一九八九年民主運動受到鎮壓、一九九二年經濟改革重啟後，中國知識分子的角色與地位發生了明顯的變化。二十世紀的知識分子透過對民族和國家事務的使命感來定義自己，而在過去二十五年裡，這種使命感被質疑為菁英主義，知識性論述隨著商業媒體的發展而改變，以民族國家作為中心的論述方式開始受到質疑。知識分子有了更多元和複雜的立場。儘管知識分子在二十世紀初與儒教和帝國系統決裂，但五四運動知識分子致力於透過科學和民主來改良國家的這一形象，與中國傳統文人的倫理和角色有很強的連續性。這一形象在一九八〇年代的啟蒙復興中得到最後一次的體現，並在一九八九年的民主運動中到達頂點。將一九八九年民主運動視為失敗，毫無疑問引發人們對於知識分子在社會和政治中所扮演的角色的質疑。

從一九九〇年代開始，知識分子的地位在幾個面向發生重要變化：

一、在政府控制後退、私營經濟往前推進的背景下，知識分子不再僅僅依附於國營單位（大學、作家協會、官方媒體），他們的收入來源變得更多樣化。出現了新的職業類型，專業分工也更加深入：知識分子不再僅僅是學者，還可以成為獨立律師、記者、電影導演、編輯、業餘或者公民歷史學家。

二、一九八九年天安門鎮壓後，許多作家、記者、學者和電影導演開始質疑現代化和民主的「大敘事」。這種敘事為「改革」的內涵提供便利性的模糊概念，凝聚了一九八〇年代的菁英共識，他們相信存在一種「正確理論」可以套用與實踐，以解決中國當下的問題。[1]儘管一九八九年的民主運動觸及社會各界，但許多知識分子開始自我反省哪個方面出現失誤，以及如何在政府強化管控的情況下繼續活動。他們意識到，無論是倡導的議題還是廣場上的組織，一九八九年的運動都帶有菁英偏見。許多知識分子開始轉向具體的問題，這些問題常與位處社會邊緣而非核心的人群有關，比如訪民、農民工、愛滋病患者，以及毛澤東時代受到指控未能恢復名譽的受害者。本書的重要靈感來源之一，一九九六年八月《東方》雜誌刊載的一篇研討會文章中，小說家與雜文家王小波形容這些人為「沉默的大多數」。[2] 王小波和其他後繼者如今形容這些人為「弱勢群體」，而他們對此展現的新的興趣則由另一套理論框架所支持——不再是啟蒙和民主，而是對現代化和規訓生命政治的傅柯式批判。這種趨勢與一九九〇年代和二〇〇〇年代中國社會的具體狀況有顯而易見的關聯，與傅柯在西方社會命名的「特殊知識分子」（specific intellectual）的興起也息息相關。「特殊知識分子」的介入基於對社會具體問題的精準研究，與傳統的「普遍知識分子」（universal intellectual）不同，也不同於為政治菁英服務的「專家」（expert）。[3]

三、這種趨勢導致社會的多元化，以及行動和介入方式的豐富化。寫作和發表依舊重要，但同時受到更廣泛的公共論壇的刺激和替代：半自主的「都會新聞」（尤其是南方報業集團）和網路——部落格、微博和社群媒體——提供新的公共場所，同時消解知識分子論述的特殊性。新的介入形式出現了：獨立紀錄片和放映、討論這些影片的電影節；緊挨著農民工宿舍的另類藝術家空間（如北京的宋莊、草場地）；數量上持續增長的非政府組織，學者常在此與律師、「弱勢群體」成員和紀錄片導演密切合作。這些非政府組織後來培養出二〇〇〇年代初期出現的維權律師群。

從公共知識分子到「磚家」

二〇〇二年，波斯納（Richard Posner）的著作《公共知識分子：衰落之研究》翻譯出版，英美意義上的「公共知識分子」開始在二十一世紀初成為熱議話題。[4] 二〇〇四年七月，《前景》（*Prospect*）雜誌發表題為「英國一百位頂尖公共知識分子」的第一百期特刊，隨後九月，《南方人物週刊》也發表特刊，列出「影響中國公共知識分子五十人名單」（和致敬六位逝者）。[5] 儘管特刊編輯反對將知識分子理想化，視為正義代言人，但還是指出其批判政府政策的角色，例如羅素、愛因斯坦，以及美國九一一事件之後的蘇珊·桑塔格。特刊編輯將當下定義為「一個知識分子最多的時代，同時又是一個知識分子最少的時代」：由教授們組成的無敵艦隊，如洛奇（David Lodge）的小說所言：「激昂地發表膚淺的專著來吹噓他們自己的名聲，卻無法看到影響社會大多數人利益的重大問題，並在這些問題面前保持沉默。」[6] 引用經濟學家吳敬璉（關於基金黑幕）、經濟史學家秦暉（關於農業稅），以及孫志剛事件中「三位青年法學博士」的媒體介入，《南方人物週刊》的編輯提議將公共知識分子定義為「具有學術背景和專業素質的知識者；對社會進言並參與公共事務的行動者；具有批判精神和道義擔當的理想者」。儘管知識分子已經被市場邊緣化，但《南方人物週刊》的編輯還是追憶了一九八〇年代知識分子「天將降大任於斯人也」的使命感，呼籲當今的知識分子承擔起不容推卸的責任。[7] 上海的思想史學家許紀霖成為「公共知識分子」的主要倡導者，強調他們在「特殊」和「普遍知識分子」之間發揮橋梁的作用。

可想而知，「公共」成為官方媒體激烈攻擊的目標。上海的《解放日報》發表了一篇評論，後被《人民日報》轉發，強調知識分子不能「獨立」，而是必須始終捍衛階級利益。在中國的語境下，這個階級只能是黨領導的工人階級。[8] 據說中國共產黨中央委員會在十一月十一日發布的「中央第二十九號文件」中也引用了這條批評。[9]

過去十年來，隨著知識的媒體商品化和政治工具化加劇（通常是相互關聯的），「公共知識分子」一詞受到越來越多的批判和反對。批判中國媒體「自由化」傾向的讀者，喜歡將「公知」這一簡稱作為貶義詞，將其等同於「媒體知識分子」。甚至連一些自由派知識分子也反對「公共知識分子」一詞，比如女性主義學者艾曉明在一次訪談中提到：「公共知識分子的名聲已經變臭了……中國有過公共知識分子嗎？我不這樣認為。在封建時期有受過教育的階層，但他們是為權力服務。然後就是五四運動。但很少人關注知識分子的獨立性……共產黨成立政府，在一九五〇年代，毛澤東還宣稱知識分子為臭老九，『四體不勤，五穀不分』。那你怎麼談公共知識分子？」[10]

二〇〇七年廣州自由派半月刊《南風窗》出版了一期特刊，指出知識分子作為新菁英的一部分，越來越受到批評，但編輯部依舊對恢復他們傳統上的道德批判角色抱有希望——尤其是在黨成為吸納全體社會成員的「執政黨」的語境下。[11]同樣是這家雜誌，在二〇一二年出版了另外一期特刊，題為「利益衝突時代的知識分子」，全面審視這種轉而反對公共知識分子的趨勢。這期特刊裡的一些評論是言不由衷的，比如認為自從五四時期，知識分子就患上斯德哥爾摩症候群，使他們站在外國殖民者和帝國主義者的立場上反對中國人民，[12]或曰，「公知」已蛻變成「公知範兒」，只會機械地批判「體制」同時崇拜某種高度抽象的美國形象。[13]其他評論則較為深思熟慮。許紀霖認為學術界的去意識形態化伴隨著學術價值與學術規範的喪失，對此他十分失望。[14]

《南風窗》記者石勇的專稿則提供了全面的討論。石勇用極具諷刺意味的新詞「磚家」，來代指同音異形詞「專家」。「磚家」是文化名流，他們的理論缺乏學理基礎，基本上只「擅長無稽之談」（「磚」也指稱把理論當磚頭，扔向別人）。[15]這個嘲諷在視覺藝術家楊福東的攝影作品

《第一個知識分子》裡十分具象：一位身穿西裝的男子站在路中央持磚待拋。楊福東形容這位男子「臉上流著血，想要反擊，但他不知道應該向誰扔這個磚，他不知道問題究竟是來自他自身還是社會」。[16]石勇描述這股轉向反對公共知識分子的趨勢：「一些知識分子的『磚家』化、『菁英』化、犬儒化，使他們中很多人看起來，似乎不是在阻止，而是在參與推動社會潰敗的滾滾車輪。」第二，石勇注意到中國社會已經在某種意義上變了，利益衝突取代了意識形態衝突：當私營企業從弱勢群體攫取財產，衝突就不再是意識形態的。在這種語境中，每個人都成了公共「知識分子」或者自身利益的代言人。[17]學者有機會將知識變為金錢，在這種意義上，他們在為自己的利益發聲。秦暉也有類似的觀點：「中國已經不是個烏托邦狂熱下的中國，以權謀私的原始積累過程已取代虛偽的『道德理想國』而成為新的『現實』，如今那個舊的『宗法大家庭』已難乎為繼，『是否分家』之爭已為『如何分家』之爭所取代。」[18]反過來，成功的商人也在社群媒體上發表評論，發展出自己的輿論場域，以此推動自身的利益。

第三，石勇注意到知識分子開始行動化，而不僅限於使用語言，這標誌著他們的角色發生了重大的變化。然而，他堅信知識分子的角色必須進一步改變。他引用鮑曼（Zygmunt Bauman）的概念（本書第一章將深入討論），認為中國知識分子必須放棄「立法者」的角色（或稱「文青」——在他們的舒適圈裡坐而論道，指點江山），而成為「闡釋者」，或他傾向於稱之的「澄清者」。在一個人人都是公共知識分子的時代，學者在「民主素質」方面並不優於烏坎村民。然而，他們有知識，可以澄清隱藏利益衝突的渾水。因此，他們應該少花時間在抽象的、令人困惑的理論化，而應該集中精力闡明不同觀念和議程帶來的社會後果，並揭露那些邏輯混亂的論述。

石勇認為這項新任務是知識分子重獲公眾信任的機會。[19]這個基於專業知識，在利益鬥爭中形成的新的難以言明的角色，可以為知識分子提供新的合法性。

值得注意的是，政治環境並不是總能緊跟社會變化演進。隨著江澤民在中國共產黨第十五次全國代表大會上鞏固權力，一九九七年之後的十年是相對開放的十年，但從二〇〇七年起，中國進入了管控收緊的十年。二〇〇八年北京奧運會以及隨後的各種國際重大事件，強化了中國政府的警惕心，二〇一二年之後，管控進一步縮緊。然而，更深層的趨勢，特別是中國社會的多樣化，仍在持續進行並調整，以適應政治環境改變帶來的各種挑戰。

民間知識分子的興起

本書主要的觀點是，一九九〇年代出現了一種新型知識分子，明顯區別於過去的普遍知識分子，也不同於一九八〇年代的啟蒙範式或者更早以前進諫或異議的傳統文人。一九九〇年代的知識分子，不再沉迷於講關於文化、國家或民主的大道理。他們的合法性源自於他們對「弱勢群體」的關注。梁從誡是中國兩代知識菁英（梁啟超、梁思成）的孫子和兒子，於一九九三年創建了非政府環保組織「自然之友」。楊國斌在他的訃告裡寫道：「當梁從誡離開他使用話語來理解和改變世界的舒適區，轉向草根公民組織，他就成為了新型的知識分子，一名公共知識分子。透過這樣做，他改變了在中國成為知識分子的意義。」[20]一九九〇年代活躍起來的公民社會組織和新型商業媒體，吸引到中國「最好、最聰明」的大學畢業生。人們不再像一九九〇年代那樣，以（中國的官方工會和社會主義意識形態為基礎的）階級論述來動員失業的國企工人，爭取工人權利——現在，人們可以透過推動沒有社會地位的、被剝奪權利的、邊緣化的農民工的賦權來捍衛他們的利益。[21]這一變化，重新定義了知識分子在政府和社會之間尋求的戰略性地位，將許多知識分子從具有象徵意味的社會中心推向官方範圍以外的「民間」。[22]本書的研究稱他們為「民間知識分子」。

民間（Minjian）是一個難以翻譯的詞。直譯是「在人民之間」，經常被翻譯為「民俗」（folk），如民間音樂，或者「非官方」，如民間刊物。[23]由於「民間」的詞義來自於史上的「官」、「民」二分法，在中國的語境中，它與「體制外」的一切有關，也就是在城市行政體系裡不具有工作「單位」關係的個人、團體和活動。在這種意義上，確實只可能在一九九〇年代初單位系統放鬆後，知識分子才開始存在於「體制外」，並透過其他方式掙錢：王小波是最早這樣做的一批人之一。然而，這個邊界總是模糊的，因為體制外的活動經常依賴體制內的關係。[24]現在這個邊界更加不清晰了，因為許多人同時在體制內和體制外活動。例如，大學教職是「體制內」的，但所關注的權利受剝奪群體則是「體制外」的。

在日常話語中，民間通常指的是三種個人或者機構特徵在不同程度上的混合：包括獨立於政府的收入（自給自足）、無須政府體系的批准（非官方），以及社會下層從業者（非菁英或草根）。然而，「民間」在政治學理論上並不指稱組織化的公民社會，也不一定意味著具有權利和責任的公民意識。[25]因此，本書避免使用「公民知識分子」（citizen intellectuals）一詞，而是使用一個更樸素、負擔更少的概念：「草根知識分子」（grassroots intellectuals）。這個詞有效地強調「普通人」的身分特點，但它也有可能過度強調這些知識分子不屬於政府菁英。本書第六章會進一步討論這一點，並特別描述那些聲稱反對菁英立場的部落客和知識分子身上殘留的菁英主義。英文「草根」雖然不能夠完全涵蓋「民間」的三種語義構成，但還是能夠表達出它對菁英主義和沉迷於政府官方承認的批判，並呈現出它和以往的知識分子模式的決裂。

二〇一〇年十二月，廣東省新聞出版局的商業機構，位於廣州的《時代周報》，發布了「影響中國時代進程一百人」名單，該名單有十個類別，包括「文藝工作者」、「公共知識分子」、「意見領袖」，以及第一次在這類名單上出現的類別：「民間人士」。[26]另外一個沒有使用「民間」一詞，但很有意思的非學術計劃是紀錄片製片人、建築師楊偉東的「立此存照」，他透過影片訪談了五百人，並將紀錄片的腳本以書的形式發表。[27]該計劃聚焦於作家、藝術家和體制外的學者，記錄了對中國歷史、政治體制和未來發展的不同觀點，涵蓋許多本章探討的人物。

一些英文研究也開始探索這方面的發展變化。戴凱利（David Kelly）在二〇〇六年提出，公民行動的興起和律師的新角色，使公共知識分子有機會重新定義他們的位置。[28]柯嵐安（William Callahan）使用「公民知識分子」來指稱有時與政府合作，有時又反對政府的人，比如艾未未和賈樟柯，他們將行使公民權力和「社會責任」捆綁在一起。[29]他認為「後社會主義中國的公民社會，就是由這些個人和非正式的群體透過小規模的活動創建的」。[30]儘管本書認同柯嵐安的一些觀察，但「公民」和「公民社會」這些詞過分強調了公民權利和政治意識的理論前提，而不適用於本書所呈現的資料。二〇一二年以來，中國政府對公民社會活動的壓制及其後果，說明如果用這些術語來做研究，可能還為時過早。不少學者對於在當下的中國語境中使用「公民社會」一詞也存有疑慮，他們認為政府在組織社會的過程中依舊占有絕對優勢。[31]本書討論的一些人（特別是律師）形容自己的活動是「公民」行動，[32]其他人則將這些活動視為日常生活中的例行事務，這意味著在規範性不那麼強的「民間社會」的框架下分析這些個人經驗可能是更有裨益的。

李靜君和邢幼田研究了各種形式的「新社會行動」，認識到對中國社會現狀重新概念化的困難。他們強調，與傳統的再分配衝突同樣重要的是，出現了新的有關承認（recognition）和代表（representation）的訴求。雖然再分配衝突似乎越來越以公民身分而非階級鬥爭的方式表現出來（尤其是透過法律手段），但也出現相反的碎片化趨勢——要求承認不同群體的道德地位和群體身分，以及對政府和市場意識形態的象徵性鬥爭。李靜君和邢幼田強調，新的社會行動具有多中心、網狀和由下往上的特徵，能夠運用國際關係、政府對國際標準的敏感度，以及市場在開拓新空間中的戰略角色。他們指出，「社會活動家」在明確表達新的與被壓抑的身分認同中發揮了核心作用。[33]與之相似的是，雖然宗教領域通常獨立於知識分子研究，但我們也注意到學術界近期開始對九〇年代以來民間宗教和民間信仰的復興產生了興趣。[34]

學者、社會運動家曾金燕在最近的研究中使用了與俄國知識階層相關的「公民知識分子」（citizen intelligentsia）一詞。和西方知識分子一詞相比，這個詞更具批判性，社會菁英主義的意味更少。她呼應對中國知識分子傳統上的道德期待，並拒絕用「知識階層」（intelligentsia）一詞來形容當下中國的大部分學者。曾金燕引用康德〈何為啟蒙？〉一文，區分俄羅斯文學中「多餘的人」（例如楊絳等「內部流亡」的知識分子、高行健等海外流亡者、王小波等個人主義者、記者賈葭等當代審美主義者）與一小群新出現的「公民行動者」，特別是女性主義者（如艾曉明、葉海燕）、非政府組織工作者（如郭玉閃），以及紀錄片導演（如黃文海）。[35]在探討獨立紀錄片電影時，曾金燕注意到紀錄片導演作為「底層」的代言人，必須同時不剝奪「底層」自己的聲音：這些「公民知識分子」被定義為具有新的作者態度、新的製片模式和公民身分的群體。[36]儘管曾金燕使用「知識階層」的英文語義來沖淡「公民」一詞的規範性意味，但本書最好還是避免使用「公民」一詞。

本書認為，這些草根知識分子並不那麼「癡迷於中國」以及自己的社會責任，而是更專注日常的具體問題。「草根知識分子」一詞也表明，研究者應該更仔細地研究那些不那麼有名的個人和群體，以及他們的行動空間。對中國知識分子的研究已經被社會菁英的爭論（「自由派」和「新左派」之爭）與爭議主導太久了。[37]這些討論不是本書的重點。本書想說明的是，這些菁英的爭論已經越來越和中國社會的發展脫節。正如曾金燕的研究提到的，還有必要從社會性別的角度來審視傳統菁英知識分子模式的消亡：和傳統的中國知識分子研究相反的是，本書討論的許多草根知識分子都是女性（曾金燕的書中也是如此），這並不令人意外。[38]儘管大多數菁英學者是男性（反映了性別支配和定義政治與社會主流的規範之間的相關性），但女性卻在民間知識分子中居於中心位置。

「民間」或「草根」知識分子的用詞也有歷史先例。李孝悌描繪出現代知識分子理解他們與「人民」關係的三個階段：在晚清，庶民第一次被展望為公民，知識分子開始致力於使用通俗藝術形式來「啟蒙庶民」；五四時期，「到民間去」的口號引發了新文學運動期間學者們對通俗文化前所未有的興趣。[39]羅志田認為，新文化運動推動了從菁英知識分子到「邊緣」知識分子的變遷。受過教育的村民缺乏文化資本，因而無法在城市知識分子圈中擔任領導角色，但在新文化傳播的過程中卻發揮關鍵作用——因為他們願意參與社會行動。[40]然而，李孝悌也指出，不到十年時間，「民眾」一詞就開始取代「民間」，人們也開始從馬克思主義的角度將「民眾」和「群眾」理解為「無產階級」。這導致一種新的菁英主義，即由受過「正確」意識形態教導的知識分子來決定何種形式的通俗文化是正當的、進步的，何種形式是「封建的」。[41]

中文學術界最近重新對「民間思想」的歷史軌跡產生了興趣。上海文學學者陳思和最早指出，文革後文學中出現的「回到民間」，具有一種超越社會主義意識形態和啟蒙論述的「價值」。在陳思和看來，五四運動以來，知識分子一直試圖透過意識形態「改革」民間文化領域，而一九八〇年代「尋根文學」的出現則逆轉這一趨勢，標誌著人們不再注重意識形態，並逐漸減少使用政治化的現代白話文。[42]不出意外的是，新左派政治哲學學者甘陽反對這一觀點，他認為政府利益和人民利益之間不會出現衝突。[43]上海歷史學家朱學勤首先致力於挖掘和重構毛澤東時代官方意識形態層面下的「民間思想」，他考察一九七一年林彪去世後形成的「民間思想村落」。改革開放開始推行後，這些團體朝向三個不同方向發展：一些人成為政府內的改革派，一些人進入學術界，還有一群人留在體制外。[44]徐曉在著作中記錄了七〇年代後期的地下雜誌如何促成《今天》雜誌的發行，她本人就是這個團體中的一分子。孫郁（中國人民大學中國文學學者）則在《讀書》雜誌的一篇文獻回顧裡指出，七〇年代民間期刊與五四期間所謂的「同仁雜誌」（受日本明治時代「同人誌」的啟發，自我發行的非營利性「小圈子」雜誌）之間的延續性，以及回歸個人的專注思考，這一點在王小波身上達到最全面的文學表現。[45]

北京大學文學歷史學家錢理群進一步拓展「民間思想的堅守」的概念，並發起一項共三卷的出版計劃，旨在研究毛澤東時代未被記入史書的主要思想家。[46]他在一次訪談中說：「我原來是想進入學院體制，但六四之後，我覺得學院不會是個出路。如果再繼續爭取學術界承認的話，我就危險了，再下去我可能要變了，可能就不是原來的錢理群了。所以，我就決定，要破門而出。其實在六四之後，我寫《豐富的痛苦》，我寫《大小舞台之間》，寫《一九四八：天地玄黃》（關於一九四八年之後知識分子為何選擇留在中國的幾本書），都越來越接近最後對現實的參與。」[47]儘管錢理群在北京大學工作直至退休，但他沒有參與任何行政工作，而是持續地在「體制外」活動。他重新評估了二十世紀知識分子史，發現「民間」是一種隱匿的傳統。

暫定的類型學

為了進行研究，本書從三個主要面向來定義知識分子：他們是在特定活動領域裡具有專業知識的個人，同時經常介入中國國內的公共空間（中國大陸或至少是華語公共空間），他們以反身性（reflexive）的姿態探討涉及公共利益的議題，也包括他們自身的研究以及這些研究的意義。

傳統上知識分子根據職業來定義：在布赫迪厄（Pierre Bourdieu）看來，知識分子主要是作家、學者和藝術家。[48]在當今中國，「職業」一詞是有問題的，因為它和舊有的「單位」捆綁在一起：儘管本書討論的知識分子參與學術、文學、藝術、新聞、法律和慈善工作，但他們並不像以往的知識分子那樣，透過政府對自己職業的承認來定義自己。一些人——主要是學者——確實擁有這樣的身分地位，並以此來定義自己，但對於沒有這種地位或者聲望的人來說，他們獨立獲取知識和自我組織活動的特徵是更重要的。

本書將以四個主要特徵定義「民間」或說草根知識分子，暫不討論「體制內」和「體制外」之間的模糊界線。首先，這些人是傅柯意義上的「特殊知識分子」：他們不是具有自主性但缺乏專業性的普遍知識分子，也不是具有專業性但缺乏自主性的專家；他們依據自己的專業知識公開發聲。[49]第二，他們透過和社會「弱勢群體」或邊緣人群的聯繫來形成自己的知識分子活動。第三，他們的公共話語使他們成為草根知識分子而非草根行動者，包括他們對自身活動和地位處境的論述：為了論述，他們依賴中國尚處於萌芽狀態但時刻瀕危的公共空間。第四，他們對自身行動的定位是在政府和市場之外，並透過這種方式試圖為潛在的第三部門拓展空間。

特殊知識分子

中國近期有一種日趨明顯的趨勢，即作為通識大家和普遍知識分子代表的作家正在減少。小說家在八〇年代曾經具有獨特的道德光環，這一現象在九〇年代迅速消亡。因此在本書中，這些人所占的比例不大。[50]從布赫迪厄的觀點來看，這些學者和作者利用他們的威望或社會地位介入公共空間，討論普世議題。而民間知識分子則是依靠他們的專業知識和經驗進行介入。方勵之在一九八〇年代的社會介入，反映出他作為普遍知識分子而非具有專業知識的天體物理學家，對人權和自由的執著。[51]（與之相反的是，傅柯提到作為「特殊知識分子」標竿人物的物理學家歐本海默〔J. Robert Oppenheimer〕，他不僅透過自己的權威地位，還基於自己的專業知識進行社會介入。）[52]王小波經常利用學術研究來寫小說，最知名的例子是他關於性（sexuality）的研究。這些研究以各種形式呈現在他的故事和小說中，並以此介入權力和壓迫的本質。王小波還特別關注打破知識分子的道德角色，倡導價值中立，這也與他對性和社會的研究有關。

這一趨勢還有很多例子。比如于建嶸，作為傑出的民間知識分子，他主要以專門研究農村和不平等問題的社會學家身分發聲，而不是依靠自己的身分地位對治理問題泛泛而談。秦暉則呼應了著名的五四辯論，提出抽象的「主義」需要根植於對具體「問題」的討論中。[53]戴凱利在解釋秦暉的觀點時指出：「市場和國家都能夠回應各種『問題』提出的訴求；需要避免的是進行某種滿足『主義』宣揚的偽市場和象徵性的政府機構。」[54]只有立足於歷史和經驗，理論探討才有意義。秦暉說：「我們現在不是自由主義太多了或是社會民主主義太多了，而是寡頭主義與民粹主義太多了。因此從自由主義立場出發批判寡頭主義，從社會民主立場出發批判民粹主義，都是極為必要的。」[55]秦暉認為在中國的語境下談論「左」和「右」沒有意義。因此，他對公共爭論的介入，主要是基於他作為經濟學家和經濟史家的專業知識。[56]

一九九〇年代特殊知識分子和專業人士的興起，不僅催生出一批在政府工作的「專家」，也催生出在民間社會中從業的職業律師、記者和學者。「學術規範」的發展不僅符合新黑格爾主義意義上的權威論述，[57]也培養了一批新的、對自身角色的理解更為謙虛和專業的學者。因此，儘管最近有許多研究關注被吸納進政府智庫的「專家」，但本書聚焦的群體主要是作家、紀錄片導演，以及那些雖然專業，但是自我定位大體上是「體制外」的學者（儘管有時他們也在體制內活動）。

底層知識分子

「弱勢群體」（弱勢的、受支配的或被剝奪權力的群體）和「底層」概念創造出具有新的大眾形象的新的話語社群，兩者都可以譯為「subaltern」或者「subordinated」。這兩種可能的譯法指向兩種不同的知識分子傳統，多少都曾影響王小波和其他人的思考：「從屬」來自葛蘭西主義，推到底也是馬克思主義的視角，而「底層」也有同樣的來源，但它是在史碧華克（Gayatri Chakravorty Spivak）的著名論文〈底層能否發聲？〉（Can the Subaltern Speak?）和文化研究領域中逐漸成為一個既定的概念。[58]一九八〇年代的知識分子享有某種半自主性，前提是他們與體制內的庇護者保持有機聯繫，並對自己的角色大致維持中國各種傳統以降的菁英主義立場。而如今，二十一世紀的中國社會見證著一群記者、學者、律師和紀錄片導演的興起，他們透過與「弱勢群體」的聯繫來定位自己的行動。常見的弱勢群體包括訪民、毛澤東時代的受害者、被剝奪權利的農民工、性工作者或民間社會的其他成員。在過去，具有批判性的知識分子和「草根」之間的聯繫對中國政府來說是特別嚴重的威脅，政府一直在盡力控制這種聯繫。[59]在最近的一篇文章中，戈德曼（Merle Goldman）注意到類似的變化：「二十一世紀頭十年裡，儘管打壓持續存在，但中國的公共知識分子在思考和行動方面有了質的改變：他們越來越成為獨立的政治行動者，願意加入其他社會群體的政治行動。」[60]

當然，布赫迪厄早就注意到知識分子作為社會支配階級的一分子，總是和「從屬者」有著含糊不清的關係。[61]律師、作家、記者和電影導演，與訪民、性工作者、農民工、土地被徵用的農民共事，這質疑並模糊了這種二元對立關係。郭于華將她對布赫迪厄《世界的苦難》一書的評論作為《傾聽底層》這本文集的序言，她間接地透過引述「苦難」的主體經驗來定義「底層」。從布赫迪厄的角度出發，這種「苦難」在不同社會位置之間建立了「同構性」（homology）。[62]

毛澤東時代受害者的情況是特別值得一提的例子。文化大革命得以在七〇年代末和八〇年代初終結，得益於政府鼓勵知識分子譴責四人幫，並書寫「傷痕文學」來紀念他們在「大眾」那裡受到的折磨。然而，在八〇年代參與這種寫作敘事的知識分子，也想恢復他們的特權地位，以及他們與政權的共生關係。秦暉形容一九八〇年代的書寫是「菁英受難」的敘事：知識分子描述他們被「人民」迫害，進一步滋生了「仇民」和對民主的敵意。[63]這種敵意使得知識分子菁英抱有一種根深蒂固的看法，即民主可能等同於暴民統治。為了重新建立對社會的批判性認識，有必要重新評估毛澤東時代和後毛澤東時代的「底層」問題。許多民間作家正在對毛澤東時代進行獨立研究，比如社會學家郭于華、詩人廖亦武、歷史學家與公民記者楊繼繩等。他們強調在毛澤東時代，「底層」的普通人和知識分子一樣受苦，甚至更加受苦。這些研究者的社會位置不容易歸類。

公共領域多元化

知識分子是透過公共話語來定義的，這依賴於公共領域的存在。自一九九〇年代私有化和經濟改革以來，公共領域已經變得更加多樣化，可供討論的政治光譜也拉大了——這些光譜依據不同的標準而描繪出來。[64]本書的研究沒有特別關注身為社會菁英的普遍知識分子間，「新左派」和自由派的派系之爭。[65]然而，不管是透過維權行動（自由派）還是透過新馬克思主義理論（左派），雙方都在努力關注新的底層群體。在私有化和商業化的背景下，消費主義的大眾文化興起，毫無疑問地為表達觀點提供了機會——包括在政治領域——而這在一九八〇年代的菁英語境下是不可接受的。最明顯的一個例子是，直到二〇一三年，部落客兼賽車手韓寒的政治相關微博都吸引大批的讀者。

出版業的部分私有化以及愈演愈烈的書號銷售行為，也使出版物變得更為豐富多樣。數位攝影機在電影行業承擔了類似的角色，促成前所未有之多的導演投入製片，並在電影節、書店和藝術村等另類空間放映。雖然仍受國家控制，但也出現由私營企業家支持的商業性媒體，為記者提供了新的機會。儘管南方媒體集團在二〇一三年後歸於沉寂，但它曾領頭拓展新的空間，並為知識分子提供與廣大民眾對話的機會。從這點來看，二〇〇四年《南方人物週刊》發布的最有影響力的「公共知識分子」名單，不可輕易消解為「媒體知識分子」的明星秀，而是代表著公共領域朝向多元化的宣言。網路和社群媒體的發展對政府控制形成顯著挑戰，為城市知識分子與農村訪民、農民工以及其他「被剝奪權利的群體」的聯繫，提供了管道。最後，香港、台灣、海外等大陸之外的華語公共領域，也為中國的批判性知識分子提供經濟支持和新的空間。邱志傑在《從華夏到中國》這幅六卷水墨地圖中，為複雜和豐富的新知識分子圖景提供十分突出的視覺描述：兩條河流流過意識形態、機構、協會形成的地貌，天下體系在最左側，一個大型的競技場式空間居中，似乎是一黨統治和市場體系的合體，當代政治意識形態則居於畫作右側。[66]

第三部門

最後，雖然私有化和商業化非常重要，但二十一世紀也見證了第三部門的出現。第三部門既不屬於政府也不屬於市場。一九八〇年代，政府無所不在：哪怕像劉賓雁這樣傑出的批評家和異議分子，也加入了作家協會，甚至在一九八四年十二月到一九八五年一月期間參與選舉（他的票數僅次於巴金，被委任為作協副主席）。[67]如今，作協等機構依舊控制著重要的恩庇侍從（patron-client）關係網，但和廣大社會越來越脫節：韓寒就被迫聲明他永不加入這種組織。[68]雖然私營經濟大體上被視為一股積極力量，推動了一九八〇年代的改革和自由化，但在一九九二年中國全面市場化之後，一群知識分子開始試圖與國家和市場保持相同距離。非政府組織工作、「公民記者」等藝術和非營利活動，在某些情況下都可以連結至「第三部門」，追求公正的社會實踐，而這導致某種程度的邊緣化。這些新型知識分子既不是為國家工作、與政府有關的專家，也不是在典型「公民社會」中對象徵性權力中心表達抗議的異議分子（二者都以國家為中心），亦不是「媒體知識分子」，其觀點服從於市場，常作為後現代的懷疑論者。這些人寧願住在租金低廉的藝術家或農民工的城中村，將自己的定位和合法性植根於後毛澤東時代大部分中國人所處的邊緣位置。

在這種意義下，有必要注意職業化並不總是等同於商品化。顧昕（Edward Gu）和戈德曼認為，知識分子的「職業化」經常導致利益驅使的「專家職業主義」。[69]趙月枝則形容，從腐敗日益盛行的媒體部門中獲取利益的記者，已經成為新興資本家菁英的利益代言人。她認為，《財經》前主編胡舒立（《財新》現主編）受到金融技術官僚的保護，或者被工具化為安全閥，被授意「揭露」國家已在調查的醜聞，但與此同時，「數千萬中國工人和農民在資本主義發展和全球化過程中被趕向中國社會的邊緣」。[70]這些觀察無疑是正確的，但也忽視有一群知識分子，正致力於研究調查或積極參與主流或官方媒體忽視的社會實踐。九〇年代河南輸血感染愛滋病的醜聞和二〇〇三年的SARS危機之後，中國各地湧現越來越多的非政府組織，參與衛生和污染等議題，它們在一定程度上得到政府特別是地方政府的容忍甚至鼓勵。[71]這些機構既不參與經濟利益的領域，也不是政府機構的組成部分，時不時的打壓也證明了這一點。知識分子轉向非政府組織和具體的問題，呼應了傅柯的理論：打破高舉科學主義的普世性啟蒙論述，轉向處理控制和支配的特定問題。[72]

王小波與沉默的大多數

最早對新的知識分子定位進行理論化的文章，是王小波的〈沉默的大多數〉，於一九九六年發表在《東方》雜誌上。《東方》是九〇年代發表新思想的重要平台：郝志東在一九九五年發表雜誌內容的文本分析，強調與官方刊物相比，《東方》雜誌的主題和話題非常豐富。[73] 那時，王小波（一九五二－一九九七）是一名作家，因為一九九二年出版了關於文革時期知識青年的小說《黃金時代》而聲名遠揚。[74] 王小波在一九七八年考入中國人民大學之前曾被下放雲南。一九八〇年和社會學家李銀河結婚，後來和她一起赴匹茲堡大學求學，一九八四到八八年期間在匹茲堡大學東亞研究系攻讀碩士學位。在李銀河進行性別研究的過程中，王小波開始接觸到傅柯的思想。一九八八年回到北京後，王小波先在北京大學教授社會學，後在中國人民大學會計系教授實用英語。《黃金時代》獲得文學上的成功後，他事實上成為第一位從工作單位辭職，並透過「自由撰稿」為生的知名作家。王小波的辭職以及他在一九九七年因心臟病英年早逝，創造出一套完整的「王小波神話」，使他的作品成為了重要的文化象徵。如果說一九九〇年代的標誌性作家是王朔，那麼王小波就是千禧世代的焦點人物。諷刺的是，王小波的重要性在他去世後才開始顯現。[75]

由於王小波身處單位系統之外的自由撰稿人身分，他對中國文學（歷史、政治、文化）這個神聖議題不再畢恭畢敬，他一出道就被譽為民間作家和民間思想家。文學學者謝泳在一九九七年寫道：

任何一個社會，在主流之外都有非主流，在廟堂之外都有民間。從思想史的角度看，後人總是發現民間的東西比廟堂的東西價值更高，總是發現異端中包含著新思想新文化的光芒。這其實是一條很簡單的道理。但文學史或思想史研究中，過去我們往往排斥民間，至今對民間仍然忽視。……對王小波的小說的評價，實際反映出國內主流文學評論界對民間的漠視。……大陸真正對王小波小說給予高度評價的人，多數取的還是民間立場。[76]

王小波的〈沉默的大多數〉為民間知識分子的定義提供了幾條重要的線索，特別是他們的底層定位和公共參與。王小波全面批判了中國的知識分子，從傳統的儒家知識分子到五四啟蒙者，再到毛澤東時代的宣傳口舌，這些人的共同特徵是公開發聲的習性，未曾改變。王小波參考傅柯的觀點，認為發聲一直是一種施展權力的方式。在文革期間，每個人都迫不及待地發聲，以譴責他人，解放全人類。保持沉默反而成為政治漩渦中保存人性的唯一方法。長遠來看，王小波比較幾個世紀以來的知識分子習性，「說」則是知識分子向國家上交的一種「稅」，在他看來，也是一種「以天下為己任」的稅。[77]在這種意義上，「表態」或者說表達對毛式宣傳的支持，與儒家知識分子的角色並沒有本質上的區別——他在此也諷刺將毛澤東思想視為「精神原子彈」的說法。中國知識分子一直是優秀的納稅人，不需要太多鼓勵就會向國家進獻。在這樣的脈絡下，知識分子根本不可能發聲「反對」國家；其結果是，公共言論這個概念需要徹底更新。

王小波用普通人的沉默來對抗權力和話語的世界。他用「弱勢群體」來指稱沒有發聲管道的「普通人」，這個詞暗含居高臨下的意味一直受到批評，後來被更具社會學意義且價值中立的「底層」取代。「弱勢群體」不是透過階級意識來團結，而是透過共同擁有的被剝奪權利、在社會上無法發聲的感受而團結在一起。王小波特別引用李銀河和他自己對性工作者和男同性戀者的社會學研究，認為整個中國社會就是由「弱勢群體」所組成，和傅柯所說的「邊緣人」差不多：

做過了這些研究之後，我忽然猛省到：所謂弱勢群體，就是有些話沒有說出來的人。就是因為這些話沒有說出來，所以很多人以為他們不存在或者很遙遠。在中國，人們以為同性戀者不存在……然後我又猛省到自己也屬於古往今來最大的一個弱勢群體，就是沉默的大多數。這些人保持沉默的原因多種多樣，有些人沒能力、或者沒有機會說話；還有人有些隱情不便說話；還有一些人，因為種種原因，對於話語的世界有某種厭惡之情。[78]

這種被剝奪權利的共同感受，定義了作為沉默的大多數的所有普通人，他們在中國社會的組織中無法發聲，在政治上是隱形的。[79]這個闡釋標誌著與舊有社會構想的決裂——那是一種馬克思主義下的階級社會，由工人階級領導解放受壓迫的社會成員。在王小波對社會的描述中，每個人都是被剝奪權利或者邊緣的社會群體的一分子，這正是一九八九年之後的社會現狀：農民工、訪民、被強徵財產的城市居民，以及下崗工人大量出現。楊國斌在二〇一一年寫道：「確實如此，權利被剝奪成為日益市場化過程中的一部分，因而，『弱勢群體』這個新詞成為了當代中國論述中的關鍵詞。」[80]

最後，王小波賦予知識分子一個新角色，表明他在四十歲時還是決定「打破」沉默。王小波活動的「公共」維度十分明顯：在網路時代來臨前的最後幾年，他能夠如此有效地「發聲」，要歸功於商業期刊如飢似渴地需要通俗專欄作家。例如，《人民文學》的一位前任編輯後來受僱於《三聯生活週刊》，利用他的社會關係招來一批知名的專欄作家，包括王小波以及小說家余華和蘇童。[81]李銀河指出，王小波之所以可以發表這麼多文章，是因為透過自己的家族歷史，熟知那條心照不宣、不可逾越的紅線，也因為他與傳統意義上的政治保持了距離。[82]王小波的許多雜文都有挑釁意味，從出乎意料的角度考察政治議題。李銀河也堅持王小波決定離開體制依靠寫作為生，並非出於經濟動機，而是因為他想寫「純文學」，不想寫商業文學：「做純文學的人在世界各國都是最窮的。」[83]將自己置於政府和市場二元結構之外，正是那個時代民間知識分子的特點之一。

王小波選擇打破沉默，公開發聲，僅僅是為了描述自己的經歷，不是為了啟蒙社會：一九八〇年代的批判性知識分子自視為少數群體的一部分，「為」無法發聲的人代言是基於菁英的責任感，而王小波僅僅是為自己發聲。王小波回憶說，他的一位朋友收到《黃金時代》後不喜歡這本書：「照他看來，寫書應該能教育人民，提升人的靈魂。這真是金玉良言。但是在這世界上的一切人之中，我最希望予以提升的一個，就是我自己。」[84]王小波不再「無限地道德化」知識分子，而是確信並不需要透過言論來解放其他人；他的寫作只是為了教育自己從沉默的大多數的視角來看世界。類似的是，曾金燕在她的研究結論中，引用傅柯的「講出所有的能力」（parrhesia），認為「檢視自己、改變自己，改造自我和改造社會同時進行，而不是僅僅停留在道德高地指手畫腳地改造他人」。[85]

如何從理論層次理解這種知識分子立場，依舊有一些模糊，這並不令人意外。李銀河認為，王小波接受科學和人文的訓練，在許多議題上發聲，因此可以將他視為「最後一代」普遍知識分子。[86]與之相反，北京大學文化研究學者戴錦華在一篇極具影響力的文章裡，則稱王小波是「一個經典的人文知識分子：一個自由人，一個通才，一個自由的寫作者、思想者與創造者，離群索居，特立獨行。然而……他無疑從這一角色中剔除了真理的持有者、護衛者與闡釋者的內容，剔除了關於絕對正義的判斷權。」[87]從這一點出發，王小波將自己放在「民間當中」，而非脫離人民的知識分子。拉森（Wendy Larson）同樣將他視為不在意國家的知識分子，國家對他既不是敵人，也不是盟友。[88]

「沉默的大多數」，總結了王小波對於毛澤東思想和啟蒙的批判，對於傅柯長期關注的「邊緣」的轉向，對於知識分子藉由個人經驗反身思考的強調，並標誌著知識分子和國家關係的深層決裂。這開啟新的經驗光譜，為本書提供新的研究視角。王小波的分析脫離了馬克思主義關於知識分子作為階級「有機」組成的局限，[89]提示知識分子作為社會邊緣的一部分，本身也是沉默的大多數。知識分子透過邊緣性來確定自身的合法性，這種批判位置在中國的脈絡中是新的概念，也為中國之外的考察開啟新的途徑。

方法論

本書的研究對象，是被邊緣化但卻十分重要的草根或曰民間知識分子所組成的鬆散網絡。與一九八〇和九〇年代相比，隨著公共領域的碎片化和市場化、交流的國際化，以及網路和社群媒體的發展，對中國知識分子的演進做出統一的敘述變得越來越困難。本書將聚焦於一系列介入以及這些介入背後更廣闊的脈絡，並試圖提供深入的方法，以評估知識分子領域在過去的二十年裡發生了何種變化。本書討論的知識分子和群體，是透過他們基於專業知識——無論是透過職業養成還是「獨立」習得——所生產的社會和政治議題論述的公共性來定義，也是透過他們與特定大眾（public）的聯繫來定義。理論上，可以作為一名流亡或者海外知識分子參與中國國內的公共領域（例如徐賁），但在實踐上，由於中國國內的限制因素，流亡異議分子的參與十分困難，而因為其定居國家的義務關係，海外學者與專業人士的參與也不總是那麼容易。因此，本書主要研究生活在中國國內的知識分子。

本書各章節不聚焦於個人，而是聚焦在多維度的網絡和活動（如專門刊載毛澤東時期回憶錄的期刊、獨立電影、線上社群）。每章從一個事件開始，研究一或多位作者關於該事件的重要文本，將其置於文本生產和傳播的社會與虛擬空間（「論述社群」）中理解。當然，有一些關鍵個人，在不同類別之間遊走——同時具有學者、獨立導演、非政府組織工作者、部落客等身分的艾曉明便是其中一個例子。但這本書不是中國學術「明星」榜。中國學者（以及全世界的學者）喜歡將同行分成各種派別與次派別，而本書恰恰相反，主要即不是在探討參與菁英爭論的學者們。

本書的第一章在理論層面和二十世紀中國歷史脈絡的層面上，對民間知識分子所在的廣義知識分子群體做出概述。第二章回到王小波離開工作單位開始獨立寫作的一九九二年，更細緻地專注討論王小波的雜文。我認為這些文章定義了一種新型的民間知識分子。第三章從一九九七年反右運動（一九五七）四十周年出發，探討一群草根見證者和歷史學家如何生產和辯論毛時代的另類記憶。第四章從二〇〇一年在北京舉辦的中國第一屆獨立電影節出發，研究獨立電影導演和他們所處的空間。第五章研究在二〇〇三年孫志剛事件之後登上舞台的維權律師、非政府組織工作者和其他草根行動者。第六章基於兩起事件：二〇〇八年四月部落客韓寒介入抵制家樂福和艾未未透過部落格質問同年五月汶川地震中大規模死亡的原因，探討都會媒體和網路生產的新公共文化。

這些章節是基於我過去十年來主要在北京，以及在成都、廣州、昆明和上海等地，對作家、導演、歷史學家及其他學者、記者和政治行動者的研究上完成的。其中的許多人、他們所寫的文本和他們所在的社會空間都曾以更為全面的方式被個別研究，且通常被置於一個跨學科的框架（政治學、文學、電影研究、媒體研究）。然而，為了理解他們之間的關聯，本書認為他們也必須被視為一個整體來看待。本書特別記錄不同領域之間的頻繁接觸，以交換經驗、文字與訊息。因此，一種橫切面式的方法是有必要的。

本書與之前的研究相比有幾個不同之處。首先和其他經典的思想史研究不同，本書主要思考的不是在智庫或者為政府服務的菁英知識分子與學者，也不是具體的個人或者重要人物。相反地，本書認為基於個人知識、針對社會或政治問題公開發聲，不再是少數知名菁英人士的特權，越來越多的學者、專業人士、記者和部落客願意並且能夠就他們專業相關的議題接受採訪或撰寫評論。因此本書的焦點是非正式的群體或者個人組成的網絡，他們未必總是彼此認識，但共享一種身分認同。本書的論據不在於民間知識分子的階級地位（他們當中有些人確實可被視為社會菁英），也不在於（經濟、社會或者象徵）資本的累積，而是這些人如何捍衛他們公共言說的權利。因此，本書透過聚焦於各種位置的行動者所生產的文本而不是實證證據，來討論社會地位和階級問題。將焦點置於公共文本，也是在強調當代中國公眾和公共領域一直以來的重要性。

雖然本書借鑑了社會學或政治民族誌，但它的分析框架依舊遵守當代歷史研究的方法，主要仰賴公共文本，按時序視角來理解近期的政治和社會變遷如何展開。此外，原創的、發表的文本（雜文、部落格、電影、小說）總是放在它們生產、流通和接受的社會脈絡中來考察。非官方的社會領域（社群媒體、非政府組織、藝術村）在這些文本的流通以及它們生產的社會意義方面，起到了決定性的作用。本書呼應了穆勒（Jan-Werner Müller）將當代歐洲史當作思想史來思考的號召，[90] 試圖梳理支撐當代中國社會轉型的觀念和意識形態。

民間知識分子在中國似乎獲得新的合法性，儘管自二〇一二年以來，國家對社會活動的干涉越來越多。這對西方讀者來說可能是個悖論，因為在西方社會，知識分子爭論通常都由傳統菁英主導。當然，歐洲和美國，與中國這樣的共產主義體制下的發展中國家相比，其經濟、社會和文化結構都有很大的差異。但是，希望這種關於知識分子角色的悖論，尤其是與傅柯對西方社會的批判反思的關聯，能夠為比較研究拓展出更豐富的討論空間。

第一章
草根知識分子：理論與歷史視角

一些前行討論有助於釐清歷史學家和社會學家如何對知識分子這一類別進行概念化。[1] 本書的研究對象位於兩種討論的交叉點上。一方面是通行的二分法，也就是聚焦於知識分子作為道德批評家的古典理想的人文學方法（思想史、文學、哲學），以及將知識分子理論化為一種社會類別的社會科學方法。另一方面，是大量關於中國知識分子特色的文獻，關於中國傳統科舉制度、知識的政治體制化和道德權威。而本書藉由聚焦於草根知識分子，旨在駁斥上述部分觀點，並同時質疑中國特色和知識分子追求的菁英特質。

知識分子：規範性理念和社會實踐

知識分子的定義千差萬別，[2]大致可以分為規範性（道德主義）和社會學（現實主義）的定義。也就是說，可以將知識分子定義為（為了普世價值而履行道德義務的）批評家，以及專家（更廣義地從事知識活動的人，或者是布赫迪厄定義的「象徵生產者」）。這種區分往往也體現在方法論上的區別：一種是傳統上基於（政治批判）文本的思想史方法，另一種是強調知識分子（通常是占據統治地位的）階級和社會關係的社會學批判方法。

歐洲思想史學家克萊默（Lloyd Kramer）在一項深入的研究中指出，需要一種將上述兩方面結合的定義，以突出知識分子與知識生產及其批判性社會角色之間的糾纏關係。他認為傅柯的專家和哈伯瑪斯（Jurgen Habermas）的批評家相互對應，構成了啟蒙運動的兩副面孔，例證是邊沁（Jeremy Bentham）和海涅（Heinrich Heine）這樣的歷史人物。在哈伯瑪斯《公共領域的結構轉型》（一九六二）的基礎上，克萊默進一步指出，知識分子誕生於啟蒙運動，作為「批判性辯論者的社群，他們的工作塑造了新的政治領域和新的文學文化」，作為「獨立的、具有批判性的思想家，他們以理性判斷來評估藝術、文學、戲劇和政治理論，挑戰國王和教會人士的權威」。[3]與之形成對比的是，在克萊默針對傅柯《監視與懲罰》（一九七五）的解讀中，啟蒙運動時期的知識分子則扮演知識生產者的角色，以建構「精神病院、監獄、診所、學校和軍隊中的新型社會控制和監視——所有這些都依賴於新出現的『關於人的科學』帶來的新式知識」。克萊默以社會空間受到專家監視的程度來定義傅柯對啟蒙運動的觀點：「啟蒙運動重新定義了瘋癲、犯罪和知識，也製造了新的階級：掌管現代性的知識分子專家。」[4]儘管作為專家的新知識分子透過監視而接下維持權力運作的角色，但克萊默強調，傅柯本身的分析依舊表達了啟蒙運動知識分子的理性批判角色。[5]

二十世紀許多致力於知識分子理論的研究，不乏歸於一種相似的區分：哲學家和思想史學家強調知識分子活動的特質，社會科學家則著重於知識分子在社會階層中的角色。但是，幾乎沒有人注意到菁英以外的知識分子。葛蘭西（Antonio Gramsci）區分了「傳統」知識分子和「有機知識分子」（organic intellectuals），前者將自己定位為普世理性的公正捍衛者（「自主且獨立於統治集團」），後者則為階級利益發聲（通常是為統治階級）。在普世主義論述的外衣下，葛蘭西認為所有知識分子本質上都是有機知識分子：「知識分子是統治集團的『代理人』，行使社會霸權和政治治理的從屬功能。」[6]這些功能在兩個層面上運作：在社會上製造「自發性共識」，並維繫具有強制力的國家機器。因此，葛蘭西認為工人階級應當形成自己的有機知識分子，這為知識分子提供從草根浮現的可能性，儘管他們或許並不具有自主性。

在某些方面，布赫迪厄延續葛蘭西主義的脈絡，對知識分子的普世主義標榜做了「祛魅」（demystify）。在一次簡短的訪談中，布赫迪厄總結他的概念悖論：「藝術家和作家，以及更廣義的知識分子，是統治階級中的被統治者。他們透過占有文化資本而掌握權力、享有威望，因而成為統治者……但作家和藝術家又被掌握政治和經濟權力的人統治。」藝術、文學和學術領域（布赫迪厄筆下知識分子三大活動領域）的被支配狀態是如此形成的：「文化生產場域在權力場域中處於被統治的地位。」因此，知識分子的立場是模稜兩可的：「儘管他們反對所謂的『布爾喬亞』，但依舊忠於資產階級的秩序。」布赫迪厄將知識分子定義為「持有特殊權力的文化生產者，一種展示事物並使得人們相信他們的象徵權力」。知識分子可以作為專家運用這種權力為統治階級服務，或者作為「自由且具有批判性的思想者，從自主性的美德中贏得特殊資本，並在場域自主性的保障下運用這種特殊資本介入政治場域，追隨左拉和沙特的榜樣」，而為被統治階級服務。[7]在前者中，對自主性的堅持應該理解為一種區辨的標誌，一種追求象徵資本的手段；在後者中，作家或具有批判性的社會學家（作為語言學家的喬姆斯基〔Noam Chomsky〕、作為作家的左拉、作為社會學家的布赫迪厄）在各自場域中獲得的自主性，則為他們提供了反對「社會世界的合法呈現的壟斷」的手段。[8]因此，布赫迪厄的理論根據自主程度定義知識分子的立場光譜。布赫迪厄在晚期的著作中寫道，在理想狀態下（也就是在最極端的光譜下），知識分子「只有在獲得（獨立於宗教、政治、經濟權力的）自主的知識分子圈賦予的特定權威、尊重這個圈子的特定規則，而且只有在政治鬥爭中行使這種特定權威，才可能存在和存活下來……透過提高他們的自主性……知識分子才能提升政治行動的有效性，其目標和手段都源於文化生產場域的特定邏輯」。[9]從這種配置出發，至少在光譜上最自主的一端，普世性的能力也得以恢復：「簡單來說，知識分子就是作家、藝術家或學者，他們運用從自身領域獲得的自主性，超越自身領域並實踐政治性的象徵行動。」[10]對布赫迪厄來說，知識分子公共言說的合法性來自於社會聲望，而不是他們的知識（從思想史的視角出發，這種觀點也許不夠重視知識分子實際上說了和寫了什麼）。

在最後的分析中，布赫迪厄固守一種二元圖像：「但是，與根植於位置身分、處境和慣習的團結相比，基於位置同構性的聯盟（統治－被統治＝被統治），總是更加不確定、更加脆弱。而這一點對於革命運動中所謂的『有機知識分子』也是成立的。」[11]客觀條件因此更為關鍵，知識分子的社會地位最終形塑其政治立場（即便不能完全決定）。和葛蘭西一樣，布赫迪厄「揭示」知識分子與其在社會階層中的位置之間的聯繫。但和葛蘭西不同的是，布赫迪厄似乎並不認為有機知識分子有可能出現在資產階級控制的象徵合法性體制之外。在這種意義上，我們可以認為布赫迪厄依然確信知識分子的菁英地位。

傅柯早期的批評（在一九七六年的〈知識分子的政治功能〉中提出）在某些方面比葛蘭西更加尖銳，而布赫迪厄則部分而非完全同意這種批評。傅柯認為，工人階級（及其有機知識分子）只是虛幻追求普世性的最後化身：「長期以來，所謂『左翼』知識分子一直在發聲，且被視作真理和正義的主人，發言權備受認可。作為普世性的代表，人們傾聽他，他也希望被傾聽……正如無產階級透過其歷史地位成為普世性的載體（儘管是直接的載體，幾乎沒有自我反省或自我意識），知識分子也透過其道德、理論和政治的選擇聲稱是普世性的載體，且是具備更有意識、更為細緻深刻的形式。」[12]

《監視與懲罰》出版後幾年，傅柯撰文定義一種新型知識分子。他對普遍知識分子的批評在某些方面比布赫迪厄更為尖銳：特殊領域裡的自主性不僅是支撐普世論述的基石，特殊知識雖然有其局限，但卻有助於知識分子對社會的批判。與之前先知式的、普世的，或者說「全面」的知識分子刻畫明顯不同，傅柯徹底評估現代的特殊專業人士（而不是啟蒙運動知識分子）。他們的誕生在《監視與懲罰》中有所描述，但更為關鍵的是，傅柯為其注入了批判的功能。他認為，自從二次世界大戰以來，知識分子轉而研究「特殊問題」：公共住房、醫院、精神病院、實驗室、大學、家庭或性別關係。與無產階級或大眾的知識分子不同，這些知識分子針對「特殊的、非普遍的」問題，其源自「真實的、物質層面的、日常的鬥爭」，因此讓他們更貼近「大眾」。以前（普遍）知識分子的典型是作家（傅柯認為，其來自律師仕紳，正義的化身），現在「知識領域間出現橫向連結，從政治化的一點到另一點：法官和精神病學家、醫生和社會工作者、實驗室人員和社會學家」共同協作，而大學則成為交換或交流的節點。[13]

特殊知識分子作為專家，總是面臨與大眾失去聯繫、被邊緣化的危險。然而，「認為這些問題為專家而生、吸引不了大眾（這在雙重意義上都是錯誤的：大眾既有意識且捲入其中），或者說，知識分子為國家利益或資本服務（雖然是對的，但也顯示他們所處的戰略位置），或知識分子倡導科學主義的意識形態，以這些為藉口忽視他與地方知識的特殊關係則是危險的」。[14]正是知識分子對其特定專業領域內「真理的生產」的批判性理解，使得其在社會的層次上能夠投身於「為真理而戰」。[15]本章將會詳細闡明，這種範式轉移——作為普遍知識分子典型的作家的衰落，批判性的特殊知識分子的興起，學術界的節點位置，以及工人階級普世性主張的終結——在一九八九年之後的中國社會十分顯著。

我們也許可以注意到，傅柯和布赫迪厄的看法有相似之處，他們都考慮到專家使用特殊知識為權力服務，以及知識分子從專家地位解放以質疑權力關係，這二者之間的關聯。然而布赫迪厄認為，專家從他自身領域獲得權力和威望，因而能採取普世的政治立場；傅柯則認為，專業知識才是關鍵，使其採取特殊而非普世的立場。事實上，可以將這兩個看法結合，透過衡量自主性之於普遍性的程度，並採用薩皮羅（Gisèle Sapiro）提出的知識分子類型（見表1.1）。[16] 特殊知識分子這一類別顯示專業化未必等同於他律性（被權力吸納）：既有依附性的專業人士，也有自主性的專業人士。這種歷史演變與隨後討論的當代中國經驗尤為相關。

雖然政治框架的影響不大，不需因此對剛才確立的分類進行重大調整，但針對強制性政權下知識分子的研究還是值得借鑑。探討威權或極權政治下的知識分子所採取的視角，類似於探討民主社會中的知識分子，只是所用的術語不同。[17] 如果我們參照布赫迪厄的光譜，從忠誠的專家到具有自主性的批判性思想家，那麼在威權政治的背景下，前者往往是指「政權知識分子」，後者則被視為「生活在真實中」（哈維爾〔Václav Havel〕）的「異議分子」，代表反對國家的公民社會。[18]

米沃什（Czeslaw Milosz），在一九五一年寫下一段著名的話：「對於被『異化』的知識分子來說，其最大的渴望是屬於群眾……這是當他必須作為中產階級的一分子而感到墮落的豐厚回報。」[19] 在後史達林主義的東歐，以及在吉拉斯（Milovan Djilas）

表1.1　知識分子的專業化與自主性

	依附的	自主的
普遍的	幕僚	啟蒙知識分子
特殊的	專家	特殊知識分子

來源：Gisèle Sapiro, "Modèles d'intervention politique des intellectuels," *Actes de la* Recherche en *Sciences Sociales*, no. 176-177 (2009): 14.

對官僚「新階級」提出批判之後，康拉德（György Konrád）和塞勒尼（Iván Szelényi）將知識分子定義為後社會主義的統治階級，認為他們因為作為專家所處的戰略性位置，在計劃經濟中指導理性的再分配系統，進而構成「新出現的支配階級」。知識分子是「知識的壟斷者，擁有被社會認可的跨文化正當性並以此引導社會成員」，而基於這樣的定義，他們追蹤知識分子「從神聖祭司到世俗專家」的變化——在現代社會，世俗專家在開放市場中售賣他們的意識形態。兩位作者強調專業知識在社會主義社會裡前所未有的角色，將後史達林時代東歐的知識分子定義為中央計劃機器的「理性再分配官僚」，因此也是後社會主義「理性再分配」之主要意識形態的倡導者：「經典意義上的資本家和無產階級的對立被新的對立取代，也就是圍繞著再分配者立場而形成的知識分子階級和被剝奪參與再分配權利的工人階級之間的對立。」[20]這種在技術官僚系統下商品社會主義中的主導地位——且不論在大部分的馬克思主義階級分析中知識分子所背負的惡名——也許能很好地掌握一九八〇年代的中國知識分子。[21]

在威權社會中，批判知識分子也未必親近「草根」。哈拉斯蒂（Miklós Haraszti）提供一個有趣的視角，他形容一九七〇和八〇年代東歐的「晚期社會主義」文化是「天鵝絨監獄」。在這座「天鵝絨監獄」裡，吸納、自我審查和「匈牙利燉牛肉式共產主義」國家提供的物質利益（其他人也指出，改革開放後的中國也有類似情形），取代了強制力，作為控制文化領域的主要手段。在這樣的情況下，哈拉斯蒂認為作家內化了自己的使命：「我們的責任和其他菁英成員是一樣的。我們持有同一家公司的股份。」[22]白傑明（Geremie Barmé）以這個框架作為理論起點，在《紅色之中》研究一九九〇年代中國的文化領域，本章後續會做討論。[23]從康拉德的理性再分配官僚，到哈維爾的生活在真實中，再透過哈拉斯蒂的天鵝絨監獄，可以建立一個非民主脈絡下知識分子的自主性光譜。

最後，近期關於後現代主義的研究中有兩個重要成果值得一提。鮑曼將後現代知識分子理論化，區分了啟蒙運動和現代性中作為「立法者」的知識分子和在新的後現代環境中作為「闡釋者」的知識分子。如果將鮑曼的觀點放在克萊默的二元論中，我們也許可以說鮑曼揭開了哈伯瑪斯意義的啟蒙知識分子（海涅）的面紗，他們其實是傅柯意義的專家（邊沁），致力於管理社會、分類知識，而非傳播知識。相反地，後現代「闡釋者」促進了自發性參與者或社群之間的溝通，而不是試圖實現最佳的社會秩序；在此，知識系統的相對性被認為是世界的一個長久屬性。[24]消費者不再向知識分子尋求指引，而是依靠市場。延續傅柯對於知識分子與無產階級特殊關係的批判，鮑曼指出無產階級曾經是知識分子的「皮格馬利翁」（Pygmalion）：「工人們給予知識分子他們需要的力量，但這種力量是由強力的知識分子所形成並控制，也只有他們才擁有這種力量。」[25]與布赫迪厄的構想相反，鮑曼也許僅僅將知識分子視作「被統治階級中的統治群體」。無產階級在知識分子的指導下帶領人類抵達理性之地的英雄角色，已經與知識分子作為立法者的角色一起消失。有趣的是，雖然鮑曼揭開啟蒙知識分子在社會階層中作為知識生產者的「面紗」（「現實主義者」的看法），但他重申了另一種具有規範性的「後現代」知識分子定義，而得以克服啟蒙運動的批判。

在柏林圍牆倒塌幾年後，薩依德（Edward Said）在BBC系列講座中對後現代性持有更為批判的態度，對知識分子研究具有特殊貢獻。總的來說，薩依德在顯著的規範性層面上，再次確認了克萊默筆下哈伯瑪斯意義的啟蒙知識分子模型，而這一模型也受到薩依德對於社會主義或威權主義國家中知識分子地位的理解的影響。然而，薩依德在某些方面綜合傅柯的批判。儘管承認社會地位（收費的專家）和真理的道德追求之間的二元對立，薩依德在對知識分子的描述中特別強調反常性（eccentricity），即知識分子「是流亡者和邊緣人，是業餘者，是嘗試對權力說真話的語言的作者」，他們的方法是「窮盡另類的資料，發掘被掩埋的檔案，復活被遺忘（或被遺棄）的歷史」。[26]雖然布赫迪厄也許會認同薩依德的「為缺乏代表性的弱勢群體而鬥爭」，[27]但這種「反常的」方法更多呼應了傅柯的知識考古學和對邊緣性的興趣。薩依德質疑民族國家等已有的類別，認為流亡作為一種範式展現對於社會的諷刺、懷疑、戲謔但並非犬儒的態度。[28]類似地，在個人的專業領域內也可能成為一名流亡者，成為「特殊的」而非「職業的」知識分子，以業餘者的身分跨越領域和壁壘。薩依德與後現代主義理論保持距離，但「反常的業餘者」和「流亡者」的類別卻受到傅柯主義批判的影響。這種自我理解——包括拒絕後現代主義——在一九八九年後的中國與一些知識分子較為批判的自我定義強烈共鳴，例如王小波和流亡者高行健的闡釋。

回到克萊默的二元論，這些理論總結了上述知識分子規範性理念和社會實踐之間的緊張關係。這裡發展的主要論點涉及一種典範轉移，和傅柯描述的特殊知識分子的興起類似。在論證中，本書嘗試分析文化和知識生產（還有知識分子建構的觀念），以及這些生產可能支持的社會功能和社會階層。知識性論述因此會被放在知識生產的社會階層之中，和——尚有爭議的——中國正在出現的公共領域之中。一方面，公共領域具有一種框架功能，部署知識分子的調控理念；另一方面，菁英／草根的二分法則強調了知識分子實踐的階層性。知識分子的角色變化不能與新空間的出現分開視之，無論是物理的或虛擬的空間。一九七〇年代末中國開始施行改革開放政策，導致社會階層發生重大變化，知識性論述得以透過這些新空間而傳播。最後，一九八〇年代隨處可見的普遍作家－知識分子的落幕，與中國社會更深層的平等化（或者托克維爾意義上的「民主化」）相互呼應（即民間知識分子的出現），反之也質疑了毛時代平等主義社會的預設。

國家情結：一個歷史性回顧*

綜觀二十世紀中國，知識分子在其中扮演了關鍵角色，其歷史研究可為剛才討論的類型學提供有效的實證。他們以前常被稱為「士大夫」、「體制內知識分子」（主要是在毛時代，有時用來與一九八〇和九〇年代的體制外或「非體制」知識分子做對比），近期則多被稱為「公共知識分子」。[29]

一九一一年辛亥革命之前，傳統文人在中國社會裡占據核心地位。士大夫也就是學者官員，在一九〇五年之前都是透過科舉制度選出，直到今天依舊是家喻戶曉的文化形象。與庶民相比，

＊譯註：在英文原文中，知識分子沉溺於國家，指的是政治意義上的而非國土或民族意義上的國家，作者用詞為「state」。考慮到中文傳統上如「感時憂國」、「憂國憂民」等表達方式，「state」在本書中大多數時候翻譯為國家，有時翻譯為政府。

這些受過教育的社會成員，在最廣的意義上可以定義為至少通過鄉試（三級科舉考試中最低的一級）的讀書人。他們的使命是為國家提供支持與（理想地）道德指引，扮演和諧的道德共同體的政治和社會良心。[30]有幾種經典的文人角色構想流傳至今，並在整個二十世紀反覆提倡：[31]

「先天下之憂而憂，後天下之樂而樂。」

「以天下為己任。」

「文以載道。」

這些構想強調了文人的道德角色和他們寫作或介入行動的道德本質。林培瑞（Perry Link）引用頭兩句來形容知識分子對國家的高度忠誠，即使在天安門民主運動前夕最具批判性的知識分子，也抱有這樣的情懷。[32]在夏志清用英語所寫的現代中國文學史中，他提到貫穿整個二十世紀的「中國情結」（obsession with China）。他在後來的中文版裡形容得更為精確，即「感時憂國」。[33]這一構想還有更多類似的表達，如黃樂嫣（Gloria Davies）提到的「憂患意識」，或更流行的說法「憂國憂民」。他們都提到一個問題：這些知識分子的情結是否只針對中國，或是否可以視為更一般地知識分子與國家之間的關係？

黎安友（Andrew Nathan）指出，在梁啟超以來的菁英知識分子所提煉的中國版民主概念中，人民的利益與國家的利益是一致的。[34]從一九一五年《青年雜誌》創刊到一九一九年五月四日的遊行抗議，新文化運動全面駁斥和批判了儒家思想，但歷史學家已指出，五四知識分子和晚清文人之間有著明顯的延續性：兩代人都對國家的更高利益懷有道德承諾（儘管儒家傳統中的「天下」式國家近年逐漸被重新定義為世界民族之林中的一個民族國家），並堅信菁英知識分子應該擔任道德和政治上的領導者。史華慈（Benjamin Schwartz）總結說：「二十世紀的知識階層，在很大程度上是士大夫階級在精神上以及生物學上的繼承者。」[35]相較下，魯迅幾乎是獨一無二的，他堅持知識分子和作家在本質上是站在政府的對立面，即便是革命政府。[36]

從晚清到五四時期，也存在一脈草根傳統。何包鋼回顧二十世紀菁英領導的民主化嘗試，寫道：「五四時期發展出來的民粹式民主觀點，相信未受教育的普通人也有其道德價值。然而，很少有知識分子鼓吹民粹主義的政策。在儒家為民請命的觀念影響下，民粹主義最後又回歸菁英主義。民粹式民主在理論上成了工農專制，在實踐上成了少數知識分子幹部的專制。」[37]這個歷史性概述點出菁英分子依舊不信任大眾民主，也揭示一種歷史延續性：從儒家文人到五四菁英領導的現代化，再蛻變為共產黨治下幹部領導的由上而下式的政治。

「知識分子」這個現代名詞出現於一九一〇年代和二〇年代的文學和學術圈，指的是受過某些形式的高等教育的人。[38]在毛澤東時代，這個詞被重新定義為任何不參與體力工作的人，並被體制化成為一種政治意識形態工具，以污名化個人和群體。[39]毛澤東無階級社會之理想有時成為暴力迫害「知識分子」的理由，但同時，國家在一九五〇年代也積極錄用技術官僚。[40]齊慕實（Timothy Cheek）在對鄧拓的研究中指出，新階級的「體制內知識分子」是士大夫傳統下的「列寧主義學者官員」。[41]這些「『學者—幹部』維護現狀，遵循官方政策，即便他們可能私下不認同其中的某些方面」。[42]楊奎松最近就王芸生，也提出類似的觀點。作為自由派報紙《大公報》的主編，王芸生在一九四九年戲劇性地「改信」（convert）黨的正統路線。[43]更廣泛地說，與其說是一個無階級社會，毛澤東是重新創造了一個基於不同形式特權的高度階層化的社會結構，以吸納知識分子。[44]其中不少知識分子儘管受到迫害，但依舊對中華人民共和國政府維持忠誠，並在一九七八年後重新獲得錄用，進入官僚體系。[45]潘鳴嘯（Michel Bonnin）和施維業（Yves Chevrier）注意到，一九四九年之後，很多支持共產黨的知識分子雖然沒有像以前的儒家文人那樣獲得特權地位，但他們仍然願意「服從黨的改造和批評，只要他們還能在內部對政府進行改革並提出批評……結果，進入〔二十〕世紀以來的現代中國知識分子著迷於國家，並且傾向將政治行動等同於政府內部的行動，從而壓縮了政治反對的空間，導致個人退出政治，或成為英雄式的異議者，完全得不到社會的廣泛支持」。[46]在這個過程中，草根傳統被邊緣化且幾乎被遺忘，直到錢理群和朱學勤開始挖掘這些知識分子。

一九七八年之後，知識分子一詞重新在狹義和社會學意義上指稱大學畢業生，並且在規範性意義上指稱從事學術和文化工作者。[47]鄧小平正式重申知識分子作為工人階級的一部分。[48]隨著社會科學在學術重建，[49]以及政府支持的智庫、自由派出版社和沙龍的興起，一九八〇年代出現新的公共空間，為「體制外知識分子」——毛澤東時代無法想像的名字——提供了新的機會。[50]正如潘鳴嘯和施維業所言，八〇年代「從在國家框架內具有主導地位的技術官僚知識分子模式中，分化出一種在更加自主的社會中，擁有自主性基礎的知識分子」。[51]儘管潘鳴嘯和施維業的研究主要圍繞日益提升的自主性這一核心觀點，但在他們看來，這一趨勢依賴於兩種（可能相互矛盾的）轉變：一是在經濟改革和私有化的背景下，知識分子日益職業化，為公民社會創造新的結構性空間（例如附屬於首鋼集團等企業的研究中心，或者由上海社會科學研究所出版的《世界經濟導報》）；二是七〇年代以來恩庇網絡不曾動搖的重要性，知識分子可以在其中重新扮演他們「建議和異議」的傳統角色。[52]伯恩斯（John Burns）在討論「中國農村發展問題研究組」時也注意到，在「國家的知識分子顧問」中有一條「自主性的連續光譜」。[53]在這種脈絡下，更高的專業化程度帶來更高的自主性，但對於國家內部恩庇侍從網絡的普遍依賴也抵消掉自主性。

即便是一九八九年民主運動中的知識分子批評家、異議分子和行動者，也依舊具有中國知識分子的傳統（菁英）特色。何包鋼注意到：「天安門前的知識分子和學生，賭上個人生命和職業向統治者示威抗議，是儒家理想知識分子的化身，以及儒家救國、使社會更人道、使領導人更負責的使命感的化身。」[54]卡爾霍恩（Craig Calhoun）則指出這種立場的局限性：「但是，除非能打下更深的根基，否則中國的反抗者還是傾向於呼應舊有的、人民（或者知識分子）向統治者勸諫的儒家理想。他們不會成為政府的另類基礎，而只是無權者試圖提醒當權者勿忘他們真正的責任。」[55]儘管二十世紀初以來，知識分子一直是推動民主化的力量，但知識分子領導的民主化模式始終依賴菁英主義的框架：「這個問題本身（知識分子如何在一九八九年之後返回社會核心）就反映儒家傳統，即社會應該為知識分子保留核心地位。它忽略民主社會的多元性，知識分子在其中僅僅是許多政治聲音和力量之一。」[56]由「體制外」，但實質上依舊是體制內的知識分子推動的一九八九年民主運動的失敗，可以視為儒家傳統在當代政治生活中成為負擔的又一例證。齊慕實認為，作為運動的結果，只有知識分子被強制逐出象徵性的「祭司神位」，他們才開始走上「職業化」的道路。[57]

一九九〇年代，大規模的商業化和市場化，為知識分子提供新的表達空間，但在推動知識分子職業化的同時也使其在主流社會中邊緣化。傅士卓（Joseph Fewsmith）注意到：「然而，隨著八〇年代讓位於九〇年代，知識分子們發現他們的收入和其他群體相比縮水了，他們的觀點和呼籲不再受到追捧。有些人如余英時可能會認為，知識分子在整個二十世紀越來越邊緣化，然而，知識分子是很慢地才放棄背負社會最高文化價值的傳統觀念。雖然如此，一九九〇年代強烈證明，知識分子作為一個群體，已經喪失中國社會的重視。」[58]

一九八八年，普林斯頓歷史學家余英時在香港中文大學的講座中，譴責中國知識分子在二十世紀擁抱激進文化，導致所有民主運動的悲劇結局反覆出現。[59]北京大學教授陳平原呼應他的觀點，主張學術規範的重要性而非魯迅「黑暗的閘門」中的「道德英雄主義」，並偏好使用「學者」而非「知識分子」一詞。[60]在他於一九九一年創辦的《學人》期刊中，陳平原倡導一種更加節制但更為嚴謹的學術形式，以避開過於寬泛的理論和意識形態。這種自我反省導致一些學者退出公共生活，即便學術界開始國際化和職業化。學者們克制自己不去直接批判政權的規則，而國家也不再像八〇年代那樣在學術領域開展意識形態運動。[61]

與之形成對比的是，一些人投入鄧小平的市場改革，擁抱市場化帶來的低俗流行文化，視其為中國自由化的關鍵力量。[62]查建英列出幾個例子，說明這種對於文化商品的新的迷戀：王朔的小說與他在九〇年代初合著的電視連續劇（例如《渴望》）、賈平凹的小說《廢都》（一九九三），以及和陳冠中進軍大陸市場（在媒體大亨于品海的協助下）。[63]許多同情民主運動的菁英都「下海」（不再服務於國家而是投入私部門），在一些情況下會以提供私人資金和支持多元性為明確目標，或被稱作「以商養政」。[64]這種道路選擇在九〇年代初激起關於「人文精神」的爭論，一方主張以「終極關懷」為前提的學術人文主義，另一方則倡導擁抱消費文化以進一步解放社會，並倡導各種「後」理論。[65]

許紀霖是這些爭論的參與者和觀察者，以三種同時發生的變遷定位九〇年代：一是從「思想」轉向「學術」，二是轉向市場作為對意識形態的最佳抵抗，三是轉向消費者文化和後現代主義。[66]許紀霖將這三種他認為不受歡迎的轉向與「特殊知識分子」的興起相提並論，並主張知識分子有必要從特殊走向普遍，倡導一種新的「公共性」。在他看來，一九八〇年代的「普遍」或曰「啟蒙知識分子」分裂成兩種類型：為政府工作的「專家」以及立場日益受市場需求影響的「媒體知識分子」。[67]在這種意義上，不管他們選擇生意還是學術專業化，知識分子都已經放棄他們的自主性和在社會上的象徵性核心地位。許紀霖提出「第三條道路」，[68]認為知識分子應當突破政治的專家化和媒體的市場化，在不同的社群之間扮演「闡釋者」的新角色，從而創造出一種新的公眾。[69]

王超華觀察到一九九〇年代兩個類似的趨勢：一九八九年之後，以及在鄧小平的市場化推動下與隨後的人文精神辯論中，出現了對激進主義的批判和轉向學術領域的趨勢。然而，她也指出第三個歷史時刻：九〇年代後期關於國家能力和「大國民主」的辯論為自稱新左派的集團的形成鋪路，他們與另一個為自由主義辯護的集團形成緊張關係。[70]一九八九年民主運動被鎮壓後，八〇年代黨內改革派和知識分子之間的共識破裂，經濟改革在鄧小平一九九二年「南巡」之後開始加速，而政治改革則被放在慢車道上。在接下來的爭論中，學術界浮現兩個陣營。[71]實際上，討論再度關注改革的本質，延續之前被鄧小平壓下去的，關於改革應該「姓資還是姓社」的爭論——亦即資本主義或社會主義。[72]一方面，一群被形容為「自由派」的學者、記者和技術官僚宣稱，在政治僵局中，市場資本主義和經濟改革終究會帶來社會的民主化。[73]另一方面，一群批判者逐漸聚合，質疑對於轉型理論的「盲目崇拜」，主張現代化歷史道路的多元性。汪暉等人認為，由於資本主義與威權政治之間存在內在聯繫，經濟自由化事實上阻礙了民主。[74]崔之元和甘陽等人則根本不信任代議制民主，提倡要重新檢討毛時代的思想資源，將其作為反資本主義的批判工具。[75]儘管汪暉等人起初對中國政府及其擁抱的全球化持有疑慮，但其他人如王紹光和胡鞍鋼，則直接參與菁英的權力鬥爭以強化「國家能力」，使之重新中央化（王紹光和胡鞍鋼在朱鎔基於一九九五年啟動的財政改革中起了關鍵作用，後者在一九九八年出任國務院總理）。隨著時間流逝，他們大多數越來越站在政府這一側反對全球化和西化，並常帶著民族主義的語調。由於新左派越來越被國家吸納，在為威權政體背書的情況下，也越來越難堅持立場一致的社會批判。儘管新左派志在「捍衛」群眾，遠離資本主義或者西方流行文化的侵害，但當國家迫害「弱勢群體」如訪民、拆遷與國家暴力的受害者、農民工和性工作者，新左派知識分子幾乎從不公開發言。

在最理論性的層面，自由主義者強調民主體制保護個體免受國家侵犯的能力，新左派則優先將民主理解為社會公正。然而，在另一個層面上，這些哲學意義上的區別與短期的政治議題相比，往往微不足道，這是知識分子在爭取地位和影響力時的經典現象。確實可以指出，一些自由主義者對市場資本主義，及其兼容或助長威權政治這一事實缺乏批判。但是，其他自由主義者也欣然同意經濟學家吳敬璉於二〇〇一年提出的批判性概念「權貴資本主義」，[76]或者像秦暉等人呼籲建立基於歐洲模式的福利國家。[77]在這種意義上，可以說資本主義只是在「自由主義對戰新左派」的爭論中扮演「紅鯡魚」（煙霧彈）*的角色。[78]反過來說，許多左翼批評家傾向將民主的平等主義定義當作陪襯，以此迴避對毛澤東思想的批判性反省，並合理化共產黨不經選舉就統治今日中國的角色。這說明爭論的核心實際上不是當下的經濟體制，而是如何評價毛澤東時代。第二章會對這個問題進行較為完整的探討。

在江澤民時代，左翼思想家瞄準的是市場自由主義者與新威權主義者的結盟（如朱鎔基和蕭功秦）。但在胡錦濤和他的「和諧社會」口號下，新左派逐漸扮演起政權的知識分子啦啦隊，為政府的角色以及一九九九年北約轟炸中國駐貝爾格勒使館後政府主導興起的民族主義論述背書。[79]一群「新國家主義者」或曰「主權主義者」將新左派日益推向老左派和政府。[80]隨著胡錦濤日益強調從儒家借來的傳統概念，一些新儒家思想家也獲得影響力，儘管他們的政治立場依舊模稜兩可。因此，一些觀察家呼籲自由主義、左派和儒家主義三分共存的知識分子領域。然而事實上，最後卻分裂為少數的自由主義者和倡導強力政府的文化保守主義者，後者承襲儒家的傳統慣例，堅守知識分子作為「立法者」的菁英地位。[81]

儘管雙方都採用抽象理論，許多爭論最後還是歸結到論者是否支持共產黨。學術知識分子依舊被菁英主義和派系主義困擾，而早期延續下來的語言暴力又讓情況更加惡化，無法為不同意見提供建設性的討論。整體來說，許多爭論過於理論化並充滿惡意曲解，雙方經常誇張地取笑對手，而隨著時間流逝，爭論也變得越來越沒有意義。

＊譯註：「紅鯡魚」（red herring）是英文俗語，指轉移議題焦點和注意力的事物與話題。

論當代知識分子的三個觀點：文人傳統、社會網絡、全球後現代性

今日中國的知識分子受到密切關注，很難用清楚的學科邊界來界定已有的研究。但依舊可以根據不同學科視角區分出不同觀點，以下嘗試對現有文獻進行回顧綜述。

知識分子與國家：「建議與異議」

有不少研究，主要是思想史學家和漢學家開展的研究，關注中國知識分子在政治系統的位置，尤其是他們寫作中所表達的、之於國家的「自主性」。這些研究借鑑傳統文人的角色，他們通常與儒家政府保持親密關係，處在建議、爭諫和退出的光譜之間。[82]從這個視角來看，知識分子對國家的忠誠以及他們作為道德批評家的角色之間總是存在矛盾。郝志東將這種緊張關係定位為「道」和「勢」的衝突，其孕育了現代中國知識分子的某種精神分裂。[83]戈德曼的《中國知識分子：建議與異議》（*China's Intellectuals: Advise and Dissent*，一九八一）一書，討論一九七〇年代國家勢力範圍之外重新出現的批判知識分子。[84]在《中國知識分子與國家：尋找一種新的關係》（*China's Intellectuals and the State: In Search of a New Relationship*，一九八七）一書中，戈德曼和齊慕實認為，在「五四啟蒙運動」中被強烈申明的知識分子自主性，後來受到壓制：「儘管近現代知識分子從為他們的文化服務轉變為他們的國家服務，但服務於國家已經嚴重地限

制他們的知識和道德自主性。」[85]這些評價呼應了李澤厚的知名看法，即整個二十世紀的「啟蒙」反覆地屈從於「救亡」的要求，而這個看法對中國大陸發表的相關學術研究影響很大。[86]

資中筠（生於一九三〇年）就是其中一位從這個角度和自由主義立場出發的作者，在國內深具影響力。她是一位前外交官，在一九八〇年代任中國社會科學院美國研究所所長，在二〇〇〇年代大量發表論文，引發爭論。她認為知識分子可以透過延續至今的「士」（傳統文人）的三個特點的不同組合來定義：對國家的忠誠、個人的正直，以及「頌聖文化」——在這種文化裡，「聖」（君主）被和國族混為一體。資中筠以啟蒙和救國之間的辯證，回顧改革如何反覆地受到自詡的愛國主義的傷害。她描繪隨著九〇年代國家權力的崛起，阿諛奉承的文化重現，並在結論呼籲知識分子改造自己：結束對國家的依賴、變得更加自主，以及「面對大眾」。[87]

戈德曼與齊慕實將中國的當代知識分子區分為三種角色：意識形態代言人、職業菁英（尤其是在一九七八年「撥亂反正」和重建社會科學之後），以及傳統意義上的道德批評家（分別以田漢、王蒙和劉賓雁為例）。在〈知識分子的目的〉一文裡，齊慕實將中華人民共和國知識分子的功能重新描述為「服務、顛覆、出售」。[88]他注意到當代的顯著變化：知識分子從黨國體制退出並越來越職業化，但他不認為他們根本地轉變知識分子的傳統角色。在他看來，知識分子依舊在體制內尋求影響力，以及建立道德聲望：「知識分子在毛澤東治下威嚴又糟糕的社會地位——既是被鄙視的政治階級又是享有特權的政治顧問——也許已經終結，但中國受教育公民實現知識分子道德使命的努力尚未終結。」知識分子依舊由與國家的關係來定義，即使（特別是）他們發揮道德批評家的功能。然而，齊慕實也感嘆知識分子影響力的喪失，指出其碎片化或「知識分子的崩解」，也就是知識分子越來越難以同時滿足黨、專業和消費性大眾，「與公共場所類似，知識分子領域在中國已被推翻」。[89]

不少針對當代菁英知識分子爭論——多少與黨內派系密切關聯——的研究採用分類法。例如，李和的《政治思想與中國轉型》（*Political Thought and China's Transformation: Ideas Shaping Reform in Post-Mao China*，二〇一五）一書探討「知識分子論述」與政治權力的關係，將當代知識分子分為五大流派（自由主義、新威權主義、新左派、社會民主主義、新儒家），並審視了展現各家思想的三大爭論（民主、經濟改革和合法性來源）。[90]張博樹也提出九個主要群體（自由主義者、威權主義者、新左派、毛左、憲政社會主義者、黨內民主派、儒家統治的追隨者、新民主的追隨者、新國家主義者）。[91]從這個視角出發，不同群體主要由菁英們所推行的政治觀點來定義。

社會地位：官僚菁英

社會學方法依賴於非規範性的定義（即不基於某種道德上的規範理想），認為知識分子主要還是社會菁英和官僚菁英的一分子，不論他們觀念相對於國家來說是多麼「自主」。在此，「自主」並非關鍵變量，而是個人用來尋求地位的工具之一。林培瑞受蘇聯模式的啟發，並以中國社會廣為流傳的文學作品的相關性為基礎，對作為官僚體系和吸納網絡的「社會主義中國文學系統」進行最全面和極具啟發性的研究。林培瑞採用魏昂德（Andrew Walder）的概念「組織性依賴」（organized dependency）來描述這一系統如何避免直接使用強制力，而透過工作單位向作家和其他藝術家提供好處，以達到高度的自我審查。[92]儘管林培瑞寫到，隨著單位制的部分瓦解，如此系統在九〇年代已經終結，但他在近期的研究中又更加頻繁地提到「在系統內工作」的作家，強調系統的韌性和適應能力。[93]

顧昕和戈德曼編輯的一部論文集，使用布赫迪厄的分類來評估知識分子如何使用文化和象徵資本來最大化自己的影響力，並強調恩庇網絡在相互強化政治與文化權威方面的重要性：批判知識分子通常依靠體制知識分子來獲得關鍵支持，同時以象徵資本作為回報。[94]儘管九〇年代的觀念日益多元化、文化領域市場化、社會職業化，但顧昕強調其與八〇年代的延續性：「民辦」研究機構、顧問公司和編輯委員會（「社會團體」一詞在一九八八年首次出現在官方文件上），依舊強烈依賴社會網絡以獲得資金和批准，特別是與體制內知識分子建立恩庇關係這一點和八〇年代幾乎無異。在這種意義上，社會領域的多元化成長，是建立在與不同派系官員的聯繫上，並且被納入國家的勢力範圍之中。這一現象沒有因為一九八九年的鎮壓就中斷：顧昕認為，一九八九年十月發布、一九九八年修訂的限制社會團體的規定，主要強化了他所謂的「國家─統合主義框架」（state-corporatist framework）。[95]

類似地，在一份將知識分子廣義地定義為「知識工作者」的研究中，郝志東強調即使在九〇年代如此多樣化的社會裡，知識分子之於統治階級依舊是「有機」的，並擁護其演進。他承認，在一九八九年之後，「與其為一個民主運動進行無效地辯論，大部分知識分子轉向更可行且更少意識形態的計劃」。他注意到新的批判性空間的出現：半獨立的知識性期刊、出版物和智庫

（如一九九三年成立的「天則所」，一九九八年則拆分為一家非營利機構和一家顧問公司）。[96]然而，他們依舊依賴恩庇關係來生存。在專業自主性的缺乏下，郝志東在九〇年代訪談的大多數中國知識分子都已「布爾喬亞化和職業化」，他們追求有利可圖的副業，拋棄人文精神和「學術作為個人最崇高的理想」的想法。[97]知識分子追隨社會菁英間的潮流，在抱有國家情懷的同時從市場獲利。儘管郝志東相信——也許是呼應康拉德與塞勒尼的論點——知識分子形成自己的階級的條件或許已然成熟，但由於國家禁止成立獨立的政治組織，這一階級形成並未實現。

市場化可以以一種出乎意料的方式強化恩庇和菁英網絡。在《紅色之中》（*In the Red: On Contemporary Chinese Culture*，一九九九），白傑明調查後天安門知識分子世界裡的商業化和犬儒主義，借用哈拉斯蒂的「天鵝絨監獄」概念，概述國家如何發展靈活的策略以吸納被市場拒絕的藝術家和作家，並且在「受支持的」和「被禁止的」藝術之間，允許一類「被容忍的」藝術與寫作類別。「被容忍的」的批判性藝術可以有許多目的，包括對外的宣傳功能和對內的安全閥功能，讓國家更容易監視一小群批判者的活動。哈拉斯蒂曾強調國家文化機器中異議分子的功能：

> 即便在他們被容忍、受威脅的群聚區，異議分子也提供一種效果：他們是警示的故事……異議分子偶爾的指責，劃下許可的範圍，為國家的藝術家提供一種安全感……在孤立中，他們變得可預測，他們的數量可以被系統性的控制……正如在歷久不衰的古代帝國裡，變節的官吏可以建立道觀，類似地，現代的社會主義國家則將頑固的異議分子視作駭人的、古怪的、離群索居的、對教育人民毫無興趣的成員之一……但本質上是無辜的，也確實並非毫無

用處。[98]

因此，白傑明注意到「特立獨行的藝術家」，「當他們願意放棄被吸收的特權以換取獨立時，才是最危險、最反社會的」；然而，「當國家出於宣傳目的，決定圈養或容忍為數不多的特異藝術家時」，這些人也是可以被應付的。[99]王朔九〇年代早期的「痞子」文學，褒揚一種嘲諷的、犬儒的「耍嘴皮」的城市兄弟情，代表一種另類文化的出現以及知識分子介入的典型——與黨的審查和平共處且為作者們證明其有利可圖。

因此，透過物質利益吸納批判知識分子進入官僚網絡，並沒有因民主運動的鎮壓而削弱，反而在九〇年代受益於進一步的市場化。在學術界，江澤民政府提供新的機會，為國家優先挑選的計劃增加並挹注研究基金，[100]而這一切都在江澤明提倡的「科教興國」的口號下進行。[101]在這個意義上，社會經濟網絡和恩庇關係的分析，依舊對理解知識分子和菁英利益之間的深層聯繫十分有用。

後現代主義、「後社會主義」、「低俗」文化

最後，來自文化研究領域的一些研究提出了一個問題：當今中國的知識分子景象是否應該被視作全球「後現代主義」的一部分？這個概念經常和「後社會主義」關聯，後者指的是一九九二年之後中國的資本主義實踐對社會主義理念的削弱，也指在現代性即為社會主義的社會中，

「後社會主義」其實等同於「後現代主義」。例如，麥格拉斯（Jason McGrath）認為中國的文化「後社會主義」市場化是一種「全球狀況」，是蘇聯崩潰和資本主義在全世界獲得顯而易見的勝利的結果。全球資本主義現代性在傳統和革命文化中都失去比較基準，中國因而取得其中的核心地位。[102]「後現代性」的概念在八〇年代的中國開始受到討論，與詹明信（Fredric Jameson）一九八五年的演講有關（一九八六年出版）。[103]在人文精神的爭論後，陳曉明和張頤武等學者將後現代主義標榜為新消費者文化的理論合法性來源，而趙毅衡和徐賁則充分反駁這一觀點。[104]作為文化和知識分子議程，後現代主義可以歸納出三個主要特點：拒絕藝術和思想的自主性理想，偏向消費和享受的批判性立場；拒絕區分菁英和大眾文化，試圖合法化大眾文化而不是民主化高雅文化；拒絕歷史演化而傾向折衷借用。[105]應該指出，「後現代主義」在蘇聯和後蘇聯語境下是一個關鍵詞，指的是對語言透明度和存在「絕對真實」的批判，與一九七〇年代地下文化中出現的、對政權的批判糾纏在一起。[106]在中國，恰恰相反，人們傾向於用它支持國家論述並批判「自主」，黃樂嫣將其描述為對後現代主義的「實證主義」運用。[107]

張旭東等人認為文化領域出現了典範轉移：在他們看來，一九八九年之後，「後現代」或者「後社會主義」轉向體現在對菁英的批判和對新的「通俗」或者「低俗」文化的擁抱。王瑾之前也提出過類似的看法，認為學生運動的壓制終結了知識分子菁英的統治：「（很難說）哪種歷史進程會在政治上、文化上和物質上更能賦權給群眾：假如學生起義成功，啟蒙知識分子獲勝，社會菁英對文化議題的壟斷將延續下去，或鄧小平在政治上存活下來，確保經濟繁榮，永保中國社會主義（無論在意識形態上如何破產），成為之於西方自由主義的挑戰和另類選擇？」[108]天安門運動的失敗也許確實削弱知識菁英的特殊地位，但還很難說中國在何種程度上成為西方自由主義之外的另一種進步性選擇。

張旭東指出，後一九八九語境下知識分子之間和社會內部有幾個重要趨勢。首先，知識分子面臨一些基礎假設的崩潰：他們作為人民的道德良心的角色、他們和官僚政府不可分割的聯繫，以及實現作為一系列普世制度和價值的「現代性」的廣泛共識。第二個趨勢是大眾消費文化的興起，他認為是「一個民主化的、解放的發展，有助於建立免於菁英限制和『高雅』與『低俗』文化區分的『大眾記憶』」。[109]他認為消費主義（「後現代民主」的催化劑）是一九九〇年代三個重要的社會趨勢之一，其他兩個是新自由主義（激發新左派）和全球化（激發民族主義）。[110]王朔擁抱粗俗並公開反智，因而在一九九三年關於人文精神的爭論中得到前文化部長王蒙的支持（因此被稱為「二王」），標誌著黨內自由主義和市場驅動的消費文化的聯盟，反對一個同樣不太可能的「人文主義者」（上海學者王曉明）與「道德主義者」（「二張」，小說家張承志和張煒）的結合。王朔成了後現代知識分子的完美典範，為低俗文化歡呼，並同時將之轉化為收益。[111]

在中國的確有一群知識分子擁護後現代主義，但後現代主義作為一種理論在何種程度上為知識分子的處境帶來曙光，則未有定論。現代性作為一種連貫的「敘事」已確實受到質疑。但是，模糊高雅和低俗文化的區別是否真正民主化知識分子的處境，是否削弱知識分子對國家和菁英現代化的依賴，或者說是否賦權給草根？

黃樂嫣認為，中國那些自我標榜的後現代知識分子，事實上只是傳統菁英知識分子的化身。她的研究《憂思中國》（*Worrying About China: The Language of Chinese Critical Inquiry*，二〇〇七）對中國在「後現代」標題下出現的「語言轉向」與現代性批判，提供最為全面的評估。黃樂嫣強調自稱「後現代」的當代知識分子與傳統文人作為國家的道德進諫者的角色之間的連續性，這種角色內含「憂患」概念，在她看來帶著強烈的愛國主義。[112]無論是自由派的趙毅衡[113]還是和汪暉這樣的「批判」知識分子也早已得出類似的結論。汪暉在一九九七年寫道：「具有諷刺意味的是，有些中國後現代主義者利用後現代理論對西方中心主義進行批判，論證的卻是中國重返中心的可能性和他們所謂『中華性』的建立。」[114]

黃樂嫣注意到與後現代主義密切相關的三個趨勢：對現代性的批判、對學術的肯定，以及語言轉向。然而，每個趨勢都指向對於知識分子的傳統理解。首先，對啟蒙的批判成了中國知識分子「解構」資本主義和「西方理性」的選擇性工具，他們再次肯定中華性的本真性，有時甚至走得更遠，將中國文化重新定義為原始的社會主義。後現代主義和後殖民理論因而成為全球化進程中確認中國文化獨特性的工具。[115]第二，推崇「學術」，反對八〇年代啟蒙知識分子的形象以及超乎學術探索的「思想」偏好，而在黃樂嫣看來，這仍然仰賴於知識「進步」或「改進」的進化觀念。「學術」未必會導向更加「特殊」的、呼應傅柯觀點的知識分子定義，[116]雖然她承認，「學術」一詞在策略上有利用價值：將知識分子活動放在第三種智性追求之外，亦即「理論」之外，後者依舊是黨的特權領域。最後，她注意到，儘管人們宣稱中國思想中的「語言轉向」，但在「修身」、五四科學主義和毛時代「意識形態語言」的傳統支持下，語言上的確信和對於真實透明度的自信依舊強勢。黃樂嫣認為，這種「語言上的確信」以及對於「完美中國」的道德關切的恢復，使得中國知識分子與德希達（Jacques Derrida）與西方「後現代主義者」分道揚鑣，走向重中傳統知識分子「建議、爭諫、退出」角色的老路。更廣義來說，黃樂嫣相信中國知識分子挑戰正統的努力並未成功挑戰其潛在假設：中國特殊論、實證的黑格爾主義、語言透明的預設，以及道德上的愛國主義和將理論工具化的態度。黃樂嫣將其總結為「偏好裁斷的確定性，而不是闡釋的可能性」。[117]

黃樂嫣對知識分子近期趨勢的批判十分尖銳，強調傳統模式如何在西方理論的外衣下存活至今。儘管如此，她自己也沒有避免她所分析的思想家們經常陷入的規範性陷阱。在她的分析裡，齊澤克（Slavoj Žižek）和德希達理論所表達的解構主義，有時會以任何「真正」知識分子該有的理想面貌再次浮現，而這是中國思想家「達不到」的理想。這種取徑，也許對世界範圍內依舊存在的其他知識分子傳統不夠重視，這些傳統與後現代主義一樣有價值，在中國可能也有忠實的追隨者。儘管如此，黃樂嫣在檢視那些自詡的「後現代主義者」及其觀念時，還是很有說服力，指出他們對於「大眾文化」和「消費主義」的擁抱，通常只是作為支持大眾民族主義和政治順從的陪襯而已。

本節呈現的三種研究取徑——思想史、社會科學、文化研究——彼此並不矛盾或排斥；在本書試圖提出一個新的觀點的同時，它們也是本書所採取的三種視角。傳統的「建議與異議」模式定義服務國家、對國家負責和忠於倫理理念之間的辯證關係，任何對中國知識分子的定義都包含這一部分。而與此同時，中國知識分子與官僚菁英深刻糾纏，他們的利益一般來說與統治階級一致——和許多其他社會一樣。儘管後現代主義似乎捕捉到，在文化與社會日益市場化的影響下，後一九八九時代知識分子所經歷到的菁英地位的喪失。但黃樂嫣也強調，這種後現代主義通常是

「具有中國特色的」，在後現代（或民族主義）犬儒的外衣下隱藏著傳統文人無盡的回歸。菁英學者也許喜歡擁抱低俗文化，但他們依舊是菁英的一部分。總結而言，菁英文人的舊有形象屹立不搖，這一點顯而易見。但在這三種視角中，草根明顯缺席。

相對地，本書的研究正是聚焦於之前大多數知識分子研究未能關注到的另一種思想家。他們並未從國家責任與倫理信念的雙重束縛中解放出來，但他們花較少的時間在抽象的政治理論與道德化，而是呼籲關注知識分子忠於國家帶來的嚴重後果。他們並非與社會和政治菁英失去聯繫，其中不少人和大學或者專業領域保持聯繫，但和幾十年的知識分子研究相比，他們與非菁英群體的聯繫更加密切。他們是後現代主義者嗎？黃樂嫣沒有提及的王小波，早在九〇年代就參考過後現代主義和傅柯，不過與今日援引他的文化相對主義者所使用的方式非常不一樣。王小波更加受惠於傅柯〈何為啟蒙〉一文。作為一位批判性的普世主義者，他拒絕中國傳統知識分子道德優越性的宣稱，直言不諱地批判後現代主義。在NGO工作者、草根行動者、獨立作家和記者所組成的新的同夥中，我們可以觀察到更多對於菁英敘事和姿態的批判態度，而不是後現代的犬儒主義。

第二章
王小波與沉默的大多數：重新定義天安門之後的知識分子

一九九二年三月，王小波的小說《黃金時代》在香港出版，八月在台灣重印並在九月獲得台灣《聯合報》的獎項。[1]王小波隨後決定辭職，不再擔任中國人民大學會計系的職業英語教師。隨後的五年中，他在中國迅速成名（在台灣知名度也相當高，獲得幾個獎項），他開始瘋狂發表長篇和短篇小說，一些是已積累在抽屜裡的，一些則是最新完成的。[2]

王小波成為中國數十年來最突出的「自由撰稿人」，代表草根知識分子興起的里程碑。知名的女性主義學者艾曉明，北京師範大學文學系博士畢業，當時正在中國青年政治學院教書，應一位同事（陳瓊芝）的要求審閱王小波的手稿。她成為王小波最忠實的讀者和闡釋者，在一九九四年獲得廣州中山大學的教職後，仍然與王小波保持著頻繁通信。[3]就在鄧小平去世後幾個月，一九九七年四月十一日，王小波因心臟病猝死，時年四十四歲。他的突然離世進一步使他成為後天安門時代的標誌性人物：他是深諳民間疾苦的挑釁者，嘲諷各種形式的威權主義——無論是毛澤東思想還是儒家，並且努力為他命名的、組成社會「沉默的大多數」的「弱勢群體」發聲。

王小波不僅是一九四九年以來第一位自由撰稿人，還是一位自由思想家，以雜文的形式，使用日常生活的細節和他的閱讀來反思政治與歷史，形成他對中國知識分子地位的反傳統批判。審查制度使他的小說難以發表，[4]所以王小波開始寫雜文，這些雜文在九〇年代理想破滅的年輕讀者群裡大受歡迎，也使王小波有了穩定的收入。一九九二年官方媒體自負盈虧的規定，為公開發表打開一扇窗，儘管依舊屬於國家，但可以利用市場以及都市讀者群的期待刊載更加敏感的內容，比如南方報業集團旗下的媒體，特別是《南方周末》。[5]許多新聞雜誌創刊，包括由趣味高雅的三聯出版社創辦的《三聯生活週刊》。而知識分子期刊也得以成立或者重新露面，比如《天涯》（位於海南，作家韓少功和蔣子丹主編）和《讀書》（沈昌文主編，後由汪暉和社會學家黃平主編），這兩份雜誌都帶有社會批判的銳利；《戰略與管理》（得到人民解放軍退休將軍蕭克支持）是新威權主義倡導者的論壇；《公共論叢》（劉軍寧主編）是自由派陣地；《東方》探討新的社會議題。王小波鍾意的是《讀書》和《東方》，他也經常在更加主流、發行量更大的《南方周末》、《三聯生活週刊》和《中國青年報》等發表文章。由於新制度帶來的商業刺激，媒體得以刊載王小波具有挑釁性的文章；作為回報，王小波的寫作則為它們帶來新的讀者群，可稱之為「對抗性公眾」（counterpublic），他們認同一套與主流論述不同的概念和價值。

王小波對知識分子的批判和再定義包含三個方面。首先，他直指中國知識分子長期以來自我標榜的、對國家和世界「懷有責任」的道德捍衛者的角色，用語言是權力工具的傅柯觀點來批判威權式的新傳統主義。與道德捍衛者的角色相反，他認為知識分子必須放棄道德化，擁抱韋伯意義上的價值中立，遠離意識形態和教條（胡適的知名說法是「多研究些問題，少談些主義」），並僅僅依靠知識（特別是經驗知識）。知識需要避免成為服務權力的工具，而得以帶來自身獨特的愉悅感。第二，王小波責備知識分子對烏托邦，特別是毛澤東思想烏托邦的擁護。這一點將王小波引向對啟蒙和現代性的批判，而與八〇年代的寫作相反，那時毛澤東思想被批判為封建主義的回歸。最後，王小波的價值中立論點使他透過「弱勢群體」而非階級或階層的視角反思整個社會結構，從而削弱馬克思主義的社會觀。這套方法一直被學者們沿用，尤其體現在王小波的妻子李銀河對社會性別和性的研究以及于建嶸對訪民的研究中。

中國知識分子、道德規範和服務於國家

王小波的雜文全面批判中國知識分子與國家的共生關係，以及知識分子運用話語霸權建立自己的社會地位。這個儒家脈絡下的角色，在二十世紀的中國並沒有多少改變：不管知識分子倡導啟蒙還是階級革命，他們始終渴望站在道德高地，批判社會上那些不遵從他們的道德和意識形態框架的人。在本書導論引用的〈沉默的大多數〉一文裡，王小波將「說」比作「稅」：「中國的讀書人有很強的社會責任感，就是交納稅金，做一個好的納稅人——這是難聽的說法。好聽的說

法就是『以天下為己任』。」[6]無論是共產主義語境中的「表態」還是更廣義的採取公開立場，都是在歌頌進入權力鬥爭的世界的必要性，同時也肯定知識分子與國家的特權關係。「以天下為己任」[7]的傳統觀念，被形容為這個發聲的世界的壓迫性權力結構的一部分。當然，這種態度也不是中國特有的。王小波對中國傳統知識分子的批判，與葛蘭西將知識分子定義為服務國家的意識形態霸權生產者，不無相似。

壟斷道德責任

王小波對中國知識分子的主要批判，針對他們占據道德高地並利用道德詞彙建立權威的習性。王小波批判儒家對於《詩經》的經典評論「思無邪」：「提出這些說法的人本身就是無邪或者無私的，他們當然不知邪和私是什麼，故此這些要求就是：我沒有的東西，你也不要有。」[8]王小波將這個評論描繪成儒家偽善的典型，他還進一步觀察到，毛澤東時代的知識分子依舊透過告發他人的道德缺陷來建立自己的權威。在〈論戰與道德〉一文中，王小波討論他父親在五〇年代的學術會議上所遭受的人身攻擊，並指出反右運動主要著迷於女性右派人士的「道德」問題。王小波看到，類似的傾向也發生在（關於人文精神的爭論中）對賈平凹的攻擊，人們批評他的「道德」而非寫作品質。[9]

中國知識分子總是傾向於過分關注人而不是觀念：「我國的知識分子在討論社會問題時，常說的一件事就是別人太無知……我不認為這是批判社會——這是批判人。」[10]知識分子應該摒棄這樣的道德高地：

> 有人說，他先天下之憂而憂，後天下之樂而樂（悲觀主義者？）。有人說，他以天下為己任（國際主義者？），我看都不典型。最典型的是他自以為道德清高（士有百行），地位崇高（四民之首），有資格教訓別人（教化於民）。這就是說，我們是這樣看自己的。問題是別人怎樣看我們。我所見到的事，實屬可憐，「脫褲子割尾巴」地混了這麼多年，才混到工人階級隊伍裡，可謂「心比天高，命比紙薄」！在這種情況下，我建議咱們把「士」的傳統忘掉為好，因為不肯忘就是做白日夢了。如果我們討論社會問題，就講硬道理：有什麼事，我知道，別人還不知道；或者有什麼複雜的問題，我想通了，別人想不通；也就是說，按現代的標準來表現知識分子的能力。這樣雖然缺少了中國特色，但也未見得不好。[11]

王小波回到范仲淹最早對知識分子角色的論述，全面聲討中國知識分子抬高的自我形象，包括在毛澤東時代，自以為道德上高人一等並獨具資格領導國家。知識分子在一九五〇年代初的改造中，順從地「割尾巴」、去掉布爾喬亞習性（楊絳的小說《洗澡》裡有令人印象深刻的描述），[12]期待再次取得領導地位，卻受到挫折。但如果將知識分子定義為「批判社會」的人（王小波說這是他在《紐約時報》裡讀到的定義），那麼中國就沒有知識分子，只有批評個人道德缺陷的人。王小波最後提議和這種傳統完全決裂。他堅持以兩個標準而非道德來評斷有意義的學術貢獻和知識性討論，即基於經驗的知識和推論的力量，稱其為「硬道理」，諷刺了鄧小平的格言：只有「發展」才是「硬道理」。因而，遠在鮑曼的「闡釋者」觀點在中國盛行之前，王小波就已經將知識分子定位為「澄清者」。

王小波在流通廣泛的期刊上發表一系列批判儒家的雜文。在〈知識分子的不幸〉中，他反思「信仰」與「意識形態」之間的相似性，反駁一些人對於科學喪失倫理價值並製造毀滅世界的方法的批評。他認為，儘管信仰未必是危險的，但信仰很容易成為「打人的棍子」。[13]他反思第二次世界大戰中日本神風特攻隊飛行員與文化大革命時期的紅衛兵，提倡基於理性的懷疑態度，拒絕所有形式的意識形態。在知識分子擁抱意識形態的習性裡，王小波看到儒家的傳統：「中國人文知識分子，有種以天下為己任的使命感，總覺得自己該搞出些給老百姓當信仰的東西。這種想法的古怪之處在於，他們不僅是想當牧師、想當神學家，還想當上帝（中國話不叫上帝，叫『聖人』）。可惜的是，老百姓該信什麼，信到哪種程度，你說了並不算哪，這是令人遺憾的。」[14]

因此，王小波觀察到，知識分子毫不令人意外地利用「孝」、「國學」或者階級鬥爭來教育其他人：「我對國學的看法是：這種東西實在厲害。最可怕之處就在那個『國』字……但你不該否認它有成為棍子的潛力。想當年，像姚文元之類的思想流氓拿階級鬥爭當棍子，打死打傷了無數人。」[15]出於這個理由，王小波認為信仰和價值應該自然形成，而不是由知識分子倡導。知識分子應該專注理性。在〈我看國學〉中，王小波比較了誦讀儒家經典和文革期間誦讀《毛主席語錄》：「四書五經再好，也不能幾千年地念；正如口香糖再好吃，也不能換著人地嚼。」[16]王小波在《南方周末》上批判一九八〇年代的「文化熱」，他取笑儒家學者在文革時期認為毛澤東思想和階級鬥爭可以拯救世界，現在則無縫接軌地擁護中國文化可以拯救世界的觀點上。[17]

知識分子擁護毛澤東的意識形態時，不僅展現出站在權力一邊的熱切，還將他們經歷的苦難塑造成自我犧牲和道德提升，這呼應儒家的另一個主題（「禮高於利，義高於生」）。相反地，王小波呼應洛克（John Locke）和羅素（Bertrand Russell），提倡幸福和個人利益的追求，並表示自己並不懼怕被貼上「民族虛無主義」的標籤。[18]王小波那一代有不少人懷念上山下鄉的日子，讚賞自己的「吃苦」，但王小波認為，這些犧牲整體來說是糟糕的、毫無意義的。他舉例，一位知識青年跳到河裡搶救一根電線桿，結果淹死了，被追認為革命烈士：「這件事引起了一點小小的困惑：我們知青的一條命，到底抵不抵得上一根木頭？結果是困惑的人慘遭批判……國家的一根稻草落下水也要去追……算計自己的命值點什麼，這種想法本身就不崇高。」[19]王小波反對這種對受苦和自我犧牲的崇拜，他轉向佛洛伊德的受虐狂定義：當生活在痛苦中，一些人最終會愛上痛苦，並從中獲得快感。王小波認為，為了獲得價值，受苦需要某種形式的補償：「我個人認為，我在七十年代吃的苦、做出的犧牲是無價值的，所以這種經歷談不上崇高；這不是為了貶低自己，而是為了對現在和未來發生的事件有個清醒的評價……把無價值的犧牲看作崇高，也就是接受了一個錯誤的前提。」[20]王小波將這種世界觀與中國知識分子的菁英偏見聯繫在一起，這些知識分子對普通人所忍受的苦難沒有任何第一手經驗。他提到，一群在雲南下鄉的青年如何在隊長的要求下，按照五〇年代初共產黨廣泛宣傳的「憶苦思甜」傳統吃「憶苦飯」。王小波懷疑如此搞得自己整晚不舒服、排隊上茅廁以「體驗」苦難，是否真的值得。[21]

因此王小波堅持，文化大革命的受害者不應透過受苦中獲得的道德優越感，取得特殊地位。作為被下放到農村的「老三屆」一分子，王小波起初為他的父母沒有受到教育而感到慚愧。後來有些人則說，如果你沒有在文革中受苦，就不可能成為作家。王小波反駁這些論點：「任何老三屆優越的理論都沒有平常心。當然，我也反對任何老三屆惡劣的說法……在身為老三屆這件事上，我也有了平常心：不就是荒廢了十年學業嗎？」王小波在總結時談到那些受歧視的人，認為所有人應該等而視之：「羅素先生曾說，真正的倫理原則把人人同等看待。我以為這個原則是說，當語及他人時，首先該把他當個尋常人，然後再論他的善惡是非。」[22]在王小波看來，上山下鄉或者文革期間其他形式的受害者，不應該利用他們的經歷占據道德優越的位置。

知識與樂趣

針對王力雄在《東方》雜誌的一篇文章，批判知識分子的「道德潰敗」（也是關於人文精神爭論的一部分），王小波則回應，知識分子的職責只是走向科學，而科學並不神聖。知識分子無須感到羞恥（「無恥地活下去」）。[23]反之，他們應該把自己從各種枷鎖中解放出來，追求真理。王小波認為，他對王朔的批評不是道德方面的：他相信王朔缺乏的不是羞恥感而是對更廣大世界的經驗。在他看來，中國作家普遍需要讀更多、學習更多、對世界有更多的理解才能言之有物，一種可以說是呼應世界主義人文精神的理想。[24]

王小波間斷地學習電腦，並成為九〇年代中期最早使用電子郵件的中國學者之一。他提到寫軟體（如比爾．蓋茲）的挑戰就在於透過犯錯和「練習」來學習解決「具體問題」。反之，一些「大學問家有著另外一種經歷：他大概沒有做對過什麼習題，也沒有編對過什麼程序，只是忽然間想通了一個大道理，覺得自己都對，凡不同意自己的都是禽獸之類」。[25]儘管中國有許多知名的學問家，但王小波再次重申他對於「共同體驗」的偏愛，把對知識分子的定義放在具體的問題以及經驗性的、價值中立的知識，而不是八〇年代「普遍知識分子」的那種偉大真理，或者儒家發展出來的訴諸權威的觀點（王小波經常批評孟子侮辱其他學派的對手）。他的批判為更加自下而上的知識生產奠定基礎，亦是草根知識分子公共介入的基礎。

對王小波來說，知識是一種理性的普遍形式，其之所以成立，是因為人人都可以如法炮製，也不需要權威地位就可以獲得。它在方法上是民主的，而非「哲人王」的結論：「至於我自己，總覺得生活的準則，倫理的基礎，都該是些可以自明的東西。假如有未明之處，我也盼望學者賢明的意見，只是這些學者應該像科學上的前輩那樣以理服人，或者像蘇格拉底那樣，和我們進行平等的對話。」[26]與「知天命」的儒家理想以及毛澤東思想的「精神原子彈」相反，王小波認為，蘇格拉底對知識（智慧）的形容最為恰當：「只有那些知道自己智慧一文不值的人，才是最有智慧的人。」[27]知識不應成為權力或壓迫的工具。

王小波在〈科學的美好〉中再一次提到羅素：

> 正如羅素先生所說，近代以來，科學建立了一種理性的權威——這種權威和以往任何一種權威不同。科學的道理不同於「夫子曰」，也不同於紅頭文件。科學家發表的結果，不需要

憑借自己的身分來要人相信……科學和人類其他事業完全不同，它是一種平等的事業。真正的科學沒有在中國誕生，這是有原因的。這是因為中國的文化傳統裡沒有平等：從打孔孟到如今，講的全是尊卑有序。上面說了，拿煤球爐子可以煉鋼，你敢說要做實驗驗證嗎？你不敢。練出牛屎一樣的東西，也得閉著眼說是好鋼。在這種框架之下，根本就不可能有科學。[28]

科學知識與儒學（「子曰」）和意識形態（《毛主席語錄》）相反，王小波認為其最重要的特徵是民主，讓每個人都可以基於自己的成果來發言。

王小波比較了與科學同時出現的網路和市場經濟，提醒避免將科學變成一股狂熱：「科學對中國人來說，是種外來的東西，所以我們對它的理解，有過種種偏差：始則驚為洪水猛獸，繼而當巫術去理解，再後來把它看做一種宗教，拜倒在它的面前。他〔我的老師〕說這些理解都是不對的，科學是個不斷學習的過程。」[29]這既是對五四運動的批判，也是對八〇年代科學熱的批判——這股熱潮把科學變成一種教條和批判其他論述的工具。王小波從科學中帶走的主要是經驗主義和懷疑論的部分，並將其融入社會科學之中。

在《思維的樂趣》的序言中，王小波引用羅素對科學（依賴證據）和倫理（無法由科學來決定）的區分，指出羅素無法在科學上證明打人是錯的，但能向其他人懇求同意自己不打人的看法。「在這本書裡，我的多數看法都是這樣的——沒有科學的證據，也沒有教條的支持。這些看法無非是作者的一些懇求。我對讀者要求的，只是希望作伴，不要忽略我的一份懇切而已。」[30]在後毛澤東時代命令式的知識分子語境下，這是一種非常新的、「溫和」的道德要求。

王小波在《我的精神家園》的自序中再次提這個話題，認為保持沉默也是避免太快對他人作出評斷的方法。他引用蕭伯納的劇作《芭芭拉少校》（一九〇七），其中富家公子史蒂芬向父親吹噓說他可以明辨是非。王小波發誓永遠不作像史蒂芬那樣的人，其唯一的能力就只有道德評斷：「因為這個原故，我成了沉默的大多數的一員。我年輕時所見的人，只掌握了一些粗淺（且不說是荒謬）的原則，就以為無所不知，對世界妄加判斷，結果整個世界都深受其害。」[31]反之，王小波自己的志向則是「反對愚蠢」，同時「在社會倫理的領域裡我還想反對無趣，也就是說，要反對莊嚴肅穆的假正經」。他總結：「我對自己的要求很低：我活在世上，無非想要明白些道理，遇見些有趣的事。倘能如我所願，我的一生就算成功。為此也要去論是非，否則道理不給你明白，有趣的事也不讓你遇到。我開始得太晚了，很可能做不成什麼，但我總得申明我的態度，所以就有了這本書——為我自己，也代表沉默的大多數。」[32]因此，儘管愚蠢必須用知識來對抗，但在社會倫理領域，關鍵則在於避免把知識變成無聊、「肅穆」的道德教化。

知識是一種樂趣，正如《思維的樂趣》這本文集的標題所說。王小波感嘆他的父親從未體驗過知識的樂趣，因為他時時刻刻活在自己的發現可能因政治因素而被批鬥的恐懼之中。王小波稱大腦是「感知至高幸福的奇觀」。[33]他批判中國傳統，認為在這種傳統下，知識總是被實用化或者工具化：「（朱熹）也承認，自己格物致知，是為了齊家治國平天下」，反之科學知識並沒有什麼不可告人的動機，而是基於論證以及自身內在的價值。[34]王小波反對實用主義的知識觀，他寫道：「我更喜歡驢的想法：智慧本身就是好的。有一天我們都會死去，追求智慧的道路還會有人在走著。死掉以後的事我看不到。但是我活著的時候，想到這件事，心理就很高興。」[35]

批判烏托邦與啟蒙

話語的力量

在他最為人所知的〈沉默的大多數〉一文裡，王小波列出在某些情況下保持沉默的必要性。這種選擇與王小波對於壓迫的語言維度的理解相關。在回應台灣知識分子龍應台（後來的文化部長）論中國人為什麼不發聲的文章時，王小波指出言論的領域被宣傳和意識形態主導：「文革開始時，我十四歲，正上初中一年級。有一天，忽然發生了驚人的變化，班上的一部分同學忽然變成了紅五類，另一部分則成了黑五類。」[36]置身被語言重塑的現實之中，王小波發現，這正符合傅柯所說的語言就是權力，而語言的分類則是強制施加乃至製造支配的方式。在這樣的語境下，使用語言不可避免地使作者成為史達林意義上的「靈魂工程師」的一分子。公開發聲，意味著進入「陽」的世界，一個權力關係、政治、壓迫和謊言的世界，比如大躍進期間讚揚中國人民無比幸福的宣傳口號。「和任何話語相比，饑荒都是更大的真理。」而相反地，為了反抗這個世界，總是可以選擇沉默，「我們可以在沉默和話語兩種文化中選擇」。[37]中國共產黨自創始初期就已深諳語言控制的藝術，例如「表態」、「檢討」和近期的「話語權」，這些都是由政府強行為中國人民宣告的，並且強行從任何不是中國人民的「成員」那裡剝奪的。

與文革的瘋狂和歇斯底里相反的是，沉默為與人性和相互尊重相關的各種價值提供了避難所。王小波寫道，有一次在宿舍的洗手間裡發生打鬥，兩位年輕的同志互相咬對方的耳朵，而那消失的耳朵後來被發現四散一地：王小波樂觀地總結說，總歸沒有同類相食，人性勝利了。另一次，作者本人在一次危險的渡河事件中，被同伴送到醫院。他總結說：「因為有這些表現，我以為我們並不壞，不必青春無悔，留在農村不回來；也不必聽從某種暗示而集體自殺，給現在的年輕人空出位子來。而我們的人品的一切可取之處，都該感謝沉默的教誨。」[38]沉默和「陰」的私人世界不僅是人道主義的避難所，還是抵擋暴力和抵擋浮誇的宣傳謊言的堡壘。因此，雖然王小波理所當然地拒絕懷念文革的標語「青春無悔」，但他還是系統性地避免將知識青年描述為受害者。[39]

作為知青一代的非典型成員，王小波較早回到北京（一九七二年二十歲時），在工廠工作六年後，一九七八年以「幾乎正常」的二十六歲之齡被大學錄取。和其他有類似經歷的人一樣，他馬上開始撰寫自己在雲南軍隊農場生活的經歷、他對意識形態驅動的毛主義式極權國家的評價，以及他對八〇年代後毛澤東時代知識分子角色的理解。然而，與同代人不同的是，在以學生運動高潮收尾的「文化熱」的十年裡，王小波沒有發表任何文章（他的第一本文集發表於一九八九年九月）。一九八四年到一九八八年間，王小波陪同他的太太李銀河赴美求學，李銀河當時是匹茲堡大學社會學博士生，王小波則在那攻讀東亞研究碩士學位，師從歷史學家許倬雲。也許是那時，他第一次聽說傅柯的《性史》（一九七六—一九八四），並留下深刻的印象。[40]他對社會及其與國家關係的理解烙下傅柯權力理論的印記：王小波將社會現象視為權力關係，在其中，國家的規訓技術遭遇身體性的抵抗。回國之後，他在北京大學教授社會學，後來又在人民大學教授英語，終於在一九九二年夏天發表歷時二十年完成的短篇小說《黃金時代》。

在這種意義上，他的沉默與「傷痕」文學作者的齊唱形成了對比。那些作者在八〇年代一返回城市，便高調宣告他們在文革期間所受的苦難和壓迫，將自己塑造為忠誠但未被公平對待的受害者。[41]王小波的文革小說則與之相反，花了十年以上的時間打磨，而當《黃金時代》橫空出世，它則以一種激進的諷刺立場面對整個文化大革命的主題，藉由指出這段經歷的無意義荒誕性以及降低鄉村生活的艱苦，讓下鄉青年的經驗去神聖化、回歸平凡。

王小波力求冷靜地描述自己的經歷：

> 我和同齡人一樣，有過各種遭遇。有一陣子，我是黑五類（現在這名字是指黑芝麻、黑米等，當時是指人），後來則被發現需要再教育，就被置於廣闊天地之中去滾一身泥巴，煉一顆紅心。再後來回到城裡，成了工人階級，本來可以領導一切，但沒發現領導了誰。再以後千辛萬苦考上了大學，忽而慨然想到：現在總算是個臭老九了——以後的變化還多，就不一一列舉。總而言之，人生在世，常常會落到一些「說法」之中。有些說法是不正確的，落到你的頭上，你又拿它當了真，時過境遷之後，應該怎樣看待自己，就是個嚴肅的問題。[42]

這種冷靜的關於毛時代的自傳性描述——包括諷刺地提及毛澤東給知識分子的社會分類「臭老九」——強調平淡且非常不浪漫的文革經歷，以及意識形態「標籤」和荒誕的實際經驗之間的對比衝突。與其總是抱怨，王小波說，知識分子應該至少承認他們被話語的世界戲弄了：「很不幸的是，好多同齡人連這種智慧都沒有，這就錯過了在我們那個年代裡能學會的唯一的智慧——知道自己受了愚弄。」[43]

在解釋他為何如此長時間保持「沉默」時，王小波不可避免地回憶起自己的家庭史。王小波的父親是一位知名的邏輯學家，在延安時期就加入共產黨，一九四九年後在人民大學任教，一九五二年王小波出生時，他在教育部工作，成了「三反」運動的對象，被標籤為「階級異己分子」；儘管他繼續從事學術工作，甚至在一九五七年和其他學者一同受到毛澤東的接見，但他的黨籍和職務級別直到一九七九年才恢復。王小波的名字「小波」，隱含他父母希望這場迫害能盡快結束的寓意。[44]在〈我為什麼要寫作〉中，王小波指出，他的父親如此擔憂政治壓力，以至於說服自己的五個孩子全部去學理科——越艱深越特殊的科目越好。王小波幽默地評論道，他很能理解父親為什麼這樣做，只要回顧一下文學學者們的命運即可，比如王實味（在延安被槍斃）、胡風（被送進勞改農場幾十年）、老舍（經歷文革迫害後去世，很可能是自殺）。這就是為什麼王小波作為上山下鄉的知青也寫過一些諷刺故事，但他還是選擇燒掉這些文字並盡力「壓制這種危險的傾向」。[45]

啟蒙理性與非理性

在〈思維的樂趣〉中，王小波將他的反烏托邦文革記憶與啟蒙和烏托邦思想聯繫起來。這是他最受歡迎的雜文之一，最早發表在《讀書》雜誌上，後來成為他雜文集的書名。他寫道：「摩爾爵士設想了一個細節完備的烏托邦，但我像羅素先生一樣，絕不肯到其中去生活。」[46]在另一篇雜文中，他補充道：「在烏托邦內，什麼是幸福都有規定，比如：『以苦為樂，以苦為榮』，『寧要社會主義的草，不要資本主義的苗』之類。在烏托邦裡，很難找到感覺自己不幸福的人。」[47]最終，烏托邦只是一種社會工程：「烏托邦是前人犯下的一個錯誤。不管哪種烏托邦，總是從一個人的頭腦裡想像出來的一個人類社會，包括一個虛擬的政治制度、意識形態、生活方式，而非自然形成的人類社會。」[48]儘管王小波明確拒絕將自己定義為「自由派」，但他認同自由派的批判，即中國現在的這種壓迫環境與之前的烏托邦哲學有關：「一代又一代的青年讀了理想國，胸中燃起萬丈雄心，想當萊庫格斯或一個哲人王。」[49]

和羅素一樣，王小波也將摩爾的《烏托邦》和柏拉圖的《理想國》聯繫起來，他形容毛澤東是一個哲人王：「考慮的問題是人類的未來，而我們只是人類的幾十億分之一，幾乎可以說是不存在……總的來說，哲人王藐視人類……主張信任哲人王的人會說：只有藐視人類的人才能給人類帶來更大的利益。我又要說：只有這種人才能給人類帶來最大的禍害。」[50]毛澤東無視經驗上的現實情況，就是如此與基於純粹觀念的畸形啟蒙工程聯繫在一起的。王小波還批判尼采關於女人的觀點，指出：「哲學上的結論就大不相同，有的結論你抵死也不會同意，因為既沒有證據也沒有推導，哲人王本人就是證明。」[51]

在解放人類的努力中，文化大革命最終採取一種強迫式的啟蒙：「剛當知青時，當時我一心想要解放全人類，絲毫也沒有想到自己。同時我也要承認，當時我愚蠢得很……以愚蠢教人，那是善良的人所能犯下的最嚴重的罪孽。」[52]一九八〇年代的「傷痕」作者和平反後的知識分子，將文化大革命描述為「封建主義」的復辟，與他們相反的是，王小波認為毛澤東的工程根植於對啟蒙的誤讀（以絕對真理之名進行壓迫），以解放全人類為由正當化意識形態的灌輸。然而解放只可能透過知識來實現，而不可能透過基於「無知」的意識形態。王小波在另一篇文章裡講道，根據羅素的觀點，從錯誤的前提可以推導出各種結論。他在上山下鄉期間經歷無數奇怪的事情：「故而我相信這些事全都出自一個錯誤的前提。現在我能夠指出錯出在什麼地方：說我當時是知識青年，青年是很夠格的（十六歲），知識卻不知在哪裡。」[53]王小波之前的編輯，李靜，捕捉到這一點。她注意到，與同時代的人不同，王小波寧可使用「智慧」而非「啟蒙」一詞。[54]

究其核心，毛澤東時代的經歷可以概括為政治的非理性維度，或者按照王小波帶有傅柯視角的觀點，是一種權力關係的非理性維度。他形容毛澤東思想是一種羞辱中的試驗：「有些受虐狂在密室裡說自己是條蟲子，稱對方是太陽——中國人不說蟲子，但有說自己是磚頭和螺絲釘的。至於只說對方是太陽，那就太不夠味兒，還要加上最紅最紅的前綴。」[55]這種政治支配（「紅太陽」是文革時期對毛澤東的標準指稱）與受虐狂的對比，是王小波最受歡迎（也是令人震撼）的小說《黃金時代》的核心隱喻。儘管有些人可能會批評，王小波對毛澤東思想的這種評價過於簡化（傅柯也經常因為他對民主和非民主體制下權力機制的籠統批判而受到批評），但這本書的震撼性以及它對毛澤東時代暴力的去神聖化，對於擺脫那種錯誤的文革懷舊之情起到關鍵作用。更廣義上，王小波將政治——特別是極權政治，視為非理性的。[56]在一篇雜文〈警惕狹隘民族主義的蠱惑宣傳〉中，他比較希特勒的卡里斯瑪（charisma，魅力）和俄羅斯聖愚的文學形象的力量，以及姚文元恐怖怪異的笑。[57]在另一篇雜文裡，他諷刺地描述文革期間新手在鄉村進行醫療手術，而不得不引用毛主席語錄「在戰爭中學習戰爭」。王小波把這場「腸子的戰爭」比作屠夫對豬大腸的漫長清洗——這位業餘手術員花了好幾個小時尋找他朋友的盲腸，同時還要避免「偏左偏右」。[58]

王小波在為流通廣泛的《南方周末》所寫的諷刺專欄裡，也將新左派思想家納入受虐狂的討論。正如唐朝《傳奇》揭露的各種古怪樂趣，比如在糞便裡洗澡，在今天，王小波寫道，有著美國博士學位和綠卡的學者，竟對知識分子住牛棚的日子表示懷念：

> 至於海外那幾位學人，我猜他們也不是真喜歡文化革命——他們喜歡的只是那時極端體驗的氣氛。他們可不想在美國弄出這種氣氛，那便是他們的安身立命之所。他們只想把中國搞得七顛八倒，以便放暑假時可以過來體驗一番，然後再回美國去。教美國書、掙美國錢。這主意不壞，但我們不答應：我們沒有極端體驗的癮，別來折騰我們。[59]

王小波也不能容忍新左派和民族主義之間的緊密關係。他去世前幾周寫的文章提到充滿民族情緒的暢銷書《中國可以說不》（一九九六）：「前些時見到個外國人，他說聽說你們中國人都在說『不』？這簡直是把我們當傻子看待。我很不客氣地答道：物以類聚，人以群分。你認識的中國人都說『不』但我不認識這樣的人。這倒不是唬外國人，我認識很多明理的人但他們都在沉默中，因為他們都珍視自己的清白。」[60]

在一九九〇年代的激烈爭論中，不同立場的人有時都宣稱王小波是他們的一分子，要麼是羅素意義上的自由派經驗主義者，要麼是批判啟蒙的傅柯主義批評家。許紀霖稱，王小波已經選擇英國經驗主義的道路，反對理性唯心主義的黑格爾傳統。[61]與之相反，戴錦華認為王小波的作品顛覆性地解構寓言體裁，將讀者置於「閱讀慣性的陷阱」。[62]在某種程度上，王小波依舊是不可分類的。在九〇年代早期一篇關於「人文精神」爭論的文章中，王小波諷刺地指出，談「文化」如何成了一種道德洗禮，洗去消費和慾望的惡魔，從而諷刺「人文主義者」。[63]戴錦華強調，王小波總是處在關聯點上：他既面向大眾又背向大眾，與體制內和體制外的媒體共事，並融合「他對『人文精神討論』、『文化熱』、『國學熱』的辛辣嘲弄，與他對純正的人文精神、人文事業與母語寫作的固戀、執著之間」。戴錦華認為，這個平衡行為使他處於「在『十九世紀』與二十世紀，或曰在現代與後現代之間。」[64]確實，王小波諷刺了後現代主義，稱它只是另一個時尚的「訣竅」——不再是雞血或超聲波——可以讓人們變得更加聰明。[65]鑒於菁英知識分子經常試圖把社會問題「理論化」，王小波與其後出現的「草根知識分子」則採用更超然、更折衷的態度來看待社會問題。

事實上，王小波從未參與抽象的理論化。李銀河寫道：「有人說，在我們這樣的社會中，只出理論家、權威理論的闡釋者和意識形態專家，不出思想家，而在我看來，小波是一個例外，他是一位自由思想家。」[66]他的思考已經脫離意識形態的心態：「有一種分類法，即意識形態、反面意識形態和非意識形態。我覺得小波是非意識形態的，他不屬於反面意識形態。他關心的問題超出了意識形態論爭的範圍。」[67]清華大學經濟史學家秦暉也持有這種觀點，注意到在王小波非常規和樸實的寫作風格下，人們不可能不認識到他對社會的深切關懷：「但如果所謂思想家是指那些龐大理論體系的建立者，那麼小波的確不是這樣的人。」[68]

儘管如此，面對政治非理性，王小波堅信理性的持久力量。毛澤東式的政治，包括那些從磚頭裡煉鋼或者畝產萬斤的故事，或許說明在中國「每一天都是愚人節」，但重要的是保持理性：「理性就像貞操，失去了就不會再有。」一九七一年林彪死後，軍代表告訴王小波，他們必須「保衛毛主席、保衛紅色江山」。而他的無法服從，證明他並未迷失在意識形態的「萬花筒」之中。[69]

「走出」沉默並站在無權者的立場上

弱勢群體

前面提到，王小波的一些觀點受到傅柯的啟發，尤其他反覆分析權力是人類互動中的基本現象，而政治權力僅僅是其中一種變體。雖然將毛澤東思想比作某種形式的性虐表演多少帶有幽默色彩，但它確實強調王小波所看到的中國社會的一個關鍵特徵：人人都屬於他所謂的「弱勢群體」。

> 幾年前，我參加了一些社會學研究，因此接觸了一些「弱勢群體」，其中最特別的就是同性戀者。做過了這些研究之後，我忽然猛省到：所謂弱勢群體，就是有些話沒有說出來的人……然後我又猛省到自己也屬於古往今來最大的一個弱勢群體，就是沉默的大多數。這些人保持沉默的原因多種多樣，有些人沒能力、或者沒有機會說話；還有人有些隱情不便說話；還有一些人，因為種種原因，對於話語的世界有某種厭惡之情。我就屬於這最後一種。作為最後這種人，也有義務談談自己的所見所聞。[70]

「陰」和「無權」的世界在陰影中生存，因而不僅是困難時期保存人性價值的地方，也可以被視為組成中國社會的主要部分。王小波的宣言完全顛覆主流基於階級的社會觀，在中國知識分子中激起對邊緣人群和底層的廣泛興趣。

「弱勢群體」一詞，最早出現於一九八〇年代的生物學領域，而王小波很可能是第一位在社會科學領域廣泛使用它的人。[71]李銀河相信，這個詞譯自史碧華克的「subaltern」（底層）一詞。[72]然而也很有可能，王小波受到一些馬克思主義文本的影響，尤其是受葛蘭西「subordinate」（臣屬、從屬）概念的影響。[73]此外，儘管它們不是同義詞，但「弱勢」也呼應了哈維爾的「無權者」概念，出於他的知名文章〈無權者的權力〉（一九七八）。[74]不管是哪種假設，「弱勢群體」一詞都標誌著描述中國社會的正統方式的一次重要轉換。

在毛澤東時代，社會學被禁止，只能透過官方認可的理論討論社會階級。一九四九年，中華人民共和國將被四個階級領導，其中工人階級位居第一。從一九五〇年開始，以包含六十二種標籤的詳盡規劃為基礎，每一位公民的戶口都會被加註兩項階級指標：「階級成分」由個人在一九四六年至一九四九年期間的表現決定，「家庭出身」則反映出生時其父親的表現，並很快地成為關鍵指標。一九五七年之後，私有財產被正式廢除，主要的階級矛盾則被認定為完全消除，然而一九四九年開始標註的四類分子（地主、富農、反革命分子和壞分子）依然保留，後來還加上右派分子，合稱「黑五類」。[75]一九六〇年代，毛澤東進一步發展階級鬥爭理論，反對黨內的「小資產階級分子」。然而，我們依然可以說，在一九五七到一九七六年期間，「階級」基本上是一個政治詞彙，與社會經濟條件無關。[76]一九八一年〈關於建國以來黨的若干歷史問題的決議〉推翻文化大革命的政策，重申「在剝削階級作為階級消滅以後，階級鬥爭已經不是主要矛盾」。[77]

一九七八年之後，大專院系逐步恢復社會學，而隨著黨的教條的演變，最終陸學藝等學者提出基於「階層」的分析，巧妙地避開階級這一敏感概念。[78]在鄧小平時代，儘管城鄉戶口（一九五七至一九五八年開始實施）的差別沒有取消，但階級標籤的淡化導致「農戶」的重新定義：農民要麼是農村資本家。要麼就是「弱勢群體」。[79]在王小波和其他人的寫作推動下，出現一種新的二元法，將「既得利益」和「弱勢群體」區分開來，暗示黨及其官員與企業家網絡（在「權貴」或「裙帶」資本主義下）與社會「邊緣」成員之間的緊張關係。後者包括所有官方地位不穩定的人：沒有城市居住證的農民工、鄉村來的訪民、毛時代意識形態的受害者、沒有正當工作單位的人（尤其是性工作者以及其他在法律邊緣謀生的人）、未婚的成年人，特別是同性戀者（那時依舊是非法的，很容易被檢舉）。王小波新的分析類別具有顛覆性的潛力。王小波去世後，林春在《讀書》上的討論突出了這一點。她質疑王小波「沉默的大多數」的概念，稱批判的知識分子只能代表「清醒的少數」，而被壓迫的階級總是臣服於菁英的文化霸權，在她看來這這解釋了被壓迫階級對革命和黨的正面態度。[80]

王小波對於社會階級分析的懷疑，直接源於他在文化大革命期間的經歷：

我到現在還不確切知道什麼人算是知識分子，什麼人不算。插隊的時候，軍代表就說過我是「小資產階級知識分子」。那一年我只有十七歲，上過六年小學，粗識些文字，所以覺得「知識分子」這四個字受之有愧。順便說一句，「小資產」這三個字也受之有愧，我們家裡吃的是公家飯，連家具都是公家的，又沒有在家門口擺攤賣香煙，何來「小資產」？至於說到我作為一個人，理應屬於某個階級，我倒是不致反對，但到現在我也不知道「知識青年」算什麼階級。加入硬要比靠，我以為應當算是流氓無產者之類。[81]

正如之前討論的，階級標籤主要是政治暴力的工具，而不是社會現實的反映；更進一步說，就算知識分子被邊緣化、被剝削，他們也是被指責為統治階級而受到迫害的。這些馬克思主義階級分析下荒誕的人生經歷，孕育出王小波將社會視為邊緣化的弱勢群體之組合的特殊理解。

王小波的方法在二〇〇〇年三月得到記者何清漣的響應，發表她的知名文章〈當前中國社會結構演變的總體性分析〉，並很快受到政府的壓力。[82]在文章中，她將中國社會劃分成以下類別：少部分菁英，主要在舊有的計劃經濟和政治圈子裡；尚未充分發展的中間階層，包括經理、技術工人和外企雇員；被剝削的工人階級；一大群邊緣化群體。這個分類看起來呼應了王小波的社會觀。「據估計，」何清漣說：「『下崗』失業和貧困化鄉村人口總共高達一個億，占勞動力的一四％。換句話說，大概八〇％的中國人不是在社會底層就是在社會邊緣生活著。」[83]這篇文章最終導致何清漣離開中國，清楚地表明，將中國人口之社會政治結構重新概念化，是中國知識分子圈的巨大挑戰。

價值中立

將訪民、同性戀者、性工作者等群體稱為「弱勢群體」，而不是「流氓」等毛澤東時代常用的政治詞彙，已經顯示在中國語境下，王小波方法的非規範性本質。在〈道德保守主義及其他〉一文中，王小波進一步探索他作為學者和評論家的倫理立場。他在《東方》雜誌上新開「社會倫理」專欄，認為社會科學必須將價值中立的概念帶入知識分子的爭論中。他回憶，在一次會議上，一位同事穿著一件寫有「OK, let's pee」（好的，讓我們一起尿尿）的T恤，他藉此隱喻區分兩種人：一種人認為鼓勵總是好的，不管目標是什麼，另一種人傾向思考目標而非鼓勵其他人去做。他強調，儘管他同意撰寫「社會倫理」專欄，為「提高社會的道德水平」提出建議，但他無意鼓勵人們做他們不想做的事情。「好的，讓我們一起尿尿」並不適合一群聚會的成年人——普遍來說，過了一定的年齡，每個人都可以自己決定什麼時候去小便。王小波宣稱他將用這個專欄來闡釋道德標準，而不是強加於人：「倫理道德的論域也和其他論域一樣，你也需要先明白有關事實才能下結論」，而不了解事實就下判斷，和道德保守主義並無差別。[84]基於這個原因，王小波的觀點是，篤信道德或者宗教經典與篤信《毛主席語錄》沒有區別：這兩種狀況都類似於鼓勵人們去尿尿。這種轉向價值中立和對知識分子教化角色的不信任，再次標誌著與八〇年代占據主導地位的啟蒙思想的決裂。

在〈有與無〉中，王小波透過李銀河的社會學研究，進一步討論規範性的問題，思考若社群中的規範（他使用英文詞「norm」）是有害的，社會學家如何處理：「我想任何一個農場主都會覺得自己豬場裡的 norm 對豬來說是最好的——每隻豬除了吃什麼都不做，把自己養肥。這種最好的 norm 當然也包括這些不幸的動物必須在屠場裡結束生命……但我猜測有些豬會覺得自己活得很沒勁。」[85]對規範明顯主觀的評價，以及將描述性研究從規範性判斷中抽離的必要性，這二者的分離證實了王小波將知識和倫理區分的信念。

在另一篇知名的文章裡，王小波主張放棄一切形式的社會規範，並諷刺地將他在雲南遇到的一隻特立獨行的豬奉為榜樣。王小波說，豬和牛通常無需人類就可以過得很好，但人類迫切地想給豬和牛的生活賦予「意義」：不是讓牠們勞作，就是把牠們變成盤中餐。正如一些知青為了反抗毛澤東思想的強制力和荒誕，脫離社會並「土著化」（《黃金時代》的一種可能讀解），[86]這隻豬則拒絕履行一切社會功能，拒絕被閹割，並繼續追求漂亮的母豬：「所有餵過豬的知青都喜歡牠，喜歡牠特立獨行的派頭兒，還說牠活得瀟灑。」（瀟灑是王小波最喜歡的詞之一）有一次，這隻豬模仿工廠的汽笛，讓所有工人提早一個半小時收工。隊長試圖抓住並殺掉這隻豬，但牠逃跑了，在甘蔗田裡過著半野生的生活。王小波總結說：「我已經四十歲了，除了這隻豬，還沒見過誰敢於如此無視對生活的設置……因為這個原故，我一直懷念這隻特立獨行的豬。」[87]對威權組織立下的荒誕秩序的反抗，與知識分子對自然化的社會規範的反抗態度密切相關。

在一系列評論他妻子的研究的短文中，王小波強調社會科學在建立新知識上，主要透過三個方面發揮作用，一是對研究對象有比普通論述更深刻的理解，二是保持價值中立，三是將評判留給讀者：「作者的目的，在於把可靠的研究結果披露於社會，把評判的權力交到讀者手裡。」[88] 知識的生產本身要從道德評判中分離出來，將道德評判留給讀者。王小波進一步批評那些責難李銀河倡導同性戀的人：「社會學研究同性戀文化，僅僅因為它是存在的東西。我們說的文化，屬於存在的論域……假設只研究可提倡的東西，恐怕我們研究的事，大半都屬虛無，而眼前發生的事倒大半不知道。」[89]

在為與李銀河合著的、關於男同性戀的先驅研究《他們的世界》所寫的文字中，王小波反覆指出，同性戀（在九〇年代早期依舊面臨非法的風險）[90]不應當被視作道德問題，而是一種自然的性行為模式：「人和人是不一樣的，有性別之分，賢愚之分，還有同性戀和異性戀之分，這都是自然的現象。把屬於自然的現象叫做『醜惡』，不是一種鄭重的態度。」[91]因此，「不可避免、又不傷害別人的事，談不上不道德」。[92]

在《他們的世界》的序言裡，王小波和李銀河進一步將他們的工作置於費孝通的權威之下。費孝通是中國社會學之父，李銀河在北京大學博士後研究的導師。他們檢討了社會的各個面向，同時避開意識形態：「有兩種對立的立場：一種是說，科學在尋求真理，真理是對事實的實事求是；另一種則說，真理是由一種教義說明的，科學尋求的是此種真理正大光明的頌詞。」[93]最後，關於邊緣人群的研究，需要研究者在政府的勢力範圍之外工作，在「本土」層面（「本土」

一詞是王小波從費孝通那裡借來的）[94]而不是「官方」層面，在沒有居民委員會代表或其他官員在場的情況下進行採訪。[95]這將王小波和李銀河的研究置於費孝通相關的「民間」傳統中。

這個方法也確保了批評中國經濟市場化下興起的不平等和暴力，不是出於對毛澤東式平等主義的懷舊。王小波聚焦於另一種「邊緣」人群，寫了一系列關於民工的雜文。民工是一九九〇年代新出現的社會群體：最初被稱為「農民工」，他們代表一種公民權利被剝奪的群體（由於他們的農村戶口，行政上不允許他們在城市定居），但在中國經濟奇蹟的打造中扮演重要角色。王小波沒有從新馬克思主義的階級觀來考察這個群體，而是專注尊嚴（dignity）問題，這個概念也許是受到泰勒（Charles Taylor）的影響。[96]王小波描述民工春運期間如何返鄉，幾百人擠在火車車廂裡，幾十人擠在廁所裡。「談到這件事，大家會說國家的鐵路需要建設，說到鐵路工人的工作難做，提到安全問題，提到所有的方面，就是不提這些民工這樣擠在一起，完全沒有了個人的尊嚴——彷彿這件事很不重要似的。」[97]他進一步發展這個觀點，指出沒有被尊嚴地對待的人也不會以有尊嚴的方式對待他人。民工經營的路邊攤很髒，因為民工自己就沒有被尊嚴地對待；一些NGO為了解決這個問題，向民工提供了乾淨的簡易住所。[98]類似地，王小波工作單位住宅的鄰居們，自己家裡很乾淨，但不覺得對住宅的公共區域有什麼義務。「大多數人在受到重視之後，行為就會好。」[99]為了解決中國社會的不平等和權利被剝奪的問題，僅僅指責市場經濟是不夠的；社會如此斷裂的深層原因，要從毛時代延續下來的缺乏公民地位和個人尊重談起。

在另外一篇文稿裡，王小波諷刺地比較儒家理想的「君子」和英語裡的「紳士」（gentleman），認為儒家文人缺乏個人尊嚴的觀念：「中國的君子獨善其身，這樣就沒有了尊嚴。這是因為尊嚴是屬於個人的、不可壓縮的空間，這塊空間要靠自己來捍衛——捍衛的意思是指敢爭、敢打官司、敢動手（勇鬥歹徒）。我覺得人還是有點尊嚴的好，假如個人連個待的地方都沒有，就無法為人做事，更不要說做別人的典範。」[100]王小波的思考，呈現一種看待知識分子角色的全新方法。他建議知識分子與其培養美德（像傳統文人一樣成為典範），不如透過筆或法庭，加入被剝奪個人尊嚴者的群體鬥爭。與其在廁所牆上寫寫標語（例如他在歐洲旅行時，在布魯塞爾機場廁所看到的「解放薩爾瓦多」標語），[101]知識分子應該捍衛被社會拒絕承認的具體的人的個人尊嚴。在一九九六年新年致辭中，王小波承認近年來的社會進步，也不後悔回國，但他提出一個願望：「社會生活裡再多一些理性的態度，再多一些公正和寬容。」[102]

新民間文學

儘管王小波的雜文流傳廣泛且具有重要意義，但一個廣為人知的事實是，王小波並不喜歡自己的雜文，他認為自己的雜文和小說比起來沒那麼重要，也不夠「嚴肅」。李銀河把雜文作者描述為英文中的「watchdog」（看門狗）。她回憶說，當出現某些社會問題時，王小波會「覺得自己有的時候應該出來說說話，這是他寫雜文的一個動機。但是他真正用心的，真正追求的主要還是寫小說，寫好的小說」。[103]儘管他有所保留，但李銀河鼓勵他為報紙撰寫雜文，以建立更廣泛的讀者群。然而，艾曉明指出，不應誇大雜文和小說之間的衝突：「他把小說變成了一種思想的方式。在小說中，他的想像、運思、推論比他後來在雜文中進行的思考要複雜得多，也深邃得多。」[104]在這種意義上，他的小說和雜文是同一項知識分子工程的組成部分。批評家易暉說，王小波的小說在某種程度上總是關注中國知識分子的文化困境。[105]文學學者孫郁也同樣指出，將知識分子的角色重新定義為知識的解放者，使得王小波將小說變成一種認知遊戲，在小說中用荒誕性對抗荒誕性。[106]

在〈沉默的大多數〉裡，王小波主張文學有一個特別的功能，即「攻擊整個陽的世界」。[107]文學有別於意識形態和「陽」的世界，因為文學不能給出所有的答案；它是個人的，它之所以觸動其他人，不是透過強迫，而是透過愉悅。正如王小波的編輯李靜（她後來成為作家）在二〇〇八年所寫的：「王小波用雜文表達他的『信』，以小說承載他的『疑』。」[108]王小波在文章結尾挑戰了官方和八〇年代許多作家提倡的文學觀：「照他〔一位王小波的朋友〕看來，寫書應該能教育人民，提升人的靈魂，這真是金玉良言。但是在這世界上的一切人之中，我是希望予以提升的一個，就是我自己。這話很卑鄙，很自私，也很誠實。」[109]文學，就像知識，只有一個終結目標：獲得愉悅，無論是對作者還是讀者。就是這種根本上反威權的、個人主義的觀念，保衛文學不被宣傳或者意識形態濫用，並使它處於定義社會和政治關係的「權力網絡」之外。

在〈小說的藝術〉中，王小波大致描繪了他的雜文和小說之間的區別。他將自己的文章和現代「雜文」傳統（可追溯到魯迅）聯繫起來，謙虛地弱化這些文章的重要性：「雜文無非是講理……所以，我雖能把理講好，但不覺得這是長處，甚至覺得這是一種劣根性，需要加以克服。

誠然，作為一個人，要負道義的責任，憋不住就得說，這就是我寫雜文的動機。所以也只能適當克服，還不能完全克服。」而相反地，小說可以從這種負擔裡解放出來：「負道義責任可不是藝術標準，尤其不是小說藝術的標準。」[110]

王小波在〈藝術與關懷弱勢群體〉一文中回到這個二元論。儘管在雜文中為弱勢群體發聲十分重要，但他認為，藝術的特殊角色是冒犯強勢群體，而非關懷弱勢群體：

> 任何社會裡都有弱勢群體，比方說，小孩子、低智人——順便說一句，孩子本非弱勢，但在父母心中就弱勢得很……文明國家各種福利事業，都是為此而設。但我總覺得，科學、藝術不屬福利事業，不應以關懷弱勢群體為主旨。這樣關懷下去沒個底……我以為科學和藝術的正途不僅不是去關懷弱勢群體，而且應當去冒犯強勢群體。[111]

他特意將他的小說《黃金時代》寫得和文革文學的主流趨勢不同：

> 這本書裡有很多地方寫到性。這種寫法不但容易招致非議，本身就有媚俗的嫌疑。我也不知為什麼，就這樣寫了出來……眾所周知，六七十年代，中國處於非性的年代。在非性的年代裡，性才會成為生活主題……然而，在我的小說裡……真正的主題，還是對人的生存狀態的反思。其中最主要的一個邏輯是：我們的生活有這麼多的障礙，真他媽的有意思。這種邏輯就叫做黑色幽默。我覺得黑色幽默是我的氣質，是天生的。我小說裡的人也總是在笑，從

來就不哭，我以為這樣比較有趣……當然，也有些作者以為哭比較使人感動。[112]

大部分知青文學充斥著悲情，曾遭下放的知青集體地為自己感到遺憾，但王小波則避開這種廉價的情緒，形成一種旨在激發人們反思的諷刺風格。

王小波為「民間」作者設立了一種新的立場：自由撰稿、非官方、不受傳統菁英道德論述的束縛。儘管他對當代文學的影響有限，但他的作品確實引領一個獨特的「民間」寫作類型的興起。陳曉明認為，王小波的小說也代表著一個關鍵的轉折點，因為他「打破了文學制度壟斷的神秘性，表明制度外寫作的多種可能性」。[113]這個流派最突出的集體表達，是一九九八年王小波去世一年後，朱文組織的〈斷裂〉問答。朱文和王小波相當親近。〈斷裂〉發表在《北京文學》上，包括朱文和詩人韓東致五十五名作者（包括韓東）的富有挑釁意味的問卷以及後者的答卷，整體上嘲諷了所有形式的文學權威：老作家、文學評論家、外國漢學家（用于堅的說法，「就像對待一個初中生對我的作品評頭論足那樣」）、當代典範（陳寅恪、顧准、王小波）、外國理論家（傅柯、巴特、海德格）、魯迅、作協（用朱文的說法，是「一具在辦公桌前還在開會、做筆記的腐屍」）、先驅期刊《讀書》和《收穫》，以及文學獎。[114]答卷總體上是簡潔且輕蔑的。不過在涉及王小波時，幾位作家指出，他們沒有「像偶像一樣崇拜他」，但尊重他是一位作者。[115]在問卷的附錄中，韓東指出王小波的重要性（同時也質疑王小波被主流挪用成「偶像」），並追溯當代文學的「民間」傳統：

和我們的寫作時間有比照關係是早期的《今天》、《他們》的民間立場，真實的王小波，不為人知的胡寬，于小韋，不幸的食指，以及天才的馬原，而絕不是王蒙、劉心武、賈平凹、韓少功、張煒、莫言、王朔、劉震雲、余華、舒婷以及所謂的傷痕文學、尋根文學和先鋒文學……比如不久前去世的王小波，與我們所熟知的許多作家正處於同一時間，但他們的寫作完全是南轅北轍的。王小波生前不被文壇接受，死後被平庸者奉獻為精神偶像，這秩序的無恥和荒謬實在令人震驚！王小波的事蹟證實了當年另一種寫作的確切性。雖然這種寫作是獨立無援的，但它不可或缺。[116]

韓東將這個「民間」傳統追溯至毛澤東時代晚期的非官方期刊，發現與文學建制（及其在王小波去世後收編他的企圖）相比，王小波寫作中有一種特別重要的表達。韓東接著對這兩種類型的寫作進行全面比較：一種是「適應性的，在與秩序的交流中改變著自己」，不只以官方的作協為代表，還有「一切強有力的壟斷和左右人們文學追求和欣賞趣味的權威系統」；另一種「永遠是極少數的、邊緣的、非主流的、民間的、被排斥和遭忽略的」。[117]

這種二元論在某種程度上重構了文學場域。朱文的短篇小說和韓東的詩歌是這個群體中最傑出的代表，但這個群體還包括棉棉、衛慧、林白等女作家，昆明的于堅、成都的翟永明等具有強烈地方色彩的詩人，以及遼寧的編輯和小說家刁斗。他們挑戰的不僅是文學建制，還有忠於傳統知識分子觀念的異議作家。一個著名例子是，馬建非常反感朱文所謂六四當晚他在家睡大覺的圓滑表態，馬建形容朱文「不負責任地拒絕了藝術家在社會上有意義的角色」。[118]朱文在發表幾部小說集後，轉向電影製作，後者如今還是他的主要活動。

于堅和韓東成了「民間」詩歌的旗手，不僅挑戰官方詩人，也挑戰被他們形容為「新文人」風格的北島和其他「知識分子詩人」。于堅用詩歌描寫那些與志同道合的朋友在昆明的日常生活和文革記憶，於一九八〇年代成名。這些詩和政治有關，但也十分具體，堅定地扎根於日常生活和語言。他堅持地方語言優於國家語言、口語優於書面文字、拒絕將隱喻作為詩歌方法，並據此建立一套理論系統。于堅和丁當是韓東一九八四年在南京創辦的「民間」詩歌期刊《他們》的聯合發起人。[119]韓東和于堅被認為是中國詩歌民間學派的代表性人物，柯雷（Maghiel van Crevel）用世俗和崇高美學的二元論總結他們寫作的一系列特殊對比。民間詩人倡導使用口語和通俗的語言，而非標準語言；懷疑論的幽默，而非程式化或宣傳式的論述；邊緣性並反對任何社會角色，而非文學和烏托邦主義傳統上的指導角色（他們認為後者就體現在隱喻的使用）；真實性和日常性，而不是「知識分子」或者菁英主體；以及使用空格和非標準語法，而不是現代中文語法中帶有外國色彩的標點符號。[120]

一九八九年之後，于堅寫下他第一首長詩〈0檔案〉，儘管沒有直接聯繫到民主運動，但依舊可以看作是鎮壓之後壓抑氛圍下的產物。這首詩於一九九四年在《大家》期刊上首次發表。在九〇年代，始自其著名詩作〈對一隻烏鴉的命名〉（一九九一），于堅開始大量論詩，包括散文如〈拒絕隱喻〉（一九九一）、〈從「隱喻」後退——一種作為詩歌的方法之我見〉（一九九七）、〈詩歌之舌的硬與軟——詩歌研究草案：關於當代詩歌的兩類語言向度〉（一九九八），以及〈詩言體〉（二〇〇一）。在〈斷裂〉問答後，爆發一場圍繞「知識分子」和「民間」詩歌及寫作的大型爭論，一部分爭論在刊載問答的同份期刊《北京文學》上展開。于堅是其中的核心人物，他譴責「知識分子詩歌」、倡導回歸民間，尤其以他的文章〈穿越漢語的詩歌之光〉（一九九九）為代表。柯雷討論于堅如何在反對「官方」和「菁英」的激辯中建構民間，從而在修辭上將民國的「菁英」和「先鋒」派或者朦朧派詩人（柯雷稱他們是「自我標榜的悲劇英雄主義」）與毛澤東時代的「官方」詩歌歸在一起。[121]在〈論民間〉一文裡，韓東進一步反對三個「龐然大物」——體制、市場、西方——倡導一種本真的、口語的、本地的書寫形式。[122]爭論最終停息，並在十年後，于堅與北島和好，並在《今天》上發表一些作品。他還逐漸將自己對民間風格和蒙太奇技巧的興趣運用到紀錄片中，本書第四章將進一步討論。總結而言，斷裂運動標誌著對民間文學的重要肯定，但它最終為時不長。隨著文學進一步融入九〇年代的商業文化主流，位於邊緣的批判位置逐漸被紀錄片導演、業餘史家和法律活動家接下。

本章探討的三大主題，將王小波的理論和實踐定義為「民間知識分子」：批判道德優越性的傳統論述，批判政治烏托邦和自上而下的啟蒙論述，倡導價值中立和草根立場。不僅如此，王小波挑戰「以天下為己任」的框架，但也開啟知識分子「打破沉默」，並從社會邊緣立場說出自己和他人經歷的可能性。王小波提到一種「談談自己的所見所聞」的「義務」，無論是在雲南和知青與農民在一起，還是在他的社會學調查中。這個義務顯示出價值中立的視角，而不是社會核心價值的視角。雖然發聲的「義務」令人想起一九八〇年代啟蒙知識分子的立場，但在王小波看來，這種「義務」是個人對自己的責任，旨在逃離從社會責任感中產生的那種道德或者思想優越性所構成的關係。使用與壟斷「話語的世界」的聲音不同的語言來發聲是有必要的。走出沉默的世界，進入權力和語言的世界的危險中，這有某種示範作用，展示發聲的反威權力量。在王小波看來，只有站在邊緣的、不被代表的社會立場上，作家或知識分子才有可能進入公共言論和政治的世界，從而打破知識分子作為忠誠的批評者和國家主要對話者的長期傳統。[123]

在二〇〇四年《南方人物週刊》發表的「公共知識分子」名單裡，王小波列在「致敬名單」中，名單上的六位人物均已過世但影響力依舊。[124]他支持弱勢和邊緣觀點的立場，在後天安門世代中得到進一步發展。紀錄片導演使用業餘者上手的平價器材，拍攝受排擠的社會群體，例如農民工、性工作者、大饑荒或政治運動的受害者。賈樟柯是其中十分優秀的電影人，經常提及王小波作為作家啟發他思考個人價值和遠離集體敘事的必要性。[125]閻連科和廖亦武等作家，轉而描寫社會中最弱勢或飽受疾病折磨的群體，並採用他們的視角。[126]李銀河和郭于華等社會學家，遵循王小波倡導的價值中立，轉而研究具體的社會問題。本土社運行動者則聚焦於環境問題、文化遺產的破壞和房屋強制徵收問題，而不是改變體制——所有這些問題王小波都在他的雜文裡討論過。

在這個過程中，政府也沒有袖手旁觀。在《南方人物週刊》發表名單之後，「公共知識分子」一詞受到《人民日報》的攻擊和質疑。作為黨的喉舌，它不僅指出知識分子自主性的宣稱具有誤導性（「知識分子代表工人階級」），而且還特別點出知識分子成為「沉默的大多數的代言人」的野心。[127]考慮王小波在名單中的顯著位置，明確提到「沉默的大多數」也許正是針對他的知識分子觀念。二〇一二年，當政府開始打壓自由派社運行動者時，《人民日報》海外版發表一篇社論，將「弱勢群體」列為五大危險群體之一（批評家諷刺地稱其為「新黑五類」），其他四類是維權律師、地下宗教的信徒、異議人士和網路領袖，他們代表境外敵對勢力「以期透過『自下而上』的方式滲透中國基層」的工具。[128] 隨著政治控制重新主導媒體，「弱勢群體」一詞變得敏感並從官方領域中完全消失。

第三章
研究毛澤東時代的民間史家：紀念、記錄、爭論

一九九七年五月正值反右運動四十周年。幾個月前鄧小平的離世為平反「右派」掃除了重要障礙，因為作為中共中央書記處書記，鄧小平代表一九五七年執行毛澤東命令的主要組織勢力。一九九七年秋天舉行的中共第十五次全國代表大會多次提到「政治改革」，傳達出自由化的信號。這些政治形勢為重新評價一九五七年的事件創造了條件，那一年的事件尚未像文化大革命那樣，在八〇年代初受到黨內同等程度的批判。一九七八年發布的一系列黨內文件確定處理那些「劃成右派」、那些被標籤（但從未被證實）的右派的指導方針：黨再次肯定反右運動的必要性，但同時承認九九%以上的右派標籤是沒有根據的。[1] 中共沒有為此道歉，也沒有補發拖欠多年的工資和退休金，但要求各單位負責為「摘帽右派」安排新的工作並補發拖欠的工資和退休金。一九八〇年代和九〇年代大部分時期，中華人民共和國的初創期（一九四九至一九六六年）

被稱頌為理想主義的黃金年代，黨在人民和知識分子中廣受支持。正因如此，紀念反右運動明顯對中共的權威和歷史合法性提出更激烈的挑戰，比文革帶來的挑戰更大，因為後者已受到官方的正式批判。儘管劉賓雁和方勵之曾在一九八七年推動紀念反右運動三十周年，但這類紀念活動在整個八〇年代幾乎是不可能展開的。

與之相比，反右運動四十周年後不久，一九九八年初，北京大學的幾位前右派人士出版一套三卷叢書，內容涵蓋歷史文件、個人證詞和平反呼籲。[2]曾被劃為右派的朱鎔基在三月上任國務院總理。一九九八年五月四日，江澤民為北大百周年校慶發表演講，其被解讀為支持自由思想。演講發表後，胡平、朱正、戴煌等知識分子掀起出版回憶錄和研究的小浪潮，[3]章詒和出版了暢銷的家庭回憶錄《最後的貴族》，描寫她的父親、「頭號大右派」章伯鈞等政治菁英遭受的迫害。[4]第一波出版物集中在個人或家族回憶錄，例如戴煌的自傳《九死一生》，這本書十分暢銷，直到二〇〇七年被禁。[5]戴煌在一九五七年因一次反對「神化毛澤東」的演講被劃為右派，在勞改農場裡度過二十二年。儘管被摘掉右派的帽子，但他從未領到二十二年的工資補償。他的女兒戴為偉後來參與編輯《記憶》雜誌，是右派後代延續他們父母的工作的一個常見例子。[6]然而，我們不應誇大這些回憶錄的影響力。戴煌的書確實格外引人入勝，但很多回憶錄則冗長無趣，由不知名的出版社出版或者個人出版。更重要的是，他們的主觀視角限制了他們論點的通用性，降低他們對於當局的威脅。

接下來則出現更系統性的整理和分析。北京大學中文系教授錢理群，在一九五七年作為該校中文系的新生親歷這場運動。他在北大百周年校慶後不久，發表題為「不容抹殺的思想遺產——

重讀《北京大學右派分子反動言論匯集》、《校內外右派言論匯集》」的反右運動紀念文章。他在文中象徵性地重新閱讀當時的「反面教材」，這些一九五七年學生刊物上的言論被「奇蹟」般地保存下來。[7]他也呼籲老右派銘記歷史並公開發聲，引來海浪般的信件回覆，並常附帶已發表的回憶錄，而這些材料後來都收入他的研究著作中。[8]二〇〇三年前後，他開始編輯反右運動重要見證文字的研究合集，以「拒絕遺忘：『一九五七年學』研究筆記」為名集結成書。書中各章關於一九五七年北京大學的三份學生刊物；「右派分子」林希翎（一九三五—二〇〇九）、劉奇弟（一九三四—一九六三）、譚天榮（一九三五—）和姚人傑（一九二四—）；和鳳鳴（一九三二—）和張先痴（一九三四—二〇一九）所寫的兩部回憶錄；三位具有代表性的運動受難者，林昭（一九三二—一九六八）、顧準（一九一五—一九七四）和張中曉（一九三〇—一九六六，他在反胡風清洗中被捕，死於獄中）。在簡短的前言中，錢理群強調這些人物都是「普通人」：

> 這些書序、書評也自有追求，即把關注的目光始終集聚在反右運動中的人，而且是一些普通的人，他們的命運、心理、精神上，而這正是被我們的許多歷史研究所忽略的：我曾經說過，「在我們的歷史視野裡，（常常）只有歷史事件而無人，或者有歷史偉人（大人物）而無普通人（小人物），有群體的政治而無個體的心靈世界」。因此，我所做的工作，是補這類一般視為正史的敘述之所遺，也應該自有其意義與價值吧。[9]

這一論述標誌著反右運動研究從菁英歷史轉向「民間」歷史，聚焦於運動如何影響大批基層人員和幹部。在一場公開演講中（後來成為《拒絕遺忘》中的宣言），錢理群發起了「一九五七年學」計劃，旨在為譚天榮和顧準等毛澤東時代的民間思想家平反，並運用學術研究抵抗遺忘。他的對象不只是作為一次事件的一九五七年，而是他所說的，「應把批判的思考伸向整個中國歷史更為深遠的根源」。[10]

從菁英到底層：民間史家、對象和方法

反右運動四十周年前後的活動，標誌著中國各地興起一系列前所未有的、草根式的反右研究計劃：這些計劃的參與者透過跳蚤市場或者其他非官方管道搜集資料，採訪倖存者和見證者，[11]有時還會拍攝關於這些人的紀錄片，在電影節、書店和大學放映。[12]這股新興的熱情使人們開始探索範圍更廣的歷史事件。詩人馬莉編輯的《南方周末》歷史版和《北京青年報》等媒體，也成為揭露共和國早期爭議歷史的研究的發表園地。[13]

對毛澤東治下的二十七年（一九四九—一九七六）的爭論，自八〇年代起就是建構中國知識分子領域的話題之一。「傷痕文學」運動哀嘆知識分子淪為受害者，但在很大程度上迴避了毛澤東時代國家機制的討論。這場運動早在一九七八年十二月的十一屆三中全會前就興起了，啟發張賢亮的小說和第五代導演的作品，例如田壯壯的《藍風箏》。在八〇年代初正式恢復社會學這一

學科後，社會學家們開始對共和國初期展開口述歷史研究，以重新定義中國社會的階層分類。然而，八〇年代作家和知識分子對毛澤東時代的共識，大體上與《關於建國以來黨的若干歷史問題的決議》相仿，這份決議既批判文革又劃下對文革批判的界線。[14]作家和知識分子聚焦文革時期的「錯誤」，他們的小說、論文和學術作品最終都繞過任何對於政權的系統性批判。知識分子還沉迷於那種受到國家不公正迫害的「忠誠受害者」的菁英姿態，迫切希望能重新找回忠誠國師的應有地位。因此，如果要對主流論述提出挑戰，則必須放棄他們的菁英姿態，反思毛澤東時代的社會工程如何在知識分子的理論支持下影響普通人。

受害者敘事偶爾也受到質疑：最早提出質疑的是作家巴金，他的妻子在文革中因患病未得到醫治而去世。巴金在參觀奧斯維辛紀念館後不久，於一九八六年四月一日在香港《大公報》撰文呼籲建立文革紀念館，提醒人們「記住自己的責任」，讓「無論是造反派、走資派，或者逍遙派……大家都到這裡照照鏡子」。[15]著名的文藝學者劉再復最早對呼籲做出響應。一九八六年九月八日，他在《人民日報》撰文呼籲人們「懺悔」，這個詞既有「認罪」也有「悔過」的含義。劉再復以兩種形式的集體罪惡感闡述為什麼需要悔過：對於中華民族落後的罪惡感和老舍等「犧牲同志」眼中的「倖存者罪惡感」。他指出，這種悔過不能停留在儒家文化中常見的對於外部規範的簡單服從上，必須更加深入。[16]他的呼籲得到離經叛道的青年批評家劉曉波的響應。劉曉波因為一九八六年十月三日在《深圳青年報》上撰文攻擊「傷痕文學」的知名作家而聲名大噪。他在文中批評王蒙和張賢亮助長對於文革前「十七年」（一九四九—一九六六）「純真」社會主義的懷舊情懷，批評他們讚揚再教育使知識分子更貼近「人民」。[17]

如何看待毛澤東時代，繼而成為九〇年代知識分子嘗試重新確立自身社會地位與角色的過程中的一個核心議題。在史學界，早期的批判集中在文革身上。嚴家其和高皋的「動蕩十年」史寫於一九八〇年代初，最早發表於一九八六年香港《大公報》（起初是連載，後來由報社發行單行本），與一九八一年《決議》奉為正統的官方論述相悖。[18]當時還在北京電視台工作的獨立導演吳文光，於一九九二年完成《一九六六，我的紅衛兵時代》，他在片中採訪幾位著名的老紅衛兵，包括曾經與他共事的哲學學者徐友漁。[19]最早在文學領域向官方敘事提出挑戰的是王朔的短篇小說〈動物凶猛〉（一九九一），[20]後來由姜文拍攝為電影《陽光燦爛的日子》（一九九四）。當然還有王小波的中篇小說《黃金時代》（一九九二），其諷刺了文革期間上山下鄉的知青，暗指知識分子在毛澤東思想的羞辱中扮演了同意型受害者的角色。[21]一九九四年，智量的小說《飢餓的山村》成為第一部討論大躍進時期饑荒的長篇作品，小說十分暢銷，幾年內售出二十萬冊。[22]

接下來，從九〇年代後期開始，出現了一系列以更系統、更激進的方式挑戰毛澤東時期知識分子地位的論述生產和出版。王小波在〈沉默的大多數〉中預見這一發展，他描繪大躍進時期用來鼓噪宣傳的高音喇叭：「從那些話裡我還知道了一畝地可以產三十萬斤糧，然後我們就餓得要死。總而言之，從小我對講出來的話就不大相信，越是聲色俱厲，嗓門高亢，我越是不信，這種懷疑態度起源於我飢餓的肚腸。和任何話語相比，飢餓都是更大的真理。」[23]王小波的文章指向一個更為激進的結論：知識分子製造的虛假言論是政權主要的宣傳工具，也是大饑荒期間的致命武器。當時的知識分子心甘情願地配合毛澤東的政策。因此，只有當知識分子與這種做法徹底決裂時，王小波「走出沉默」的決定才有可能。

本章旨在展現業餘和非官方史學家，如何與毛澤東時代的草根受害者和見證者合作，逐漸發展出一套對毛式國家機器更具批判性和自我批判性的論述。[24] 以前的記憶研究聚焦於記憶在共產黨論述中的重要性、文化菁英如何運用「隱藏文本」批評毛澤東時代，以及下崗工人和其他懷有不滿情緒的群體如何在九〇年代挪用對毛澤東思想的正面記憶。[25] 與之相比，一九九七年後出現的新批判論述首要的特點是更加系統化，不再局限於將文化大革命描述為社會主義國家發展中的「意外事件」（或者像黨史所說的、《決議》定調的一個「錯誤」），而是試圖理解整個毛澤東時代（一九四九—一九七六），包括毛式政治與後毛澤東時代政權之間的連續性。其次，新的論述質疑一個公認的觀點，即毛澤東的政策主要針對一九四九年之前的社會菁英，而對「下層階級」有利，並試圖反思「菁英」與「底層」的範疇。關於饑荒的記憶長期沒有浮現，因為大多數受害者是貧苦農民，他們沒有機會參與公共討論，而且被成功規訓，只會用黨的詞彙來表述自己的苦難（當然，官方的積極打壓也是他們保持沉默的原因之一）。[26] 將饑荒推至前景，改寫了對毛澤東時代階級的觀點。第三點，鑒於知識分子在支持國家的社會工程中扮演的角色，在老紅衛兵和其他參與暴力的人中出現一套「懺悔」論。雖然政府試圖將紀念局限在私人領域，但一系列公開道歉使「懺悔」廣泛傳播。

非官方史學家也可以被視為民間知識分子，因為他們（至少部分）在體制外，依靠自身的特殊知識而不是官方管道或者商業動機（很多人透過電子郵件傳播他們的刊物，唯一的收入是自己的退休金）來搜集和發表挑戰官方歷史敘述的資料。他們的成果在多重意義上具有「民間」性，亦反映這一概念的多義性。首先，很多研究者不是受過科班訓練的歷史學家，即使是，也並非專精於當代歷史，這個專業在中國大專院校的歷史系中依舊十分少見（作為自由職業的「民間」）。即使是他們當中偏向學術的那批人，通常也是在學術圈外開始自己的研究。其次，他們的研究對象從菁英政治轉向日常歷史和記憶（作為草根的「民間」）。第三，他們在方法論上開始轉向學院派史學家通常不認同的方法，比如口述史，而不是依靠（無法獲得的）官方檔案（作為非官方的「民間」）。更廣泛地說，他們的集體努力是在協力改寫中華人民共和國的歷史敘述，將聚光燈投向邊緣群體，而不是統治階級（由失敗者撰寫的歷史）。

一九九七年反右運動四十周年，標誌著毛澤東時代相關民間論述的轉捩點，這無疑是因為反右運動與早期知識分子的迫害特別相關。四十周年紀念後，人們對一九五九至一九六一年的大饑荒以及平民受難者產生新的興趣。最後，透過非官方刊物，民間知識分子在二〇〇〇年代後期一系列新的公共論壇中再次回到文化大革命的議題。本章將詳細審視這三個階段，著重於特殊的實踐形式：紀念反右運動（因為其受害者沒有獲得承認）、記錄饑荒（因為其受害者從歷史中被抹除），以及爭論文革（因為其存在相互競爭的敘述）。

紀念草根右派

在一九九〇年代末被人們重新發現以前，反右運動大體上被視為一場社會菁英內部的意識形態整肅，針對相對少數的著名無黨派政治人物和文化菁英。雖然官方承認有五十萬人被「劃為」右派，但人們很少留意普通公民受到何種影響或者系統性迫害。華如璧（Rubie Watson）指出，公開紀念是一種經典手段，受害者或者見證者試圖藉此創造討論歷史爭議事件的合法社會空間，而國家通常則試圖將人們的記憶限制在私人領域中。[27]當事件涉及到國家暴力下有名有姓的受害者時，紀念的作用就更明顯了，因為親朋好友組織的私人紀念儀式，可能會發展成規模更大的公共事件。雖然章詒和記述北京三位「大右派」的回憶錄在重燃人們對反右運動的興趣上扮演重要角色，但值得注意的是，反右運動的很多受害者並不是社會菁英。在反右運動的「草根」受難者的紀念中，有三個突出的例子：林昭，她雖然在文革期間被處決，但此前被視為右派和其他北大學生一同受到迫害；在蘭州創辦《星火》雜誌的幾位成員被處決，他們來自甘肅當地大學畢業生組成的更加草根的組織；數千名右派分子在甘肅的夾邊溝農場餓死。這些例子突出紀念活動和受害經歷之間的關係，成為反思一系列歷史事件的原動力。

林昭與北大學生

林昭（原名彭令昭，一九三二—一九六八）是北大著名的右派分子，一九六〇年十月因與《星火》雜誌有關聯而被逮捕，後於一九六八年被槍決。她是新一代民間知識分子在二十一世紀初重新發現的一位人物，成為日漸熱烈的討論和紀念對象。林昭是明星學生，早在蘇州時期就加入中國共產黨，後來進入北大新聞系，參與製作學生的大字報（她協助張元勛的大字報《是時候了》）、地下刊物《紅樓》，以及《星火》。她的案例表明，反右運動不僅是一場黨內派系鬥爭，還是北大學生爭取言論自由、弘揚五四傳統的學生運動。林昭入獄期間，繼續用她能找到的所有工具撰寫政治批判文字，包括用自己的鮮血在床單和衣物上撰寫。

林昭之妹彭令范在一九九八年反右運動四十周年紀念後不久，開始撰寫關於姊姊的長文。[28]李潔指出，林昭案最早廣為人知，是在一九八〇年上海法院對她平反之後，一份學術刊物發表一篇記述她判刑和處決過程的文章（其中著名的情節是據說政府向林昭的家人討要五分錢作為槍斃林昭的子彈費）。她的個人檔案包括「血書」曾短暫公開，使她的文字得以公開傳播，不過隨後她的檔案就再次被封存。[29]直到胡傑的紀錄片《尋找林昭的靈魂》上映前，她的案子都沒有再引起任何公共討論。胡傑畢業於解放軍藝術學院，專業是油畫。一九九九年，他決定調查林昭的歷史，從新華社辭職，並在接下來的數年中，採訪林昭的朋友和親人，並四處搜集林昭案的資料。《尋找林昭的靈魂》完成於二〇〇四年，無法透過正常管道上映或發行，但胡傑帶著影片遊歷全國，在各地組織放映、分發免費拷貝，並參與觀眾的討論。[30]影片在知識分子中十分知名，胡傑也因此成名，繼續從事相關題材的工作，拍攝關於卞仲耘的爭議性紀錄片《我雖死去》（二〇〇六）。卞仲耘是女校校長，一九六六年八月成為最早死於紅衛兵暴力的受難者之一。胡傑後來回到反右運動的題材，拍攝影片《星火》（二〇一三）。

二〇〇八年是林昭受難四十周年。《南方周末》發表一篇紀念文章。[31]林昭的遺體於二〇〇四年遷至蘇州城外的家族墓地。胡傑的影片使她獲得一些知名度後，紀念活動開始在她的墓地舉辦，並在她受難四十五周年的二〇一三年達到高峰。[32]她的妹妹在媒體特別是《南方周末》上發表數篇文章，廣為流傳，包括駁斥林昭墓碑遷離蘇州和她本人（彭令范）已去世的謠言，以及解釋她為何將林昭檔案的副本捐贈給胡佛研究所檔案館。[33]

林昭案在各大媒體上受到重視。二〇一四年，艾曉明在《東方歷史評論》（二〇一三年由專欄作家、批評家、文化企業家許知遠創辦的半獨立刊物）發表關於林昭遺稿的論文，這是三篇系列長文的第一篇，集中討論〈致《人民日報》編輯部〉和新發現的對話錄形式的小說《靈耦絮語》，在該部小說中，林昭表達出對毛澤東的刻骨仇恨和對上海市市長柯慶施的強烈愛意。艾曉明把這部小說和魯迅的《狂人日記》做了比較，她特別注意到林昭的批判不僅有理性的批判，還有感性的批判：

> 有關林昭反抗思想的來源，錢理群、傅國湧等研究者和紀錄片導演胡傑，都強調了她的人權理念、自由民主的價值觀和基督教信仰。但我想補充的是，還有一點特別值得我們重視：林昭在十四萬言書中強調，她的基本立場和決不折中調和的態度，「毋寧說是青春代剛毅熱烈的氣質」。她還寫道：「這個青年反抗者所作的諸般戰鬥行動大都源於直覺——感性，而不源於理性。理性在我只不過時而用以檢驗、分析以至理解感性的決定罷了。然而絕對無法代替感性。」[34]

艾曉明將感性作為女性論述來分析，將其解讀為對毛時代父權體系的幽微顛覆，這和她二十年前的王小波文本分析如出一轍。艾曉明的論文在二十年前讓王小波備受關注，二十年後更進一步把反右運動中底層女性的聲音推到了前台。

《星火》

譚蟬雪曾是蘭州一個大學畢業生團體的成員，一九五七年後被當作右派分子送到農村改造。她於二〇一〇年在香港出版回憶錄，其中包括這個團體在一九六〇年前幾個月印發的兩期《星火》雜誌的全文，那是饑荒最嚴重的時期，這兩期雜誌可能是一九四九年後對政權最激烈的批判。[35]《星火》雜誌頗具傳奇色彩，它是共和國初期唯一一本敢於直接批評毛澤東政策、將中共統治比作法西斯主義，並特別關注饑荒的地下刊物。雜誌創辦後，整個團體成員很快就被逮捕，撰稿人林昭和其他幾位成員最終被處決。在書的自序中，譚蟬雪談到她如何決定編撰回憶錄以及為什麼耽擱這麼久。在講述自己的立場時，她強調兩個方面：她非菁英的身分和希望達到專業歷史研究水平的願望。在第一段中，她把這本書形容為「一聲來自社會底層的吶喊」：「這是一段塵封了半個世紀的史實，一群在民主、自由征途上跋涉的青年，一樁以青春和生命為代價的冤案。」[36]這本書紀念她死去的同志，同時將作者本人與反右運動中北京大學和其他民主黨派中的知識分子菁英做了區別。

譚蟬雪還強調，這本書現在才出版，不是因為她缺乏動力，而是因為搜集可靠的歷史材料非常困難。當然，她指的主要是尋找這兩期《星火》雜誌。四處尋訪後，她最終從蘭州大學（《星火》多數撰稿人的畢業學校）的幾位匿名人士那裡得到幫助，他們或被她的努力所感動，或是在新世紀的契機下，開始覺得一九六〇年的事件對母校來說是正面的。找到這兩期雜誌的原件後，譚蟬雪才感到有資格撰寫回憶錄。她清楚地明白自己有責任為這段被壓抑的歷史提供可靠的材料：「當年的言行不是個人的臆想，也不是事件的偶然，是歷史造就的必然結果。逝者如斯，願其沉澱會促進今後歷史的發展！」[37]雖然她是以業餘史學家的身分進行寫作，可能也正是出於這個原因，她更明確地表明自己忠於歷史原貌的決心。

在該書的序〈心是顫動的，血是熱的，靈魂是聖潔的！〉（引用《星火》成員向承鑒的話）中，錢理群進一步闡述《星火》團體階級意識的反轉，並強調北大學生林昭，和譚蟬雪、張春元、向承鑒等帶領的、來自遙遠的蘭州大學的一群草根學生之間的驚人合作。錢理群引用林昭「深刻共性」的原話，指出：

> 張春元、譚蟬雪、向承鑒們是在中國的社會最底層的農村形成自己的階級意識的，這是意義重大的。而且他們之到農村，不同於五四之後的民間運動者（也包括今天的志願者）以改造農村為己任去農村，因為難免居高臨下的姿態，他們是以戴罪之身來到農村接受強制改造，實際地位比農民還要低。因此，也就直接承受農民的一切苦難，面對更加赤裸裸的農村真實，更有機會接受和體察農民的內心感受，在某種程度上，農民面對的問題與命運，已經內化為他們自己的問題和命運。同時，他們又是受過高等教育的知識青年，因此，也有可能更加理性地來思考農民問題和農村問題。[38]

錢理群的分析突出《星火》團體是由秉承民間知識分子傳統的批判性心靈所組成的。他們的重新發現與對今日的重要性，與他們的身分以及他們在毛澤東時代和政治實驗中所經歷的觀察位置息息相關。他們雖然生在農村，但受過大學教育，能夠從底層看世界，將五四式的使命感和中共的農村淵源結合在一起，並在中共農村政策導致的災難面前感受到極深的震撼。

作為農民子弟，他們借用列寧在一九〇五年創辦的刊物的名稱創辦《星火》，分析了人民公社和後來的農村貧困化，視其為革命的背叛。錢理群指出，《星火》雜誌第一期中就有題為「農村一日」的農民口述記錄，讓農民能夠反映自己的「心聲」。正如張春元在〈農民、農奴和奴隸〉中所寫，毛澤東製造的農村無產者被剝奪了權利和自由，受到嚴密的精神控制，如同人民公社的奴隸。附近武山縣的縣委書記杜映華支持《星火》的活動（據說他曾感慨：「革命勝利了，我們給農民帶來了什麼？是飢餓！是死亡！」），他在一九五九年廬山會議後的「反右傾」運動中被捕，後被槍決。[39]《星火》的撰稿者們曾在一九六〇年饑荒最嚴重的時期，試圖用馬克思主義解釋他們所經歷到的、官方論述和實際情況之間的巨大落差，他們特別受到南斯拉夫批評家的啟發，批判國家社會主義，轉而支持「民主社會主義」。他們沒有止於檢討體制錯誤或者過頭的地方，而是對整個黨國體制進行全面和理論化的批判。在某種程度上，這種批判的存在本身，即從根本上動搖了八〇年代以降視文化大革命只是搞「過頭」的主流論述。《星火》雜誌還發表林昭的兩篇長詩：第一期的〈普洛米修士受難的一日〉（當時已在林昭的朋友間流傳），以及第二期的〈海鷗——不自由毋寧死〉（當時未出版），它們在二〇〇〇年代初引發廣泛的迴響。[40]民間見證者和運動參與者對《星火》團體之出版物的細緻記錄，也是從非菁英視角重新解讀反右運動的嘗試之一。在這個案例中，民間史觀點從個人的紀念開始，進入非官方史料（雜誌原件）的發掘，最終挑戰反右運動是一場菁英派系鬥爭的主流看法。這份雜誌記錄了《星火》中的草根知識分子與大饑荒中的農村受難者之間的聯繫，為當今的人們提供一種範式，反思知識分子作為民間史學家的責任。

夾邊溝：文字與影像的研究者

在二十一世紀初的反右運動中，還有一個極具辨識度的例子，那就是（甘肅）夾邊溝的勞改農場，它現在幾乎和蘇聯的科雷馬勞改營一樣，成為那個時期的象徵。夾邊溝農場成立於一九五四年，一九五八年改建為勞教設施以滿足反右運動的需要。和中國其他的拘禁設施一樣，夾邊溝農場的構想是由囚犯生產食品和衣物，實現自給自足。然而夾邊溝位於甘肅、內蒙古和新疆交界處的戈壁沙漠中，即使在收成最好的年分也不可能生產足夠的糧食，應付一九五八至一九五九年期間送來的數千名右派分子的基本溫飽。一九五九年大饑荒爆發後，農場再也沒有收到外界的糧食供應，三千名勞改人員（在艾曉明的紀錄片中，倖存者司繼才認為共有三千一百三十六人）中約有兩千至兩千五百人被餓死，他們的遺體被隨意淺埋在沙漠中。

首次公開提及夾邊溝的是一份個人回憶錄：二〇〇一年，和鳳鳴出版了《經歷：我的一九五七年》，她的丈夫王景超死於夾邊溝農場，她本人則被劃為右派送到附近的一個農場。[41]和鳳鳴在一九八〇年代初回到蘭州後，就一直積極聯繫夾邊溝倖存者，共同尋求賠償。她的書是最早呼籲修建反右紀念館的著作，並被錢理群納入其反右運動研究中討論。[42]

不過，進入公共討論的前提，是需要把夾邊溝事件表述為一個更廣義的問題，而不只是個人回憶。第一位對夾邊溝進行系統性研究的楊顯惠也是一名典型的民間知識分子。他當時年紀太小而沒有被劃為右派：於一九四六年生於蘭州，反右運動時才十一歲，但他記得學校的老師突然失蹤（後來得知這位老師死於夾邊溝）。一九六五年，他作為知青加入甘肅生產建設兵團，在一個農場工作。期間，他接觸到幾位從附近的夾邊溝農場倖存下來的老右派：「我們當知青覺得自己已經是在社會底層，而這些人處在更底層，他們遭受的苦難更深更重。如果說我們當時是在十七層地獄，他們就在十八層。」[43]

一九九〇年代後期，楊顯惠（當時已移居天津）回憶起他與倖存者的對話以及偶爾在沙漠中發現人骨的經歷，決定撰寫一本關於夾邊溝的書。他首先採訪了還在甘肅的友人：「我那是個人行為，什麼支持也沒有，而且採訪的都是所謂的『禁區』，要是被地方政府知道可能還會被反感地攆走，根本就不能指望看到檔案資料。我採訪的對象都是透過民間朋友管道介紹的，一個串一個。《夾邊溝記事》採訪了一百多人。其中仍然健在的有六七十人，其餘的是家屬。」[44]

大多數被送往夾邊溝的右派分子來自蘭州和周邊地區的單位；他們當中很少有人自認為是菁英知識分子，肯定也不會認為自己是反黨運動的組織成員。他們確實是「知識分子」，但只是毛澤東意義上的知識分子，即非體力勞動者（不是工人或者農民）；他們當中很多人只不過是在官僚體系中從事枯燥的行政工作。因此，紀念夾邊溝死難者的重點在於扭轉人們對於右派分子的印象，即右派分子都是菁英知識分子、必須犧牲以建立更公平的社會的印象。

為此，楊顯惠的寫作焦點不是少數菁英受到的迫害，而是來自各行各業的普通人在夾邊溝受到的各種去人性化（dehumanization）的待遇，以及這些技術在整個中國造成的道德淪喪。[45]他略帶虛構的訪談錄從二〇〇〇年起在《上海文學》雜誌連載，後集結成書，總共三個版本，印量分別是一萬冊、兩萬冊和六萬冊，不過當局在二〇〇五至二〇〇八年期間即不允許該書再版，還在二〇一七年七月要求書店和電子資料庫下架楊顯惠的所有作品。[46]

導演王兵讀了楊顯惠的書後產生濃厚的興趣，購買電影拍攝權，開始採訪同一批倖存者，希望能拍出一部中國版的克勞德．朗茲曼（Claude Lanzmann）紀錄片《浩劫》（*Shoah*），一部由右派運動執行者和受害者訪談所構成的全面性合輯。[47]訪談錄中的一篇獨立成片，成為紀錄片《和鳳鳴》（二〇〇七），但是更大的影像計劃《死靈魂》直到二〇一八年才完成。王兵後來決定從楊顯惠的敘述中選取幾個故事交織在一起，拍攝出劇情片《夾邊溝》（二〇一〇）。[48]雖然王兵的影片在國外的知名度高於在國內主流觀眾圈的知名度，但他在海外獲得的幾個藝術電影大獎使一些人開始關注他的作品，在國內形成一個人數不多但十分忠實的觀眾群。最重要的是，「夾邊溝」這個名字開始出現在中國的主流媒體上：二〇一〇年十二月正值夾邊溝農場關閉五十周年，《南都週刊》發表了以右派分子劉光基的肖像照為封面，題為「『右派』勞改營五十年」的特刊。編輯提到了楊顯惠，並評論說「這是一段不應該被遺忘的歷史」。前往甘肅的特派記者採寫好幾篇講述陳宗海、俞兆遠和林希翎的文章。[49]

此外，二〇一四至二〇一五年，艾曉明用了將近兩年時間再次採訪同一批夾邊溝倖存者和倖存者家人以及當地其他農場的倖存者，她還採訪警衛、警衛家屬和幾位當時的工作人員，製作了五集、三百七十五分鐘的紀錄片《夾邊溝祭事》(與楊顯惠的書名同音)。[50]影片緊扣親歷者的訪談，篇幅宏大，呼應過去夾邊溝相關作品的幾個主題：隨意劃分右派(如一位倖存者所說：「好像買彩票一樣」)；侮辱和去人性化，這造成自我羞辱和一些倫理上值得商榷的行為；以及很多幹部濫用職權或者享受特權的例子。當被問到為什麼沒有幫助拘役人員時，警衛、工作人員和他們的後代回憶說，因為幹部的政治控制，沒人敢出頭抗議。只有附近村子裡最貧窮的農民有時才願意幫助逃出來的右派分子，給他們糧食和住處。攝入無邊沙漠的長鏡頭極好地呈現出拘役人員的心境：雖然夾邊溝沒有圍牆，也沒有鐵絲網，但不可能逃生，因為在如此惡劣的自然環境和一個被戶籍和單位制度全面控制的國度中，實在無路可走。

艾曉明挖掘了一段以前沒有被記錄過的歷史，即政府當時對農場大型饑荒報告的反應：中共中央派出高級女性幹部、監察部部長錢瑛(一九〇三—一九七三，被譽為「女包公」)於一九六〇年十月前往農場。拘役人員中的關錦文是錢瑛長征時期的戰友，她馬上帶錢瑛考察數百具被淺埋的遺體。農場主任不認識錢瑛，動手打了她的警衛，後來不得不認錯道歉。錢瑛隨後決定釋放所有人。

正如中文片名所示，影片最重要的部分涉及了紀念夾邊溝的問題。影片以二〇一四年清明節的場景開篇，描寫一群倖存者試圖前往農場悼念死去的朋友和家人。影片結束的場景是一年後的同一天，這群倖存者再次被當地警方攔截。由倖存者組成的非正式組織仍在要求政府公開道歉，發放被剋扣的工資(按照通貨膨脹率計算)並建立紀念碑。其中一些倖存者得以在檔案中摘掉「右派帽子」的標籤，也有一些人獲得一定賠償或者安葬費。但是當地政府拆除了由倖存者募捐，在農場上樹立的石質紀念碑。正如片中受訪者陳星所說：「把這些骨頭埋了以後對黨臉上是擦了粉了還是抹了黑？把這一直擺著叫世間人看這個東西（四散的骨頭），共產黨有光榮嗎？」艾曉明拍攝這部影片的條件相當艱難，能夠成片非常不易。雖然該片顯然不能在國內公開放映，但二〇一六年在香港發行的DVD備受關注。艾曉明之前就宣稱，自己的作品著眼於未來：「記錄歷史比參加電影節或者外國觀眾的觀感更重要……這些影片將是未來公民社會重要的記憶資料。」[51]不管怎樣，《夾邊溝祭事》提出的問題持續地引發公共討論，包括在中國媒體上。相關的文章不斷被發表，轉發，刪除，再轉發。

夾邊溝農場是所有農場中最知名的，但其他勞改農場也開始進入公共討論。倖存者張先痴的回憶錄出版後（也在錢理群的研究著作中被提及），幾部關於四川大堡勞改農場的獨立紀錄片陸續推出，包括胡傑的《古拉格之書》（二〇一三）、謝貽卉的《大堡小勞教》（二〇一三）和邱炯炯的《癡》（二〇一五）。[52]主流媒體最後也出現一篇全面報導，提到前勞改人員經常在成都和重慶組織紀念聚會。[53]

在過去的二十年中，林昭等被重新發現的受難者的紀念活動，讓公眾開始關注反右運動，而很多被送到勞改農場的「普通」受害者和他們的後代也進而了解公開紀念一九五七年的事件是可能的。民間史學家記錄這場運動對行政機關或者國有單位中草根受雇者的影響。透過這種方式，關於反右運動和勞改教育的討論逐漸離開純粹的菁英記憶，並同時獲得以前無法想像的公共影響力。

記錄：研究大饑荒的職業和業餘史家

另一種非官方史學活動的模式，是在官方檔案資料難以獲得的情況下記錄被遺忘或者被掩蓋的事件。致力於這種記錄的人各式各樣，有在學術界內部或者邊緣以傳統方式搜集檔案的群體，也有依靠已出版但冷門的材料的記者，還有主要從事口述歷史的非官方群體。

沈志華是最早在九〇年代初，透過平行管道在中國學術界邊緣地帶記錄共和國早期歷史的民間史學家之一。他生於幹部家庭，文革期間下鄉，差一點沒能考上大學。報考社科院歷史研究所時，他直接到當時的社科院院長、著名的強硬派人士鄧力群家中說服他。沈志華後來被錄取，但在論文答辯前因向外國學者提供機密文件被捕，後入獄兩年。一九八五年獲釋後，他已無法在學術界立足，遂南下深圳，後又前往廣州，透過倒賣黃金致富，這使他能夠在限制較少的情況下重新開始研究工作。一九九〇年代初，他利用前蘇聯檔案館開放的機會，與社科院合作一個研究計劃，從一九九六年持續到二〇〇二年，由他提供所有經費（總計超過一百萬人民幣），社科院提供相關手續。這樣的合作十分必要，因為在沒有工作單位的情況下，沈志華連護照都拿不到。為了更容易獲得檔案，他在莫斯科聘用俄羅斯史學家，並將大量檔案資料帶回中國，與國內的歷史學家分享。[54]在北大做了幾年兼職研究員後，沈志華受聘於華東師範大學，並和楊奎松等具有批判態度的史學家共同建立國際冷戰史中心。上海交通大學的曹樹基和他們的想法接近，也是大饑荒研究的先行者之一。[55]對這些特立獨行的學者而言，運用官方體系外搜集到的資料成為彰顯民間史學家身分的方式。

沈志華和楊奎松發表了一系列修正歷史的作品，質疑共和國歷史中一些敏感事件的官方版本。他們還運用媒體宣傳自己的成果。[56]二〇一三年是韓戰停火六十周年，沈志華以自己對於韓戰爆發和毛澤東於一九五〇年十月派軍跨過鴨綠江的研究為基礎，多次舉辦公開講座。[57]汪暉於二〇一三年十二月撰文，認為韓戰是毛澤東為了正義和革命的「人民戰爭」的延續，由美國和聯合國軍的突襲引起。[58]楊奎松則對此做了長篇駁斥。他指出汪暉論文中的大量歷史錯誤，並集中論述自己作為史學家的專業標準，將汪暉的論文稱為「以論帶史」。他特別批評汪暉將「人民戰爭」等同於意識形態戰爭，指出「人民戰爭」的策略最早是指中共放棄了江西蘇區時期的意識形態極端主義，重新回歸更溫和的統一戰線策略。他的結論是：「今天任何想要發揮自己政論長才的學者，如果要拿歷史做證據，還是請務必先去認認真真地讀一點歷史書為好；涉及中共黨史，最起碼的，也要把《毛選》裡的文章讀懂吧。」[59]他的關鍵論點在於專業標準，以及重視經驗證據勝於「大」理論。楊奎松在不久後發表的一篇論文中進一步強調這一點，批評汪暉的概念根植於階級鬥爭的理論框架而「去政治化」。和第一篇文章相比，楊奎松更明確指出，汪暉提出的是個人觀點，而不是從「專業角度」去書寫。[60]在這場爭論中，專業倫理要求楊奎松在澄清歷史事件和提出政治觀點之間做出嚴格區分。

另一位在學術界內從事非官方研究的史學家是南京大學的高華（一九五四－二〇一一），他研究延安整風運動、長達七百頁的著作《紅太陽是怎樣升起的》成了暢銷書。這本書回到被理想化的一九五〇年代，旨在追尋中共的「極權主義根源」，該起源為之後的反右運動和其他政治運動奠定基礎。常成（David Chang）在一篇書評中指出，高華系統性地運用大量已發表的材料，並借用傳統中國史學的分析概念，兩者的有效結合使他的書對中國大眾而言極具可讀性。這本書的印量之高，遠遠超過一般大學出版社史學專著的水平，也遠遠超過香港讀者群的數量，代表有其他平行管道積極向大陸地區傳播此書。[61]在公開講座中，高華強調，後來承繼延安整風運動模式的各類整風運動，成為中共政治策略中的結構性元素，因此也質疑文化大革命的特殊性。[62]

直到二十一世紀初，官方歷史雖然承認一九五九至一九六一年爆發過大饑荒，但一般都將其歸咎於「三年自然災害」以及各種「外交」因素：在中蘇關係越趨緊繃的背景下，中國需要向蘇聯還債。魏格林（Susanne Weigelin-Schwiedrzik）曾指出，數千萬受難者絕大部分都是偏遠農村中的貧農，他們受到嚴格的行政管控，也缺乏參與公共討論的管道，而這確實導致知識分子很少對官方史觀提出挑戰。[63]二十一世紀初，人們對饑荒的興趣陡增，則要特別歸功於另一位民間知識分子楊繼繩（一九四〇—）的不懈努力。楊繼繩自一九六四年擔任新華社記者，是一名官員，但在一九九六年退休後，他不再受制於過去的種種限制，而曾經的身分又使他能夠接觸到珍貴的史料和檔案。雖然他的父親在饑荒中餓死，但他直到一九八九年後依然對官方敘述堅信不疑。如今，作為《炎黃春秋》編委會的成員，他撰寫並編輯大量質疑官方歷史的文章，同時繼續開展自己的非官方研究，搜集底層幹部撰寫的黨內報告、內部文件、未發表的回憶錄和口述證詞，最終於二〇〇八年在香港出版成巨著《墓碑》，這本書在中國國內達到空前的流通量。[64]

更多倡議接著出現。二〇〇八年前後，《星火》雜誌被重新發現，人們讀到對大躍進政策最早的批評文字。閻連科的小說《四書》探究了知識分子在維護這一套導致饑荒的體制中所負有的責任。[65]二〇一四年，余華在《紐約時報》發表文章，呼籲中共道歉。[66]吳文光在二〇一〇年成立的「民間記憶計劃」，和一群年輕的紀錄片導演對農村的大饑荒見證者做了大量口述歷史訪談。清華大學的社會學家郭于華對集體化時期的一個陝北村莊進行長達十年的研究，雖然不是直接針對饑荒的研究，但也為相關討論做出重要的理論貢獻。所有這些文本都在網路上產生重大影響，並向下滲入商業媒體，在十年間改變了關於饑荒的主流論述。

《墓碑》

毫無疑問，《墓碑》一書對於饑荒的主流認識影響最為重大。[67]這本書是長達十年的檔案和口述歷史研究的成果。楊繼繩這番事業的非官方性質，或者說其「業餘性」非常明顯，甚至也是作者本人在訪談中所強調的：

> 傳統史學家面臨種種限制。首先，他們自我審查。他們的思想局限了自己。他們甚至不敢記錄史實，不敢說，也不敢碰。就算寫了，也不能發表。就算發表了，也會被審查掉。主流學者面臨這些限制。但是還有很多像我這樣的非官方史學家。很多人寫過被劃為「右派」或者「反革命」分子的回憶錄。安徽省有一位作家記述了家人是如何餓死的。有很多作家寫過自己的家人挨餓。[68]

楊繼繩的「非官方」（民間）立場體現在他不注重方法論。整部著作在結構上是一部龐雜的證據匯編，而不是歷史敘述，並在主題研究和地域研究之間切換，還有不少重複之處。書的引言清楚將作品定位為對公共領域的一次介入，而不是超然的史學作品：「造成中國幾千萬人餓死的根本原因是極權制度。」[69]

楊繼繩認為，毛澤東時期的去人性化和暴力使體制內所有人都成了雙面人：「不管什麼人進入極權制度這個模型，出來都是兩個背靠背的連體人：專制者和奴隸的連體，即在下級面前是專制者，在上級面前是奴隸。」與平等主義的理想相反，極權制度非常等級化：對領袖不假思索的服從和對下級的暴力打壓，是它的規則。因此，全體社會成員既是受害者也是加害者，既無辜又有罪。「信陽一些老幹部向本書作者回憶說：『你不打人，別人就打你。那年頭，打人是一種勇敢行為。打人打得越狠，就越證明你立場堅定。對共產黨忠誠。不打人不是好人。不打人你就是右傾分子，馬上就有人打你。』」[70]楊繼繩按照自己的「民間」方法，整理了很多佐證暴力和大批群眾死亡的內部報告、個人回憶錄和資料。

讀者眾多的自由派刊物《南方人物週刊》，在二〇一二年五月發表題為「大饑荒」的特刊，並在封面上輔以一九五九至一九六一年期間的糧食產量表。定調的社論題為「以誠實和良知祭奠饑荒」，[71]之後有四篇深度調查報導。二〇〇四年，河南省光山縣的一位饑荒見證者在村子裡樹立一座紀念碑。一位來自（安徽省阜陽縣）牛寨的青年村民作家牛犇，出版了一本基於口述歷史和當地饑荒檔案的著作《大饑荒口述實錄》（二〇一一）。一位記者採訪了四川大學的右派、八十二歲的李盛照，他多年來一直在撰寫關於饑荒的報告和上訪書。[72]最後還有一篇廖伯康的訪談錄。廖伯康曾任重慶市委書記，他解釋自己如何在一九六二年將四川的饑荒情況匯報給楊尚昆，並因此遭到當地黨員的攻擊，被下放勞改農場長達二十年。報導最引人注目的一點，是不再使用「三年自然災害」這一官方說法，而是系統地改用「大饑荒」。[73]雖然特刊沒有直接引用楊繼繩的研究，但其影響是顯而易見的，顯示邊緣出版物和主流公共領域之間的互動，或者說一種「向心」機制：一些討論會從專業化或者海外管道逐漸進入大陸的主流媒體。

這一期《南方人物週刊》可能是中國大陸主流媒體迄今為止最具批判性的大饑荒論述，它的出現條件有必要進一步說明。特刊出版於薄熙來倒台後的幾個月。薄熙來曾試圖在重慶復興毛式政治以提高自己在二〇一二年黨代會上成為常委的機會，但他在二〇一二年三月因貪污被捕。薄熙來的支持者則試圖在社群媒體上攻擊楊繼繩等大饑荒的批評者來提高支持度。二〇一二年四月十九日，《人民日報》甘肅分社社長林治波，用他的微博認證帳號（有二十三萬粉絲）質疑一九六〇到一九六二年的饑荒死亡數字，譴責「為了糟蹋毛主席，竟然誇張污衊一九六〇—一九六二年餓死幾千萬人」的陰謀。[74]他的言論在社群媒體上引發曠日持久的爭論，許多用戶發文講述自己在大饑荒期間的家族史。這個議題逐漸引起關注，《南方人物週刊》的報導可能就是對這一爭論的回應，而之所以獲准出版（在薄熙來的競爭對手汪洋主政的廣東），是為了在十八大召開前進一步打擊薄熙來的毛式政治。同年十一月十八大召開後，導演馮小剛很有技巧地在他的電影《一九四二》中加入一九五九至一九六一年大饑荒的隱喻，這部作品改編自劉震雲描寫戰爭時期饑荒的中篇小說：這也可以視為運用「隱藏文本」的一個典型案例。[75]

雖然《墓碑》沒有在中國正式發行，也沒有直接管道可以買到，但它確實在中國獲得強烈關注。任職於社科院的哲學學者徐友漁在一份香港刊物上將其比作亞歷山大・索忍尼辛的《古拉格群島》(一九七三)。[76]楊繼繩將大饑荒的根本原因歸咎於「極權制度」的那篇引言也在網上廣為流傳。在線上和期刊中的學術爭論進一步激發更多關注。二〇一三年，馬克思主義數學家孫經先在九月的《中國社會科學報》上挑戰楊繼繩計算出的饑荒死亡人數，楊繼繩則在十二月的《炎黃春秋》上發表長篇駁文。[77]二〇一四年七月，兩人受賀雪峰之邀參加在武漢舉行的一次學術會議，在會上直接針鋒相對，楊繼繩再次對孫經先的批判做了詳細回應，但孫經先後來試圖歪曲這次爭論的要點。[78]這一場會議在網路和微信中被廣泛討論，進一步激發讀者對《墓碑》的關注。另一位民間史家洪振快後來也在《炎黃春秋》上撰文駁斥孫經先。[79]這一機制顯示了平行管道的力量，藉助這種管道，如《墓碑》這樣由香港知名出版社出版的作品儘管被禁，也能在中國大眾間傳播。二〇一六年，楊繼繩在一場他無法出席的頒獎典禮上，透過答謝詞指出：「從中原腹地到雲貴高原到新疆邊塞，都不時有盜版《墓碑》銷售。來自全國各地的大量讀者來信，給我以堅定而熱情地支持。這說明，真相有強大的穿透力，它可以衝破行政權力構築的銅墻鐵壁！」[80]《墓碑》在中國大陸的成功，也展現了向心機制在中國萌芽的公共領域中發揮作用。

民間記憶計劃

前文提到的計劃大都是個人計劃；與之相比，「民間記憶計劃」的獨特之處在於它的集體參與。吳文光在一九九二年拍攝了第一部文革題材的獨立紀錄片，他和當時的伴侶、舞蹈家文慧於二〇〇四年在北京東北的草場地藝術區建立新的製作基地。他們的朋友在那裡租下一間工作室，並允許他們十年免租金使用工作室的一半面積（工作室由艾未未設計，艾未未本人的工作室就在旁邊）。吳文光在這裡展開多個參與式的紀錄片計劃，包括「中國村民自治影像計劃」，這個計劃向村民提供攝影機，並培訓他們拍攝與自己生活切身相關主題的影片（導演賈之坦就是這樣加入吳文光的團體，後來繼續參與他的記憶計劃）。[81]

「民間記憶計劃」的名稱包括「民間」二字。在二〇〇九年的一些探索性作品後，計劃於二〇一〇年開始實質運作。作為參與式計劃，其在草場地工作室集結一個由青年藝術家組成的駐點核心團隊，除了支付他們的生活和工作費用，還提供小額補助。核心成員包括章夢奇、羅兵、舒僑、鄒雪平、李新民、王海安和郭睿，每個人都為計劃帶來不同的背景和視角。他們大都是藝術院校的畢業生（或者剛參與計劃時還在讀），特別是來自天津美術學院，吳文光每年都在那裡教書。[82]不過章夢奇原來的專業是舞蹈，郭睿是歷史系畢業生，而李新民則是來北京打工的農民工，在草場地做清潔和廚房工作，後來對計劃產生興趣並決定加入。計劃的社會多樣性反映了其非菁英的屬性。其中還有一些零星的參與者。總的來說，「截至二〇一四年初，先後有一百三十餘人參與，一共採訪了來自十九個省、兩百餘個村子的一千餘位老人，這些採訪影像和文字也正在整理，並陸續放到『民間記憶計劃』部落格，成為未來『民間記憶檔案』的一部分」。[83]

計劃一開始就致力於飢餓和人民公社食堂中的「大鍋飯」主題。大多數參與者之前除了學校裡講授的標準宣傳版本以外，對大饑荒毫無了解：

五十年後出發去尋找「飢餓記憶」的年輕人，和這個時代的「標準青年」類似，受制於官方教科書，置身於「背對歷史，只往前看」的大環境中，絕大多數人不僅與「飢餓記憶」的歷史隔絕，一九四九年以後三十年歷史的真實原貌對他們來說也幾近蒼白。歷史記憶的蒼白和貧困，現實中的踉蹌和迷惑，導致「精神飢餓」，於是就有了這群渴望解決「飢餓」的上路者，有了「飢餓計劃」的啟動，也是一年後定名為「民間記憶計劃」的緣起。[84]

在集體討論和研究後，「民間記憶」被定為計劃重心，並決定讓每一位參與者前往與自己家庭有關的村子：

返回村子後的第一個動作，是記錄村子老人的「三年飢餓」回憶從而打開第一道記憶之門。

這些村子老人，因為從來都屬於「無足輕重者」，自然也是「最沒有聲音者」，無論日子如何悲愴傷痛，永遠無聲，過去或現在都是如此。由此，他們經歷的歷史也是無語和空白的。於是，這些返村者是在返回「無言」和「空白」，返回普通和常識。重要的一點還有，如此回村，並非單單是為了自己的紀錄片創作，並非打獵一樣收集素材、走馬觀花一樣田野調查、目的達到就撤退的一次性動作，而是腳下踩住一塊石頭，結實地站在地上，接到地氣，創作與現實參與並行，認知社會和自我改變同步。不僅紀錄片是作品，拍攝者本人也是不斷自我訓練和塑造的作品。

注定，這是一場遭遇。對沉沒多年的歷史老人的尋找，這些「八〇後」要跨過的是對「三年飢餓」也懵然不知的父母輩，意味著這是一次跨過一代人記憶空白的祖孫兩代人的相遇……[85]

計劃的目標是透過回歸草根（「返回普通和常識」），從而切開層層積纍、糾纏矛盾的關於饑荒或掩蓋饑荒的論述。不是作為指導人民的知識分子，甚至也不是為了自己的（政治或者職業）目的收集證據以重寫普通人歷史的知識分子（「打獵一樣收集素材」），而是作為合作計劃的參與者，致力於重新建立與中國鄉村歷史的聯繫，從而填平中國戶籍制度造成的城市菁英與村民之間的巨大鴻溝。透過這種方式，對饑荒的調查也回到了當今的現實：一些村子仍然極度貧困，也有一些村子的經濟狀況相對好轉，使村民不願意講述過去貧乏和苦難的時代。

出於這個原因，計劃包含四個獨立的部分：除了收集資料（錄製訪談、整理訪談稿並在計劃網站和其他管道發表訪談錄）和記錄饑荒見證者，參與者還用紀錄片來拷問自己對農村生活和歷史的立場，並經常組織戲劇和舞蹈表演重現他們在田野調查中遇到的重要時刻。他們常常和村民爭論拍攝大饑荒紀錄片的可行性，說服村民和他們交談，同時他們也會發起一些對村民生活有實質影響的計劃以「回饋」村子。第一個此類計劃是籌款建立刻有饑荒死難者名字的紀念碑，以及收集和反覆確認他們的名字和身分。田野調查進一步顯示，很多村子裡幾乎沒有勞動人口，老人和兒童構成大部分人口。因此，第二個計劃是為年長的倖存者設立福利基金，他們常常無人撫養，第三個計劃則是為兒童建立讀書室或者小型圖書館。

一些參與者如章夢奇和鄒雪平等每年都拍攝影片，利用過年期間的幾個月拍攝素材，春天和夏天在草場地編輯，秋天舉辦放映會、演出和討論會。草場地的工作坊常常爆滿；除此之外，計劃產生的幾部影片都參加了國內和海外的電影節，或者在其他場合放映。[86]一些參與者將每年的活動（立碑、建圖書館、關愛老人）作為自己影片的主題，一些人則致力於單一主題的研究，比如羅兵發現他在湖南老家的鄰居任定其，曾經寫過一本對自己的人生持批判態度的回憶錄，一直追溯到中華人民共和國成立的一九四九年。羅兵的影片講述自己如何慢慢地取得這位老人的信任，並幫助他編輯和發表手稿。[87]羅兵的方法明確體現這個計劃的非官方和草根性質：正如《星火》雜誌曾在一九六〇年發表過一篇村民的論文，羅兵也試圖消除「村民知識分子」和公共領域之間的鴻溝。

草場地成員們開展的工作不僅是非官方的，而且完全是非商業性的，這對計劃的精神至關重要。由於沒有房租負擔，成員們能夠透過放映和演出收入以及一些補助支付日常開銷。在這個意義上，他們組成了某種草根式的烏托邦社群，既不受國家的控制（雖然網站曾被短暫關閉，但大體上處在國家的雷達範圍之外），也不受中國社會的商業化影響。二〇一四年八月，草場地工作室的十年免租期到期，產權方大幅提高房租，迫使承租方收回這一半面積向外轉租。吳文光搬到更遠的北部郊區秦家屯，其他參與者則決定留在北京市中心附近，直面謀生的現實。至今為止，計劃還在持續運作。

民間社會學

草場地建立的同時，一些學術化的口述歷史計劃也展開了。雖然是在更加建置的脈絡下，但這些計劃仍然是從民間視角出發。一九九〇年代末期和二〇〇〇年代初期，清華大學社會學教授郭于華在陝北的一個村莊（她稱之為「冀村」）展開民族誌研究。郭于華的工作重點是整個土地改革和集體化時期，同時也涉及饑荒。她的計劃凸顯了女性民間知識分子的角色，以性別視角挑戰固有的方法論。女性對於毛澤東時代和大饑荒的記憶成為獨立的次領域。[88]和上一個案例一樣，雖然她只能在香港出版完整的研究成果，但其中幾章在大陸的期刊和文集中發表，[89]使同行學者能夠讀到她的研究成果，並吸引他們關注她在香港出版的著作。郭于華也時常在面向一般大眾的活動中討論她的研究。[90]

為了建立自己的立場，郭于華依賴一套強大的理論框架，借鑑自史碧華克與其他南亞學者的「底層研究」以及斯科特（James Scott）「弱者的武器」和「國家的視角」的概念。實際上，她曾於二〇〇二年在《讀書》中撰文介紹斯科特的兩部當時尚未譯成中文的著作，將它們和自己的研究緊密聯繫起來，正如文章標題所寫：〈「弱者的武器」與「隱藏的文本」：研究農民反抗的底層視角〉。[91]她最終於二〇一三年出版自己的著作，在書中以很長的篇幅再次討論底層的概念，並追溯到葛蘭西和文化霸權的概念。她認為，想要使無名大眾不被遺忘，唯一的辦法就是基於「身體記憶」書寫一部「反歷史」（counter-history）。[92]孫立平在該書序言中也呼應這一觀點：「構建底層歷史與重構歷史的過程是一個講述與傾聽、理解與反思、解釋與再解釋的互動過程。」[93]因此，口述歷史不是對歷史空白的補充，而是為被歷史排除在外的農民打開自主講述的空間。正如郭于華所寫，「從普通人的日常生活中建構歷史」，或者說是「提供一套系統的民間文本」。郭于華在引言的結尾引用王小波的論文〈沉默的大多數〉，並寫道：「口述歷史正是沉默的大多數的聲音，是自下而上地關注那些被歷史記錄貶至邊緣的人群的歷史。」[94]

冀村沒有人在大躍進時期餓死，因為諷刺地，政府也沒打算在這片貧困山區徵集糧食，但確實有很多人受苦於浮腫。在專門處理大饑荒的章節中，郭于華收集不同的敘述，展現農民如何明確地將人民公社制度和饑荒聯繫在一起。一位受訪者感嘆道：「再集體個幾年就沒人了，再幾年就餓死娘X了，真個嘛。」[95]在這一章結尾，郭于華指出人民公社是知識分子構想出的烏托邦理想，又被強加在沒有選擇的農民身上：

> 在人民公社和大躍進的塵埃落定之後，最值得人們思考的問題是，追求一種美好、極致甚至絕美的烏托邦理想，為甚麼帶給農民的卻是深重的苦難和極度的惡果？……集體化的思路出發點當然是城市而不是農村，是「國家的視角」而不是農民的視角，農民本身從來沒有真正的主體地位。而大一統的人民公社制度導致社會生態的多樣性遭受毀滅性打擊，正如斯科特在《國家的視角》一書中所指出的：國家從上而下地重新設計農村生活和生產的大規模努力，往往被描述為「文明化的過程」。我寧可將其看作馴化的嘗試，是一種social gardening〔社會園藝〕……[96]

正是因為國家在許多受馬克思主義影響的知識分子的支持下，推行大規模的「現代化」工程，才造成如此致命的結果，因此在審視毛澤東時代早期的歷史事件時更應採取民間視角而不是菁英視角。從這個意義上說，郭于華的結論和《星火》雜誌的作者們的觀點十分相似。

爭論：半官方和非官方刊物

二〇〇〇年代初期的一個重要發展，是研究毛時代歷史的非官方刊物變多了。這類刊物大都由退休學者組成的志願者組織運營；技術費用和出版成本都降到最低。他們抱著合作的態度闡述歷史知識，從讀者群徵求研究手稿以及對發表文章的回應。[97]

最早投入非官方歷史的刊物實際上並不是非官方的，而應該稱為「半官方的」。早在九〇年代初期，半獨立的刊物就已經開始扮演重要角色：一九九六年，《東方》雜誌因在文革三十周年之際出版特刊而被停刊。《炎黃春秋》雜誌則成立於天安門鎮壓後不久的一九九一年，體制內的一些改革派官員決心保住政治改革的火種，並在軍隊（蕭克和張愛萍將軍）和新聞出版總署的支持下獲得刊號。曾任總編輯的吳思如此形容雜誌的獨特地位：「實際創辦人是研究會的常務副會長，新聞出版總署離休署長杜導正。如果沒有這種身分〔在〕北京，幾乎不可能得到刊號。刊號相當於特許經營權。由於他們來頭大，文化部和出版署一路綠燈，照顧老領導的面子，把一份辦不下去的雜誌改名為《炎黃春秋》。在這個意義上，《炎黃春秋》具有民間社團的會刊性質……總之，《炎黃春秋》既是國有事業單位的刊物，又是民間社團的會刊，既是民辨刊物，又是同仁刊物。這就是四不像。另外一種解釋是：事業單位不像，企業不像，國有不像，民營也不像。」[98]雜誌創刊號發表了李銳對毛澤東的批評文章，李銳當時得到蕭克的親自保護。雜誌還多次紀念胡耀邦（一九一五—一九八九），挫敗了宣傳部限制討論胡耀邦思想的企圖。[99]

雖然初期的《炎黃春秋》主要關注政治爭論，但歷史研究逐漸成為核心議題之一。二〇一四年，自由派老幹部資中筠發表一篇綱領性的文章，呼籲摒棄朝代式的歷史書寫模式——這一模式總是容易淪為政治工具，轉而擁抱關注「民」而不是執政黨的「民間野史」。[100]前文曾提及，在吳思擔任總編期間，楊繼繩（編委會成員）在雜誌上發表他對大饑荒的初步研究，並駁斥否認大饑荒的學者，而這提升了雜誌銷量，雜誌甚至專門開闢名為「爭鳴錄」的專欄。二〇一四年頂峰期間，《炎黃春秋》印量接近二十萬份（其中約三分之二是讀者訂閱），在社群媒體上有一千一百萬名關注者，並與各大入口網站建立合作關係。[101]雜誌保持廉價和樸素的風格（至二〇一六年末，每期售價僅十元），閱讀門檻也很低，很多文章可以在雜誌網站上免費瀏覽。在二〇一六年被整肅並實質噤聲前，《炎黃春秋》在民間史家、其他批評者和主流媒體之間，扮演溝通聯繫的重要角色。

另一份開創性的重要刊物《老照片》由山東畫報出版社於一九九六年文革三十周年之際創辦，採取「以書代刊」的模式，一開始每期售價六元（現在每期二十元）。這就是那份最早刊登章詒和家族回憶錄初稿的雜誌。時任編輯的丁東（民間史學家，職業生涯大部分在山西教書）指出，除了一些標誌性人物（章乃器、胡耀邦誕辰九十周年、林昭、遇羅克等）外，雜誌的主要內容是記錄普通人：

> 重視平民記憶，與正史對話。在《老照片》裡，不知名的普通人結合私人照片回憶往事的文章占有很大的比重。這形成了《老照片》一個突出的特色。一般情況下，平民很少有機會把自己的記憶記載下來，形成文字，公之於世。但這些文字和圖片一旦公之於世，便進入歷史的範疇。讀者會發現，給主人公帶來悲傷的，不盡是正史中的丑角；給主人公帶來喜悅的，也不盡是正史中的英雄。[102]

《老照片》每月發行，發行量也很穩定，持續吸引讀者的影像和文字投稿。透過這種方式，普通人日常生活的個人回憶也能被帶入更大的公共討論中。[103]

二〇〇〇年代後期，在這些半官方的書籍式雜誌外，還出現一批非官方的刊物。這些刊物未經登記，免費閱讀，以簡易的電子檔案（通常是WORD或者PDF格式）在網路上發布，或透過電子郵件傳播。《四川日報》的退休記者鐵流於二〇〇八年七月十日在成都創辦了《往事微痕》，讀者群是成都的老右派，起初透過紙本郵寄，二〇一一年開始透過電子方式發行，直到鐵流在二〇一四年九月被捕，二〇一五年二月（八十一歲時）被判刑後才停止出版。[104]《記憶》則是二〇〇八年九月在北京創辦的，創辦者是退休電影學者吳迪（筆名「啟之」）和重慶一份黨史期刊的前任副總編何蜀。[105]二〇一二年，何蜀離開《記憶》雜誌，在重慶創辦了宗旨類似的

《昨天》雜誌。兩份刊物差不多都專門研究文化大革命。北京大學新聞學教授焦國標編輯的《黑五類憶舊》（由辛子陵題寫刊名，後改為茅于軾的墨寶），從二〇一〇到二〇一一年發行約一年，直到二〇一二年焦國標被短暫拘留並居家監禁。此外還有香港中文大學中國研究服務中心建立的「民間歷史」網站，也是一個允許讀者投稿並爭論的討論平台。[106]

在創刊號中，《記憶》雜誌自我定位為「自辦的不定期、非盈利的電子刊物」，將主要任務設定為改變文革研究主要在海外這一不正常現象。雜誌遵循「匯聚研究成果、提供學術諮詢、建立交流平台、推動文革研究」的宗旨，發表與文革相關的學術研究、回憶錄、口述歷史、歷史刊物原件、信件、其他檔案和書評。創刊號是紀念《大動亂的年代》一書的作者、史學家王年一逝世一周年的專輯，追悼文章題為「從官方到民間——王年一的道路與意義」。[107]《記憶》由於頭幾年來稿過多，發行頻率為半月刊或更頻繁，直到二〇一一年基本改成單月刊（見表3.1）。何蜀在二〇一一年末退出後，由戴煌的女兒戴為偉接替。

吳迪在一篇文章中回顧頭幾年的《記憶》，強調雜誌不僅完全由志願者經營，他作為編輯還常常自掏腰包請撰稿人吃飯、複印資料、郵寄圖書：「《記憶》最大的開銷是資助民間的文革研究者和收藏者，去年七月清華開會，《記憶》為民間人士提供了路費，出了數千元……我跟他〔張清林〕解

表3.1　《記憶》歷年發行期數

	2008年9至12月	2009年	2010年	2011年
發行期數	10	30	23	14

釋，《記憶》不是公司，也不是什麼組織，只有一二閒人義務。它的花費很少，除了複印、郵寄資料、購買圖書花些錢外，沒有別的開支。」[108]戴為偉不但沒有工資，還要自己出資贊助地下出版物以及搜集文革時期的刊物。此外，雜誌也不接受海外捐款。

吳迪將他的觀點總結為：

有鑒於此，我給《記憶》做了這樣的定位：它是一個「面向民間，面向青年，面向同仁（業餘研究者）」的小眾刊物，而不是一個「為人民服務」的公益單位。它是一個獨立言說的平台，而不是一個布施資料的慈善機構。我們不付稿費，但要求高質量的稿件。我們自願出錢出力，但並不因此而覺得自己占據了道德高地，更不會求著誰關心文革研究。我們希望有更多的人參加，但不求著誰閱讀《記憶》，更不指望海外名流、國內大家屈尊賜稿。[109]

這篇〈《記憶》主編告讀者〉中有幾點很重要。首先，文章為吳迪的民間知識分子身分提供了經驗性的定義：《記憶》的撰稿人不在國家體制內，也不利用商業化出版的模式提高影響力，而是選擇既不屬於國家也不屬於市場的第三條道路。其次，吳迪呼應了王小波對知識分子的批判，拒絕占據道德高地：追憶文革並不比其他人「更好」，也不是每個人的道德責任。他絕不遷就「學術明星」和他們的不合理要求（他指的是《記憶》和芝加哥大學學者王友琴之間的爭議事件，吳迪在文中做了詳細記述）。最後，雜誌只遵循專業倫理：「《記憶》是一個學術平台，只要是講理的文章，都應予發表。何況在創刊之初，《記憶》就聲明，本刊發表的文章，不代表編者的觀點。」[110]這一評語是對王友琴等人的回應，他們指責編輯在關於北京師範大學附屬女中校長卞仲耘之死的三期特刊中刊登了老紅衛兵宋彬彬的文章。[111]不管怎樣，這些爭論使得人們更加關注卞仲耘之死，比如胡傑的紀錄片《我雖死去》。[112]

當局對《記憶》的壓力也越來越大。吳迪在同一篇文章中指出，雜誌不得不做出一些妥協：「為了生存，《記憶》減少了發送名單，不再召集學術會議，謝絕與國外大學合作出書。」[113]尤其是隨著網路管控的加強，政府開始大力打壓電子郵件群組，某些訊息的收件者超過五百人就能定罪。[114]吳迪指出，《記憶》還在繼續出書（論林彪事件、論清華大學校史），繼續被海外的圖書館或專門網站（如 prchistory.org）收藏，因此在這個意義上，它已經做出了重大貢獻。但二〇一六年十二月之後，各期雜誌似乎都沒能公開傳播。

《黑五類憶舊》是一份刊登短篇敘述集的線上刊物，主要紀念那些被國家「劃為」某類分子的人士。在雜誌的〈發刊詞〉中，焦國標提出一個很有意思的「民間」定義。他首先細數毛澤東時代的黑五類——地主、富農、反革命、壞分子和右派（地富反壞右）：

這只是理論上的黑五類。實際上，黑五類的子女也被稱為黑五類。官方資料稱，中國曾有兩千多萬名四類分子，有五十多萬名第五類分子（即右派分子）。有研究者推測，黑五類的子輩和孫輩是黑五類的五至六倍，因而受黑五類牽連的人數超過一億，占當時總人口的一五%。其實受黑五類牽連的不只是他們的子輩和孫輩，近親也是受牽連者……從這個意義上說，受黑五類牽連的絕不止超過一億，而可能一半以上的中國人都「不乾淨」……國家主席胡錦濤先生，父親屬於壞分子……國家副主席習近平先生，父親屬於反革命……前總理朱鎔基是右派……黑五類是全中國的替罪羊，是中華民族長大成人的階段性祭品，他為全體中國人背了十字架。感謝你，黑五類！[115]

這呼應了王小波「沉默的大多數」的觀點。多年來，官方論述一直盡量壓低毛時代運動受害者的重要性，因為官方歷史宣稱這些受害者只代表極少數曾經享有不當特權的人。然而，焦國標指出，在中國幾乎每個人都可能被扣上帽子，被污衊為參與這些組織或者與組織中的成員有聯繫。為了佐證這一點，他甚至收錄地產大亨潘石屹和時任國家副主席習近平講述家人被劃為「黑五類」的短篇文章。「民間」領域和「黑五類」領域在此出現了交集。

二〇一六年是文革五十周年，這是非官方歷史爭論的一個重要時刻，也引發了當局的打壓。雖然官方幾乎沒有舉行任何紀念活動，但各種民間管道中的討論非常熱烈。很多老紅衛兵和其他在文革時期參與暴力的人士出面公開道歉，主要體現在《炎黃春秋》的文字中。[116]雜誌開闢特別專欄「懺悔錄」，在二〇〇八至二〇一六年間發表二十餘篇文章。二〇一二年，《記憶》雜誌特別回顧一九六六年八月五日的事件，宋彬彬在其中一篇文章表達她的「反思和道歉」。[117]這篇文章引發大量質疑她是否真誠的批評，以及涉及王友琴等著名學者的爭議事件。然而，正是因為民間刊物的存在，文革時期的菁英才有可能站出來道歉。這類道歉在二〇一三年末和二〇一四年初達到高峰，當時有好幾位重要領袖的子女公開道歉，如陳毅的兒子陳小魯和宋彬彬。短暫的媒體關注後，官方開始積極打壓後續討論。

吳思在二〇一四年辭去總編一職後，《炎黃春秋》已經面臨相當大的壓力，不過還是在二〇一六年春刊登一系列紀念文革五十周年的文章，而這直接導致編委會在七月被整肅。香港的《領導者》雜誌在七月出版文革特刊，導致隸屬於該雜誌、讀者眾多的「共識網」被永久關閉。王小波最喜歡的《東方》雜誌在一九九六年試圖紀念文革三十周年時也遭遇同樣的命運。[118]二〇一六年三月的《炎黃春秋》刊登前文化部長王蒙的新書節選，他指出，將文革視為毛澤東希望社會民主化的一種表達，是嚴重的誤讀。王蒙結論是，對文革的研究和反思是中國和中共對世界的責任。[119]在同一期中，上海的歷史學家王海光呼籲進行道德反思，同時也要為文革歷史研究找到新的方向，從菁英、中央和國家轉向社會、邊緣和日常的歷史，從政治轉向學術研究。[120]備受尊敬的史學家馬勇也響應這些倡議，他呼籲知識分子加強對文革的學術研究，不要等到所有見證者都離世，並且要明確區分復仇和澄清史實之間的區別。[121]

和《炎黃春秋》關係密切的楊繼繩，出版一部十年磨一劍的文革研究巨著《天地翻覆：中國文化大革命史》，以紀念文革五十周年。雖然有報導稱他受到威脅，警告他不要在海外出版這本書，但最終還是由《墓碑》的出版商，香港的天地圖書出版。楊繼繩在書中提出一個他多年來提煉的觀點：文革對普通人的迫害要甚於對社會菁英的迫害。胡平在書評中寫道，楊繼繩認為文化大革命中的鎮壓多於造反，國家機器鎮壓造反派造成的傷亡多於造反派之間鬥爭的傷亡。如果按照楊繼繩的觀點，將文革總結為毛澤東、造反派和官僚集團之間的鬥爭，那麼最終獲勝的是官僚集團（他們與毛澤東的矛盾被誇大了），而付出代價的是造反派。[122]楊繼繩多年來一直在發展這個觀點，在二〇一三年的《記憶》雜誌中，他寫道：「不幸的是，文革的最後勝利者還是官僚集團。官僚集團掌握著文革責任的追究權、改革開放的主導權和改革成果的分配權。」官僚集團放過了「紅八月」中的造反派（他們的子女），卻懲罰了普通參與者：「實際上，在文革中受迫害的普通百姓比受迫害的幹部要多千倍。」[123]楊繼繩的這句話呼應了經濟史學家秦暉曾經提出的觀點，他早在二〇〇四年的文章〈我們該怎樣反思文革〉中就提出：「與當權派受到的暫時的，當然往往是殘酷的衝擊相比，那十年間中國的苦難主要是社會下層，尤其是文革前就一直受到迫害的那些賤民所承受的（黑五類、狗崽子、右派等等）。」[124]

幾個月後，何蜀在非官方刊物《昨天》中發表一篇總結國內文革研究現狀的文章。他在結論中指出，歷史敘述正在發生變化：

> 以往有一個說法：歷史是由勝利者書寫的。然而，進入新世紀以來，卻出現了一個十分顯著的現象：越來越多的歷次政治運動特別是文化大革命中的「失敗者」——被定為「反革命集團」成員的一些高級幹部、軍隊將領，以及只活躍過一兩年卻遭到十多二十年反覆清查、打擊、懲處的原造反派……在新世紀都陸續開始撰寫或口述回憶。公開出版的，民間自印的，網絡傳播的……有如雨後春筍般湧現。[125]

這是另一種對民間歷史的定義：不是勝利者書寫的歷史。

民間立場試圖從普通人的視角反思文革——不把「黑五類」視為一小群受排斥者的稱謂，而將其看作一個可能會污染所有人、帶有傳染性的標籤。文革五十周年之際，備受尊敬的作家楊絳於二〇一六年五月二十五日去世，享年一百零四歲，在中國的社群媒體上引發關於知識分子在文革中的責任的激烈討論。這一事件也凸顯出黑五類標籤的模糊性。很多人指控楊絳的丈夫錢鍾書和大部分菁英知識分子（他們當時常被劃為「反革命分子」），都是政權的共犯。[126]

本章討論的草根知識分子以三種實踐形式參與歷史領域：紀念、記錄和爭論。對官方歷史的挑戰始於對反右運動受害者的紀念，在墓地或勞改農場舉辦活動、放映影片，以及重新發表以前的文章向未受承認的受害者表達敬意等等。在為這些個人事件拓展出社會空間後，民間史學家開始記錄饑荒等大規模集體事件，致力於重建更扎實的另類歷史敘述，有些透過口述歷史訪談，有些透過收集公開檔案和私人文件。在第三個階段，這些另類的民間敘述在非官方的論壇和刊物中相互碰撞、彼此爭論，從而銜接不同的記憶並為懺悔和道歉拓展空間。

在這些實踐中，民間史學家作為特殊知識分子進行社會介入。無論是記者、紀錄片導演還是退休學者，他們的公共話語都建立在對這段歷史的特殊知識上。他們以業餘——有時甚至是專業——史學家的身分獲取這些知識。他們轉而關注弱勢群體，以重新思考毛澤東時代的歷史，這種做法質疑了毛澤東時代社會正義的迷思，並從底層視角重新審視社會。他們的研究揭示知識分子菁英常常支持毛澤東的意識形態，而農民則是主要的受害者。他們用這些結論質疑當代社會的結構和中共統治的合法性。最後，他們的活動還是非商業性的。以往對中國知識分子的研究總認為知識分子必須在國家和市場間二選一，但民間知識分子的自我定位就是懸置在二者之間，並發展非商業實踐的第三空間。這有時有賴於退休金、朋友的慷慨（吳文光），以及數位技術發展帶來的成本幾乎為零的自助出版（透過電子郵件發送PDF文件）。民間歷史可以總結為體制外的歷史學家撰寫的非菁英人物和群體的非官方歷史，其目的是累積知識而不是獲得金錢或者其他利益。從個案開始，民間史學家收集資料以重建另類的集體敘述，最終拓展討論空間，促進更多元化的歷史研究。

當然，十分不幸但也不令人意外，習近平掌權後，他們的努力被批判為「歷史虛無主義」，遭遇前所未有的打壓。雖然審查和各式打壓從未停止，但文革五十周年前後對各種出版物的整肅確實是一個重要的轉折點，楊繼繩、洪振快、《炎黃春秋》和共識網都付出了代價。二〇一三年的「九號文件」將「歷史虛無主義」列為對執政黨的威脅之一。二〇一七年三月，中華人民共和國的第一部《民法典》又將詆毀共產黨英雄人物定為犯罪行為，這一決定也證實中共認定這些活動對其統治構成威脅。[127]不過，民間史學家最終不僅挑戰了國家制度，還削弱了單純基於偉大人物的歷史敘述的合法性。正如資中筠提及「野史」傳統時指出，菁英知識分子長期輕視那些不是為統治者所寫而為普通百姓所寫的歷史。[128]在這層意義上，將普通人的故事推到聚光燈前可能與質疑政治菁英的角色一樣具有挑戰性。國家自然會打壓民間史家公然的政治介入行為，但新型態的民間史學知識則對當局構成更深層的挑戰而無法輕鬆壓制。

第四章
從邊緣探索及改變社會：獨立電影的興起與落幕

二〇〇一年，首屆獨立影像節以「民間獨立電影」為題在北京電影學院開幕，主辦方是實踐社和《南方周末》。[1]這是第一個由非官方團體組織的公開電影活動，代表一九八九年之後出現的另類空間和公眾開始走向體制化。這些空間起初出現在藝術村、鬆散的電影俱樂部或協會（如北京的實踐社、南京的後窗放映）。《南方周末》發表了評論人和策展人羊子撰寫的〈民間的含義〉，算是這一事件的某種宣言。他回擊劇情片單元的作品其實與北京電影學院有關而只是「偽民間」的說法，與其透過體制的方式定義民間，他以個人表述的形式來說明這個詞：

> 但我還是要申明，這次提出的獨立和民間並不是針對某種體制的，獨立精神的提出是針對作品自在的完整概念，是拋開商業等壓力的作者自足，從這點來看電影學院的學生作品也並

非是非要質疑的東西了。還有，我想民間並不是一個說出來就可以得到的東西，我認為民間與個人的獨立精神是存在某種契約關係的，個人表述才是真正民間化的，某種民間的集體意識恰巧是反民間的。所以我們所要強調的是作品是否存在個人意識或氣質。[2]

電影節主辦方列出五條選片標準，將民間與沒有受到官方製片系統過分約束的業餘方法聯繫在一起，呼籲「照顧、鼓勵非經過專業正統訓練的民間創作」。[3]個人主義、自主、免受職業規範約束的自由，是這場關鍵活動的核心訴求，在一小群參展者中受到熱烈歡迎。

從二〇〇三年起，定期電影節也開始在南京和昆明舉辦，從二〇〇七年起，北京的活動則在東郊的宋莊舉辦。隨著政府對非官方導演解禁，越來越多非官方導演開始申請製片和發行許可，獨立影像在二〇〇三年進一步走向體制化：其中最受人矚目的例子是賈樟柯，他的電影《世界》（二〇〇四）獲得發行許可。中嶋聖雄（Seio Nakajima）記錄了二〇〇三年十一月十三日王小帥、賈樟柯和婁燁與電影總局的會議，此前有七位導演在《南方周末》上發表請願信，呼籲給予獨立電影進入體制的機會。結果是，國家廣播電影電視總局在二〇〇三年十二月發布了三份簡化的規定，包括由省級官員根據劇情大綱來批准製片，但電影的定剪版本依舊需要通過中央的審查委員會，並從國營製片廠獲得發行名額。[4]與此同時，非官方的發行管道和公共空間，特別是網路，也得到擴展，自由派媒體的放映、獎項和競賽活動對此也起到促進作用。[5]獨立電影持續發展直到二〇一三年左右國家加強施壓，這種壓力最後匯聚成一部新的電影法，於二〇一六年末通過，嚴重限制了獨立電影的活動。

從開始之初，中國獨立電影與民間知識分子的興起就有密切關係。「獨立」一詞，總體而言，指的是電影不是由國營製片廠或者媒體機構製作，至少不是由它們發起的，在這個意義上是「體制外」的，因此大體上都缺乏資金，並與草根社會緊密聯繫。一九八八年，吳文光辭去穩定的工作成為一個「自由人」。那年夏天，他用從中央電視台（他曾為央視拍攝電視紀錄片）借來的器材開始拍攝《流浪北京》，可以說是一九四九年以來在國家製片機構外製作的第一部電影。一九八九年末，吳文光完成拍攝後，他用昆明一位朋友的設備剪輯影片。《流浪北京》聚焦於天安門鎮壓前後五位「漂」在北京的藝術家，記錄了一九八〇年代的理想主義與幻滅，以及鎮壓（儘管片中並未提及事件本身）之後的困惑和抑鬱。吳文光記錄了一種新的生活方式，他和其他導演與片中人物一樣都選擇這種「盲流」或曰「漂著的人」的生活方式。他們與工作單位系統切斷聯繫，依靠自由藝術家的身分為生。[6]根據續作《四海為家》（一九九五）的記錄，《流浪北京》裡的五位藝術家中有四位後來選擇離開中國。

作為中國第一部獨立電影，《流浪北京》不僅建立與一九八九年民主運動的基礎性關聯，還拓展空間專門反思運動的失敗、菁英的責任，以及本應可以觸及中國社會草根的「文化民主化」的缺席。[7]菁英改革派的「專題片」《河殤》於一九八八年在中央電視台播出，被認為預示一九八九事件的走向，也象徵運動的缺陷。幾乎在各方面，獨立影像都採取與《河殤》與專題片模式相反的做法。[8]正如五四運動的「轉向文化」成為一九一一年革命失敗後深入民主化的契機，轉向獨立電影也可以視作一九八九年民主運動失敗後重新聯繫菁英和「底層」的努力。呂新雨認為，一九九三年的《彼岸》代表了民間知識分子的轉折點，他們譴責各種烏托邦，並把焦點放在

「此岸」。[9]透過反思之前被知識分子忽視的被剝奪權利者，獨立電影導演採取一種更「民主」的方法來拍攝，從而開始重新思考民主這個概念本身。[10]

聚焦於邊緣地帶，以及長期生活在邊緣地帶（如之前的圓明園藝術村和後來的宋莊藝術村），成為另一種挑戰九〇年代威權結構和中國社會不平等的辦法。在地理上與先鋒畫家和視覺藝術家住得近，也為他們提供其他的資金來源。在這種意義上，獨立電影導演們迅速成為典型的民間知識分子。張元（生於一九六三年）、婁燁（生於一九六五年）、王小帥（生於一九六六年）和管虎（生於一九六七年）等導演後來被譽為「第六代」，聲名遠揚。實際上，王小波就與一部早期的獨立劇情片有關，他為張元的《東宮西宮》（一九九六）撰寫劇本。[11]賈樟柯二〇一〇年在《南方周末》發表的一篇短文捕捉到這個最早的聯繫：

> 那是九〇年代初，整個國家剛剛經歷了巨大的政治動蕩。在創傷之後，沉悶之中，當時所謂的「第六代」導演們用電影挑戰威權。「獨立」兩個字，讓我異常興奮……
>
> 從九〇年代開始，是誰用自己獨立的精神撕開了鐵幕，用怎樣的努力在密不透風的官方話語空間之外，開始有了個人的訴說。今天，整個社會可以討論普通人的尊嚴。這些是不是得益於一大批「第六代」導演持之以恆地關注中國底層社會，呈現被社會變革拋到邊緣的人群，而呼喚給這樣的人群以基本的權利？
>
> 我們看今天的年輕人，染著頭髮，在城市裡穿梭，可以自由選擇並公開自己的性取向的時候，是不是得益於張元導演的《東宮西宮》？對，是王小波的著作，李銀河的學術，各個社

會組織奔走呼籲，他們的合力帶來的自由。但，張元導演呢？變革的時代，還有更多的人被權力和經濟利益拋向邊緣，是哪些電影一直注視著這樣的人群？最終在全社會形成共識——去關注弱勢群體。這種力量部分來自「第六代」導演的作品。在我看來，「第六代」電影是中國文化在上個世紀九〇年代最光彩的部分。[12]

十多年後再做回顧，賈樟柯發現，常常被批評家嘲笑為邊緣化和無關緊要的獨立電影，已經在一些重要的方面改變了主流社會。

第一批獨立電影與在電視台工作的導演們關係密切，因為他們可以獲得昂貴且操作複雜的設備。第一次集體行動，是一九九一年冬天在北京廣播學院舉辦的研討會，期間有幾場放映。[13]到了一九九七年，數位攝影機（DV）在中國普及，大大降低進入這一行的門檻，所有人都能以極低的成本製作影片。廉價的攝影設備並不是九〇年代初獨立電影出現的最早推手，但確實是九〇年代一個重要的新現象。它賦權給第二波電影導演，這些導演進一步調查邊緣議題和「弱勢群體」，強調「底層」這一新詞。賈樟柯（生於一九七〇年）、趙亮（生於一九七一年）、杜海濱（生於一九七二年），以及王超（生於一九六四年）、王兵（生於一九六七年）和萬瑪才旦（生於一九六九年）等略微年長的導演，全部將鏡頭從大城市轉向中國邊緣地帶無數的工業城鎮的日常生活，在紀錄片美學上著墨濃烈。他們總體上拒絕「第六代」的標籤，遊走於培養出幾「代」導演的國營製片體系之外，植根於「民間」。他們的電影透過非商業管道製作和發行，致力於記錄政府控制之外的日常生活。二〇〇〇年代初期，這一種新興趣與調查社會現實的衝動、參與社會爭論的意願，以及如何合乎倫理地表現社會議題的美學反思結合在一起。

本章聚焦於獨立電影，探索獨立電影與社會菁英和底層群體、國家和市場，以及社會知識論述的關係。本章將首先考察獨立導演如何在反身性論述中定義自己的位置，接著探討他們如何在電影文本中表達這種立場，最後會談到獨立電影的民間實踐如何與宋莊等藝術村的邊緣空間形成的另類公眾聯繫在一起。

作為民間知識分子的獨立導演：宣言與闡釋

列出一份九〇年代初以降國營製片廠編制之外的電影和導演清單相對容易，[14]但試圖用概念性的定義來總結這些作品，就極具挑戰性而且難免引起爭議。紀錄片和劇情片領域的兩位重要導演最早對這個問題作出論述。[15]

賈樟柯：業餘和民間

賈樟柯從北京電影學院畢業後，在製作他的第一部電影的同時，還發表了幾篇具有影響力的文章，將他的創作置於「業餘」和「民間」電影的標籤下。〈我的焦點〉是他最早的論文之一，發表於《今日先鋒》，[16]他在文中批評電視和日益商業化的電影導致觀眾注意力縮短，並表示：「如果這種藝術的職業化僅僅以養家糊口為目的，那我情願做一個自由自在的業餘導演，因為我不想失去自由。當攝影機開始轉動的時候，我希望永遠能問自己一聲，眼前的一切是否是你真正的所思所感。」[17]從他早期的文字中可以清楚地看出，賈樟柯對市場的批判和國家的批判一樣多，並將「業餘」電影定義為「第三部門」的一部分。

一九九八年，賈樟柯在《南方周末》上發表〈業餘電影時代即將再次到來〉，進一步拓展這個主題。這篇文章以他在釜山國際電影節（《小武》獲得該電影節的新潮流獎）的一場關於亞洲金融危機中的獨立電影的論壇的發言為基礎，批判「專業」製片的程序化和僵化加劇了亞洲文化的同質化：

> 於是我說，業餘電影的時代即將再次到來。
>
> 這是一群真正的熱愛者，有著不可抑制的電影慾望……他們不理會所謂專業方式，因而獲得更多創新的可能。他們拒絕遵循固有的行業標準，因而獲得多元的觀念和價值。他們因身處陳規陋習之外而海闊天空。他們也因堅守知識分子的操守而踏實厚重……
>
> 那麼今天呢？你很難說流連在盜版VCD商店的人群中，出現不了中國的昆汀．塔倫迪諾；你也很難說有條件擺弄數字錄像機的青年裡出現不了當代的小川紳介。電影再也不應該是少數人的專有，它本來就屬於大眾……我一直反感那種莫名其妙的職業優越感，而業餘精神中則包含著平等與公正，以及對命運的關注和對普通人的體恤之情。[18]

在這個脈絡中，「業餘」指的不是缺乏專業訓練，而是拒絕遵守電影產業的雙重規範：政治正確和商業成功。它還強調對普通人的關注，以及電影人與拍攝對象之間的平等。八〇年代，國營製片廠控制設備和膠片，使得上述立場不可能實現，而到了九〇年代末，新技術的興起使之成為可能，並具有將電影生產民主化的潛力。

在另一篇評論中，賈樟柯指出，VCD和DV攝影機是關鍵發明。在買到便宜的《波坦金戰艦》（艾森斯坦〔Sergei Eisenstein〕，一九二五）和《大國民》（威爾斯〔Orson Welles〕，一九四一）的VCD後，他的思緒回到了這些影片只能作為「內部參考放映」的那幾年：

> 把看電影和行政級別、專業屬性聯繫起來，也算是中國的一大發明。看電影變成一種特權，這裡面有對普通人智力的輕視，也有對普通人道德水準的懷疑。「內部參考」四個字一下子將電影和普通民眾拉開……現在不一樣了，我們終於可以平等地分享電影……數碼攝像機的出現，讓拍攝更簡單、更靈活、更便宜。它使更多人可以擺脫資金和技術困擾，用活動攝像表達自己的情感。[19]

和許多同代人一樣，賈樟柯強調技術進步在民主化觀影（VCD）、製片（DV），以及使電影脫離當局控制中起到關鍵作用。他以平等主義的理念批判中國共產黨的管理規定：這些規定使藝術依賴行政層級（在觀影方面）以及和國家單位的合作（在製片方面）。相反地，新技術具有平等化的效果，賦權給普通人表達他們的個人感受，為自己發聲而不是為某個階級或者社會群體代言，以及透過感受而非社會理論與觀眾對話。這是賈樟柯重申「業餘」標籤的深層含義。

在製片人、評論人林旭東首發於《今天》的一篇訪談裡，賈樟柯也宣稱他作品的民間性。訪談一開始他就強調，自己來自鄉下，以及流行文化和非官方文化對他作品的影響：「比起我在學校裡受到過的教育，我更慶幸的是，在自己早年的成長過程中，能有機會從一些生活在社會底層的普通人身上接觸到一種深藏在中國民間的文化淵源。」在結語部分，他將自己定義為「一個來自中國基層的民間導演」。[20]透過這種方式，賈樟柯極大地壓低自己的國族身分次於一名普通人、一名「民間」導演的「基層」認同；國族身分在八〇年代電影時常占據著核心位置。作為一名非官方的民間導演，他的作品並不是因他的地位或者資歷而受到認可，而是因其最高意義上的「業餘」。[21]

獨立紀錄片運動中重要的女導演季丹在日本受過專業訓練，她也呼應這一立場：

> 豁然發現自己置身於只在新聞中好奇觀望和抽象憤怒的「底層」：礦難的地底下，屋頂的火焰中……其實所謂「底層」，比我原來想像的廣大深邃，它也並不在腳底下的黑漆之處，而就在身旁左近和自己內部。它是社會和人性中廢墟的部分，自天而降的同情和善行並不是它真正的天使。廢墟自身有它足夠的重生能量。[22]

對季丹來說，獨立電影的產生，是因為導演們意識到自己也是社會底層的一部分：電影製作不只是同情「他者」的一種形式，也是自我認同的一種形式。

賈樟柯後來持續解釋和詳細闡述自己作為民間導演和民間知識分子的立場。這種立場的核心動力，是來自他多年來觀看官方電影，卻「跟我們的生活沒有任何關係」。[23]這種經歷促使他全力投入拍攝普通人和日常生活，這一點在他選擇使用業餘演員和方言中體現得最為充分：

我覺得包括用非職業演員自身的自然的狀態，就是對我過去工作背景裡、那種銀幕世界的一種反叛。在那個銀幕世界裡，所有人都不是一個自然的人，它是一個經過訓練的人，語言發音是普通話，而且是表演系培訓出來的普通話，像播音員一樣的普通話。為什麼不用非職業演員呢！就像王宏偉，他的身體都是歪的，我們每個人在生活裡面都是歪的，沒有人一直是表演的狀態。

從語言的角度來看，用非職業演員，他們可以講方言。我覺得普通話是一個很暴力的東西。每一種方言都是人的母語……在我剛拍《小武》的那個時代，中國的電影審查制度還有一條，就是為了推廣普通話，電影不許使用方言，如果使用，必須打報告。最後這個電影裡基本上只有毛澤東能說方言，還有周恩來，其他人都不允許說母語。它是另一種專制。[24]

此處的強調當然是對官方電影和宣傳審美的直接反駁，這在賈樟柯電影所引起的官方負評中也表露無遺。[25]這也進一步體現在賈樟柯對碎片化風格的審美偏好上，他避免流暢剪輯，採用長鏡頭，允許他的人物自由漫步（賈樟柯認為，長鏡頭有一種「民主色彩」）。[26]

賈樟柯的電影聚焦於個人。他經常在訪談中提及自己如何透過音樂來衡量毛澤東時代終結的歷史變遷：當共產主義歌曲以複數人稱唱出（「我們是社會主義接班人」），透過漁船從台灣偷渡而來的鄧麗君歌詞則以第一人稱表達（「月亮代表我的心」）。賈樟柯討論了九〇年代初的導演（張元、王小帥），認為：「他們不再試圖為一代人代言。其實誰也沒有權利代表大多數人，你只有權利代表你自己。這是解脫文化禁錮的第一步，是一種學識，更是生活習慣……我們沒有權利去解釋別人的生活。」[27]社會主義美學試圖透過階級定義每個人物的意義，而賈樟柯認為個人故事不再具有在這種意義上的代表性：獨立電影拒絕瀰漫於八〇年代電影界的代表性或象徵主義信條。[28]

這意味著，哪怕是邊緣或者底層的人物也具有普遍意義：「後來有人跟我說，你選擇小偷這樣一個角色作為主要人物缺乏普遍意義，不符合你記錄這個時代的創作意圖。我覺得要談一個作品裡的角色有沒有普遍性並不在於他具體的社會身分是什麼，而在於你是否能從人性這個角度去對這個特定的角色加以把握。」[29]在這個領域，賈樟柯不只與馬克思主義美學，也與直到八〇年代後期都十分流行的社會表現形式決裂：和王小波一樣，賈樟柯對底層的興趣（例如《小武》的主人公小武是山西一個小城鎮的小偷），不是基於菁英知識分子對無產階級的經典刻畫，而是賦予不同的意義。[30]

確實，賈樟柯反覆強調，他和王小波一樣，並沒有作為知識分子和藝術家的使命感：

我從來不覺得我有一種責任要拍這一類型的電影，我也不覺得我可以代表這一類型人，實在是一個太私人的情況。我自己就成長在這樣的環境裡面，我是一個再普通不過的中國家庭裡的孩子，我是在再普通不過的中國縣城裡成長的。……我覺得我應該拍。但是，我特別不願意談它是一種責任，或者甚至是一種使命，因為往往我們在強調這種責任跟使命的時候，就像也在強調你的權力、你自己的話語權。我是比較排斥這樣一種思路的。[31]

這一觀點直接呼應王小波對「發聲」以及知識分子「以天下為己任」之名占據道德高地的習性的批判。和王小波一樣，賈樟柯首要的責任是對自己負責。和其他導演一樣，他希望更多的人可以看到他的電影（因此他在二〇〇三年後選擇透過官方發行系統發行影片），他也經常參加公開辯論（比如二〇〇六年《三峽好人》在威尼斯獲獎後，賈樟柯在北京大學發表一場知名的演講），有些人認為他的電影吸引不了底層人民，他也不為所動。相反地，他認為獨立電影的觀眾或許不多，但已經逐漸進入「公共意識」，確保普通人或者邊緣人得到更多關注：「到今天沒有人敢說我們可以忽視這些普通人，沒有人敢說這種話。」[32]

吳文光的「現場」

在另一份早期的宣言中，吳文光也提出類似的觀點。《流浪北京》成功後，吳文光一九九一年先後受邀到香港和日本山形放映他的電影（他的護照申請沒有得到及時批准），他在那裡開始接觸到小川紳介（Ogawa Shinsuke）和懷斯曼（Frederick Wiseman）的作品，隨後有機會拜訪並觀摩他們的工作。[33]吳文光反思自己拍攝巡迴歌舞團的經歷（《江湖》，一九九五，他第一部用DV拍攝的電影），同時提到底層拍攝對象和業餘方法的問題：

我這裡不想說我拍到什麼素材、或發現什麼「底層」一類的東西，而想說感覺完全和之前那種很「職業」拍紀錄片的方式不一樣，隨身帶著筆一樣的DV攝像機，晃晃悠悠地和大棚人混在一起，每天耳朵裡充滿了「日他個姐」的河南話……變成一個人帶著DV機隨心所欲地拍出的視線所及、「主題」以外的東西……我還得說我要感謝DV，是它救了我，它使我今天和紀錄片保持的還是一種個人關係，而不僅僅是一個身分。[34]

對吳文光來說，他的創作具有「非職業」性質，並關注邊緣或底層群體，這與「現在時和在場」拍攝事件的偶然性相關，[35]當然，DV攝影機的出現更大大強化這一點。他將自己的作品定義為「個人影像寫作」。[36]羅賓森（Luke Robinson）認為，「現場」這個詞可以定義為「鮮活性」（liveness），而不是（隱含「代表性」規範準則的）「現實主義」，它以偶發事件為特徵；現場的優先性決定了影片的展開和結構。現實不可預測，只有透過捕捉它的隨機性，導演才能忠於生活在現實中的個人和他們所講述的故事。[37]這種偶然性排除了社會主義現實主義內在的「轉喻或隱喻模式」，用胡新宇導演的話來說：「詩歌是拒絕隱喻，紀錄片也是拒絕的。」[38]透過這種方式，現場成為一個倫理問題：支持偶然性和特殊性，拒絕由進步的目的論觀點驅動、將歷史偶然性轉變成必然性的敘事結構。[39]

在第一部關於這種新電影的論文集中，「現場」是核心關鍵詞。吳文光在二〇〇〇年、二〇〇一年和二〇〇五年分別以期刊形式發表共三卷的《現場》（英文刊名：*Document*）。這三卷按「檔案」的形式編排，旨在沒有任何先入為主或狹義類型定義的限制下，記錄這場新文化實踐。第一卷包括賈樟柯《小武》的完整劇本以及康建寧的紀錄片《陰陽》有關的材料；第二卷是杜海濱《鐵路沿線》（二〇〇〇）的檔案。這些作品關於文學、藝術以及更廣義上的文化生產，比如口述史。文集沒有直接點出它們的共同點，只是透過紛雜多元的並列暗示：現場，指的是真實場景和電影佈景、紀錄片和劇情片、成文的文化實踐與農民工的原始敘事（「口述史」）之間的對稱安排。現場指的既是「真實」場景，也是電影佈景，不僅關注直接性、偶然性和即興創作，也關注表演的公共空間。賈樟柯的《小武》最後一幕體現了典型的獨立電影空間：場景在小鎮的街上，警察把主人公銬在電線桿上，越來越多的路人停下來圍觀，但沒有人說話，沒有人質疑他的被捕。[40]真實的小鎮廣場，成為一個典型的「普通」空間。[41]在這種意義上，現場是一個獨立電影講述的個人故事與社會相遇，反思共同價值的地方，也是一個另類論述進入「公共意識」的「非官方」（民間）空間。

二〇〇五年，吳文光收到歐盟的一筆基金，為中國民政部執行一個影像計劃，向村民介紹農村選舉。這個計劃成為參與式紀錄片的實驗，十位村民收到攝影機，合作製作短片。吳文光描述這項工作是賦權給普通人：「在我們的工作中，我意識到對這些從來沒有拿過攝影機的人來說，最興奮的是找到一個表達自己的方式。拍攝給他們一個可以發聲，也很可能被聽到的地位。之前，他們感覺被媒體忽略……透過這種參與式機制，他們能夠自己表達自己，並且發現自己作為公民的存在。得以聚焦於他們村裡的政治，喚醒了他們的公民意識。」[42]

艾曉明也提出類似的見解，認為紀錄片是一種民間賦權的形式，她在二〇〇五年也聚焦於村民選舉及其在廣東太石村引發的社會運動：「我想在我的電影裡做的，不是被動地描繪人民，而是表達他們的能動性以及他們如何透過自己的方法改變命運。這是我心中的紀錄片的功能……當我們拍攝一部紀錄片，我們變成我們主人公的一員。當我拍攝農民，我讓他們告訴我，我應該拍什麼或不拍什麼。我只將自己視為為他們的目標服務的志願者，為他們提供他們尚未掌握的技術工具。」[43]透過這種方法，現場的含義被進一步拓展，從視覺記錄的場所到參與式介入的論壇。

批判性討論：獨立、先鋒、現實主義

在賈樟柯、吳文光等導演發表他們的宣言後，學者和記者在期刊和媒體上對獨立電影展開熱烈而富有批判性的討論，與此同時，導演和其他實踐者則著手集體出版，確立了各種陣地。在中國，《今日先鋒》是重要的論壇。香港的出版品也發揮作用，北島的流亡刊物《今天》和《二十一世紀》很早就有相關討論。此時，針對張元的「禁令」已經解除，一九九九年與一家國營製片廠合作《過年回家》，賈樟柯等人則受益於二〇〇三年國家製片系統的改革，得以「打破沉默」並在系統內發聲。這個重要進展標誌著從「地下」（海外評論家起初經常誇大的一個詞）到「獨立」的關鍵轉變，意味著獨立的含義遠不只是在國家製片系統外創作。[44]

二〇〇三年，北京電影學院教授、知名的自由派學者崔衛平在《二十一世紀》發表〈中國大陸獨立製作紀錄片的生長空間〉，確立了用「獨立」一詞來指稱這類新型電影。[45]呂新雨將「獨立」一詞追溯到一九九一年末張元家的一場會議，與會者包括吳文光、段錦川、蔣越、溫普林、時間、郝智強、李小山，而李小山為這個詞提供解釋：「獨立的概念實際就兩條，一條是獨立操作，一條是獨立思想。我要表達的東西不受他人干擾，但你要想做到這一點，你必須獨立操作，不好拿別人的錢，這主張是吳文光的觀點，別人補充。」[46]崔衛平將獨立電影與「民間先鋒藝術」聯繫起來，[47]置於一九七九年的星星畫展傳統中，呼應一份標題使用「先鋒」一詞（也挑釁地宣稱「我的攝影機不撒謊」）的早期出版品。[48]

「先鋒」一詞在當時並未流行，「獨立」則隨後成為多數導演偏好使用的標籤，拿來定義自己的創作，包括紀錄片，例如二〇〇四年實踐社成員編輯的文集《中國獨立紀錄片檔案》。實踐社於二〇〇一年籌辦了首屆獨立電影節。該文集也使用「民間」的概念指稱紀錄片導演和他們的作品：「紀錄片在中國的文化視野裡，長期徘徊在國家話語與民間述說的雙行線上。前者構成了一種宏大的歷史敘事，成為官方正史的影像註腳；後者則願與個體的意志，尋求一種有別於主流意識形態、真實而自覺的記憶形式。」[49]他們認為紀錄片的另一個特點，是攝像機前後的人都站在邊緣的立場上：「紀錄片作者的身分差異很大程度上決定了影片題材的走向。純粹民間身分的創作者環顧左右，似乎只有比他們更底層的農民、打工者、流浪漢、退休老人或者自己的親朋好友才能容忍其近距離的拍攝行為……從某種程度上說，他們作為弱者代言人的身分是被迫的。」[50]最後，DV攝影機將人們從底片攝影機和控制誰能使用底片攝影機的國家機器中解放出來。朱靖江認為，電視紀錄片工作者使用的大型設備具有異化性，因為這些設備使他們成為機器的一部分，而ＤＶ攝影機可以自我救贖：「而ＤＶ作為個體影像創作的新工具，第一次使民間的聲音透過影像的方式進入了政史的範疇。」[51]

實踐社的組辦人之一羊子在一篇訪談中說，新紀錄片有兩個口號，「堅持電影思考的權利」和「推動影像表達民間化」。[52]在另一本以宋莊為基地的行動者們編的文集中，編輯提出，新紀錄片聚焦於「邊緣群體」的目的是為「沉默的大多數」提供一個自我表達的機會：

在紀錄片的發展過程中，也有不少人提出質疑，比如認為我國的紀錄片過於關注邊緣人，不夠主流等。這裡也略加說明。其實，我們的紀錄片鏡頭裡的對象多數並不是什麼邊緣人，包括農民、殘疾人等，他們在我們的十多億人口裡面都占很大的比重。……這種有意無意地把自己當作「主流分子」的處理方式，只能給人帶來更多的誤會。[53]

從這個視角出發，所謂主流娛樂電影才是在關注「不具代表性的」的少數人物。儘管崔衛平的文章標題直接提到紀錄片，但她的討論也包括劇情片：她認為，弱勢群體在電影敘事中扮演的角色、與電視製片人共事的困難，以及國家管控帶來的問題，是劇情片和紀錄片的共同特點。[54]崔衛平的文章發表後不久，兩位知名的影評人、獨立電影製片人張憲民和張亞璇在一本更全面的文集中更完整地發展這一觀點，他們聚焦於ＤＶ電影並認為新技術將紀錄片變成「一個人的影像」。[55]

相對地，上海傳播學者呂新雨則提出「新紀錄片運動」一詞：她認為九〇年代初以來拍攝的紀錄片是一套基於美學（甚至是哲學）「共識」的同質性文本，這種共識反對「彼岸」的烏托邦，而一頭扎入「此岸」的現實中。[56]在她看來，這場「運動」在體制內外同時發生，既有在電視台工作的導演，也有已經離開工作單位者。因此她的觀點是，大部分導演的「獨立」與其說是現實，不如說是一個遙遠的理想。[57]呂新雨強調，許多此類影片同時表達出對烏托邦的批判和懷舊，她以一種譴責社會不正義的批判現實主義美學來定義這些影片，在批判資本主義與全球化的論述興起下，這種美學繼承二十世紀中國，藝術批判社會的悠遠傳統。[58]這種面向現實的美學關注，可以定義為某種「主義」（現實主義，在中國的宣傳論述中有悠久的歷史），也可以定義為某種更鬆散的「風格」（寫實，這個詞借自文人繪畫傳統，或者紀實）。海外學者對此有所呼應，但這也使他們常常忽略獨立電影與「第五代」，與以前所有宣稱現實主義作為方法的世代的分道揚鑣。相較下，賈樟柯和他的同伴們傾向於強調「真實」而非現實主義。[59]

評論家王小魯批評了呂新雨的標籤，提出應當將「新紀錄片運動」的稱呼局限於電視紀錄片中出現的新風格；與之相比，獨立紀錄片則是一個前所未有的現象，不能描述成對於舊有形式的「新」的表達。他進一步注意到，呂新雨預測ＤＶ將被商業主義淹沒，但事實恰好相反：九〇年代開啟相對自由和自我表達的時代。這種自我表達，在王小魯看來，不單只是以自我為中心，還可以強化主體性：「紀錄片導演從無邊無際的現實和紛繁複雜的社會材料中，找出自己的角度去進行取捨，並從中裁剪出一個有形有體的東西來，這需要創作主體的社會觀念、道德修養、美學眼光以及行動能力。」[60]因此，獨立紀錄片顯示為一種社會調查的方法。

在分析王兵的三部曲《鐵西區》（二〇〇三）的長文裡，呂新雨提出一個複雜的觀點，從新馬克思主義的角度解讀這部電影，將其視為毛澤東創立的工人階級的懷舊式禱文（最終也可以看作毛澤東時代和思想的輓歌）：「當代中國工人主體性的黃昏與農民主體性的喪失，是這個世界物化的不同表現。」她注意到影片既有烏托邦的一面，也有反烏托邦的一面，並在工人階級的主體性中找到人們懷念毛澤東時代工業的證據：「是工業優先於農業的現代化訴求，更是反抗資本主義掠奪的全球霸權，決定了第三世界社會主義國家的工人階級與西方不同的歷史與階級意識。」在結論中，她描述電影結尾處即將到來的黎明是「光明與黑暗之間的色調……歷史尚未明朗之前的曖昧」。[61]

汪暉也有類似的觀點，他認為第六代電影人的作品是「史詩」，和第五代的「抒情」形成反差。《讀書》雜誌二〇〇六年十二月在賈樟柯的家鄉汾陽舉辦一場關於賈樟柯《三峽好人》的專題研討會，[62]汪暉在會上強調，賈樟柯的電影嵌入了社會變革的可能：「電影裡面有懷舊的色彩，但懷舊不是真正的主題，在電影場景的中心是廢墟——這個廢墟不是歐洲浪漫派繪畫、音樂和文學中的廢墟，也不是現代主義對於工業和城市的廢墟式的呈現，而是一種包含著向前變化的巨大態勢之中的廢墟。廢墟是一個終結，但更是一個開端。變化的主題是從廢墟開始往前伸展的，往前是給定的，但未來是不確定的。」[63]呂新雨和汪暉試圖從歷史目的論和政治傾向的角度解讀獨立紀錄片，顯示出他們所受的盧卡奇式（現實主義）的學術訓練，而這也常常讓導演們感到不舒服。[64]例如王兵就批評烏托邦的觀點，他在一次訪談中說：「這些工廠不是一個夢，它們是真實存在的。工人們有自己的生活，不論管理和工作條件是多麼糟糕。他們每個月掙三百元。不該由我來說這些工廠是否應該繼續運營。」[65]王兵的反駁，帶有廣義上的民間知識分子和狹義上的電影人在進行抽象理論化時節制謹慎的特色。

較為傳統的馬克思主義觀點和獨立電影實踐之間也存在一些衝突，這在二〇一一年南京的一場論壇上浮上檯面。呂新雨在探討「在電影中如何負責任地呈現底層？」這個老問題時提出一個觀點，即「社會層級最底」的底層和其他階級之間存在徹底的割裂，因此前者「不能對這些更有權的人的議題做出有意義的同意」。這個觀點當然與王小波的雜文發展出來的立場有衝突，也就是民間知識分子和底層群體都屬於「沉默的大多數」。呂新雨區分電影人對待底層群體的不同立場（民粹主義、現實主義、狂歡式），並支持「民粹主義模式」，即電影人「表達他們對社會底層人民的尊嚴和高尚的敬仰，並且揭露這些人所受的不公和冤屈」。[66]與會的電影人反對這種理論立場的論斷，他們起草一份名為「薩滿—動物」宣言，稱紀錄片是理論化的對立面（例如胡新宇稱「記錄動力發自於『自愧無知』，在它面前沒有前衛、理論一說」）。季丹（被呂新雨奉為「民粹主義者」）提出應當將紀錄片定義為「薩滿主義」，「他者」可以透過作為薩滿的導演來說話，含蓄地拒絕了呂新雨的標籤。[67]這個薩滿主義隱喻與艾曉明偏好的方法相似，根據愛德華（Dan Edwards）和史雯（Marina Svensson），艾曉明的方法是「根基於與銀幕上的拍攝對象建立關係，是本能的、情感的，甚至是心靈的關係——同時又是非常政治化和具體的關係。正如艾曉明所說，它涉及在『具體的歷史語境』中『與其他靈魂的相遇』」。[68]這兩種方法都以被攝者的觀點不受干擾地直接表達為基礎。

二〇一〇年，賈樟柯的《三峽好人》發行後，《今天》期刊製作一期關於獨立電影的特刊，後來也收錄在歐陽江河編輯的《中國獨立電影：訪談錄》中。這本文集匯集一九六〇年代和七〇年代出生的十位劇情片導演（賈樟柯、王超、李陽、李玉、章明、婁燁、朱文、萬瑪才旦、李紅旗、韓傑）的訪談，標誌著他們這個群體的強烈存在。在前言中，歐陽江河提到第六代（婁燁、章明）的貢獻，但花更多篇幅講述在第五代沒落的情況下，賈樟柯及其他導演二〇〇〇年後的作品的重要性，以及有必要在中國和世界為非商業電影找到空間。[69]歐陽江河進一步提出，九〇年代後期以來，一群年輕導演「逐漸形成了對新的中國獨立電影的共同理解，形成了一種共同的傾向和追求，那就是以影片關注現實，記錄現實，呈現現實，介入現實。他們的電影實踐因而獲得了第五代、第六代導演所欠缺的那樣一種融見證與思考於一體的影像質感、史詩目光以及敘述語言的當代性」。[70]儘管書中的導演並不是都認同歐陽江河對他們的美學定位（特別是史詩這個面向），但他將獨立性視為一種對現實的沉浸式記錄和批判性介入，則清楚將此類型與第五代的作品區分開來。他對於確立非商業電影空間的呼籲，則隱含獨立電影的民間立場。

在導演黃文海（文海）最近的一項研究中，曾金燕認為出現一種新型的「公民導演」，這些導演根據四種立場來定義自己的作品：作為批判性知識階層的一員、作為藝術家、作為社會運動家，以及根據自己的社會性別。作為知識分子，這些公民導演從薩依德對「業餘」的認可中獲得啟發，僅僅聽從自己的興趣。作為藝術家，這些導演轉向邊緣地帶，以此保持與主流社會的必要距離。作為社會運動家，他們致力於幫助底層獲得自己的聲音。站在社會性別的立場上，他們探索工作中的性別主導模式。在這樣的組合中，曾金燕看到新的電影實踐和新的公民身分的可能性。[71]

對定義的爭論揭示出重要的裂痕。選擇「民間」作為美學、倫理和政治綱領，包括強調敘事偶然性、拒絕權威性的責任感和關注社會邊緣性等，常常與從葛蘭西視角審視知識分子角色和美學的評論家的觀點發生衝突。正如王小波的雜文〈沉默的大多數〉挑戰了中國社會對階級的理解，獨立電影也挑戰了海內外主流評論家所持的盧卡奇式的史詩藝術概念。

作為話語和視覺實踐的獨立紀錄片

獨立電影人基於對社會的表述將自己定位為民間知識分子，這種表述與王小波在雜文中提及的非常相似。[72]和民間史家一樣，電影人也在他們的文本實踐中表達出這種自我理解：在他們的案例中，生產視覺文本的實踐，蘊含著描述中國社會的特定論述和表現形式。電影學者、雲之南紀錄影像展的組織者易思成強調，獨立紀錄片關注以前不可見的「少數」群體，但不以「異國情調的東方主義」對待他們。這多虧現代主義的美學方法，包括即興創作、留白敘事和非職業演員。易思成認為，透過這個方式，獨立電影拋棄了對於宏大象徵的需要。[73]本節將分析電影人的實踐及其在認知上和美學上的特點。

九〇年代初以來出產太多獨立電影，以至於很難給出一個全稱式的概況說明；[74]取而代之，本節則嘗試指出這些視覺文本共有的三個主要特徵。我的分析主要聚焦於紀錄片電影，因為它們形成相對同質化的作品，但這種分析也可以推及劇情片。這三個特徵都是指導視覺表現的美學原則，也是隱約倡導以某種方式理解社會的方法論。首先，獨立電影關注現實的質感，而不是意識形態或者理論，與九〇年代以前中國電影和文學所理解的「現實主義」完全不同。正如黃文海所說：「我反對『宏大敘事』四個字，它總讓我想到『假、大、空』，是自大狂的語言。」[75]或者如錢穎所說：「與其讓意識形態主導攝影機，當代電影人傾向以最少的預設知識來面對世界，容許鏡頭漫遊和觀察它所展開之處。」[76]第二，獨立電影將歷史呈現為偶然性的時間，斷開目的論，後者不僅是中國學術界和馬克思主義理論的視覺和文學表現基礎，也是大部分歷史和社會學作品的基礎。第三，獨立電影聚焦的人物以個人的形式出現，而不是作為某個階級或者社會群體的「代表」。

首先，我們可以以導演們對火車和鐵路題材的興趣為例（經常出現在獨立電影中），說明他們如何強調現實的質感，而不是意識形態。鐵路網幾乎不可避免地代表著「體制」：管理嚴格、高度集中化、戒備森嚴的國營鐵路網，猶如國中之國，為許多中國公民提供穩定的就業和交通，[77]但長久以來不對體制之外的人開放，比如農民工、沒有戶口的人、犯罪分子和「流氓」。然而重要的是，人們可以透過具體的影像而非抽象哲學來審視這個政治體制。二〇〇一年拍攝的三部影片捕捉到體制和在其邊界求生的邊緣人群之間的對比。這種參與現實的方式不依賴意識形態或者社會理論，無論是馬克思主義還是其他理論，而是觀察社會肌理的細節，並為底層群體提供「走出沉默」的機會。

杜海濱的電影《鐵路沿線》在二〇〇一年的北京獨立影像展上獲得首獎，聚焦於住在鐵路網邊緣的一群青少年，這個鐵路網象徵著排斥他們的體制，也是通往其他無法到達的空間的入口。

當所有中國人為了回家過年擠到火車上時——象徵著中國的經濟發展以及農民工的新機會，這群睡在寶雞火車站附近的邊緣少年卻沒有錢坐上飛馳而過的列車——透過相反視角的快速切換，攝影機提醒觀眾，這些少年被鐵軌和鐵軌上飛馳的列車包圍著。導演花了很多時間與片中的人物交談——其中不少人是從懲戒機構中逃出來的，其中一人因為丟了身分證而失去合法身分，這些交談不涉及什麼社會議題，也沒有將問題刨根到底的論述，只是聚焦於主人公的日常生活，與社會主義的現實主義完全相反。這部影片表面上關於鐵路，實際上聚焦於以秩序和控制為特色的體制的邊界處展現出的邊緣性。王兵《鐵西區》的最後一部名為「鐵路」，講述一位住在鐵軌邊的拾荒者和他的兒子，兒子在父親被逮捕後必須照顧自己，這也可以看作《鐵西區》從第一部的工廠研究轉到第三部對體制邊緣的個人的研究。

導演黃文海曾經和王兵合作過幾部電影，他對自己的《凶年之畔》（二〇一七）也有類似的解讀：

> 我們習慣將農民視為沉默的大多數。但在我們的交談中，他們顯示出尖銳的判斷力以及對生活非常好的理解。一些人從高中畢業並且寫得很好。他們的一些經歷打動了我。不像公共知識分子，這些工人不僅能寫，還能組織抗議、動員，以及相互培訓。在電影中，我用了很多他們的獨白。我感覺我是在刻畫一群人……在這個時代。我想改變工廠工人是一個社會階級的社會主義陳見，並如實呈現他們是：人。[78]

與之前的紀錄片相反，該片的目的不是表現工人階級的社會分析，而是將他們作為個人去理解，並在電影的拍攝對象（不再是沉默的大多數）和導演之間建立一種平等感和對話。

寧瀛的紀錄片《希望之旅》（二〇〇一）是另外一部對鐵路題材再創作和解構的作品。它一路跟隨女性農民工從四川前往新疆摘棉花，用一台不需充電的手持攝影機記錄從成都到烏魯木齊的單程旅途，透過直接訪談，考察女性農民工的個人生活。在訪談中，導演問了許多一般不會問農民工的問題，比如幸福的意義。寧瀛在一次訪談中說：「我不想透過影片探討社會問題。有人批評電影『問一堆農民不會思考的問題』，我就回應說這種評論顯示出他們自己的意識形態局限：『你沒有看到所有農民都在回答我的問題嗎？』」[79]寧瀛因而強調出，在以鐵路和大量民工遷移為象徵的社會經濟系統中，並不缺乏人的主體性。

賈樟柯的紀錄短片《公共場所》（二〇〇一）是以文本性取代意識形態的另一個例子。在被煤煙籠罩、單調、工業化的大同街景中，攝影機從火車站出發，來到公車站，最後止步於長途巴士站，一直在等待什麼事情發生，製造出一種紀錄片藝術家的反身沉思。賈樟柯說：

> 舉個例子，如果大家去中國坐趟火車，火車不單是一個公共空間，不單是一個旅行的空間，它是一個權力特別集中的一個空間。若你當時恰恰沒有買到座位，你要趕路，你上了這個車，你要去找列車員或者列車長買一張票、找一個座位——你真的就是在和權力打交道，不是在和一個運輸公司打交道，是在跟鐵道部打交道。基本上，那個體制所有負面的東西你都能感受到。所以當人穿行在公共空間裡面的時候，透過他們個人的狀態、個人的精神面

貌，我們完全可以理解整個公共系統、整個權力系統是怎麼樣影響到個人。

> 舉個例子，在拍《公共場所》的時候，我去拍大同的一個火車站。我看到一個人，因為旅途很疲勞，睡著了。睡著之後我觀察他，突然發現一個細節，就是他拿了一個包。雖然他已經睡著了，但是他的兩隻手緊緊地抓著那個包的拉鍊。就是在睡眠狀態裡，他的手都是不離開那個拉鍊的。所以，從那緊緊握著的手，你會發現旅途之危險、社會之混亂、無處不在的偷竊。這些，你都可以透過個人的一個動作、個人的反應，把這個空間本身背後的社會面貌、社會狀態、社會權力的形象，呈現出來。[80]

透過觀察現實的細節，紀錄片給出了關於體制的結論。《公共場所》裡的所有人物都在等待，和導演一樣在等待：火車站裡一位男子在等一位女士，一個女人衝進鏡頭，她在追公車，但最後沒追上，一個看似黑社會、戴著墨鏡的人在長途巴士站觀察著人們的一舉一動。賈樟柯形容自己的拍攝是對「飄蕩在塵土中」的人物的生活的著迷。[81]這部短片也可以解讀為對偶然性的反思：那個衝進鏡頭的女人象徵著趕上或者沒趕上下一班車的偶然性，以及電影自身的偶然性，她的出現最終製造出電影裡的一個「事件」。在這種意義上，獨立紀錄片實際上不是「關於」任何事情。它們顛覆經典的社會主義現實主義，成為調查和反思現實質感的起點。

第二點，獨立紀錄片的歷史觀，在許多方面與馬克思主義或者盧卡奇式的歷史觀完全相反，後者將歷史視為無法阻止的社會經濟發展規律驅動的宏大運動。[82]正如早前所說，呂新雨將王兵的《鐵西區》解讀成這種黑格爾目的論的表達，但她又自相矛盾地將其與西方工業資本主義的沒落聯繫起來：「共同的歷史理性在不同的時間、空間的展開，我們並沒有可能逃脫這個法則的強制。工業在辯證的和歷史的意義上是社會的自然規律的客體，盧卡奇如是說。正是在這個客體的意義上，王兵展開了對工廠主結構的敘述。」[83]對呂新雨來說，王兵的電影把工廠視作主角延續工業電影的傳統，在這個傳統中，個人沒有名字、可替換，不過是歷史大規律下的玩偶，歷史規律宣告工人階級的終結，他們的「崇高」（呂新雨語）則保留在銀幕上。

王兵向工業電影致敬，這一點不可否認——例如《鐵西區》第一部「工廠」中熔化鐵水的場景，但其中幾乎看不到呂新雨所說的歷史規律。相反地，關閉東北的煉鋼廠和國營工業單位，在電影中是以一種不可理解的偶然性來表現的。關閉的經濟理由——企業虧損——不是什麼新鮮事；新鮮的是政府突然決定遵循利潤法則而不是社會主義建設的邏輯。這種荒誕的逆轉和個人為了無需理由的國家政策所做的犧牲，才是王兵電影的首要重點：在煉鉛工廠，一位接觸到金屬並受污染毒害的工人在療養院裡自殺了；在《鐵西區》第二部「豔粉街」中，青年男女們住在打著「現代化」旗號即將被拆遷的住宿區，和工廠面臨一樣的命運。「豔粉街」跟拍一位名叫趙波的年輕人，他請朋友幫忙在情人節那天送花給張娜，伴隨著〈愛你一萬年〉的動人曲調，希望為自己製造一段愛情故事。這呈現出過去的集體生活方式與新興消費文化之間的衝突碰撞（影片開場時也有類似的對比描繪，一位下崗工人買彩券贏了一輛車，但似乎對自己的「運氣」不感興趣）。

工人對與他們生活息息相關的工廠——或說對經常危及他們自身健康的重金屬工作，並沒有什麼懷舊之情。相反地，在第一部「工廠」中，一位煉鋅廠的工人正對著鏡頭講述自己的人生故事，當有人衝進房間宣布工廠倒閉——歷史偶然性的典型比喻——那位工人看似聽天由命、面無表情，正如第二部「豔粉街」的結尾，一位叫「天海」的人的電話一直在響，但無人應答。無論在集體主義的過去還是消費主義的未來，都沒有為歷史賦予意義的烏托邦理想。「鐵路」是該片的最後一部，也是最個人化的一部，講述一對父子捲入對他們來說毫無意義的歷史變遷中：這進一步反駁那些將這部電影視為個人缺位的集體式工業電影的觀點。相反地，這部電影的結構，從第一部宏大的非個人化工廠，到第二部的集體住宿區，再到最後住在鐵道邊的邊緣人物的個人故事，從集體到個人的敘事軌跡十分明確。

賈樟柯的劇情片《二十四城記》（二〇〇八）呼應了王兵對廢除和私有化國營工業的興趣，拍攝成都的一家被香港房地產商收購的前兵工廠。賈樟柯寫道：「從國營保密工廠到商業樓盤的巨大變遷，呈現出了土地的命運。而無數工人生生死死、起起落落的記憶呢？這些記憶將處於何處安放呢？」[84]再次地，依然沒有貫穿全片的敘事；導演努力記錄個人的故事，記錄那些捲入荒誕政治不可理喻的漩渦中的人生。這家工廠最初設在東北，一九六〇年中蘇關係破裂後移到「三線」，幾千名工人被連根拔起跨過大半個中國，有些人在遷移過程中甚至失去了子女。在電影中，他們再次因國家最高利益而被解雇。集體政治隨意、不可控的力量造成大規模的破壞和重組，電影則透過訪談尋找個人的價值與之抗衡。

廢墟在獨立紀錄片中經常被當作諷刺現代化的畫面。在隱含的歷史敘事中，現代化不是線性的進步，而是創造和破壞的隨機混合。在李一凡和鄢雨關於三峽的紀錄片《淹沒》（二〇〇五）中，鏡頭在奉節鎮漫遊數個月，在城鎮為了大壩而被永遠淹沒前記錄了許多居民的故事和委屈。

一個韓戰老兵，他在中華人民共和國的幾次歷史危機中存活下來，可是只能眼睜睜地看著自己的家園被淹沒、自己被送至一個人造小鎮，凸顯出個人生活所遭遇的偶然性。賈樟柯在《三峽好人》中也呼應許多類似的主題。它講述三峽大壩蓄水前，奉節即將被淹沒時發生的失聯和家庭破裂故事。在這些探索中，大壩的建設沒有被刻畫成人類的進步，而是從個人如何被現代化的宏大敘事所遺忘。

也許，歷史作為廢墟的終極表達，體現在許多關於二〇〇八年四川大地震的電影裡。王利波的《掩埋》（二〇〇九）用一九七六年唐山大地震中地震局官員的訪談來強調官方話語的欺騙性。艾曉明的《我們的娃娃》（二〇〇九）則用四川遇難者手機的拍攝素材強調與官方媒體充斥的奧運宣傳的反差，並反思獨立報導的角色。艾未未的影片《四八五一》（二〇〇九）只羅列出地震中確認遇難的兒童名單。潘建林的《誰殺了我們的孩子》（二〇〇八）則調查一所學校校舍的倒塌原因。杜海濱的《一四二八》（二〇〇九）既是對廢墟和碎石的沉思，也是對普通人、官員和遇難者家人的一系列訪談，他們的說法互相矛盾。衣衫襤褸的瘋子角色，一開始看似由演員扮演，後來才發現和地震有關，一個在所有亡靈中倖存的鬼魂，象徵著已經發生的事件的不可理喻性。不可能在不抹除受難者個人記憶的情況下為大地震事件賦予任何集體意義，無論是將它視為上天的報復，還是如官方宣傳的，對中華民族韌性的考驗。[85]

于堅的電影《碧色車站》（二〇〇四）聚焦於中南半島上法國殖民政府修建的連接昆明和河內的老鐵軌。于堅藉由自由聯想，顛覆了殖民地鐵路系統和取而代之的現代資本主義貿易路線的理性、線性設計，強調對於法國人、鄉村軼事、褪色的文革標語的個人記憶以及某種平行歷史。

于堅寫道，攝影機是一個暴力工具，像武器一樣：「武器粉碎了世界，攝像機也在切割粉碎本來混沌一體的世界。」[86]他的電影不是報導；斷斷續續出現的鐵軌成為詩意的隱喻，反映毫無意義和不可預測的歷史進程。在這個歷史進程中，碧色鎮（電影名稱的來源）如今成了鐵路盡頭被遺忘的偏僻地區，但以半傳說和重構的方式，它也被人們記憶成一座「小上海」。于堅沒有給出那種從「帝國主義」和外國侵略中解放的官方歷史敘事，他的畫面展顯碧色如何從帝國交叉點上的商業都會中心變成偏僻的鄉村地區，被歷史遺忘。

獨立紀錄片的第三個美學特色是它對個人性的興趣，遠勝於對代表性的興趣，後者賦予社會主義現實主義意義並為其辯護。為了紀念中華人民共和國成立六十周年以及作為北京集體主義慶典的反敘事，章明的紀錄片《六〇》（二〇〇九）聚焦於一個角色——重慶的民間知識分子王康，他的人生雖然和中國政治的複雜情況糾纏一起，但也不難以代表官方敘事。王康曾是高中教師和蘇聯經濟專家，一九八九年民主運動後花了十年時間躲藏追捕，最後才被一位有能力完全抹除他檔案紀錄的高官救了。

類似的評論也適用於關於毛澤東時代的影片。王兵的《和鳳鳴》（二〇〇七）開頭場景中，攝影機跟隨這位前右派分子，透過黃昏的雪從背後拍過去。和鳳鳴沒有轉身，她帶領鏡頭和觀眾進入她位於老式紅磚區的狹小公寓。後來我們了解到，那是在蘭州。她坐在鏡頭前，開始說話。也許可以把這樣的開場方式解讀為對大敘事的抵抗。在大敘事中，特定人物受訪只是因為其證言有突出的意義，可以象徵性地代表整個國家，而在這裡，攝影機看似是從街上的路人中隨機挑選和鳳鳴，然後跟著她回家，發現她艱辛的生命故事。電影裡沒有任何象徵性總體化的企圖——

例如使用旁白、檔案資料或其他訪談。儘管我們知道這是王兵為了他的劇情片《夾邊溝》所準備的一系列採訪之一，但影片沒有引入其他證詞穿插對照。個人在歷史中的道路，正如和鳳鳴在開頭雪中的緩慢前行，或許看似普通，但其實是獨一無二、無法類比的。和鳳鳴講述的故事是私人的，沒有誰必須吸取的教訓。

許多紀錄片關注這一歷史時期的私人空間，其中劉伽茵的《牛皮》系列拍攝以家庭為背景的平凡時刻，其獨特之處在於它關注最波瀾不驚的日常瑣事：在《牛皮》（二〇〇五）中是製作皮包，在《牛皮二》（二〇〇九）中則是包餃子。劉伽茵說：

> 我想這些日常本身非常有意思，我不需要在這些時刻加入任何東西使它們對我來說顯得更有意思。我不認為需要有人著火或者死亡，來讓他們值得觀察。因此日常並不是我的電影的背景——它們就是主角，這非常重要。沒有什麼只是背景，就像在生活中。我不能說「今天不是那麼有意思，我會把它剪掉」，也不能說這一天就不是我生活的一部分，或者說它僅僅是一些更為真實事件的背景的一部分……
>
> 所有這一切都存在，都是平等的。這是看待生活的一種方式，如果你用這種方式看生活，並把它放入電影中，它就變成一種新的電影製作方法。這就是我在嘗試做的……
>
> 我確定可以從我的電影中看到我的價值，但我不想做關於社會的任何偉大聲明。我也不想去代表任何人或提出任何關於社會應該怎麼樣的觀點……在今天的中國，大部分電影人似乎認為他們必須去代表一些人，為了給他們的電影增點分量。一部影片需要去代表某個階級或

職業。我覺得我要是能代表我自己，就已經很不錯了！[87]

《牛皮二》特別關注電影技巧，使用固定的構圖、超廣角鏡頭、嚴格的結構，控制每一幀畫面的鏡頭在特定角度移動，這和電影本身表面上的無意義形成對比。這種對「代表她自己」以及拍攝普通日常的關注，不僅可以看作一種風格主義的審美實驗，也可以看作是一種將鏡頭歸還給民間真實性和業餘影片的形式。

即使一部電影的外顯主題是「社會」話題，獨立電影導演也經常特意避免「代表性」的拍法，而聚焦於個人性和他們所刻畫的人群的普通性。有兩部關於訪民的影片十分引人注目。一九九六到二〇〇九年這十多年期間，趙亮經常拜訪北京南站附近的上訪村，拍攝在這裡遇到的訪民，他對這個拍攝計劃的投入，和訪民們上訪的熱情相當。《上訪》（二〇〇九）的長版本分為三部分：「眾生」、「母女」、「北京南站」。第一部由一系列訪民的獨白組成，他們對著鏡頭講述他們的案子，彷彿導演就是信訪部門的一部分。在第二部中，趙亮深度介入一對母女的個人故事，甚至在女兒離家出走時不得不承擔傳聲筒的角色。第三部將電影主人公的故事帶回北京現代化和籌辦奧運的歷史脈絡中，當時即將啟用的新北京南站建立在上訪村的廢墟上，是國家高鐵系統的一部分，也是奧運開幕式的煙火台。

李潔寫道，趙亮力圖採用「無權者」的視角，讓觀眾看到銀幕上和現實生活中都幾乎不可見的群體，並呈現他們處於國家機構無時無刻的監視之下。[88]趙亮決心將能動性還給被剝奪權利的訪民。片中並無全面性的論述來評論訪民的訴求，或者用集合術語解釋他們的存在。相反地，趙亮反覆向觀眾展示，每一宗上訪都是獨立的項目；訪民需要它，因為它是政治能動性的一種形式，而自相矛盾的是，上訪似乎沒有成功的可能。訪民上訪不是因為他們希望能被認可，而是因為上訪本身即為自己的人生賦予意義，並打開可能性，他們不一定要接受那些降臨在他們身上的種種不正義；他們不會讓體制來定義他們的生活。趙亮反覆展示參與政治討論和作出聲明的訪民。一位女訪民臥軌自殺後，她的朋友們在上訪村組織一場示威，要求民主、人權和結束一黨專制。在第三部中，另一位訪民仔細分析中國政府「獨裁」的原因。一位閱讀《民主教程》的年輕人認為民主必須展示包容，因此在統一戰線之外，需要開放機會給其他政治力量。透過這些鏡頭，趙亮嘗試透過他的電影讓普通人說出在公共空間中無法表達的政治觀念。在一篇訪談裡，趙亮解釋給予片中人物尊嚴如何轉化成一種美學：「這部影片中的人物十分優雅。從訪民身上看到優雅和大度正是我想要表達的……我像是一條魚，在中國社會的現實中游泳。我最深的感受和想法是關於體制的。我總是在碰觸它，所有我想表達的都與它有關……我對它的恐懼深植於我的內心。」[89]因此，他偶爾的唯美主義並不是為了忽略體制（體制總是在那），而是作為一種工具，給予他的拍攝對象體制不能給予的尊嚴。

《上訪》的第二部以對位的方式呈現：母親戚華英在電影尾聲時已經上訪超過二十年，好幾次被送到精神病院，而她的女兒小娟在生活中則沒有什麼選擇。當小娟得知自己是被收養的孩子，她決定另尋出路。在導演趙亮的默默協助下，她逃走了，諷刺的是，她被泰州的一位信訪局官員收養，後者作為父親出現在小娟的婚禮上，並且利用中央電視台拍攝的小娟故事而獲得升遷。然而，小娟在獨立電影導演趙亮（與央視官方紀錄片不同）的鏡頭凝視下，最終感到懊悔，回到北京請求母親的諒解。

在整個拍攝計劃中，趙亮似乎一直有意表達上訪是一種普世的、創造意義的形式，和其他人的生活在本質形式上並無區別：

有一個階段，就是把機器往那一架，就讓他們自己說。想說什麼就說什麼。拍了很多這樣的訪談，那時想做一個大型的錄像裝置，比如用幾十個電視同時放映這些人述說自己的經歷。到〇六年左右，南站地區開始改造，這標誌著上訪人在南站一代的生活將告一段落。我感覺到片子應該在新南站建成時結束了。所以我把南站改造的過程也納入了拍攝。最有意思的是，在南站擴建的過程中，原來上訪村旅館的老闆的房子被強拆了，最後他也搭個棚子開始上訪。我記得上訪人經常說的一句話，今天是我們上訪，明天就有可能是你們……[90]

為了表達訪民和觀眾的鏡像關係，趙亮一開始的想法是製作一個裝置，使訪民完全占據觀眾周圍的空間。他後來把這個計劃從空間的向度轉化為時間的向度，展示任何拒絕屈從於不公的人都可能遭遇上訪的問題。在朱日坤經營的宋莊現象咖啡館舉辦的一次映後座談中，社會學家于建嶸將上訪問題與中國政治體制的本質直接聯繫起來。知名藝評人栗憲庭注意到《上訪》對整個中國社會的寓言意義：中國社會被困在一種體制中，許多人的唯一希望就是有一天能遇到一位清官。[91]

馬莉（生於一九七五年）的電影《京生》（二〇一一），也是基於類似的觀點：片中的主人公郝文忠以前是一位訪民，後來是訪民旅館的老闆。她上訪了三十年（始於毛澤東去世後一年的一九七七年），在監獄裡度過了十二年，被關到精神病院無數次。和小娟一樣，她的女兒京生（即片名的來源），在郝文忠上訪時出生。和小娟一樣，京生也覺得自己被母親「委屈」了——她的母親不允許她接觸自己的小孩和丈夫。一位重慶來的年輕人為強制結紮上訪，他告訴馬莉，儘管他無望找到清官，但他不能停止上訪，因為這事關他「一生的幸福」。在這裡，導演也再次提出上訪的悖論：上訪既侵擾他們的個人生活，也定義他們的個人生活，上訪賦予他們人生意義，但最終卻也排擠掉其他人生選擇。訪民在成為社會現象之前，首先還是個體。

定義「民間」電影的要素，可以歸納為密切關注現實（尤其是不為主流社會所知的現實）、反對任何形式的目的論，以及反對代表性的教條現實主義理想。邊緣性、偶然性和個人性被帶到前沿。將這三條線聯繫在一起的，是它們指向觀眾的開放結尾。如錢穎所說，獨立電影尋求「打破國家對物理和社會世界的闡釋壟斷，並將闡釋權歸還給普通人」。[92]這些影片提出的問題——對社會現實的闡釋、對歷史的解讀，以及個人與集體的價值——致力於帶出關於中國社會共同價值的必要討論。

邊緣的民間空間：電影節、藝術村、烏托邦社群

民間導演對作為一種職業倫理的審美自主性的重申，並未如呂新雨的預言，導致獨立電影的私有化和商業化，反而拓展出新的空間和對抗性公眾。張憲民辨別了三種獨立紀錄片的「接收空間」：電影人及其個人圈子（一九九〇—二〇〇一年間為主），「受控制的群體交流」（電影俱樂部、社會組織等，二〇〇一—二〇〇八年間為主），以及大眾傳媒。他認為中國紀錄片刻意迴避大眾傳媒的傳播，而聚焦於「有限社群」的領域：「我稱其為『見觀眾』，它的傳播效果與大眾傳媒相反，在訊息達成方面是一個指數增長的過程。」[93]

一九九〇年代初，獨立電影最早的「空間」在海外（一九九三年第三屆山形紀錄片電影節播放了六部中國電影；[94]釜山國際電影節放映了賈樟柯的早期電影），或者在香港（香港國際電影節在九〇年代初扮演核心角色），[95]但到了九〇年代末，民間電影在中國的實踐創造出新的空間。最早出現的是電影俱樂部，比如上海的電影一〇一辦公室、廣州的南方電影論壇、南京的黑窗放映、北京的盒子吧。它們在咖啡館、大學、藝術空間和展覽會上舉辦放映和討論會。[96]緊隨這些空間出現的是獨立電影節：二〇〇一年第一屆獨立影像展在北京電影學院舉辦後（隨後幾年在不同的地方持續舉辦），雲之南紀錄影像雙年展於二〇〇三年在昆明展開，由雲南社科院舉辦；二〇〇三年四月，中國紀錄片交流周在北京舉辦；二〇〇三年九月，中國獨立影像展在南京舉辦。[97]隨後，二〇〇六年起，北京獨立影像展在宋莊舉辦，二〇〇九年起，中國獨立影像檔案

館在北京七九八藝術區的伊比利亞藝術中心舉辦。儘管經常有版權爭議問題，對抗性公眾也透過土豆和優酷等影片網站以及豆瓣社群媒體在線上集結。最近一項研究注意到，獨立電影的實踐開啟社會評論和批評的新空間，進而轉變了中國的公共文化。[98]本節將研究這些民間空間的一個案例，即宋莊藝術村。宋莊在二〇〇〇年代初成為中國獨立電影和電影節文化的中心。透過個案研究，我想說明獨立電影的民間性質，不僅是導演的政治綱領或者電影文本的美學特質，同時也標誌著圍繞獨立電影而形成的對抗性公眾。

作為邊緣空間的藝術村最早出現於一九八〇年代，隨著工作單位控制減弱以及「盲流」成為志在藝術的人勉強能接受的一種文化模式，而在一九八九年後進一步發展。毗鄰圓明園的圓明園藝術村位於北京西北的北京大學邊上，從一九八六年開始，就有藝術家——包括後來成為導演的趙亮和胡傑——跟村民租下廉價房舍，在相對自由和邊緣的情況下從事創作。[99]九〇年代初，沒有在北京居住許可證、不能合法租屋的農民工也加入他們。一九九二年左右，圓明園藝術村達到兩三百人的規模頂峰。在隨後的幾年中，他們持續受到警方騷擾，直到一九九五年整個村莊被徹底拆遷，迫使藝術家們搬到其他地區。

通州區宋莊鎮的小堡村，在北京二環以東約二十公里處，當時常去圓明園藝術村的學生靳國旺就住在這裡。他介紹幾位藝術家入駐小堡村，包括方力鈞、岳敏君，以及具有影響力的藝術評論家栗憲庭，並協助他們和村長崔大柏建立聯繫。由於土地貧瘠，小堡村非常窮，村委會急於出租或變賣小塊土地和庭院給藝術家。[100]崔大柏是一位具有高中學歷、當過兵的石匠，他為幾位藝術家蓋過房子，了解藝術家可以為村裡帶來收益，並保護他們免受宋莊鎮政府的打壓。藝術家們最初的挑戰是缺乏基礎設施，於是籌款解決路燈問題，這也讓村民們很滿意。[101]一種暫時協議已然建立。

一九九〇年代末和二〇〇〇年代初，邊緣群體的相遇——農民、農民工和藝術家——在商業化發展造成藝術家和農民愈加疏遠之前，促成新社群的興起：「農民－村集體－藝術家，這是老栗眼中正常的小堡村社會生態結構。」對栗憲庭來說，前期的幾年可以視為一種烏托邦實驗：「藝術家把職業化的生活方式作為聚集目的，這本身就是一種了不起的文化現象，它意味著作為一個藝術家決定走自由和獨立的生活道路……從這種意義上看，圓明園是宣言，宋莊是試驗。」[102]

中國社會科學院的農村社會學家、民間知識分子于建嶸二〇〇二年搬入小堡村，他買了一處房子並改建為「東書房」，在此建立私人的訪民檔案。他對村子有特別的興趣：

宋莊文化是一個多元的社會現像。它一方面是一個傳統的中國北方農村，生活著許多世代在此耕耘的北方農民。同時，它又是「先鋒藝術的前沿陣地」，一大群心懷夢想的藝術家來到這裡。……當我真正生活在宋莊後，我曾多次強迫自己忘記是觀察和研究者這些無聊的身分，要求自己像宋莊人一樣生活。所以，在許多年裡，我將自己變成了宋莊的農民。我同世代生活於此的農民一起建房，種菜，養狗，燒煤爐取暖；又有許多年，我將自己定義為藝術家。我同來自五湖四海的藝術家們一起畫油畫，寫歌詞，神聊，拍電影。我將這種自由自在的生活當成了生命真實。我經常忘記了自己本職工作，更不要說什麼學術追求和學者的責任。[103]

除了是一位研究訪民和農民工問題的學者，于建嶸還是宋莊代表的藝術家與村民的融合化身。二〇〇二年，有人試圖購買整個小堡村，但失敗了，藝術家的存在逐漸得到國家的承認，同時也被國家吸納。二〇〇四年，宋莊鎮政府看到小堡村收入持續增長，決定開展「文化造鎮」計劃，建設一座巨大博物館，並指定小堡村為創意產業發展基地，二〇〇六年北京市政府通過這項決定。[104]二〇〇五年，藝術促進協會在宋莊成立以監控藝術家。[105]二〇〇八年，《三聯生活週刊》詳細報導栗憲庭和宋莊，小堡村此時已有六千人的非常駐居民，是登記住戶的四倍，還有八十八個藝術畫廊，六億的國內生產總額，以及兩千萬的稅收收入，使它成為宋莊二十二個自然村中最富裕的一個。後來，宋莊被重新劃為城市用地，鎮政府名下的發展公司開始「拆遷」，[106]小堡村則多虧藝術家和村委會的「結盟」，最終成功擋下土地重劃，維持農村用地。[107]不過租金越來越高，如七九八藝術區，小堡村也面臨著變成消費主義主題公園的風險。[108]鎮政府的政策是利用藝術村來推廣文化產業，並非全心全意的支持藝術村，而是「為了創造一個更好的國際形象而採取的有限容忍」。可以說，這種有限的容忍也把藝術家和社會上的其他人「隔離」開來，並控制他們。[109]

栗憲庭是一位很有影響力的藝術家和藝術評論家，他策展的知名活動包括一九八九年之後的「無聊藝術」，他還在圓明園發掘許多明日之星。一九九五年搬到宋莊後，他對推廣獨立電影，特別是紀錄片電影，非常感興趣。二〇〇〇年，他招募吳文光和策展人張亞璇，成立新期刊《新潮藝術現場檔案》。金融專業的北京大學畢業生朱日坤二〇〇一年來到宋莊，並在十二月建立

「現象」，一開始是模仿早期電影愛好者協會模式的電影俱樂部，後來也發展成為咖啡廳和放映廳。朱日坤籌備了中國紀錄片交流周，第一屆從二〇〇三年三月二十九日至四月一日在北京師範大學舉辦（開幕片是王兵的《鐵西區》），第二屆從二〇〇四年六月二十一至二十五日在世紀壇舉辦，遭遇場地管理方的打壓。[110]打壓的後果是無法在二〇〇五年舉辦中國紀錄片交流周，但活動後來於二〇〇六年四月十八至二十二日在遠離北京的合肥中國科技大學成功舉辦。

二〇〇六年，栗憲庭成立栗憲庭電影基金，由朱日坤負責管理，並於二〇〇八年註冊為公司。[111]一些知名藝術家和商業人士提供了支持。[112]基金由四部分組成：朱日坤的中國紀錄片交流周、北京獨立影像展、二〇〇六年成立的電影檔案室，以及二〇〇九年開辦的電影學校。[113]從二〇〇七年第四屆開始，中國紀錄片交流周固定於五月在宋莊的現象咖啡舉辦。[114]二〇〇六年北京獨立影像展成立，栗憲庭擔任藝術總監，朱日坤和王兵為節目主任，第一屆在十月舉辦，是栗憲庭在宋莊博物館策展的宋莊國際藝術節的一部分。[115]學生作品、實驗作品和動畫等單元陸續增設。二〇〇九年，朱日坤形容北京獨立影像展的使命是對抗處於主導地位的話語：

經常有人談「話語權」，不過無論什麼人掌握了這種權力，好像都變化得特別快。過去拍「地下電影」的現在忙拍政治宣傳片了；以前迎合洋人的，現在趕忙配合國內的商人了。電影節不是一個討好的事情，似乎特別不合調，特別的多餘。多餘的工作依然要繼續，這就顯得奢侈了。幸好新的電影還在湧現，畢竟鏡頭不是舌頭，發言似乎比那張嘴還好一點。每個人都說他的攝影機不撒謊，那麼撒謊的肯定是人類了。[116]

朱日坤維持在政治和商業電影的雙重邊緣，他強調，獨立電影之於主流社會還是沉默的或無法被傾聽的。[117]這裡，我們又能讀出一種對王小波挑戰話語霸權的反思的呼應。

二〇一〇年，北京獨立影像展受到當局的干涉，不得不搬到成都。[118]栗憲庭電影基金反覆受到調查，朱日坤在二〇一〇年被迫從基金脫離出去，王宏偉（賈樟柯中意的演員、小武的扮演者）接任藝術總監的位置。[119]二〇一一年五月，第八屆中國紀錄片交流周被當局中斷，一些紀錄片在十月的第六屆北京獨立影像展上放映，但主辦方再次受到騷擾，被迫把影展搬到附近的河北燕郊。[120]在第六屆北京獨立影像展的場刊上，栗憲庭再次申明電影節的民間屬性和獨立的理念，並強調它並沒有挑戰當權者：

> 其實，獨立電影人並非刻意要強調自己的邊緣身分，更非要對抗主流的商業和意識形態模式或者現行體制什麼的，我們只是想要做自己喜歡的電影！這是一個逐漸走向多元或者主張走向多元的社會……相對電影的商業和意識形態模式，我們只在乎電影人表達的獨立性，而且，這種獨立性來源於電影人對個人感覺的忠誠，以及對個人感覺表達方式的實驗和探索。……這是一個建立在與主流社會幾乎無關的學術、民間、自籌自劃的事情。[121]

儘管反覆強調電影節的無害性和草根屬性，但當局還是持續干涉。

二〇一二年，兩個電影節合併在「北京獨立影像展」的名下，延續原來中國紀錄片交流周舉辦的屆次（因此二〇一一年北京獨立影像展為「第六屆」，但二〇一二年則是「第九屆」）。主辦方收到超過一百部報名影片，開幕式的觀眾超過五百名。[122]這次，栗憲庭在前言中對另類空間的必然出現做了理論闡述：

當整個主流文化趨向消費和娛樂化的時刻，當我們無法靠「憤怒」改變大環境，甚至連憤怒都言不盡意的時候，我以為我們能為文化所做的努力，就是促進各個領域民間「小環境」的形成，這是一種建設性的努力，也是一種自下而上的文化建設。中國現代文化的不成熟，讓我們幾代人都處在一個尷尬的夾縫中。我們不知道什麼是最好的文化，但我們知道娛樂化是最爛的文化，也許，阻止最爛的文化不是憤怒，而是每一個人都能以最質樸的姿態，去面對自己真實的心靈。從「小圈子」到「小環境」，甚至到大環境，那是每一個真摯的心靈如同小溪一樣慢慢匯成起來的。[123]

然而，這樣的「小環境」和對抗性公眾也許正是當局試圖在萌芽狀態就掐滅的。第九屆北京獨立影像展開幕式放映受到警察的嚴密監視，還因為斷電而一度中斷。「游擊放映」在各個地方靈活舉行，甚至在方力鈞和其他藝術家的工作室舉辦。二〇一二年十一月，南京的第六屆中國獨立影像年度展也被停辦。

二〇一三和二〇一四年，北京獨立影像展被打擊與永久關閉，十多年的檔案、電腦資料和DVD被沒收乃至丟失。[124]二〇一三年電影學校被當局突擊，學生被警方送到北京火車站遣返。[125]

公開活動幾乎全部停止，儘管電影學校透過不停變換場地試圖持續活動。在二〇一四年的北京獨立影像展場刊中，王宏偉呼應了朱日坤早期關於言論與沉默的觀點，提到民間導演面臨被推回沉默的風險：

形似人耳的木耳能否治療失聰不得而知。……發生並生長於廣袤中國土地上的獨立電影，可否治療井噴的主流電影的無骨化貧血呢？人聲鼎沸的大片銀幕前與後，多為失聰者，但首先更是失語者。有聲電影的出現是電影史上最偉大的里程碑。在一個酷似默片時代的當下，每個人都需要治療下自己聾子的耳朵般的耳朵。[126]

民間社會在被國家和市場控制的主流話語和形象中，是沒有聲音的，獨立電影是一些人保留他們「骨氣」的唯一管道。儘管一些獨立電影活動還在運作，特別是在學校裡，但圍繞宋莊電影節出現的公共空間則歸於沉寂。[127]正如王宏偉所言，這不是舉辦電影節需要二十萬人民幣的問題，而是需要為電影基金找到一個穩定身分的問題。雖然（或者說由於）有宋莊獨一無二的社群，他對電影節能否舉辦下去並不樂觀。[128]

還有一些其他類似的社群或公共空間出現，它們各有各的特點。雲南昆明的雲之南紀錄影像雙年展在二〇〇三至二〇一三年期間舉辦，由於主辦者易思成與和淵在雲南社科院工作，雲之南延續了雲南社科院人類學所的人類學電影傳統。昆明沒有和宋莊相提並論的藝術村，一些藝術家住在大理，但雲之南因其高標準和藝術傳統變得十分突出，因此也定義了一個社群：「（獨立電影的」原創性其實恰恰源於並體現在它的簡單和樸實……當整個電影工業試圖把電影變成造夢工具……唯獨獨立紀錄片電影素面朝天，驕傲且自尊，保持者『我思故我在』的獨立思考和判斷和『我手寫我心』的執著，堅守著真、善、美這古老的準則。」[129]

易思成認為，中國獨立紀錄片是一個特殊的現象，不能簡單化為西方概念下的「真實電影」或者「直接電影」。相反地，它表達出「一代人的知識譜系、審美經驗、美學傾向、乃至中國美學傳統對這種表達的影響」。[130]按照這種觀點，獨立紀錄片是另一種理解世界的方式。遭遇幾次騷擾後，雲之南紀錄影像展於二〇一三年轉移到大理，後來被徹底停辦，參與者只能相互交換DVD，並在飯店房間裡觀看影片。易思成將這種騷擾歸因於國家安全機構而非地方的決定。[131]

另一種藝術社群與電影的關聯較少，是二〇一一年由深圳的音樂推廣人兼地下出版人歐寧和左靖在安徽農村成立的「碧山共同體」。[132]二〇一三年歐寧全家搬到碧山。歐寧參考鄉村建設者晏陽初和俄羅斯無政府主義者克魯泡特金（Peter Kropotkin），質疑都市化、發展和徵用農地，期望復興一種鄉村共同體。碧山的成員從網絡上招募而來，所有決定都透過民主共識達成。他宣稱要與毛澤東時代和高度資本主義式的發展都保持距離，並選擇使用「共同體」而非「公社」（巴黎公社的用詞）。[133]然而，碧山計劃一樣受到當局阻撓，在二〇一六年五月二日關閉。[134]

從一九九〇年代開始，電影人開始以一種與前輩完全不同的方式自我定位。作為民間知識分子，獨立導演們爭取到一個空間，其在地理意義和思想意義上皆不是國家體制的一部分，也不與商業圈發生直接的聯繫（儘管有些人可能在這兩個領域進進出出），而是屬於「第三部門」。他們的美學，不僅僅是一種形式，也定義一種特別的方法論以及一個知識生產體系，這個體系不反映學者或記者探究的主流規範，而是開放的、平等主義的、有時也是令人困惑的。這種探究模式（乃至生活模式），將獨立導演置於一種接近拍攝對象的社會和地理位置上，位於大城市的邊緣、在藝術村、在農村飛地。這些電影人發展出一套對社會的獨特理解，將自己置於沉默的大多數之中，而這對大部分在學術界工作的菁英知識分子而言似乎比較陌生。民間知識分子的經驗主義態度定義了一種新的探究方法，顯示批判論述如何嵌入中國社會（而不只是在西方觀察者的眼中）。[135]

獨立電影在中國存在的二十年期間，從未真的享有國家管控的放寬。一九九〇年代獨立電影剛出現時，國家還嚴密壟斷著電影生產、院線發行和電視廣播。所有作品都由一九八六年成立的電影電視總局監管，一九九八年，廣播納入成為國家廣播電影電視總局，二〇一三年，媒體和出版納入成為國家新聞出版廣電總局。一九九五年第一次國家系統改革，省級製片廠獲得製作影片的授權，私人的聯合製片人如果可以負擔七〇%的成本即能投資。[136]這些改革的結果是，主流的賣座電影大多由政府偏好所引導，但同時也有可觀的私人資助。下一輪的改革於二〇〇三年展開，當時獨立導演有機會被吸納進系統。極少量的紀錄片獲准在院線發行，而未透過電視系統製作的紀錄片則依舊停留在灰色地帶。[137]

然而，這個空間沒能長久地制度化。二〇一六年十一月，《電影產業促進法》通過，包括進一步的簡化措施，以及透過補貼和支持國產片的院線發行強化主流電影產業。它也強力鞏固意識形態：需要電影來「弘揚社會主義核心價值觀」，「為人民服務、為社會主義服務，堅持社會效益優先，實現社會效益與經濟效益相統一」。涉及海外合作時，若內容「損害我國國家尊嚴、榮譽和利益，危害社會穩定，傷害民族感情等」，即為犯法，並在法律上重新確立未經審批參加國際影展的導演禁止從業五年的一般做法。[138]最後，第三十五條規定組織任何形式的電影節或影像「展」，都必須由電影總局或地方電影主管部門批准。第四十九條禁止電影節或公開放映任何未取得官方許可的電影。[139]這些規定，實際上讓中國二十幾年來的獨立電影成為非法活動。雖然一些評論家依舊樂觀，認為獨立電影人能在體制的夾縫中創造新的利基繼續他們的創作，[140]但這些導演們可能會被推到如此邊緣的位置，邊緣到集體消失於視線中。

第五章

草根專業人士：維權律師、學者與訪民

二〇〇三年三月二十日，剛從大學畢業不久、尚未取得當地暫住證的設計師孫志剛被廣州警方拘留。他遭到毆打，隨後死於廣州市收容人員救治站。這件事經《南方都市報》報導，在知識分子群體，特別是律師中引發強烈反響。三位年輕的法學學者上書全國人大，讓防止農民工定居城市而設的「收容遣返」制度於當年六月廢止。民間知識分子致力於幫助民工並提高公眾對他們的認識，孫志剛作為大學畢業生而非「普通」民工的身分，在吸引公眾關注這一弱勢群體上無疑發揮了作用。

若論及運用法律手段撤銷體制內一些最具爭議的政治安排，迄今為止，孫志剛事件仍是無可企及的高點。自一九九〇年代起，律師和法學家們就在挑戰政府方面發揮著越來越突出的作用。一九八九年學生運動的失敗促使具有批判意識的知識分子在九〇年代放棄政權更替的努力，轉而致力於更具體的工作。[1]這一路線與民主運動一脈相承，但同時也與上一代保持批判性的距離。試圖運用法律條文改變政治實踐是更務實、更克制的做法（局限於一些局部問題而不是挑戰整個體制），也是解決中國社會諸多問題的實際辦法。法律工作者逐漸意識到，基於權利的論述是有用的，法律也越來越被視為推動社會自由化的工具。

這種演變也標誌著專業人士隨著一九九〇年代的經濟改革而開始崛起。中國的經濟發展需要律師，律師則具有一種專業精神：既限制他們的介入領域，又使他們權限範圍內（後來還擴大）得以進行介入。從這個意義上講，一九九〇年代和二〇〇〇年代的一些法律活動家稱得上是「特殊知識分子」。此外，和一九八〇年代的討論相比，他們特別致力於草根。法律行動開始成為對社會問題的回應，例如土地開發和重劃相關的強制拆遷和強徵土地、戶籍（民工和民工子女的醫療和教育）、歧視、違反勞動法的問題，以及改革開放前政治受難者或法輪功修煉者的名譽恢復和補償要求。相應地，知名維權案例也有助於培養普通公民的權利意識，使他們能更有系統地向律師和法學學者求助。從這個意義上講，專業人士崛起潮中湧現的「特殊知識分子」，不只是倚賴國家或者市場的專家，同時也是將他們的社會合法性植根於扶助弱勢群體的民間知識分子。法律專業人士作為一個整體，對國家的倚賴程度也低於其他社會群體。[2]法律成為以實際方式（而非理論），並在專業知識的基礎上應對政治問題的新工具。

孫志剛事件與新型「維權」模式

一九九二年經濟改革重新啟航後，政府在九〇年代一直支持法律工作隨市場經濟角色的提升同步走向專業化。一九九六年，新的《律師法》通過的那一年（表面上將律師剝離國家公務員體系並另外成立律師協會），江澤民在對高級幹部的談話中提出以「依法治國」增強對黨和改革開放政策的信心。[3]「維權」的概念就來自於這套由國家賦予並受黨控制的權利論述框架，作為安全閥，既可以緩解大眾不滿又可以加以控制。[4]然而，一些法學學者將這個概念挪用為「體現法律的力量，維護當事人的權利。要求政府守法，揭露官員的違法行為，必要時訴諸公眾輿論監督執法部門，在法庭上據理力爭，捍衛民權」。[5]艾華認為，這種維權詮釋使人權理念的「通俗化」（vernacularize）成為可能。在政治體制的抽象批判中，人權是一個重要的概念，但往往顯得不食人間煙火而被忽視。[6]無論如何，這改善了社會對律師的看法。與之同步的是，律師作為受到共同知識以及共同標準和規範約束的團體，也不斷走向職業化。[7]律師中至少有一群人，開始強調律師行業自主規範的重要性。[8]

正是在這種背景下，孫志剛案成為了一個轉折點。孫志剛生前居住在廣州，但沒有取得暫住證。二〇〇三年三月十七日，他被警方收押，三月二十日被發現在收容人員救治站被毆打致死。南方報業媒體集團旗下由程益中擔任主編的《南方都市報》於四月二十四日報導了孫志剛的死訊，引發巨大反響。[9]五月十三日，三位來自北京大學法學院的法學博士俞江、許志永和滕彪發表一封公開信，題目是「關於審查《城市流浪乞討人員收容遣送辦法》的建議書」，官方媒體《法制日報》對此做了報導。據滕彪回憶，他們三人在激烈討論後，決定不直接引用孫案，也不提及案件涉及的侵犯人權問題，而是聚焦於《中華人民共和國憲法》和近期通過的《立法法》，質疑作為拘留法源依據的辦法是否合憲。他們的目標是廢除國務院的相關條例並推動建立違憲審查制度。[10]許志永堅持以法律文書而非請願書的寫法起草這封信。[11]雖然全國人大表面上沒有理會這封信，但國務院於二〇〇三年六月十六日廢止了原有條例，將收容遣送站改為「救助站」。透過這次挽回顏面的條例廢止，國務院避免其訂立的法條被全國人大以違憲理由推翻，但這也是當局第一次間接承認違憲的法律條文在法律上是無效的。不過，在滕彪看來，這一案例的主要貢獻在於提高公眾對權利的認知：

孫志剛事件提高了公眾對法治、憲政和人權的關注。這場運動讓這些宏大、抽象的目標變得更實在，與在日常生活中爭取權利的個人關係更緊密。這也是為什麼律師、網民、作家、知識分子、農民、學生和訪民等越來越多的普通人開始加入這場運動。這些普通人在試圖解決困擾自身生活的問題時，也在爭取更宏大、更抽象的權利……

在一九八〇年代和九〇年代的民主運動中，知識分子、學生和活動家抗議官方腐敗，他們當時已經提出一些理念，例如政治結社自由、投票權和新聞自由。在維權運動中，這些理念仍然存在，但為了擴大對普通人的吸引力，焦點更多地轉移到個人遭遇不公正對待的案例上。這有助於透過許多小敘事為運動建立更大的敘事——成千上萬個普通人捍衛自身權利的案例，同時也在自由派知識分子和普通人之間建立起更緊密的聯繫。[12]

因此，維權律師的特點就在於，他們關注這些成千上萬面對不公正的普通人的「小敘事」。孫志剛案在很大程度上決定了初生的「維權」運動的發展路線。滕彪指出，學者們起初將二〇〇三年稱為「民權行動元年」。[13]民權自然是一個重要術語，因為孫中山曾經用這個中國味十足的詞來表述「民主」。[14]直到後來，越來越多人轉而使用「維權」來替代「民權」，一開始因為政府偶爾也會使用這個詞而顯得不是那麼敏感。香港《亞洲週刊》在「維權」一詞的廣泛使用上發揮了特別的作用，該雜誌在二〇〇五年十二月挑選出十四位「維權律師」共同獲得「年度人物」的殊榮。[15]

值得留意的是，「維權」與歐博文（Kevin O'Brien）和李連江提出的「依法抗爭」（rightful resistance）概念雖然相關，但不盡相同。維權可以是依法抗爭的策略或者形式之一，而依法抗爭的定義則更廣，是「大眾抗爭的一種形式，特點包括：（一）應用於官方許可管道的邊緣地帶；（二）運用當權者的修辭和承諾來約束政治或經濟權力；（三）依賴於尋找並利用當權者的內部分歧」。[16]在這種語境下，人們將法律規範與無法律文本基礎的合法化迷思或規範結合起來（例如，有時會借用毛澤東時代的論述）。維權雖然後來更偏向廣義上的抗爭，特別是動用了自然法和人權觀念，但其出發點更偏向嚴格意義上的法律思維模式，與「合法抗爭」略微不同——「合法抗爭」是基於對「權利」的樸素理解，哪怕這些權利沒有被直接寫入法律文本。

維權起初有兩個特徵：實際行動和非對抗的立場。維權要解決的是一些常見的民怨：「刑訊逼供、錯誤指控、法外監禁等刑事處理中的違法行為、強制搬遷、拆毀住房、強徵土地、食物和藥物中毒、強制流產、歧視、網路審查、侵犯勞工權益、執法過程濫用職權、精神疾病和其他醫學領域的瀆職、官員腐敗和怠忽職守，以及空氣、土壤和地下水污染。」[17]草根的社會實踐廣泛採用這一思維模式：安子杰（Anthony Spires）認為，草根ＮＧＯ強調它們的工作與國家政策不是對立，而是互補關係。這些組織既不應看作托克維爾式（Tocquevillian）的公民社會萌芽，也不應看作法團主義（corporatist）下由政府組織的ＮＧＯ，它們之所以能存活，是因為當地政府基於它們實際工作的社會合法性，給予它們「視情況而定」（contingent）且有時短暫的容忍。[18]在維權中，政治問題也不是透過（民主或人權的）「大」理論或者作為另類的憲政安排提出的（如一九八九年或本章後面提到的《零八憲章》），而是被描述為與普通人的日常生活息息相關，且能夠在現有的憲政框架內解決的一系列問題。[19]曾為不少六四參與者辯護的青年律師莫少平，常被認為最早探索出這種「將政治問題轉化為法律問題」的做法。[20]

滕彪詳盡分析了八〇年代的民主運動和維權運動之間的關係。他回憶與王天成（一九九二年因參與天安門抗爭被判入獄五年）的一次對話。王天成認為八〇年代的抗爭者「未能」將更宏大的議題與普通人聯繫起來。滕彪則回應，主要是社會環境已經改變：「維權和民運都有一個共同的追求，在一個共同的目標下，根據這個時代、這個制度環境能夠允許的範圍盡最大努力去做。」[21]在另一篇論文中，滕彪引用胡平提出的一個區別：「維權是要求解決某一具體問題，民運是要求實現某一普遍原則。」[22]不過，滕彪指出，往往是政府才執著於在這兩種做法之間劃定嚴格界限。因此，他不願過分強調二者的區別。事實上，他後來正是在香港發表了紀念六四屠殺二十五周年的演講。[23]孔傑榮（Jerome Cohen）指出，在現行體制內維護權利不排斥在立法領域內改良體制，但卻防止對中共權力壟斷的直接挑戰。[24]無論如何，維權為公民行動主義帶來全新的視角，特別是透過與草根和邊緣群體的接觸。

因此，代表「弱勢群體」從一開始就是維權運動的核心訴求，這些群體的生計受中國政治和司法體系中各種失能面向的影響最為嚴重。這一關注反過來也賦予這些群體更多能動性：「下崗工人、失地農民和無業的退伍軍人為追求共同利益組織起來。律師和其他社會行動者發揮越來越大的協助作用。」[25]司徒蕾（Rachel Stern）把這種對邊緣群體的關注與中國的社會主義傳統聯繫在一起。[26]滕彪則反對這一觀點：「對我們而言，人權就是弱勢和受迫害群體的權利……在中國，老左派和新左派從來就對弱勢群體沒有興趣。只有自由派對他們感興趣。他們的社會和經濟權利與政治權利都受到同等的侵害；實際上，正是因為他們的政治狀況才使他們受到侵害……例如〔沒有暫住證的民工子弟的〕教育平權問題就是憲法意義上的平等問題，而不是社會保障問題。」[27]雖然社會主義仍然是中華人民共和國的官方「制度」，但官方很少嘗試解決邊緣群體的問題，除非不得已或者遇到外界壓力。從這個角度來看，維權行動者的出現與後八九時代知識分子話語地位和立場的重新評估息息相關。與特定一類菁英介入不同的是，維權行動者越來越採納自下而上的視角，與普通人展開合作以更加理解和表達他們遭受的各種形式的統治和邊緣化。滕彪在維權活動的分類上，提到法庭辯護、投入公共空間、參與地方選舉、彈劾地方領導人以及線上行動主義。[28]

另一個例子是女性權利相關的社會行動。中國官方一向支持性別平等，但女性主義知識分子常常要冒著與全國婦聯發生官僚競爭的風險，後者是負責婦女事務的官方NGO。艾曉明與王小波關係密切，在本書幾乎所有章節中都有提及。[29]她指出孫志剛案和同時期的黃靜約會強姦致死案（黃靜之死比孫志剛早一個月，但相關報導較為緩慢）的重大作用。黃靜案引發了獨立於婦聯之外，以「反對家庭暴力網」等NGO為主體的新型女性行動主義。[30]艾曉明在這兩個案件中都很活躍，她撰寫關於孫志剛的文章，在報紙拒絕刊載後發表於自己的部落格，並在二〇〇四年深入參與針對黃靜男友無罪判決的上訴活動：「孫志剛案喚醒了許多人的期望——緩慢、漸進的質變是可能的。一開始我也覺得我要去改變社會。我有改變社會的強烈欲望，但現在回想起來，當時實在幼稚。」[31]這種新型的政治行動主義因而可以運用在不同的領域，包括性別權利。

艾曉明和黃靜的母親一起成立一個倡議型網站，開始發表文章並最終完成她的第一部紀錄片《天堂花園》，這部影片與胡傑合作拍攝，儘管二人存在一些分歧（艾曉明二〇〇三年看過胡傑的《尋找林昭的靈魂》）。[32]艾曉明對以女性導演的身分表達自我特別感興趣：「拍電影的女性不多。拍關於社會問題的電影的女性更少。」[33]她始終堅持以女性視角觀察社會議題，即便她調查的許多問題並不是性別議題，比如《太石村》（二〇〇五）中的村民起義和汶川地震中因校舍垮塌而喪命的兒童。她與導演謝貽卉合作，並將自己對汶川事件的參與定義為一種獨立調查：

中國社會中的許多深層衝突在震區積累已久，比如環境問題、經濟建設和人權之間的衝突、兒童的生存權、公民對社會正義的追求，以及政府對新聞報導和民權運動的反應……我深知在這些現實消失之前將它們記錄下來是何等重要。透過這些影像，我們能夠記錄中國社會變革的脈動……艾未未等人鼓勵人們直面當局，強調公民有權拍攝並審視它們的各種行為。這是一個重大突破，不是內容上的，而是態度上的：記錄者不再逃走，而是站起來堅持拍攝到最後，直面對手的鏡頭。[34]

正是透過之前對女性權利的關注，艾曉明逐漸成為一位面對當局恫嚇時拒絕退讓的特殊民間知識分子。

艾曉明對知識分子保持了批判視角，她認為和普通人相比，知識分子常常受到體制的拖累。「大部分的人，非常多的人，實在很差勁，他們害怕失去。我說的不是普通人。實際上，普通人常常對體制有明確認識。我說的是大學裡的很多人，很多知識分子，他們是明白的。但是壓力太大。很多人不想做出犧牲，因為待在體制內有很多好處。」[35]與之相比，她更願意自稱為藝術家：「我在前線。我上網。我留意知識分子們的爭論。但我不做研究，我做的是記錄。」[36]艾曉明仍在性別議題領域從事教學和相關工作。她在二〇一三年拍攝一張上半身裸照，照片中她手持一把大剪刀指向自己的胸部，以令人震驚的方式指出潛藏的暴力，抗議針對兒童的性暴力。這張照片在網上流傳，影響巨大，引發一場「草根女性主義抗議」運動。[37]

公盟：新型民間智庫

這種新型知識分子介入模式中最突出、最具原創性的案例非公盟莫屬。這家社會組織全稱「公民聯盟」，英文名為「Open Constitution Initiative」，二〇〇三年十月成立，發起者是起草了孫志剛案公開信的三位學者和張星水律師。公盟起初註冊為「陽光憲政社會科學研究中心」，旨在為訪民提供法律支援並在現有的司法體系內繼續尋找維權策略。[38] 二〇〇五年三月，陽光憲政中心的營業執照被吊銷，六月，再次以「北京公盟資訊有限責任公司」的名稱註冊，仍舊以法律研究中心（公盟法律研究中心）作為子公司。[39] 新名稱受到「美國公民自由聯盟」（American Civil Liberties Union）的啟發，許志永二〇〇四至二〇〇五年在耶魯大學做訪問學者期間接觸到的組織。陽光憲政被關閉的當天，許志永撰文寫道：「我們不是批判者，我們是建設者。」[40] 根據滕彪的描述，公盟聚集了學者、律師和記者，「頗似一家智庫」。公盟的「議題」興趣廣泛，主要涉及法律問題，但不局限於此，也會就勞改等議題展開研究或者舉辦研討會。許志永二〇〇四年參選海淀區人大代表時，公盟組織一系列選舉論壇，培訓獨立候選人（其中十八位後來當選），講解人大制度，並邀請人大代表參加討論。[41] 許志永參選海淀區人大代表，集中體現了公盟在體制內改革的策略。

與一九八〇年代的沙龍不同的是，公盟是「行動」導向而不是簡單的坐而論道，且以實證研究和實際的政策提案為本，這是二〇〇〇年後知識分子論述專業化和特殊化的另一個標誌。特別的是，公盟建立了一套支持訪民並為他們提供法律援助的體系。民間學者、記者、律師和大量志願者（其中包括北京頂尖大學的青年學子）與訪民和草根行動者展開合作，這一點頗具原創性。公盟將各種目標統合起來，透過一手調查在官方體制外生產知識，透過公開報告傳播這些知識，並運用自身的成果制定與中國憲法條文相符的政策建議。公盟還策略性地運用機構內部專業人士的法律知識，為抗議運動中的草根團體提供切實的支援。從二〇〇七年起，公盟透過電子形式發行一份非正式期刊《公民月刊》。[42]按照滕彪的話來說：「在中國NGO中，有明確的政治訴求、關注廣泛的法制和人權議題、積極參與社會運動、並且得到眾多體制內知識分子支持的，公盟的確是非常罕見的。」[43]

還有幾家組織可以與公盟相提並論。[44]根據一九八九年通過、一九九八年修訂的《社會組織登記管理條例》，每個業務領域可以在主管單位和民政部支持下登記一家「非政府」（民間）組織。最早登記成立的有梁從誡的「自然之友」和「天則經濟研究所」，後者是公盟實踐的研究導向「法律」倡議的早期典範。「天則」成立於一九九三年七月六日，發起者是一批傑出的經濟學家（盛洪、茅于軾、張曙光、樊綱、唐壽寧），是一家提倡後一九八九時代市場改革和鄧小平改革重啟的經濟研究所。它的註冊形式是一家顧問公司，以及一家隸屬於北京市科學技術協會的非營利機構。一九九九年，天則拆分成營利的顧問公司及其下的私人智庫。[45]這樣的安排有效地保護天則不受政治干擾。在最近的一次訪談中，茅于軾解釋了天則的立場，他稱其為「民間智庫」：「我們發現，學術是不能賣錢的，不能當商品……沒有人花錢買你的……但另一方面慢慢發現，我們真正的優勢是在學術上有獨立的看法。」[46]

然而值得注意的是，雖然天則的幾位發起人和知名成員曾參與過一些高調的介入行動（例如呼籲廢除勞改制度，以及茅于軾二〇一一年在財新網發文呼籲將毛澤東的名字從中國憲法中刪除，此後又多次呼籲），[47]但其主要活動還是局限於經濟改革領域，一個相對於幫助邊緣群體較不敏感的領域。儘管如此，作為最後一家獨立智庫，天則自二〇一三年起受到越來越嚴重的打壓，當局不允許天則舉辦會議，於二〇一七年一月關閉其中英文網站，並逼迫房東在二〇一八年終止辦公場地的租約。[48]盛洪隨後發表一封典型的法律思維公開信，指出政府關閉網站沒有遵循正當程序，重申天則的使命是與政府合作推動更明智的政策制定，以及促進中國社會的思想多元化。但這封信石沉大海，毫無作用。[49]

「益仁平」是另一家很早就從事民間智庫工作的組織，創辦者陸軍於二〇〇五年因倡導反對歧視B肝帶原者（中國估計有一億名B肝帶原者）入選《南方周末》年度十大人物。陸軍於二〇〇六年註冊成立益仁平公司，他說：「我強烈地感受到這類反歧視的工作對弱勢群體非常重要，但是當時這個領域中一家國內機構都沒有。」[50]益仁平後來成為中國公共衛生領域最受尊敬的NGO，最終在二〇一五年四月因從事「非法活動」遭到當局調查。

郭玉閃等人於二〇〇七年成立的「傳知行」也致力於一手研究，特別是在農民工議題上，並結合法律倡議。曾金燕在對該組織的研究中，如此描述他們的工作內容：

> 傳知行（TI）的自我定位為社會經濟轉型研究的獨立智庫。選擇研究黑出租行業、稅制改革、三峽水利及環境問題、農村醫療改革、教育平權等課題。他們撰寫研究報告的對話

對象有兩類，一是海內外經濟學理論研究者；二是中國政府政策的制定者……傳知行試圖在本土經驗基礎上提出自己的觀點，理論成果還有待時日。這種土正是傳知行難能可貴的地方……他們試圖用中國政府政策制定者聽得懂的語言發佈研究觀察成果，某種程度上，不但訪談對象，而且中國政府也要感謝他們。他們不拿政府的錢，卻完成了中國政府和社會底層及特定群體之間的對話基礎。[51]

可以這樣總結民間精神的重要特點：自下而上、基於實證、運用普通人能聽得懂的「土」話、關注弱勢群體。郭玉閃主張傳知行的工作內容應最大程度地「去政治化」：「另一位活動家滕彪認為，人權律師在辦案過程中只能在『政治化』（也就是表達政治理想並將案件作為更大的運動的一部分）和『去政治化』之間二選一，在中國推動人權只能透過前者。郭玉閃不贊同這種看法，他認為無論當事人的政治意圖如何，辦案律師都應當以當事人的利益最大化為第一策略目標。」[52]雖然傳知行一直努力避免被當局視為政治敵對勢力，但還是在二〇一三年被吊銷營業執照，郭玉閃本人（曾經大力協助陳光誠「逃亡」至美國大使館）因涉嫌非法經營和接受海外資金於二〇一四年十月被捕。[53]

訪民在許志永的政治思想轉變中起了關鍵作用。二〇〇一年博士班期間，許志永曾赴遼寧為被當地政府拘留的訪民提供法律援助（在一起高速公路建設徵地案中），因此險些被北京大學處分。[54]更早以前，他在大學畢業後的暑假期間為河南家鄉的村民提供過法律建議（四位村民在國營農場徵地引起的衝突中死亡）。在申請上博士班之前，許志永曾計劃研究河南農村的基層民主，並在鄭州社科院找到一份工作。[55]畢業後，他一邊在大學教書，一邊參與財新的《中國改革》月刊，他和同事們每周末都會和訪民見面。[56]滕彪特別提到，除了馬丁・路德・金和聖雄甘地之外，鄉村建設家晏陽初對許志永也有很大的影響。[57]

為了更加了解信訪制度，許志永從二〇〇五年三月到五月一直住在北京永定門附近的上訪村：「中國的上訪者都屬於社會最弱勢的群體，沒有錢更沒有權，他們大都衣衫破舊，背包裡裝著上訪材料，痛苦的記憶刻在滄桑的臉上，這樣的群體走在北京街頭很容易就能辨別出來。」[58]滕彪形容推動許志永的是一種深入草根的體驗：

> 他覺得這些人是最能夠反映中國現實的。一方面他是想要幫助他們，另一方面他也想從這些人的遭遇中了解社會現實。他根本不是像一個作家去「采風」那樣的了解；他希望能夠親身地感受這些訪民的痛苦和遭遇，他經常到訪民村去住。而且他為了改善訪民經常挨打的境況，他明知道到信訪辦去可能會挨打，他也要去，無數次地去。去了，他也不說自己是博士、大學老師，他就跟上訪者混在一起。那些截訪的，有時候以為他是上訪的，連他一塊兒抓，一塊兒打。碰到截訪者打訪民，他就打抱不平，阻攔，質問，為此不知受了多少皮肉之苦。他就是這樣親身去感受。他內心深處就沒有「生活狀態的優越感」這種東西。[59]

這種描述與王小波最早提出的民間知識分子的特點很接近。許志永在接觸訪民時既不把自己當作反對統治集團、從事階級鬥爭的理論家（也就是作為工人階級內部的有機知識分子），也不把訪民的問題當作超然的研究對象。相反地，他的興趣，在於理解沉默的大多數中的各個群體所遭受的相似的權利剝奪（disenfranchisement）。菁英們樂於繪製與普通人生活關係甚少的政治和憲政藍圖，許志永則拋棄這種菁英立場，試圖尋找解決社會問題的實際辦法。

公盟因在信訪、黑監獄（被地方政府攔截的訪民在被遣返回原籍地之前會被關押在監獄中）、強制拆遷、藏人和民工子女權益等議題上的出色工作而聲名大噪。公盟陸續參與一系列案件，成立「專案律師團隊」和針對特定類型案件的關注小組。[60]早在二〇〇四年，許志永和滕彪就開始介入成都的四個死刑冤案，他們的介入使案件上訴後改判死刑緩期和無期徒刑。公盟為二〇〇六年的北京童工案、二〇〇七年的山西「黑磚窯」案和二〇〇八年奧運會後爆出的三鹿奶粉污染案提供法律援助，以及擔任山東的盲人活動家陳光誠和記者程益中（因孫志剛案的文章受到迫害）的辯護人。二〇〇八年，公盟還為三月起義中受到牽連的藏人提供法律援助。滕彪則深入參與被瀋陽市城管（經常騷擾街頭攤販的城市管理人員）毆打的街頭小販夏俊峰的死刑案。[61]二〇〇九年，公盟直接參與爭取北京律師協會領導人的選舉活動。[62]黎安友指出，公盟是中國第一家以極端案例的影響性訴訟（impact litigation）為策略，挑戰明顯不公正的規則並引發媒體討論的組織。[63]

公盟最不尋常的活動可能是各類研究報告的發表。其中，《中國人權發展報告》引發不少爭議。[64]但最受關注的是《中國信訪報告》。[65]公盟選擇河南、福建和湖北的三個縣展開深入的實地調查。上文提及，許志永在北京南站附近的上訪村住了近兩個月。得知這份報告後，陳光誠於二〇〇五年夏天造訪了位於北大南門外的公盟辦公室，並在調查計劃生育中的強制墮胎時得到滕彪和郭玉閔的幫助（這最終導致陳光誠必須逃離中國以及郭玉閔被捕）。根據滕彪描述：「在項目結束之際，公盟邀請到全國範圍內關注信訪問題的知名學者和政府官員，召開了一個大規模的信訪專題研討會。報告在當時得到廣泛的流傳，引起了更多的公眾關注訪民這個特殊的群體以及中國信訪制度的現狀。」[66]長達二十萬字的報告全文於二〇〇七年發表，本來已與商業出版社簽約，但出版合約最終被取消。報告的結論是，中國的上訪現象是中國不民主的制度造成的，建議在縣級實現直選並推進司法體系的獨立化。[67]

公盟的另一份報告關於二〇〇八年西藏「三．一四事件」背後的社會成因，這份報告引發巨大的反響。輿論分歧嚴重，許多知識分子站在中央政府一側譴責藏人「不知感恩」，宣稱藏人常年享受政府的優惠待遇，以及譴責外國輿論支持藏人是雙重標準，旨在利用這些事件抵制北京奧運。少數自由派，特別是在都會型媒體上，則批評漢族民族主義並指出種族歧視才是引發暴動的原因之一。公盟試圖同時兼顧實證研究和道德原則，站在一個公允平衡的立場。首先，為鎮壓中被捕的藏人提供無償的法律援助。[68]其次，成立以北大新聞系藏族研究生方堃為首的研究團隊，為批判性的政策評估提供更多堅實的材料。中國的主流媒體認為起義是由境外勢力煽動的，而公盟報告的首要前提就是反對此一觀點：

一場巨大的社會矛盾不可能單單依靠外部因素就能形成，必然有其內部成因，而新聞報導卻較少對此次暴力事件爆發的社會土壤進行詳細考察。受民族感情的影響，有些報導甚至引發了更廣泛的民族間的不信任和互相攻訐。對藏族民眾生活狀況實地調研的缺失，既不利於在理論層面理清藏族地區社會矛盾的本質，也不利於在現實層面解決問題。[69]

作為特定的、專業的民間智庫，公盟主張以專業的能力和真誠的態度進行實地研究，從而提出解決辦法，而不是僅僅依靠理論和意識形態建構。報告細緻分析了引發起義的諸多因素：對現代化的抗拒、藏人受到歧視的主觀感受、西藏內部出現基於恩庇（clientelist）網絡的新型青英（王力雄稱之為「官僚菁英」），以及一九八〇年代起藏人在經濟生活中日趨受到排擠。[70]許志永從關心此事的中國公民的角度總結這些結論：

在現代化大背景下，藏區的經濟雖然有了很大發展，但與其他省份、其他國家乃至藏區其他民族的人相比，顯得相對落後，尤其是看到那些外來人員在藏區掙的財富，無形中會產生一種相對被剝奪感。與此同時，傳統的宗教文化也受到現代化的衝擊，很多年輕的藏人是困惑迷茫的一代。另外，自上而下的權力關係造就了一批地方藏族幹部，他們利用來自上層的權力資源在民族地方構建了錯綜複雜的關係網，國家的經濟援助大都變成了少數的政績工程和少數私人的財富，普通藏人感受國家的幫助不如感受到的被剝奪感更明顯，他們像很多內地省份居民一樣對地方吏治多有不滿。[71]

公盟向政府提交這份報告，但沒有得到回應，於是自行在網上發表。報告中的各項結論對中國的西藏政策提出尖銳的批評，特別是對現代化提出質疑：「當自己習慣生活的土地，和自己的傳統認同、生活方式、宗教情感息息相關的土地迅速變成了一個無法辨認的『現代化都市』時；當在自己生活的土地找不到工作，感到缺少機會的不公平時，體會到核心的價值體系受到劇烈衝擊時，藏人的恐慌和危機感就不難理解。」[72]

最後，報告的結論部分將公盟對西藏的研究和對中國其他地方的研究聯繫起來：「（對策建議七）推進藏區治理的法治化進程。敦促出台以西藏自治區和其他自治地方自治條例為代表的法律法規，改變少數民族區域自治法頒布至今缺少下位法的現狀。規制關鍵性的資源的所有權、處置權等問題。鼓勵藏區各方面專家積極參與藏區政策的討論和諫言中。」[73]報告以公盟傳統的政策建議筆法，強調應給予地方自治條例實質性的法律地位，並透過強化法律架構解決藏區各地缺乏法治的問題。報告還提出以佛教作為重建藏漢人民之間聯繫的方法。

許志永注意到，美國公民自由聯盟的成立也是為了保護少數族裔的權利，他對公盟的功能做了很有意思的闡述：

> 中國和美國不一樣。我們遠遠不能如此奢侈地追求少數人的權利，我們常常在追求多數人強烈認可與支持的權利的時候還不能獲得勝利。我們常常挑選的個案往往是最極端的，能夠引起廣泛共鳴與強烈支持的個案，我們要時刻提醒自己站在公眾一邊……甚至法律技術變得不重要，重要的是用輿論的陽光拯救司法的尊嚴。[74]

雖然公共話語被官方言論主導，維權被描述為一小群人的工作，但許志永認為他的法律倡議是將沉默的大多數的聲音帶入公共領域。在這個意義上，多數人的權利和少數人的權利不像在美國那樣相互矛盾，或關係緊張，而是交織在一起。在這個意義上，雖然他聲稱沒有時間追求這種「奢侈」，但透過將訪民和藏人作為公盟兩份重要報告的研究對象，許志永恰恰推動了一種法定權利的理解，這種理解基於少數人的權利是多數人的權利的組成部分。艾華和羅助華（Joshua Rosenzweig）在一篇評論中寫道：「在體制外抗議的過程中，新公民運動使社會的弱勢群體能夠以更加協調的方式表達他們對不公正的感受，並從他們是有權利的公民這一身分中獲得新的勇氣和力量。在這方面，許志永和他的同事們對中國訪民所作的工作特別值得注意。」[75]一些軼事也表明，在自由派媒體和網路的幫助下，公盟確實引起越來越大的社會反響。比如，石磊（Christoph Steinhardt）認為在官辦和商業媒體的競爭下，對維權事件的敘述出現了話語上的轉變。[76]

許志永被捕前，公盟的最後一個重要計劃是關於民工子弟學校、「教育平權」，以及戶籍制度改革。報告提議為民工子女提供正常的學校教育並廢除中考和高考中的戶籍資格要求。這項計劃始於二〇〇九年，並取得一些成績：截至二〇一二年八月，已有二十九個省級行政區承諾允許非本地戶口的考生登記參加高考。

當局在二〇〇九年開始密切關注公盟：北京市稅務局開始調查公盟並於二〇〇九年七月十四日搜查公盟的辦公室。許志永涉嫌逃稅，被警方拘留。[77]在被處以一百四十二萬人民幣的罰款後，公盟決定透過公民募捐的方式支付罰金（網路企業家王功權支付超過一半的罰金）。[78]逃稅案最終在二〇一〇年八月二十二日結案。[79]公盟在二〇〇九年秋天重新註冊，這一次開始以「公民」為名稱。[80]官方的壓力持續不斷，二〇一二年公盟的辦公室再度被關閉，最終導致公盟的任務性質完全改變。許志永再次用他們對訪民和其他弱勢群體的責任來解釋這項轉變：「去年三月份之前我們有固定辦公室，每天至少安排一個人接待上訪者，我每週要去兩次看材料，也許很多案件我們做不了，但至少給他們一點建議，我們大量時間是在做這些具體工作。可是三月份之後，我們的辦公室被你們關閉，大量弱者找不到我們了，工作重點轉向公民理念倡導。」[81]

由於無法進行具體工作，公盟轉向更接近一九八〇年代民主運動的理論工作。許志永當時沒有簽署《零八憲章》，理由是保護公盟，據說另一個理由是他認為呼籲新憲法的公開信與他之前的策略和立場不符，但公盟以後越來越偏向於發展「公民身分」的論述，一開始在哲學和個人層次，但最終也觸發對中國制度性結構的重新思考。[82]

于建嶸與信訪制度

在很多方面，上訪是法律制度的反面，因此也是觀察知識分子和普通百姓如何處理法律和維權議題的一扇窗口。公盟和民間法律學者特別關注訪民問題，這並不是巧合。人權律師寥寥無幾，[83]訪民則人數眾多；他們可以被視為中國法律體系中沉默的大多數。上訪在古代社會就有先例，而整個毛澤東時代，中央和省級都有信訪制度。一九七九年以前，上訪主要作為群眾告發或者當局肅清右派和其他批評者的管道。一九七九至一九八二年的過渡期中，上訪則在撥亂反正中發揮了重要作用。自一九八二年起，上訪的作用變得曖昧起來，因為它成了一道安全網，網住所有法院拒絕審理的案件。[84]明克勝（Carl Minzner）形容信訪制度是一種「多功能治理工具」，允許公民對政府政策進行一定程度的建言並為政府提供大量民間不滿的訊息，同時也是監控幹部的工具。信訪部門「代表了人治（或者黨治），而不是法治」，[85]其影響力來自黨的自由裁量權。

從一九九〇年代開始，經濟發展的加速帶來法律難以處理的各種新型矛盾，信訪制度也疲於應付。從一九九二到二〇〇〇年，各級信訪部門收到的信訪案件（還不算其他政府部門收到的信訪案件）平均每年增加一〇%，在二〇〇〇年達到一千萬件，[86]儘管國務院在一九九五年公布了新的規定試圖減少信訪數量。[87]蒂羅（Isabelle Thireau）和華林山在研究中發現，「與信訪相關的言論空間成了那些自覺受到不公正對待的受害者表達自我的主要管道」。[88]信訪制度繼續存在的一個重要理由是，法院不願意受理一些特定案件，儘管新的法律對此有所限制。[89]隨著當局對抗議活動越來越焦慮，他們開始向地方幹部施壓管理訪民，從而鼓勵地方公安「截訪」，這些公安專門為這一項工作而被派駐北京，而「黑監獄」也隨之遍地開花，這些監獄往往就設在各省的駐北京辦事處裡。[90]官員們利用司法精神醫學，毫不手軟地打擊堅持不懈的訪民，北京大學精神醫學教授孫東東在二〇〇九年為此這種做法辯護而臭名昭著。[91]李靜君和張永宏認為上訪是一種對抗議的「官僚吸納」（bureaucratic absorption）形式：這造成訪民在體制內「消失」，中和掉他們的能量並防止他們進行動員。[92]二〇〇三年胡溫上台後，訪民數量呈現出一波「高潮」，因為他們認為新的領導層會容忍他們的行為。[93]

重要的一點是，上訪依賴於前現代的（不）正義概念，可以總結為「怨」，「這個概念是普通人和訪民尋求正義的大眾反文化（counterculture）的一部分」，並包含追求沉冤昭雪的「義」。[94]因此，艾華認為維權運動是中國思想史中兩股徑流的交匯：十九世紀晚期的自由主義政治哲學和民間傳統中的「怨」，後者的淵源可以追溯自通俗文學中自然正義（natural justice）的傳統理念。[95]在這種構造中，「怨」嵌入民間而不是官方儒學的表述中。這大概是訪民在上訪接連失敗後，仍對最高領導人保持高度信任的原因之一。[96]艾華注意到，「怨」這個字常常出現在訪民的宣傳冊、橫幅和頭巾上，為他們的法律訴求賦予一定的道德深度（因此，于建嶸也稱訪民是某一種「怨民」）。[97]「怨」在大眾對訪民及其社會地位的認知中占有核心地位，人們認為訪民受到國家的不公正對待，這為民間學者和行動者創造法律介入的空間。蒂羅和華林山特別提到，訪民不僅會像維權律師那樣常常引用當局偏好的話語體系，還會用自己的倫理和道德標準質疑並重新詮釋官方採用的階級身分類別，從而重新定義自己的群體身分；他們要求尊嚴和尊重，不是作為個人的賞賜，而是出於共同的價值觀。[98]

二〇〇四年，剛剛獲得博士學位、受聘於中國社會科學院的于建嶸律師，分析了兩萬件信訪案例和六百三十二份上訪者填寫的問卷，以此為基礎發表《信訪的制度性缺失及其政治後果》。[99]報告中的原始檔案存放在他位於宋莊的書房內，相關人員可以去查閱。透過這種方式，于建嶸試圖影響國務院正在制定的信訪新規，這種訴諸法律的做法可能受到公盟和孫志剛案的啟發。他的報告中最廣受徵引的數字是只有〇．二%的信訪案件能夠順利結案，因此信訪制度不能被視為有效糾正冤情。于建嶸主張逐漸廢除信訪制度，幹部考核與信訪脫鉤，將責任轉移到地方人大，賦予法院更多權力處理信訪案件，並允許更多輿論空間表達不滿。[100]他還注意到信訪案件的主要來源是低收入的體力勞動者，特別是民工。于建嶸指出，在體制效率低落的背後，這一現象還與政治形勢密切相關，占據主導地位的官員在體制內擁有不受限制的權力（官本位制度）。[101]然而，于建嶸的報告沒能影響當局：相反地，二〇〇五年通過的條例再度肯定了信訪制度，要求各級政府成立信訪部門並加強領導責任制，不過條例也建議按照法律規範解決案件。[102]此後，于建嶸一直倡導信訪制度的深層改革並最終廢除信訪制度。[103]信訪制度也深刻影響他對於勞動教養制度（訪民常常被送去勞教）的研究，他在二〇一二年就建議官方廢除勞教制度，也影響他在國家社科基金資助下對中國戶籍制度改革所做的研究。[104]

于建嶸一九六二年生於湖南衡陽，在很多方面堪稱民間知識分子的代表。艾華和史雯形容他是「為中國社會的邊緣群體立言，深度參與社會和政治事務的學者」。[105]于建嶸的一位圖書編輯寫道，他是「當今中國思想界為數不多的『政、學、藝、民間』四界通吃的『大腕』」。[106]他的父親是幹部，在文革期間被打成「壞分子」，全家戶口被註銷，于建嶸成了沒有戶籍的「黑戶」，無法接受學校教育。[107]然而最終，他於一九七九年考取湖南師範大學，學習政治與法律，畢業後成為一名記者。在一九八七年的反自由化運動中，他被報社開除，後來成為最早在一九九一年取得律師資格證的律師之一，並在一九九二至一九九六年，在海南從事商業訴訟，獲利匪淺。這為他從事的其他活動打下財務基礎，他常說，自己不害怕丟掉工作或者其他形式的報復：「我考上大學離開家鄉時，就曾經發過誓，我先解決生活問題，但我這一生的目標就是：一、搞清楚是什麼把一個黃皮膚的孩子變成黑人；二、要想一切辦法使我們的後代再不這樣被人變成黑人……我當年賺錢的目的不是為了賺錢，是為了獲得自由，因為沒有錢就沒有自由。」[108]

實現財務自由後，于建嶸在一九九七至二〇〇一年期間攻讀博士學位，論文主題關於湖南一座村莊的人類學研究。[109]畢業後，他成為中國社會科學院農村發展研究中心的社會學家。二〇〇三年，他在宋莊購置房產（產權不明），進而讓他接觸到其他民間行動者。除了社群媒體，他還經常利用電影、影片和繪畫來宣傳重要議題，比如訪民的狀況和被誘拐的乞討兒童。

于建嶸的一篇演講和論文後來成為他著作的書名。在這篇重要的文章中，他確立了「我的底層立場」：「『底層社會』作為一種價值取向，要求我們從底層人群的處境出發，從他們的要求和願望出發，來理解社會的發展和目標。因此，我們的政治研究不能只停留在政治菁英活動的層面上……從方法論的視野來分析，『底層社會』作為一種社會研究方法，要求研究者從底層人群的角度去理解社會現象。」[110]

他再次印證了本書所指出的民間知識分子的經典立場，這些知識分子拒絕以居高臨下的姿態進行分析，而融入他們所研究的社會現象之中。這意味著，有必要從不同角度分析農村的農民和城市的工人。于建嶸一方面呼籲重視農民的抗爭運動，認為「底層群眾並不是一群愚昧得不能分辨得失的群體，現代社會應該容許有底層政治的存在空間」；[111]另一方面，他認為中國的工人階級因為黨的壓倒性角色而失去自己的政治身分：

在革命的共產黨奪取政權後，工人階級又成為了主流政治話語中「統治階級」被政權逐漸組織結構化。中國工人階級正是在被賦予了無比的神聖性的同時，最終成為了一個因革命動員和政治鬥爭而迷失自我的階級。

……這些在革命動員下產生的工人組織，並不是產業工人內生的政治社團，而是政黨進行政治動員的工具。中國工人階級在其形成過程之初就被一種外在的理論和需要所左右……其二，改革開放使革命失去了合法性，社會經濟和政治的急劇變遷，把泛化了的意識形態意義上的工人階級割裂成為了不同的群體；及由此產生的一系列以維權抗爭為主體內容的非階級行動，成為了一個十分嚴重的社會問題。

其三，中國工人要成為真正意義上的階級，就要從虛幻的「統治階級」的迷夢中解放出來，就要在「勞動者」的基礎上形成自己的階級意識，就要在保護勞動者權益的大旗下重新組織自己的階級隊伍……在我看來，保護處於弱勢的勞動者的利益是現代文明社會最為基本的原則。[112]

于建嶸批評中共對工人進行自上而下的動員，他認為需要從工人自身的經驗入手。在他看來，只有基於共同遭受的政治剝奪經驗，才能形成真正的工人階級意識，包括國營企業中下崗的產業工人和打零工的農民工。[113]這種觀點也可以解讀為對馬克思主義知識分子立場的批判，這些知識分子聲稱賦予工人階級自我意識是為了幫助他們完成其歷史使命，卻在這個過程中為了黨的政治目的操縱工人階級。例如潘毅（Pun Ngai）和陳敬慈（Chris Chan）就認為：「〔于建嶸〕想保護中國工人階級的果實，以防它被烏托邦式的知識分子攫取，而這種善意把他逼進了一條理論和實證的死胡同，使他認為中國的工人階級本體上是一個迷失的階級。」他們相信，于建嶸「低估了中國工人階級的理解能力，理解自身相對於資本、國家和其他對應群體〔中產階級〕的階級地位」。[114]與之相比，于建嶸則質疑知識分子能否真的扮演馬克思主義所說的那種角色，將階級身分賦予那些對自身地位和政治角色缺乏共同認識的「弱勢群體」。

于建嶸特別強調改革開放時期的重大社會變遷，以及具有批判性的體制內社會學家（例如陸學藝和孫立平）在不平等加劇下重新定義社會分層的研究，並對「底層」提出自己的定義：不在國家的編制崗位、透過勞動而不是資本謀生、生活在溫飽生存線附近、無法輕鬆實現社會流動性。他提出以這個「底層」作為研究社會的基準點：「從價值的觀點來看，我認為，在很大程度上，『底層社會』作為一種價值取向，要求我們從底層人群的處境出發，從他們的要求和願望出發，來理解社會的發展和目標。」[115]因此，為了更加理解當代中國社會，有必要深入接觸這些邊緣化和被排斥的群體。于建嶸認為這種接觸，注重將「底層」視為由具有自我利益和理性的「個人」組成的群體，是一種類似於「印度底層研究」（subaltern studies）的研究方法。[116]這無疑是後馬克思主義的做法，也間接承認「訪民」為持有某種身分認同的群體（identity group）。

本著這一精神，只要有訪民來訪，于建嶸就會在宋莊的書房接待他們。每次來訪，他都會以照片與影像記錄訪民上訪的內容，有時還會畫下上訪者的肖像。[117]于建嶸將他的做法與知識分子和政治菁英間的主流觀點做比較，後者對貧困和邊緣人口的興趣僅僅是出於這些人可能會影響社會的「團結穩定」。在他看來，這種冷漠的態度使他們無法充分了解與處理信訪制度的問題。

多年來，于建嶸堅持以自己的專業和對議題的一手知識在公共領域進行介入。他是最早支持為返鄉農民工建立養老保險的人之一。[118]他指出農民面臨「三無化」（無業、無地、無保障）困境，提出建立土地使用權交易市場為農民創造收入。[119]他多次提倡村級政府和農民組織的自治，以及對地方政府進行分層監督的必要。[120]在他看來，政治應當回歸草根：「長期以來，政治被視為菁英們的事情，因為它從來都是與權力、統治和管理這些公共領域的上層活動聯繫在一起的，底層無政治——這種菁英主義政治觀一直在影響著人們對當今世界政治領域的分析和判斷……實際上，底層民眾的抗爭影響著社會的發展和民主的進程。」[121]在于建嶸看來，社會分為兩層，若只有菁英具有政治能動性，社會是無法運轉的；底層社會也具有自己的能動性和政治介入模式。[122]他還起草了一份務實的政治體制改革計劃。雖然也算是體制改革的藍圖，但這份計劃相當實際和漸進（例如和《零八憲章》相比，本章後面會提到，他沒有簽署《零八憲章》）：由於司法獨立無法實現，他主張透過縣級人大的自由選舉和上級法院監督下級法院促進社會公平。[123]

二〇〇八年，于建嶸表達出更積極的看法：「越來越多的民眾，特別是處於弱勢的農民和工人，在權益受到侵害時不再沉默，而是選擇進行維權抗爭。」[124]他勾勒了從使用「弱者的武器」和「日常抗爭」（斯科特）到「以法抗爭」的轉變，以突出人權領域中公民良心的進步。二〇〇九年，他在一場關於「群體性事件」數量攀升的北京律師協會舉辦的講座中，提出要從基於暴力的「剛性穩定」轉變為基於憲法、更加彈性的穩定（講座一開始，于建嶸就表示他原先擬定的題目是「讓憲法成為社會穩定的底線」）。[125]公盟被關閉後，于建嶸對於民間組織在中國如此難以註冊表達遺憾，但鼓勵許志永「謀求在法律框架內解決問題，用為自身『維權』來踐行自己的理念」。[126]

于建嶸還對中國的知識分子進行全面性的批判：

知識分子裝腔作勢有一個很大的問題，就是找到所謂理論的制高點，他會很容易生出一套莫名其妙的東西來……我不加入任何組織，不簽名，不聯名。我就是這麼一人，獨立，君子群而不黨……我對自己定位很簡單，就是一個一般的讀書人，不拿自己當個人物，當不得……知識分子就幹點自己能幹的，一步步揭露點真相，搞翻譯的多翻譯翻譯，我搞調查的多搞點調查，搞媒體的多寫點你自己認為對的東西，就行了……我根本也不在乎社科院怎麼看，你現在開掉我也無所謂。我不靠薪水，薪水我基本上都沒看過，我認為十年前把生活該賺的錢都賺了……沒有生活的憂慮和恐懼，才敢說話。127

他的批評對象是典型的普遍知識分子，他們光靠「理論」，就對自己沒有實證研究過的議題表明立場。與他們相比，于建嶸認為自己只是普通人，以及和其他人一樣、基於特定的經驗性知識做好自己「工作」的特殊知識分子。最後，他還強調自己超越國家編制和雇用單位之外的財務獨立。這些體現了民間知識分子的三大特點：特殊性、非菁英性、自籌資金。于建嶸直接透過社群媒體接觸讀者，使他更能堅持上述立場：

有了微博，終於我有和你們一樣的表達機會了，你們也不能搶我話筒。現在的科技改變了社會生態，每個人都有話筒，每個人都是新聞中心。現在找朋友很容易，發個文章馬上可以找到同志。這麼多年，知識分子從來沒得到過強勢的話語權，或者說沒有多少人獲得了話語權。過去必須要獲得一種體制身分，才能有話語權。現在是因為你做了什麼事情而產生了身分。知識分子也可以解決對體制依賴的問題，我完全可以透過別的管道獲得錢。[128]

儘管中國的公共領域由權貴和國家機構所控制（保留給「體制內」的人），但社群媒體還是為民間知識分子提供一個平台。于建嶸在二〇一一年微博使用的高峰期曾有一百八十萬粉絲。[129]然而，于建嶸也採用一些「體制內」知識分子進行介入的傳統手段，比如為幹部開講座，不過他以自己獨特的方式把這些手段和社群媒體結合起來。例如，一次在江西萬載縣的講座，于建嶸向當地官員呼籲考慮那些土地被侵占的訪民的合法訴求，講座後，一位當地黨委書記在午餐時拍著桌子說：「沒有縣委書記搞拆遷，知識分子吃什麼？」[130]面對這種斥責，于建嶸也例外地一巴掌甩過去，揚長而去。他隨後把整個事件的影片上傳到微博，引發網民對書記的大批判，後者因而被迫向他道歉。在二〇一三年清理「大V」（微博上粉絲眾多的認證帳號）的行動中，于建嶸表達對「公知」的支持，但也保持反諷的距離：「我也根本上算不上知識分子，但現在有人臭公知，我也認了。從今天起，我就是大V和公知。想抓就抓，想罵就罵，就是像當年的『右派分子』又如何樣?!」[131]

從更根本上而言，于建嶸擁抱學術研究的多元化，而這正是黃樂嫣提到的那些自詡為後現代主義者的思想家們所反對的。在一篇反思中國近三十年學術生活的文章中，于建嶸指出中國的社會條件很難容納自主的學術精神，並引用蔡元培（一八六八－一九四〇）致力推廣的一種新的追求真理的典範。然而，真理並不代表一切，于建嶸認為：

當然，任何學者對社會歷史和現實的觀察和研究，都具有一定目的性或功利色彩的。這就決定具有不同研究視野和人文關懷的學者對同一社會歷史和現實問題可以得出完全相反的「真理」。但只要他們不是將「學術」作為自身獲利的「法門」，這都是值得尊重的。因為，只有當社會科學研究不僅僅作為一種職業，而成為研究者的生命一部分時，學術的價值和意義也體現了出來……那些以關懷人類苦難為主旨和為弱勢群體直呼的學者及學術成果，也許並不被重視，甚至會因此而遭受到某些迫害，可他們為真理而獻身的精神一定會贏得人們長久的敬仰。[132]

他的結論是，只有透過面對社會問題，學者才能創造出「真正偉大的社會理論」：「如何能夠把西方的理論創造和總結與中國的現實結合起來，形成真正意義上的可以稱之為這個時代最有意義的理論，正是時代為中國學者提供的巨大機會，也是不可推卸的責任。」[133]于建嶸也是民間知識分子的例子之一，他樂於在草根生產特殊知識，而不是理論和意識形態，他的自我定位是學術菁英的反面，並同時倡導菁英們經常迴避的方法論上的多元化。

在其他訪民研究中也能發現類似的視角轉變。作家廖亦武所著的《中國底層訪談錄》在二〇〇一年被當局查禁，他接受《南方周末》記者盧躍剛採訪的文章刊出時又恰逢該報被整肅，因此廣受關注。[134]一九八〇年代，廖亦武是成都的先鋒詩人，他因在六四鎮壓後撰寫並傳播詩歌〈大屠殺〉而在重慶被判處四年有期徒刑。在獄中，他深受底層人民故事的吸引，完全改變自己的文學風格，轉而全心投入一系列對邊緣群體的訪談中。

廖亦武的訪民訪談錄於二〇〇五年出版，也是從底層視角出發。老派知識分子胡平在序言中寫道：「自從『六四』的一場牢獄之災，廖亦武就成了中國底層社會義無反顧的代言人——更準確地說，發言人；因為他把自己就當作底層社會的一分子。」[135]「代言人」是在群體外為群體發聲的人，而「發言人」則是為群體發聲的群體成員。胡平將大規模的上訪現象稱為中國社會的縮影，在各個層級都存在侵犯民眾權益的現象，導致出現一種只能在信訪體系內表達的「民意」。廖亦武和高氏兄弟（知名的當代藝術家，曾因父親被迫害致死而上訪）在二〇〇四年春天多次造訪北京的上訪村，廖亦武則和村中一家人住了一個月。這本書收集了訪談、訪民提供的一手資料（主要是上書中央領導的公開信），以及藝術家、社會運動家和學者撰寫的批評文章。雖然這本書不能在中國出版（特別是因為書中有法輪功修煉者的證詞），也未在中國大陸廣泛流傳，但廖亦武前言的結論涉及到菁英與民間關係的重構：「讓一個文人在上訪村去住一個月，試試看，你的神經有多堅強？沉默的大多數真願意沉默？不，如果你讓他們說，他們的嗓門不定比天天有發言權的菁英更大更有力，也更喧嚷。人，甚至昆蟲、螞蟻，都不是天生願意沉默的。」[136]廖亦武再次使用王小波「沉默的大多數」的比喻，重新定義自己的立場：推動沉默的大多數的成員發聲的促進者（和訪民同吃住這點有些反諷意味，無疑試圖在嘲笑菁英知識分子）。他的訪談錄開啟「底層文學」這一文學類別，一般認為這類文學以現實主義和批判立場來描寫「弱勢群體」。[137]

從二〇〇八年轉折點到新公民運動

二〇〇八年，是中國民間社會發展以及其與國家關係變化的轉折點。西藏三．一四事件和奧運火炬爭議之後又發生汶川地震。在一波公民投入救援和報導工作後，國家優先打壓那些證明極高的傷亡數字是人禍而非天災所致的調查，而打壓抑制了公民社會與國家合作的新近熱情，也降低了國際同情。奧運會很成功，但也伴隨著對社會組織的持續打壓。趙娜（Jessica Teets）認為這標誌著一種轉變，公民社會對國家的制約作用（走向民主化）讓位給「協商式的威權主義」（consultative authoritarianism），在這種體制中，NGO對國家而言既是擁有「業務自主權」的服務提供商，也是可以改善治理並最終使威權主義更加高效的社會管控工具。[138]這一轉變在二〇一二年後更為突出，對法律社會行動的發展十分不利。明克勝認為，黨國現在「致力於切斷社會行動者啟動更大變革所需的話語（憲政）、管道（法庭審判）和社會力量（律師）」。[139]

二〇〇八年十二月，劉曉波、張祖樺和其他知名的自由派知識分子發表了《零八憲章》，效仿哈維爾在共產黨治下的捷克斯洛伐克發表的《七七憲章》，[140]呼籲體制改革。左翼和中間派知識分子批評《零八憲章》將私人財產權神聖化卻不重視社會平等：《憲章》重申平等是一項基本原則，但只是泛泛地呼籲廢除戶籍制度，建立社會保障體系。儘管如此，劉曉波還是迅速被捕，全國各地的簽署人也受到警察騷擾。

《零八憲章》引起一些反響，完全揭示出民間知識分子和更傳統的知識分子之間的觀點差異。經濟史學家秦暉和文學教授錢理群是持批評態度的菁英知識分子中的領軍人物，他們拒絕聯名，理由是《憲章》對社會保障不夠重視。拒絕聯名的還有于建嶸，儘管劉曉波就是在他的宋莊東書房裡起草《憲章》的部分內容。于建嶸在劉曉波的訃文中這樣解釋：「應該說，對您的基本觀點，我原則上是同意的。只是，我反覆表述的一個觀點是，我不喜歡那種在宏大話語下，對個體特別是當今最弱勢群體生存狀態的無視。或者說：我從來不認同，那些希望受壓迫者遭到更殘酷的迫害好最後奮起革命的觀點。」[141]于建嶸的觀點非常典型，他偏好務實的、特定的問題和個人化的做法，而不是《零八憲章》中表達的理論思考和宏大的憲政原則，雖然他原則上同意這些觀點。

秦暉也認為，中國民主的根基還不夠深厚（和《七七憲章》發表時的捷克斯洛伐克相比），這種做法過於自上而下，在經濟危機的時刻批評政府也非明智之舉（特別是考慮到這場危機對自由民主國家的影響似乎比對中國的影響更為嚴重）：

> 今天在中國提出憲政民主的主張是需要論證的，並不是一批勇敢者的表態就可以激勵起民主運動的士氣。可以說，今天中國之需要一場深刻的思想論戰，遠過於需要一場簽名……零八憲章如果只談政治權利不談經濟問題倒也罷了（前面說過，這可以理解為迴避歧見），既然談了，除了經濟自由（如土地私有制）訴求外也應該有福利與公共服務訴求。[142]

秦暉堅持認為不能割裂政治自由和社會保障（他認為將二者視為相互對立恰恰是中共話語中

的一種偽二分法），這是他長期以來的觀點。他在另一篇文章中寫道：「我們這個絕大多數人口（農民）少有社會保障同時也很少有自由（看看到處『清理農民工』的情形！）的國度，難道不應該走上一條『更多的福利國家，更多的自由放任』之路嗎？」[143]這是秦暉作為經濟史學家和經濟學家，基於他的專業知識在公共討論中所持的一貫立場。[144]在另一篇文章中，他進一步闡述這個觀點：

出現這類問題的根本原因，就在於我們缺少一個治權民授、權責對應的機制，即憲政民主機制，「自由放任」與「福利國家」共同以為基礎的機制。沒有這樣一種機制，權力太大責任太小的國家就不可避免。這樣的國家可能一直「左」著，或者一直「右」著。前者如我國文革時，後者如蘇哈托、皮諾切特時代的印尼與智利，兩者都會造成積弊……在不受制約的權力之下一會兒「左」，一會兒「右」：同樣依托專制強權，先以「左」的名義搶劫，再以「右」的名義分贓。以「社會主義」為名化平民之私為「公」，以「市場經濟」為名化「公」為權貴之私。「國有部門」在「左右循環」中成為「原始積累之泵」：以不受制約的權力為強大的馬達，一頭把老百姓的私產泵進國庫，一頭又把國庫的東西泵進權貴的私囊。[145]

秦暉在此闡述他對左右二分法的批評，並強調需要關注具體議題。有鑒於二〇〇八年中國的局勢，《零八憲章》提出的改革看起來過於抽象化，無法應對最深層的問題。秦暉是傑出的學者，但他的觀點帶有典型的「民間」色彩：若從邊緣地帶審視社會，集體化和私有化之間就沒有什麼實際差別，二者都是為了菁英的利益。

許志永可能確實是為了「保護公盟」才沒有參加聯名，[146]而滕彪則理所當然地成為最早的三百零三位聯署者之一。不過，許志永的態度和秦暉對《零八憲章》的批評之間有不少共鳴。公盟確立的做法是更重視充分研究後提出論點，而不是「到處聯署」；同時，公盟會從邊緣化的底層群體的角度看待議題，秦暉也認為這部分常常被人們忽視。

二〇一〇年四月，網路上發起一場簽署「公民承諾書」的活動。「公民」（公盟）發起號召，為了改變中國，每一位中國人都應當「成為公民」，在私人生活和各自的工作崗位上捍衛社會正義，彰顯社會正氣。雖然活動的組織者（企業家王功權在其中發揮了重要作用）沒有提到觀點差異，但這項行動可以視為確立下公盟與《零八憲章》之間的差別：公盟號召普通人承諾實踐一些確實能改變他們日常生活的原則，而不是要求他們去聯署一份很難轉化為現實的制度藍圖。當然，這場活動也為「公民」收集到一份很有用的電郵地址資料庫。[147]承諾書指出，「依法治國」已寫入《憲法》，但被無所不在的腐敗與特權持續損害；因此，承諾人「決心共同恪守良知、責任、民主、法治現代公民理念，維護民權民生，推動良法之治」。承諾的內容一共有九條，每一條都要求遵守法律和道德準則（包括保證產品和服務質量，拒絕任何形式的腐敗），以及倡導公民文化。承諾書提到中國的《憲法》，其中明確寫到「公民」一詞（雖然這個詞在官方話語中已消失）。承諾書不鼓勵任何非法活動，但其中一條承諾寫道，要「努力推動包括政府部門、黨政團體、社會組織在內的中國社會全面進入法治軌道，受到法律約束」，並支持針對政府部門違法和腐敗的法律和其他形式的社會行動。[148]

艾華認為，這份承諾為私人和公共活動建立相同的倫理標準，為作為專業人士的律師和普通人搭建起聯繫的橋梁。這種聯繫可以概念化為「公民」。這種解讀進一步肯定律師既要以專業人士的身分出現在法庭中，也要以倡導者的身分繼續在法庭外活動，因為無論在法庭內還是法庭外，他們都是公民。[149]當然，更一般地來說，「公民承諾書」是試圖透過強調日常行為如腐敗與政治領域之間的關係，將政治行動的原則與普通人的生活聯繫起來，雖然議題是以個人道德而非以制度改革的話語表達出來。無論體制內存在怎樣的不公平，在工作崗位上追求真誠與公平以及由下而上改變社會實踐，則能改善「小環境」並使政治承諾與普通人相關。對「公民承諾」的細緻解讀表明，如果能夠說服每一位公民都公平地遵守法律和原則，那麼中國的政治制度也能變得更加公平。

「公民承諾書」活動在網路上取得一定的成果，隨後，許志永進行全面的理論闡述，發起了「新公民運動」。[150]二〇一二年五月二十九日，許志永發表一篇論文，將運動定位為一場政治（反威權主義）、社會（反特權、反不平等）和文化（新的愛）運動，其口號「自由、公義、愛」總結了運動的進步主義與和平理念：

中國需要新公民運動。這是一個古老民族徹底告別專制完成憲政文明轉型的政治運動，是徹底摧垮特權腐敗、以權謀私、貧富巨壑建構公平正義新秩序的社會運動，是徹底告別專制臣民文化締造新民族精神的文化運動，是提升整個人類文明進程的和平進步運動。[151]

這場運動倡導政治民主、社會平等以及注重責任和道德的公民文化，其核心是「公民」理念而不是「臣民」心態，可以定義為一種追求真實自我的理想：「自由意味著獨立追求信仰、思想、表達和生活的自主、自在、真實的自我。」[152]

和更早的、中國憲政框架內的話語相比，這份宣言有明顯的演進，它明確地將今天的中國政府標示為「專制」並呼籲向憲政轉型（大概會是基於當前的憲法文本）。[153]與宣言相伴的還有一份新的屬性清單，其中一些屬性在以前也非系統性地運用過，所有這些屬性都旨在將這場運動定性為一場結構化的政治運動，只差直接組黨了。許志永構想出一套體制改革的路線圖：「我們強調建設，強調『自由、公義、愛』，這是我們的信仰。中國最理想的變革模式是體制內外協商制憲，我們的使命是以建設的方式結束專制，對任何個人心懷善意。」雖然許志永堅持不應將「暴動式革命思維和標籤」強加於任何公民，但是他的新概念其實已經明顯跨越了當今憲政秩序的邊界。[154]

新公民運動以孫中山極具辨識度的手書「公民」二字為標誌，建立起與舊有政治運動之間的聯繫，即民權運動的原始本義。標誌中的兩個字來自於《禮記》，孫中山從中借用其著名的「天下為公」，並借鑑前現代時期的「公眾」和「正義」概念。「公民承諾書」的簽署人互稱彼此為「公民某某某」。運動參與者對於展現公民美德很有熱情，特別是在會議和辯論中廣泛採用美國的《羅伯特議事規則》以彰顯公民文化的程序要求。這種強調將運動和十九世紀末中國的自由主義傳統聯繫起來，後者本身就受到英美思想家的啟發。許志永將古典中國思想和世界性的自由主義結合在一起，認為「『公民』這個詞比民主、比法制等等概念都要有更為廣博的內涵」，因為它在制度的民主和自由以外，還包含了個人的公民美德。[155]

然而，許志永在另一篇論文解釋說，新公民運動依然保持對邊緣和弱勢群體的特殊關注，他們為公民行動提供了理由：

每個地方都會有當地的社會問題，比如貪官跋扈、城管打人、環境污染、司法冤案、強拆徵地、亂罰款亂收費，等等，我們要把眼睛向下，真切關心弱者的不幸，幫他們維護權益。公民群體要做事，實實在在幫助人，只有幫助了很多很多人，我們才能扎根社會，得到廣泛支持，才有力量推動中國民主憲政進程……政治本來就該是公共服務，當下中國社會有大量服務機會。[156]

中共十八大閉幕、習近平擔任總書記的當天，許志永發表了〈致習近平先生的公開信〉，再次明確肯定這一點：

這不是一個正常的社會。一個內部分裂的國家，無比奢華盛大的儀式背後是弱者的絕望和無助，有人是統治階級，靠權力，靠槍桿子，靠公檢法，靠黑社會，拚命攫取私利，然後把財富和子女轉移到國外；有人是被統治階級，無權無勢，任人欺壓，沒有平等的機會，沒有普世的權利和尊嚴，連一點微弱的社會保障也成為強權者蠶食和侵吞的黑洞……十年了，其實我仍然是一個改良主義者，我擔心社會變革過於激烈無辜的弱者付出太大代價，我擔心這個國家會分裂。[157]

很難衡量許志永對「為人民服務」或者壓迫者和受壓迫者的二分法等馬克思主義話語的採納是一種暫緩策略，一種試圖讓中共實踐自身標準的做法（隨著習近平反腐敗運動的推進，「公民」呼籲官員財產公開的聲音也越來越響亮，甚至在二〇一二年十二月發起請願活動），還是許志永本人對社會結構的理解出現轉變。然而，最突出的一點是，他害怕在革命式的變革中，最弱勢的群體會再一次承受代價，而這種恐懼強化了他的改革派立場。

二〇一二年開始的「公民聚餐」活動將公民議題落實到實際行動中，這一點令人印象最為深刻。全國各地都組織這類聚餐，參與者從十幾位到上百位不等，初衷是強化「人人是公民」的理念並降低普通人批評政府的門檻。比如二〇一三年十一月在宋莊舉行的聚餐。[158]「同城飯醉」的說法開始流行起來，「飯醉」與「犯罪」同音。聚餐中的討論按照《羅伯特議事規則》展開，每個人都可以發言。用許志永的話來說：「放下固執的自我，遵從民主規則，團結才有可能。無論多老的資格，做了多少事，公民聚餐平等就坐，平等發言。有分歧可以公開辯論，最後民主表決。」[159]參加這樣的聚餐意味著求公民身分之同，存民主討論的觀點分歧之異：「第一你認同公民，是一個中國的公民；第二你認同民主規則，就是咱們大家坐在一起呢，是一個共同的平台，這個平台不是哪一個人的、哪一個山頭的，它是一個共同的、自由的公民的聯合。」[160]這種態度與菁英知識分子的傳統立場相去甚遠，後者在參與這樣的集會時享有特殊地位。據報導，二〇一三年的某一天，全國三十個城市中有數百人參加了公民聚餐。

然而從二〇一三年三月起，對維權律師的打壓就開始了：在推廣公民聚餐中起到重要作用的王功權，是最早因公共秩序罪被拘捕的人士之一。當局偏好的罪名包括「煽動顛覆國家政權」、「非法集會」和「聚眾擾亂公共場所秩序」。一波接一波的抓捕行動，很明顯是由社會運動家們呼籲官員財產公開而引起的：「二〇一三年三月三十一日，袁東、張寶成和其他二人在北京市海淀區發表演講，要求政府官員公示個人財產。他們當場被捕。這是當局鎮壓新公民運動和公民社會的前奏。之後不到一年的時間裡，全國各地至少有兩百多位人權活動家被捕或入獄。」[161]許志永本人在八月被捕，二〇一四年一月被控「聚眾擾亂公共場所秩序罪」而受到審判。著名的主筆許知遠在香港《亞洲週刊》中寫道：「一種越來越強烈的挫敗感也四處彌漫，你覺得面對這樣的政權，你實在毫無辦法……我不清楚許志永會迎來怎樣的新挑戰，新一輪打壓已經開始。對於一個人與一個社會來說，外界的壓力與殘酷固然可怕，但更可怕的是道德與良知的普遍麻痺。我感到這種麻痺的到來，卻不清楚自己是否真的能從這種趨勢中擺脫出來。」[162]

許志永在庭審中一直保持沉默，只發表一篇最後陳述，將他過去的文字和思想中的各種觀點集於一體。他開篇便列舉自己曾經參與過的各種具體議題（為所有人提供教育、使民工子女能夠參加高考、要求公務員公開財產）：「你們指控我在推動教育平權，隨遷子女就地高考和呼籲官員財產公示的行動中擾亂公共秩序……新公民運動宣導每個公民從自身做起，從身邊做起，從小事做起，從改變具體的公共政策和制度做起。」[163]

他再次重申要透過漸進的方式保障公民享有憲法規定的各項權利：「我們當然希望憲法中規定的那些神聖權利都變成現實，但是，改革需要穩定，社會進步需要漸進地進行，作為負責任的公民，我們要採取點滴方式踐行憲法規定的權利，推動國家民主法治進程。」[164]在陳詞的最後，他回顧自己在社會邊緣與弱勢群體工作所獲得的啟發，暗示著哈維爾的概念「生活在真實中」：

我永遠為那個時刻感到驕傲，我們不會因為自己身陷困境就放棄對弱者的承諾……上訪是中國特色的維權……十年了，因為選擇站在無權無勢者一邊，我們見證了太多的不公不義，太多的苦難不幸……中國社會最大的問題是假，而最大的假是國家根本政治制度和意識形態的假……政治的謊言無底線，十三億國民都深受其害……我有能力在這個體制中過上優越的生活，但是，任何的特權都會讓我感到羞恥。我選擇站在無權無勢者一邊，一起感受北京的冬天街頭地下通道的寒冷，一起承受黑監獄的野蠻暴力。[165]

最後，他細緻地反駁了對他的每一項指控。儘管如此，他還是被判處四年有期徒刑。維權和新公民運動無疑成功地將具體的社會訴求和民主願景聯繫起來。但是，這兩場運動最終都遭遇到體制內變革的困難，只能將這種呼籲建立在個人倫理和公民美德之上。

政府的打壓在許志永獲刑後沒有停息。二〇一四年五月五日，警察拘捕了浦志強，指控他煽動民族仇恨、擾亂公共秩序，證據是他發出幾條有關伊力哈木．土赫案的訊息。[166]在社會主義國家，三月八日國際婦女節是傳統上的慶典日，而一批女性行動者試圖將其重新定位，藉此提高大眾對性騷擾、家暴和ＬＧＢＴ權益的認識，然而「女權五姐妹」在婦女節前夕即被警方拘留長達數周。[167]五姐妹包括當時在「益仁平」工作的李婷婷，大體上遵循維權的思路，以創新和非衝突的手段處理具體議題，比如抗議女性洗手間數量過少的「占領男廁」運動和透過袒露胸部譴責家暴的行動。[168]二〇一五年七月九日，當局提高打壓力度，展開一系列針對鋒銳律師事務所的抓捕，這家法律事務所以為訪民辯護和公益案件而聞名。[169]有意思的是，鋒銳的理事周世鋒是在宋莊被捕的，成為最早被捕的人之一。[170]一百多位律師聯名簽署一份請願書抗議這次抓捕行動，結果連署者也被一併抓捕。案件的核心是兩位在鼓動輿論時咄咄逼人的維權人士：王宇律師和吳淦（吳淦在網路上自稱「超級低俗屠夫」，取這個名字是為了諷刺「那些只會高談闊論而沒有行動的菁英」）。吳淦以鄧玉嬌案成名（一位飯店服務員在兩名幹部要求她提供性服務被拒絕後試圖強姦、毆打她時，持刀刺傷他們），他特別精於線上募資、炒作案件審訊細節和行為藝術表演，他稱之為活剝官員的「殺豬寶典」。[171]

本章討論的草根律師、學者和社會運動家展現了民間知識分子的新立場：他們身處國家和市場之外的第三部門，更關注實際問題而不是理論論述，藉由與權利受剝奪群體和弱勢群體的獨特關係證明自己的公開言論和行為的合理性。孫志剛案為一批年輕的律師提供模範，顯示如何透過普通公民的日常經驗，將一九八九年民主抗議的抽象訴求與普通公民聯繫起來。作為新型組織，公盟在官方的社會組成調查的框架之外生產知識，同時將這種特殊知識和行動結合起來。公盟發表的數篇報告同時挑戰中國國內政策的核心宗旨，以及之前學者關於訪民和民族政策的研究成果。民間學者于建嶸依靠自己的財富獲得他所在的學術院校不能給予他的自由。他支持民族誌方法，用自己對訪民的具體調查挑戰馬克思主義的階級理論，他也拒絕接受知識分子的先鋒角色，主張在最弱勢的群體中保持更加謙卑的態度。二〇〇八年後，新公民運動在政治立場上更加公開，但也同時運用「公民聚餐」和《羅伯特議事規則》而試圖更加貼近草根和日常。與業餘史學家和紀錄片導演等群體相比，法律學者和社運行動者更有可能明確地將他們的活動與自己的「公民」身分聯繫起來。[172]然而，他們身上也有民間知識分子的基本特徵：特殊的知識、在底層群體中從事具體工作而獲得的合法性、認識論上的多元性，以及既不為國家也不為市場服務的決心。

新公民運動選擇的策略最終沒能開啟更多抗爭性行動的空間。但艾華注意到，在法律倡議中，即使堅持遵循法律，也會對國家權力形成顛覆，因為現有體制不允許形成專業人士社群和共同的職業倫理，它把律師推到體制外，使律師對委託人和訪民產生身分認同。[173]同樣地，王超華也認為當局對這類新型的「死磕」律師毫無防備，他們「運用非政治化的訴求，以政權自己提出的法治口號來應對政權」。[174]不管怎樣，對維權運動和維權律師的系統性打壓，在更廣泛的層面上表明，政府當局已不能再容忍民間律師和學者所採用的，以專業化和非政治性的解決方案應對實際問題的新做法，且現在正要積極鏟除之。儘管如此，民間行動者和他們業已建構的另類社會知識對當局菁英產生的長期挑戰，可能比現在所顯現的更為深遠。

第六章
記者、部落客與新的公共文化

二〇〇八年三月十四日的拉薩抗議活動主要針對當地的漢族和回族居民，造成重大傷亡。[1] CNN等其他西方媒體在報導時使用錯誤的圖片，引起中國公共輿論的強烈反彈，「Anti-CNN」等線上社群相繼湧現。[2] 事件又恰逢三月二十四日從希臘開始並延續到八月的北京奧運火炬接力。四月五日和六日，火炬接力在倫敦和巴黎受到支持西藏和言論自由的團體的干擾。這又引起中國國內的民族主義反應，學生團體和部落客於五月一日發起抵制法國和相關企業的活動，特別是抵制連鎖超市「家樂福」。[3] 這些事件本身已經足夠嚴重，但還是在中國媒體和網路上掀起史詩級的大型論戰，顯示出新一代民間記者和部落客的關鍵角色。二〇〇八年的論戰是獨立記者和部落客發揮作用的標竿事件，在這場民族主義和言論自由的大論戰中，他們的影響力完全超過了傳統的菁英知識分子。[4]

長平是調查記者、編輯和專欄作家，他以前為《南方周末》所做的報導早就引起過諸多爭議。他當時則在《南方都市報》任職，二〇〇八年四月三日為《金融時報》中文網（*FTChinese*）撰寫一篇專欄文章。在文中，他透過質疑國內媒體報導的可靠性，回應對西方媒體的攻擊：

如果真的站在新聞價值的立場，那麼他們就不會僅僅揭露西方媒體的虛假報導，而且應該質疑中國政府對消息源和國內媒體的雙重控制。毫無疑問，後者對新聞價值的傷害更甚於前者。正如已經發生的事實，對個體媒體虛假報導的矯正相對容易，幾個耐心細緻的中國網民就可以做到；對新聞控制的抗議面對的是國家權力，全世界都徒喚奈何……這些虛假報導對新聞價值的最大傷害，在於讓很多人進一步放棄了對客觀公正的信賴，而選擇了狹隘民族主義立場。他們從中得出結論說，普世價值都是騙人的玩意兒，只有國家利益的你爭我奪。[5]

長平的論點圍繞雙重標準的問題展開。他指出，中國政府極力掩蓋事件真相，而中國網民在批評CNN報導錯誤的同時，卻不質疑中國媒體上受政府控制的官方報導，這是自相矛盾的。重要的是，這一論點不是基於政治立場，而是基於新聞專業的職業倫理。西方媒體的錯誤或者誤導性報導和中國政府的假新聞體系，都會破壞這一倫理。針對所有媒體都不過是政府和國家利益工具的說法（因此將中國官媒的行為合法化與正常化），長平提出，職業倫理能夠為具有爭議性的討論提供一個相對客觀的立場，也能提供一種不受國家收編的合法性來源。

長平還將對雙重標準的批評延伸到民族主義的問題上：

> 但是我也看到，有很多中國人借此機會進行了更廣泛的討論和更深入的思考。他們發現，西方人對中國的偏見，源自一種居高臨下的文化優越感。那麼應該警惕的是，漢人在面對少數民族時，有沒有這樣一種由文化優越感而導致的偏見呢？西方人對中國的歪曲報導，源自不願意傾聽和了解，沉迷於薩依德說的那種東方主義想像，那麼我們對少數民族又如何呢？如果我們以民族主義為武器來反抗西方，那麼怎樣說服少數民族放棄民族主義，加入到主流的國家建設中來呢？[6]

長平的論點是一種面對民族主義這類大議題時需要的記者方法論。他從兩方面審視這個議題：一方面是中國民族主義者對西方媒體的西藏報導的不滿，另一方面則是藏人對中國媒體報導的不滿，並指出，將漢人的民族主義合理化，卻拒絕承認藏族民族主義論述的合理性，這在邏輯上是自相矛盾的。

因為這篇文章，北京市委宣傳部旗下的《北京晚報》社長梅寧華以「文峰」為筆名撰文，點名「南都長平」，對他發起猛烈抨擊，稱他是「當紅炸子鷄」。梅寧華的核心論點是，長平和南方報業集團實際上是「西方化」的代言人，他們打著激進的言論自由的幌子，縱容暴力和殺戮。[7] 當然，長平的專欄文章由外國媒體在中國的分支機構（《金融時報》中文網）發表，這一點也是最終導致長平被南方報業集團解聘的背景原因之一。[8] 外國媒體在中國成立中文報導和翻譯的分社，儘管有些媒體的網站後來遭到屏蔽，但僅僅是建立分社這一點，為長平和許知遠等知名撰稿人提供不受國家控制的收入來源，就已經改寫了中國的媒體環境。

一周後，著名的部落客、賽車手韓寒在他的新浪部落格上發表幾篇被廣為轉載的評論。他在文中戲謔民族主義者和民族主義，打擊官方論述和線上民族主義者鼓吹的空洞修辭：「我覺得，抵制家樂福其實挺沒有出息的。對於真正愛國的檢驗應該是需要付出代價的……我們的民族自尊心怎麼那麼脆弱和表面呢。人家說你是暴民，你就把人家罵一通恨不能打一通，然後說，我們不是暴民。」[9]三天後，他又在〈回答愛國者的提問〉中駁斥了民族主義的觀點：

問題三：祖國就是你的母親……

回答：祖國是祖國，母親是母親。

問題四：你怎麼對得起你腳下自己的土地……

回答：我沒有自己的土地，你也沒有自己的土地。

……

問題六：愛國是一個人與生俱來的優秀品質和優良傳統。

回答：再讓你生一次，如果你還選擇生在這個國家，那這才是真正的愛國和優秀品質。

……

問題九：堅決抵制家樂福，你，居然能容忍外國列強對我泱泱大國的侮辱，如果每個人都像你這麼懦弱，那國家早就滅了。

回答：你強悍，你勇敢，你不怕死，你是烈士。因為你敢於不去某超市購物，而且，你敢於把家樂福的冰淇淋放在手推車裡不結帳讓它們化掉，你敢於在量販店門口罵結帳出來的人是漢奸，你敢於燒荷蘭國旗來警告法國。[10]

長平的批評與堅持職業倫理相關，而韓寒對民族主義的討論則是另一個意義上的「民間」。他不講理論上（或者空洞）的大道理，而是把每一個提問還原為具體問題：持民族主義觀點的部落客是說一套做一套的懦夫。人民與「祖國」以及「土地」的關係已被政府綁架，政府鼓吹中國人民「擁有」這個國家，卻不允許人民擁有財產權。[11]官員一邊讚美愛國主義，一邊把財產轉移到香港，送子女出國留學。韓寒用普通人的話語作隱喻駁斥這些論斷。他還宣稱自己以前就是一位民族主義青年，這使他的觀點更具說服力。[12]韓寒對消費主義的態度則令人玩味。和二〇〇〇年代出現的其他民間知識分子不同，知名部落客一般會延續一九九〇年代王朔和賈平凹的傳統，不去批評資本主義和消費。然而，韓寒在這篇文章中也夾雜了一些對消費主義的批評：他特別指出，對這些民族主義部落客來說，抵制超市顯然是最大的政治行動了，且在一個消費外國產品十分普遍的國家中，這就是說一套做一套。他還取笑說，消費在當代中國竟變得如此重要。[13]

汶川地震後幾周，莎朗．史東在談及地震時用詞不當，說這是迫害藏人的「報應」，遭到民族主義部落客的圍攻（史東最終為此道歉）。韓寒再次譴責這種雙重標準：「一個國家也需要朋友，但我們的國民似乎只需要說我們好話的朋友……我們對她的責難遠遠超過了地震中那些豆腐渣學校和醫院工程的幕後人的責難，這再次說明了我們是忍辱負重的，我們可以承受自然災難的痛苦，可以承受人為災難的苦果，但我們不能承受外人說我們。」[14]

他也指出，中國線上論壇中關於日本、印尼和美國自然災害的貼文，充斥著這種「報應」說。[15]韓寒在汶川地震後前往災區並向災區捐款，他後來抱怨說，「愛國」記者無止境地騷擾他，盤問他到底捐了多少錢，這再次說明關於國家的抽象話語常常會掩蓋，而不是揭示日常生活中的實際問題。在四川，建築物不合標準就是一個實際問題。不過，韓寒的文章也引發一些疑惑，關於他發表評論的意義何在：這些評論僅僅是韓寒本人文化銷售的智識副產品？還是說這些評論有助於民間領域的崛起及其對政治討論的參與？

在某些方面，長平和韓寒的介入標誌著一種新型公共參與。微博、智慧型手機的即時報導，以及它們為廣大讀者提供的即時訊息，標誌著民間知識分子崛起的特殊時刻。這一時刻以一九九〇年代的商業化媒體、二〇〇〇年代的電郵和部落格為基礎，後迎來二〇一〇年代的微信和社群媒體。記者們新發現的職業倫理使評論家們有足夠的公信力進行獨立評論，而這些評論又獲得足夠廣泛的傳播和討論，以至於主管宣傳的高官都不得不出面大力反駁。韓寒等部落客的公信力和「民間」身分植根於他們不食國家俸祿的自由和對傳統知識分子「嚴肅」話語的批判，這一點從韓寒的諷刺文風中可見一斑。更寬泛地說，這些發展帶來一種新型的民間或者大眾文化：不是傳統的「民俗」（folk）文化，而是一種主流的、日常的文化，它結合了消費主義、全球「流行」元素和產生於國家控制範圍之外的本土文化。[16]

當然，國家對線上和線下出現的新空間非常警覺。在多數情況下，國家會迅速研發技術工具，在短暫的滯後之後，恢復國家在網路出現和市場化之前、對文化和智識產品的控制程度。同時，國家也試圖利用這些新空間，在主流文化中正面宣傳黨的價值觀和歷史敘事以傳播自己的理念。

商業媒體的興起和公共話語的多元化

在某些方面，媒體可能是最不容易滋養民間知識分子的領域。媒體在傳統上就是體制內知識分子的堡壘，比如《人民日報》的首任主編鄧拓（一九一二—一九六六），他把儒家的文人精神重新轉化為從事「思想工作」的幹部角色。而這個領域在一九九〇年代又迅速商業化。正如長平所說：「鄧小平南巡講話前，媒體一是黨的宣傳機器，一是文以載道的文人角色。」[17]這一轉變使一些記者進退兩難，他們既不願意接受官方記者傳統上需要執行的各種國家任務（除了公開報導之外，還要為官員撰寫僅供內部參考的報導並參加宣傳工作），也不願意去做市場導向的炒作式報導。儘管媒體走向商業化，但黨的意識形態和宣傳部門對所有媒體都維持著嚴密管控。其中一個特別的原因是，國家仍然對記者保有疑慮，記者在一九八九年的民主運動中，曾打出新聞自由的旗號組織另一場獨立的抗議活動。因此，媒體在改革時期扮演的新角色，可以總結為趙紫陽一九八七年在中共十三大的報告上所認可的，一些八〇年代批判性報紙（例如上海的《世界經濟導報》）標舉的「輿論監督」。然而，這在天安門鎮壓後大體消失。在媒體商業化的同時，這一角色被江澤民時期官方論述中的「輿論導向」，和後來胡錦濤時期更為積極的「輿論引導」政策所取代。

一九九二年，新聞出版總署宣布了「自負盈虧」的新政策，促使大批主流媒體（包括《人民日報》等黨報）創辦商業性子刊以提高收益。同樣是在這一年，剛從查良鏞（金庸）手中接管

《明報》的香港商人于品海，在廣州創辦了中國第一家合資媒體《現代人報》週刊，這份週刊出版三年後被停刊。[18]之後不久，他聘請香港作家、編輯陳冠中和影人施南生（徐克的伴侶）在北京成立一家新的媒體公司。然而，出版《生活週刊》和《中國工商時報》的計劃在報請批准時受阻，于品海最終放棄這一計劃。[19]媒體的商業化為有意利用官媒的商業性子刊挑戰自我審查界限的編輯們，提供前所未有的機會，不論是在生活、娛樂或政治領域。當然，這也造成新聞的「平庸化」和越來越傾向娛樂，學者們對此頗有批評。比如，趙月枝就指出，調查記者（作為監督者的「看門狗」）的黃金期很快就衰退為一種新型結構，在這個結構中，他們淪為強大的資本利益的工具（「走狗」）。[20]不過，這種二元論述對轉變中產生的新聞倫理關注不足，這種倫理精神與民間知識分子的思慮產生共鳴。

《南方周末》可能是最成功、最有影響力的新型商業媒體。它創辦於一九八四年，是廣東省官方日報的四頁周末文化增刊，由左方（原名黃克驥，生於一九三四年）擔任主編。九〇年代，《南方周末》成為新型調查性報導的標竿，並得到省級領導的支持，特別值得一提的是，一九九三年廣東省省委書記出手協調，才使《南方周末》免於被中宣部停刊。這件事確立了《南方周末》的職業精神：在題為「就新聞真實性問題：致作者」的文章中，該報明確要求報導者必須作為事件的見證者，遵循真相原則，所有新聞報導都須註明資料來源並進行事實驗證，並建立與讀者之間的信任。[21]此後，堅持以最高的新聞標準要求自己成為這份報紙的標誌。

《南方周末》很早就採用小報（tabloid）模式確保商業上的成功，一九九一年發行量已達到四十七萬五千份（仍是四頁格式）。後來，它擴充為完全獨立的報紙，發行量在一九九三年突破一百萬份，一九九七年巔峰時期的發行量高達一百三十萬份。[22]另一份源於廣東官方日報的小報《南方都市報》的發行量也從一九九七年的四十萬份增長到二〇〇三年的一百四十萬份。[23]卓麗鳳注意到，許多《南方周末》的調查記者都是「體制外」聘用，也就是說他們沒有作為國家公務員的正式編制。這份報紙為吸引他們而開出越來越高的薪資，使記者收入頗豐，也相對不受政治壓力的影響。在這個意義上，《南方周末》堪稱第一份民間報紙。江藝平在一九九六年接替左方成為主編，一九九八年，錢鋼（此前擔任《三聯生活週刊》編輯）也加入該報擔任副主編，他們的辦報方針也確保了《南方周末》的民間品質。這一方針從著名的一九九九年新年主編寄語〈讓無力者有力，讓悲觀者前行〉中就可以看出：

> 回望逝去的三百六十五個日夜，我們所有的努力，都是為了證明「我是一個記者」……有人說，人在履行職責中得到幸福；也有人說，履行一項職責時總會感到是在還債，因為它決不會令我們自己非常滿意。記者所履行的職責，何嘗不是對公眾的一種「還債」？他要告訴人們世界上發生的新聞，他還要告訴人們新聞背後的真相……植物的生命要靠它的綠葉顯示，新聞的生命要用它的真實擔保。
>
> 是的，希望從來也不拋棄弱者。希望就是我們自己。[24]

雖然對專業性和真相價值的肯定（一九九三年《南方周末》險些被停刊的事件也突出這點的必要性）在今天看來可能平淡無奇，但這些準則與列寧主義體制下記者的指導原則完全相反（在寄語中，編輯明確提到《南方周末》的記者「排除了『報喜不報憂』的地方干擾」）。這種職業精神被刻畫為一種責任、一種求生的要務，甚至是一種個人滿足的源泉。寄語的結論強調，這種精神應當理解為幫助弱者和弱勢群體，這與以前的民間精神產生了共鳴。一年後，《南方周末》沒有派出記者前往太平洋島國見證新世紀第一縷陽光，而是派記者和編輯回到各自的家鄉，與村民討論中國幾十年來翻天覆地的變化。

儘管經歷多次編輯更換，這種精神還是在幾位資深編輯的保護下留存下來，比如長平和《南方都市報》的總編程益中（他報導了孫志剛事件，二〇〇四年被控貪腐而入獄），以及翟明磊和笑蜀等記者。此後的新年獻詞多次提到相似的主題，比如二〇〇三年的〈「全面小康」與「公正社會」〉、二〇〇六年的〈一句真話能比整個世界的分量還重〉、二〇〇八年的〈願自由開放的旗幟高高飄揚〉，以及二〇〇九年的〈沒有一個冬天不可逾越〉。[25]在西藏三．一四事件後不久發表的社論中，笑蜀提到《南方周末》的新方針「在這裡，讀懂中國」。他說：「最基本重要的職業倫理是什麼呢？就是最大限度地滿足公民的知情權，讓人與人之間信息傳播最少阻隔。」[26]

長平於一九九七年加入《南方周末》，報導各類社會議題。一九九九年，該報經歷重大的意識形態整肅，之後他擔任新聞部主任。據他回憶：「當時我們很強調的一點是用人類學和社會學的方法記錄中國社會的轉型變化，比如我們在中國中部、西部和沿海各選取了一個村、一個鎮和一條街，計劃在十年時間裡，每年年末都回到同一個地方，記錄它們一年來的變化。」[27]正是因為這種思維，長平糾纏於張君案中：惡名昭著的黑社會殺人犯張君被重慶市警察局長文強抓獲後，長平開始在嫌犯的家鄉展開調查，並指出導致張君走上犯罪道路的社會因素。[28]這篇文章和其他三篇文章導致《南方周末》的編輯室遭到又一波整肅，長平被降職，後來離開了報社。[29]在央視和上海的私營刊物《外灘畫報》短暫任職後，他回到南方報業集團，擔任《南方都市報》副主編。二〇〇八年任職期間，他在《金融時報》中文網發表對西藏事件的評論。這篇專欄文章引發的爭議最終導致他再一次被降職，之後被解聘。

這件事之後，長平移居香港，後來又移居德國，在那裡擔任香港《陽光時務週刊》編輯。[30]這份雜誌由媒體大亨陳平在香港創辦，在很多方面延續南方報業媒體集團經營大眾媒體的傳統，一度匯集很多曾在改變中國媒體的過程中出過力但很快就被大陸封殺的記者。[31]一年多的發行時間雖短，但亮點很多，比如二〇一一年秋由張潔平主要負責的烏坎抗議事件報導，她後來成為端傳媒的主編。端傳媒由蔡華資助成立，他是香港的一位公司律師，與陳平一樣，致力於延續「事業救國」的傳統。[32]上海人翟明磊也離開了報社，他於二〇〇一至二〇〇三年為《南方周末》撰稿，並以二〇〇一年對希望工程的調查而成名。離職後，他從事培訓NGO工作者的工作，並在廣州中山大學創辦不需申報、免費的線上刊物《在人民之間》。《在人民之間》在二〇〇七年被停刊後，他又創辦了一人刊物《一報》。[33]透過這種方式，《南方周末》的精神得以弘揚和發展。

明星報人胡舒立於一九八〇年代在《工人日報》開始她的職業生涯。她也參與一九八九年媒體工作者的抗議活動，並在九〇年代為《中國工商時報》撰文。一九九八年，她在官僚體系中的金融改革派的支持下創辦《財經》雜誌。這份刊物由財訊傳媒出版，實際控制者是中國證券市場研究設計中心，一家由技術官僚發起、以王波明為核心的智庫。[34]《財經》的官方使命是保護股東權益，揭露金融醜聞。[35]它的兩次報導使其聲名大噪：一是對二〇〇三年SARS疫情的揭發，二是對二〇〇六年上海養老基金醜聞的調查。這些事件之後，《財經》收益高漲。程益中指出，胡舒立始終將自己定位為體制內忠實的批評者，[36]這使她免受迫害，但其他人則視她為金融市場的代言人。[37]然而，因為一起與二〇〇九年七月烏魯木齊抗議報導相關的事件，胡舒立最終被迫離開《財經》。[38]她赴廣州中山大學任教，隨後以浙江省政府為主管單位，創辦一家新的媒體集團《財新》，大體上延續她在《財經》的路線。

值得注意的是，《財經》和《南方周末》內部都形成一種專業主義，注重核實以及新聞調查和評論功能的分離，這當然和共產主義語境下媒體的歷史使命截然相反，但符合特殊知識分子的特徵。[39]《中國青年報》商業增刊《冰點》的編輯李大同認為，職業化是一種推動新聞事業發展的方法，「運用專業技能在官方議程外發表文章」。[40]《南方周末》對民間社會的關注帶來難以估量的影響：無論是調查毛澤東時期歷史的業餘史家、新型的獨立紀錄片導演，還是幫助弱勢群體的律師和NGO工作者，《南方周末》長期報導、宣傳並組織各類競賽、獎項和公共活動，使他們能接觸到更多讀者。

趙月枝的結論是，在媒體改革期間，記者始終是統治階級的一分子：儘管他們有時與體制內的改革派聯手，但他們不大可能會站到歷史上長期被排斥於公共領域外的底層群體的那一邊。[41]與之相比，劉擎和麥康勉（Barrett McCormick）也承認黨保有指揮媒體的巨大能力，但他們認為，職業化及其帶來的規範自主性也引發公共領域的轉變，從具有話語霸權和獨占性的「壟斷式公共領域」（monopolistic public sphere：所有媒體都是國有的、黨是至高真理的唯一權威、利用國家機器收編記者、將黨的意識形態宣稱為人民之聲），轉變成更加「多元」但仍然被嚴密控制的公共領域：「就如同我們不應高估仍受到嚴格管理的媒體的影響力，我們也不應低估記者和知識分子至少表面上具有自主性這一期望的重要性。」[42]這種不完全的多元主義造成話語的相對多元化，為「農民和下崗工人等最弱勢、最沒有話語權的群體」的介入創造空間，「雖然對官方意識形態核心進行直接和明確的批判受到限制，但公共空間中出現大量各式各樣間接、隱含的話語，包含了另類的政治語彙、理念和觀點」。[43]儘管這些話語不會出現在官方媒體上，但由於官方容忍其存在，它們的合法性也得到間接的承認。

然而，民間媒體的地位還是相當危險：像《南方周末》這樣的報紙，既不是宣傳機器（雖然它隸屬於宣傳部門），也不像娛樂媒體那樣簡單地追求消費和利潤，它們倚靠專業精神，調查那些與普通讀者相關的特定議題，因而時刻承擔著風險。《南方周末》二〇一三年的新年獻詞，參考了習近平成為黨的領導人後於十二月發表的一場演講，他在其中肯定了「依憲治國」。戴志勇等編輯在起草獻詞時將「中國夢」形容為「憲政夢」，而這份獻詞可能還受到七十一位知識分子在二〇一二年聖誕日發表的〈改革共識倡議書〉的啟發。[44]在新年獻詞的發表歷史中，這是第一次在發表前將獻詞提交給宣傳部審批，且經過長時間的交涉，最終還是無法刊登。在截稿日過後，才在廣東省委宣傳部部長庹震的直接命令下，臨時替換成另一組引用習近平演講內容的文字（其中還有幾處令人尷尬的事實性錯誤），並以《人民日報》新年獻詞中的一句話為標題：「我們比任何時候都更接近夢想」。[45]這一事件引起《南方周末》記者的長期罷工，最終導致他們的出走。這一事件也引發二〇一三年春夏關於憲政的全面論戰：《炎黃春秋》、《財經》等媒體、共識網以及法學教授賀衛方等人多次呼籲實行憲政，直到賀衛方的所有社群媒體帳號在年底都被迫關閉。[46]另一方面，「九號文件」（其中「憲政」被列為「七不講」之一）的發表則強化黨媒體的反憲政聲勢，支持者包括政治學家王紹光和胡鞍鋼等學者，且隨著習近平於二〇一三年八月十九日的演講而達到高峰。克利莫斯（Rogier Creemers）稱這次的反撲為習近平「反憲政」議程的體現。[47]無論如何，新年獻詞的事件表明，民間媒體的地位岌岌可危，且黨國擁有隨時對媒體施加全面意識形態控制的能力。

網路的發展和作為部落客的知識分子

中國於一九九三年首次接入網路，一九九六年起，上網變得越來越普遍。截至二〇一七年一月，中國的網路用戶數量估計達七億三千一百萬人（總人口的五三%）。[48]國家對網路的動向進行監管，但是將監管責任融入現有的體制中，而不是建立新的監管部門。一般來說，國家似乎將網路視為一種宣傳平台，只是逐漸地意識到它的顛覆性潛能。對網路營運商進行技術監管的責任首先交給電信部門（信息產業部，二〇〇八年後改名為工業和信息化部），公安部負責監控（參照以往對電話的監控），對內容提供商的管理則嵌入宣傳系統（在中共中央宣傳部的統一協調下）。國內網透過少數節點接入國際網，例如其中一個節點由中國網通建立（這家公司的後台是江澤民之子江綿恆）。一九九四年二月通過的法規賦予公安部監管職責。公安部曾多次向網路營運商發出詳細規定，包括一九九七年十二月公告的九類禁止內容，以及於一九九八年成立「金盾工程」監控中國網路（屏蔽國外內容的「防火牆」就是金盾工程的一部分）。BBS是第一個流行的線上討論平台（雖然用戶數量不多），在一九九九年中國駐貝爾格勒使館被炸事件中格外活躍。[49]之後在二〇〇〇年和二〇〇二年，信息產業部採用一系列管控內容提供商和消費者的辦法，包括BBS註冊系統和最早的關鍵字過濾。[50]在胡錦濤時期，國家逐漸發展出一套「網路主權」的話語，將國家監管合理化，包裝成創建「健康有序」的網路環境。二〇〇四年九月的十六屆四中全會通過新的法規，開始依靠「網路評論員」進行更積極的監控。如今，國家介入被總結為一句口號「柔性管理」。

胡錦濤第一個任期的前幾年，特別是孫志剛事件之後的那段時間，是部落格最興盛的時期。《南方周末》前記者翟明磊對中國的部落格做過全面性的分析整理，他形容部落格流行的現象展現了「新媒體時代民間話語的力量」。[51]這頗為令人咋舌的評價是基於二〇〇九年六月三億三千八百萬網路用戶和一億八千一百萬部落格的數字，而更細緻的分析也表明，粉絲數眾多的部落客在地域、年齡、職業和教育程度分布上都非常廣泛，從小學畢業生、中學畢業生到大學教授都有。[52]由於這些部落客的「公共批評」，陳婉瑩形容他們是「公共知識分子」，並引用薩依德的說法，即知識分子更常在個人問題和公共言論之間尋求平衡，而不是進行系統性批評。[53]翟明磊編輯的《中國猛博》中收錄的十七位「猛博」作者可以分為兩類，「個人批評家」（艾未未、韓寒、許志永、冉雲飛、長平）和「平台出版人」（牛博網的錢烈憲和羅永浩，該網站在二〇〇九年關閉）。[54]其他草根部落客因參與特定的「群體事件」而知名，比如連岳和老虎廟（二〇〇七年廈門PX環保抗議）、[55]曾金燕（胡佳被捕）和佐拉（二〇〇七年重慶釘子戶事件）。對中國網域的部落格所做的學術性研究也得出類似的結論：雖然有高強度的監控和內容過濾，但內容提供商在落實審查規則的嚴格程度上差異很大，這為用戶創造了機會。[56]

在胡錦濤的第二個任期中，對中國網路和微型網誌（稱為微博客或微型博客，一般簡稱微博）的管控越來越嚴。推特在二〇〇六年上線，其中國的模仿者「飯否」於二〇〇七年上線，但在二〇〇九年的烏魯木齊抗議事件後就被關閉，同一時期，臉書和推特也被中國屏蔽，大量部落格和網站被關閉，政府宣布將在中國國內售賣的所有電腦上都預裝「綠壩」軟體。作為替代品，新浪微博於二〇〇九年八月上線，成為最成功的微博服務提供商，隨後，網易、搜狐和騰訊也在二〇一〇年推出各自的微博平台。當然，這些新媒體平台也不能免於媒體商業化和平庸化的大趨勢：和推特不同的是，新浪微博會招募娛樂明星來吸引網民，並按照公司選定的話題來「引導」線上討論。[57]二〇一一年溫州高鐵事故後，國家試圖收編有影響力的部落客，微博也受到嚴格限制，到二〇一三年又對「網路意見領袖」（即所謂的「大V」，V是「認證帳號」的意思）展開一場全面打壓。其後果之一是，騰訊在二〇一一年追隨WhatsApp（二〇〇九年推出）打造即時通訊應用「微信」，大量用戶轉投微信。微博的內容一般開放給所有註冊用戶，而微信的公開內容非常有限，僅限於群組轉發（微信圈，成員數量限制在五百人，每人最多參加四個群組）。微信公眾號局限於已註冊的實體，每天只能發布一條消息，內容也受到嚴密監控。[58]這使國家和私營開發者騰訊密切協作，將敏感內容排除在公共領域之外，同時保留了透過微信群組監控內容的能力。

和其他政治環境下的狀況一樣，網路也對中國公共領域產生結構性的影響，但同時，網路並沒有長期地改變資訊自由和管控力度之間的平衡。楊國斌在二〇〇九年指出，網路為公民行動提供無與倫比的平台，國家一開始不得不適應這種狀況。特別是網路使普通人成為「知識生產者」，從而拓展了公民話語的空間。[59]與之相比，麥康瑞（Rebecca MacKinnon）則注意到，中國「中介責任」（intermediary liability）體制的效率，其能以無法察覺的方式施加政治控制，她認為對內容的直接操控使國家能夠施加同等程度的控制，但用戶卻會感到更加自由。[60]

中國網路早期發展中的一個重要面向，是來自不同地區的中文內容的相互訪問性，特別是中國大陸、香港和台灣之間。雖然這些地方早就有文本循環的傳統（且以香港為總部的衛星電視營運商，例如鳳凰衛視，在中國的觀眾越來越多），網路的新技術又大大促進交流，形成一個由新聞網站、期刊、討論群組和線上刊物組成的「跨國華語文化圈」。[61]這個虛擬空間鼓勵新的泛華語文本生態系統，包括報刊和媒體集團（陽光衛視、《陽光時務週刊》、鳳凰衛視以及後來的端傳媒）、出版物（天地圖書出版的楊繼繩作品）、香港的書店和一批泛華語知識分子，他們在一系列跨區域的議題上開始發出越來越響亮的聲音，如龍應台、梁文道、錢鋼和長平。

他們偏愛的線上討論平台是周志興於二〇〇九年創立的「共識網」。周志興（一九五二年生於江蘇）是典型的黨內改革派，一九七〇年代他在一間工廠裡遇到劉少奇的私人秘書劉振德。劉振德後來在一九八〇年代將周志興調到中央文獻研究室的劉少奇研究小組。周志興後來在成立中央文獻出版社（一九八七）中發揮了作用，他還擔任過央視鄧小平官方紀錄片的製片人，以及鄧榕所撰寫的父親傳記的編輯。[62]一九九六年，周志興選擇「下海」，成為鳳凰衛視的製片人，後來負責創辦《鳳凰週刊》（二〇〇〇）和相關網站（ifeng.com）。離開鳳凰衛視後，他於二〇〇四年在香港創辦了一份內容浮誇的雜誌《領導者》，這成為二〇〇九年創辦「共識網」的跳板。雖然周志興完全支持共識網作為「菁英的精神家園」的傳統做法，[63]但他還是將共識網構想為一個開放論壇，靈感源於一七八七年的美國制憲會議，與會者最終達成足夠的共識，為新的政府體制打下基礎。[64]從這個角度來看，「共識」更多地是指在不同的聲音之間，特別是在「朝野之間」尋求相互理解（朝野共識），而不是指達成一致的意見。[65]共識網最終也在二〇一六年被關閉。

從二〇〇六到二〇〇九年被關閉期間，新浪網上的艾未未部落格無疑是流量最高的部落格之一。人們很容易把生於一九五七年的艾未未，看成一位運用自己國際知名藝術家的名聲評論天下大事的典型、傳統意義上的普遍知識分子。柯嵐安（William Callahan）在對艾未未的研究中，將其本質描述為「要麼與政府合作，要麼反對政府，但永遠為了謀求中國的福祉」：一位啟蒙運動式的人物——符合網路時代——結合「古典自由主義思想」與二十一世紀的高科技手段以及以政府之矛攻政府之盾的藝術（柯嵐安將其比為孫子的策略）。他還形容艾未未是一位「太子黨」，因而是「內部人士」（他的父親曾是重要的共產黨詩人，雖然被逐出北京長達數十年），曾經受邀參加中國人民政治協商會議，他也是東方和西方之間的「斡旋者」（例如以瑞士建築事務所Herzog & de Meuron的顧問身分參與鳥巢體育館的設計）。最後，柯嵐安的結論是，艾未未是一位支持「生活在真實中」的「公民知識分子」，透過建立非正式組織推動公民社會的發展，例如收集汶川地震死難者名單的志願者組織。[66]

很明顯，艾未未特立獨行，難以被輕易歸類。然而，對他的部落格進行細緻的研究則會發現，他也可以被更準確描述為一位「特殊知識分子」。他並不專注於「中國的福祉」，而是運用自己的特殊知識從底層的視角審視這個世界。艾未未是少數早在一九八〇年代就接觸到西方反文化的中國藝術家和知識分子之一（他於一九八一到一九九三年居住在紐約的東村）。一九九三年回到北京後，艾未未加入了北京「東村」（麥子店地區）的地下藝術圈，後來於一九九九年定居草場地，他在這裡為自己設計一所廣受好評的工作室（以及吳文光等人的工作室）。他最著名的藝術創作都與二十一世紀初的議題相關：《童話》探討了農民工以及他們和革命「群眾」之間的關係（二〇〇七年第十二屆卡塞爾文件展參展作品）；[67]《記住》展示了汶川地震死難者和政府疏於建築標準的問題（二〇〇九年慕尼黑個展「艾未未：非常抱歉」參展作品）；以及《十二生肖頭像》（二〇一〇）對民族主義崛起的諷刺性評論。該作品展示了十二生肖頭像的巨型複製品，這些頭像原由十八世紀耶穌會士為圓明園的花園所製，十九世紀末西方軍隊洗劫圓明園，頭像流落海外，而二十一世紀初的民族主義者則希望買回這些頭像，將這個話題炒得沸沸揚揚。[68]

從艾未未開始公開發表言論起，他就代表一種收入不依賴於政府或者國立大學職位的民間聲音。二〇〇五年剛開始寫部落格時，他發表了一系列關於藝術，特別是攝影和建築的文章，他在一九九九年設計草場地工作室和後來參與鳥巢設計時，就開始對這些議題感興趣。[69]當艾未未開始寫作時，他和其他民間知識分子一樣，將公共立場建立在自己作為藝術家的職業精神上：

> 藝術是藝術家的事。作品與觀眾的最終關係難以判斷，並往往與藝術家的願望相違……主

流的正統意識、安全感和對此的美化……構成了中產階級社會理想的核心……有意思的藝術品是對傳統、流行和通俗的美學和社會意識形態的有效的打擾……一件作品不足以讓人不舒適或感到異樣，不值得去做。[70]

在這篇文章中，艾未未肯定了藝術實踐的自主性，以及其拒絕主流審美、遠離並挑戰社會規範的特權。甚至在成為「公共」藝術後，藝術的規範仍然不能由公眾來決定。

兩個主題將艾未未在部落格和藝術領域內的介入聯繫起來：一是他對傳統的所謂真實性的挑戰（特別是當其被用於鼓動民族主義時），二是他公開使用藝術作品為弱勢和底層群體發聲。很多艾未未的早期作品挑戰了文物的神聖化，從反覆噴塗老舊瓶罐的《有可口可樂標誌的漢罐》（一九九四）、《漢瓶失手》（一九九五）和《洗白》（一九九三—二〇〇〇），到桌腿貼牆、椅子胡亂拼湊成型，解構明代家具的系列作品《碎片》（二〇〇五）。策展人田霏宇（Philip Tinari）寫道：「在家具作品中，創作者透過摧毀古老物件來創造當代藝術，既仿諷文革時期打砸搶的反傳統文化脈絡，又戲仿一九九〇年大規模拆遷背後的經濟發展邏輯。」[71]對於他是支持還是嘲弄這種將文物轉化為現代利潤的「生產」方式，艾未未刻意地保持模稜兩可的態度。但他有時會在部落格中表達更鮮明的態度，例如，討論他在北京的祖宅如何被擅自拆改，「一夜之間，它和這裡的每一條街上的每一座房子一樣，被一隻巨大的手，抹上了水泥，同時抹去了所有的歷史的痕跡」，[72]彷彿市政工人也在模仿艾未未的漢罐作品：

這個所謂對舊城的保護，是將整個舊城用水泥蓋住，畫出青磚的線條，不問房子的年代、歷史和產權，不論是公是私，一律用一種顏色，一律抹平刷灰，畫出磚印，去真存偽，去古還新，造出一個地地道道的假城市，假世界。這樣的城市，談什麼文化？談什麼人文精神？這是一個野蠻、無能、粗糙、惡劣近於瘋子社會。……放過平常百姓的家吧，若不能對他們有所幫助，就給他們些安靜，遠離他們，千萬不要試圖代表他們，讓他們靜靜的，默默的死去。繼續在大的項目上，在銀行，在國企，盡情的腐敗吧，但不要在百姓的臉上塗抹。這個國、這個家經過多少次粉刷，已辨認不出自己的本來面貌，或是根本就不曾有過本來面貌。[73]

這篇題為「不同的世界，不同的夢想」的文章植根於對城市建築的討論，將艾未未作品中的幾個重要主題聯繫起來：政府無止境地介入普通人的生活，以篡改歷史，同時用這個被重新發明的歷史鼓動中國例外主義的民族主義話語。在這個意義上，作為一座城市的北京和作為一個整體的中國都成了「山寨」古董（艾未未特別喜歡這個詞，他用英文「fake」一詞的中文拼音「發課」作為自己註冊公司的名稱）。此外，這種對真實記憶的抹除特別針對曾經住在四合院裡的普通人（他們後來被迫搬遷，房屋主要被高官占據）。在艾未未看來，政府以改善普通人生計為名所做的改造是一種洗白，就好像直接在普通人的臉上進行粉飾，讓他們接受一套淨化過的，但同時不再真實的國家敘事。實際上，艾未未將這一結論推廣到後毛澤東時代國家的政治組織形式和鄧小平的「中國特色」概念：「三十年的特色改革不過是山寨版的偽政治理想，無情的將國家政治和道德危機轉嫁給社會弱者。」[74]在這裡，建築和文物的比喻被成功地運用到政治領域，鄧小平（重新發明的）「中國特色」只是讓「民主」和「社會主義」都變得毫無意義。

二〇〇八年的汶川地震也直接喚起了艾未未的創作想像，可能是因為極高的傷亡數字與公共建築的問題直接相關：很多校舍的防震水平低於政府或者商業建築的水平，造成當天午後地震發生後，校舍倒塌，大量兒童喪生。[75]死難者名單和當局試圖掩蓋此事的做法引發很多問題，艾未未在部落格中寫道：

> 在其它的任何體制下，大多數的弱者都難以獲得保護。唯有在一個民主的社會，可能還窮者弱者以權力和尊嚴。不要替民做主，讓民自主，還民以權力則是還民以尊嚴和責任。
>
> 在中國有誰會回答，由於豆腐渣工程，學生死了多少。四川的混賬們，這也是需要隱瞞的國家機密嗎，要說清楚有些事情是那麼難麼？[76]

艾未未沒有把民主當作一個抽象的體系，而是把它當作一個實在的問題：「有多少人喪生？」普通民眾想要找回自己的尊嚴，就必須回答這個問題。

這一問題也促使艾未未開始創作一部紀念性的裝置藝術，最後定名為「記住」，展示了九千個兒童書包，二〇〇九年在慕尼黑展出。與此同時，他開始「公民調查」，整理遇難學生名單，最終收錄五千二百一十二位死難者，[77]還製作一部展示死難者姓名的影片。「那些孩子，他們有父母親人，有幻想，會歡笑，有一個屬於自己的名字。這個名字屬於他們……拒絕遺忘，拒絕謊言。我們啟動了『公民調查』。追憶逝者，關懷生存，承擔責任，為了生者的可能的歡樂。尋找每一個孩子的姓名，記住他們。」[78]因此，裝置藝術和公民調查是同一種衝動的兩種表現形式，這種衝動就是要做一些非官方（民間）的、實際的，但同時真實的、有意義的事情，在公開記錄中恢復每一位兒童的姓名以傳達個性，消除簡單統計數據傳達的匿名性。在解釋他的目的時，艾未未說：「希望死者的尊嚴，最後能一點點的完整起來。」[79]

此後，當局加強了對艾未未的監控：他的部落格在二〇〇九年五月二十八日被關閉，二〇〇九年八月為譚作人（另一位為死難者奔走的活動家）案作證時，他在成都被公安毆打，造成腦部大出血。二〇一〇年十一月，他的上海工作室被強拆，期間他被軟禁在北京；二〇一一年四月二日因涉嫌逃稅在北京機場被拘捕（最終被罰款人民幣二百四十萬元），一直被扣押到二〇一一年七月。二〇一五年七月，他離開中國，移居德國。

以建築作為參照點，艾未未利用他在公共建築方面的知識和他對城市遺產的理解形成自己的立場，透過部落格和諷刺作品直接和間接地挑戰官方話語。這使他對自己的定位不那麼偏向公民知識分子（以公民身分發聲，主張某種政治綱領），而是更偏向依靠個人知識、站在底層群體立場的民間聲音。雖然許多觀察家可能認為他屬於文化菁英，並對他一直以來的自我行銷也頗有微詞，但應當承認的是，他參與的話題和大多數最知名的當代中國藝術家探討的話題截然不同。

如果說還有一位部落客能夠超越艾未未的光芒，那無疑是韓寒，他的部落格訪問者超過五百萬。斯特費拉（Giorgio Strafella）和白岱玉（Daria Berg）形容他是集「反抗者、意見領袖和文化企業家」形象於一身的「新型名人」，[80]韓寒身上也有多數民間知識分子具備的一些重要特徵。首先，自從他在一九九九年十七歲時為了「靠版稅為生」從高中肄業後（他的第一部作品《三重門》銷量超過兩百萬冊，是九〇年代初以來中國銷量最高的文學作品），[81]韓寒就一直是在「體制外」工作的代表人物。他在一篇論教育制度的文章中寫道：「可以說，很多人的撒謊體驗都是從作文開始的，而為數不多的說真話體驗，是從寫情書開始的。」[82]其次，民間身分意味著財務獨立。韓寒透過賽車為生，他的收入中有很大一部分是國家無法觸及的，雖然也有廣告收入（他曾為Johnnie Walker威士忌、Hublot手錶、雀巢咖啡和Subaru汽車代言），但他堅稱這些是獨立的來源，[83]否則沒有國家的默許，他甚至無法出現在公共領域中。和宿敵郭敬明不同的是，他在二〇〇七年拒絕加入作協，也沒有參加其他官方組織。賽車在自主性方面距離國家控制更遠，與之相比，王朔等僅僅透過私人出版獲得收入的知識分子仍舊受制於國家的文化和媒體管控。韓寒多次獲得中國場地汽車錦標賽冠軍，使他又更不會受到中宣部的影響。[84]第三，他的反菁英立場也可歸入民間領域。雖然韓寒（現在）肯定屬於經濟菁英，但他喜歡強調自己的普通出身和常識。[85]他的批判是「去意識形態」和「理性溫和」的。[86]體制內的知識分子也是他的嘲諷對象——例如，他曾評論「公共知識分子就是公共廁所，都是用來泄憤的」。[87]

雖然大部分自由派知識分子（從公盟的創辦者許志永到文化批評家梁文道和上海的文學教授陳思和），[88]特別是那些倡導市場在推動政治自由化的過程中具有重要作用的知識分子都讚賞韓寒，但他的批評者並不限於國家意識形態的支持者，還包括一些知名的自由派評論家，比如許知遠和反抄襲活動家方舟子。方舟子指出韓寒與消費文化之間的聯繫，並認為他缺少菁英知識。特別是許知遠，則將韓寒的成功歸功於「庸眾」，認為韓寒的諷刺是「糖衣炮彈」，這種評論麻痺讀者，而不是動員他們。[89]

在當代中國研究的學者中，也存在同樣的分歧。在正面評價的陣營中，柯嵐安視韓寒為「公民知識分子」，這樣的知識分子能夠找到一種容納國家立場的批判性立場。[90]許多自由派確實讚賞韓寒在劉曉波獲得諾貝爾獎時所做的機智評論（或者說是不評論）。[91]他能策略性地提到六四而不被審查。[92]二〇〇九年，他被《南方周末》和香港的《亞洲週刊》同時評為年度人物。而在負面評價的陣營中，斯特費拉和白岱玉敏銳地將韓寒的立場歸納為接受現狀（特別指出韓寒認同中國文化價值和維穩的重要性），並同時上演一場精采且高度商業化的大戲，展現「精心設計的叛逆性」。[93]在他們看來，韓寒對官方的腐敗和宣傳的荒謬性的批評是諷刺而不是譴責，因此，他的反諷可以削弱國家的權威，但那種優越和憤世嫉俗的態度同時也消解了公民的憤慨。[94]韓寒在幾篇文章中對自己的影響力不以為然，這也支持上述解讀：「文人就是文人，如果文人能改變什麼，那也是一個漫長的過程……如果把一切想得好玩一些，就不會那麼無力了。」[95]

韓寒身上確實既有民間知識分子也有菁英知識分子的特點，這正是圍繞他的各種爭議的核心。實際上，他最廣為流傳的幾篇文章可以看作是在討論中國知識分子的爭議角色和地位。在民間的這一邊，韓寒總能找到批評政治菁英的辦法，這些菁英用自己的權力改寫規則，利用自己的官位牟取私利。他很受歡迎的幾篇文章集中討論了富士康工廠中的農民工自殺問題（〈青春〉）[96]和上訪問題，[97]以及（在一起幼兒園殺戮案後）引用魯迅的話，呼籲救救孩子，認為兒童總是社會中的頭號受害者，因為社會成員傾向於對「最弱者」進行報復。[98]他的暢銷小說《一九八八：我想和這個世界談談》描寫一位感染ＨＩＶ病毒的性工作者。香港的《明報》稱讚他具有「對中國民間現實的觀察與思考能力」，同時批評「許多『菁英』、從群眾走向既得利益集團……從獨立走向盲從」。[99]

韓寒反覆提出的觀點是，中國缺乏多元主義，審查制度培養無知，削弱更民主的社會應有的教育和文化根基。經常談及審查的話題當然和他知名作家的身分直接相關，[100]公開反對審查是他在公共領域中進行介入的主要理由：「我很討厭政治，我很熱愛文藝。只是我不喜歡我所熱愛的文藝被我所討厭的政治所妨礙。」[101]當他在二〇〇九年創辦自己的雜誌，並按照常見辦法為每一期雜誌購買書號時，政治確實妨礙了他的文藝事業。他遇到各種困難和延誤，特別是一個裸體的、用手槍遮擋住私處「中央」部分的卡通角色（可以看成是「黨中央」的雙關語）和一則出現日本字樣紋身的連環漫畫，導致印刷好的第一版被迫銷毀。二〇一〇年七月六日，雜誌的創刊號由山西出版社和書海出版社聯合首發，取名為「獨唱團」，英文副標題「Party」。首發當天就售出十萬冊，總銷量超過兩百萬冊。[102]《獨唱團》是一本典型的「純文學」雜誌，主要刊登小說，還刊登民謠歌手周雲蓬的自傳文章、香港電影導演彭浩翔的短篇小說、艾未未（在成都被打出血事件後）的腦部掃描、讀者論壇，以及韓寒的小說《一九八八》的部分連載。然而，儘管沒有明顯的政治內容，第二期於二〇一〇年十二月製作過程中就被叫停。韓寒後來不無諷刺地反思間接的審查制度如何將「反革命」的指控改成「格調不高」。[103]

不過，韓寒對審查制度的批判中還有一些更模稜兩可的觀點，他認為由於群眾依然過於無知，對中國社會缺乏更多的知識和理解，這是民主改革的障礙之一。他對中國民族主義的批判同樣是模稜兩可的。他常常強調，民眾引以為豪的中國文化在中國已經絕種，只有在香港和台灣才得以保存。在廈門大學的一次著名演講中，他提出中國沒有成為文化超級大國，是因為中國的最高領導層總是被「沒文化」的官員占據。因為他們的無知，這些官員懼怕文化，進一步鼓勵審查。在這種情況下，愛國主義應當「保護這個國家，讓這個國家不受到政府的迫害」。[104]在台灣《天下》雜誌的一篇訪談中，他同樣提出，上海不能稱為偉大的文化城市，因為自一九四九年起，多元主義就被鏟除了，文化菁英逃到香港和台灣，上海成了「冒險家的樂園，卻是人民的地獄」。[105]在〈太平洋的風〉中，他談到二〇一二年的第一次台灣之行，描述他眼中中國的道德淪喪。在他看來，成功保存中國文化的台灣，在成為開放和自由的社會後所做出的道德榜樣，與中國形成鮮明對比：

> 作為一個從大陸來的寫作者，我只是非常失落……我失落在我生存的環境裡，前幾十年教人兇殘和鬥爭，後幾十年使人貪婪和自私，於是我們很多人的骨子裡被埋下了這些種子；我失落在我們的前輩們摧毀了文化，也摧毀了那些傳統的美德，摧毀了人與人之間的信任，摧毀了信仰和共識，卻沒有建立起一個美麗新世界……我失落在當他人以善意面對我的時候，我的第一反應居然是會不會有什麼陰謀……我要感謝香港和台灣，他們庇護了中華的文化，把這個民族美好的習性留了下來，讓很多根子裡的東西免於浩劫。[106]

韓寒以這種方式間接認同知識分子應當成為道德楷模的傳統觀念，並批評底層階級的道德缺失。在《天下》的訪談中，他提出中國人民「用人權和尊嚴交換工作」，他們更願意「要『權益』、不是『權力（利）』」，這使政府更容易收買他們。正因如此，他把自己的角色定義為繼續寫作的同時避免挑戰體制，如此文化可以慢慢地發生改變，人民的受教程度提高，從而按照他的邏輯，更難以被收買。[107]

這種論點在三篇極具爭議的政論（通常稱為「韓三篇」）中闡釋得最為全面，分別發表於二〇一一年十二月二十三日、二十四日和二十六日。韓寒在文中主張，在今天的中國，英雄主義式的異見活動是徒勞無益的，因為社會首先需要自下而上的民主化，政府最終才能賦予人民更多的自由。三篇文章都是對話錄形式，表面上是韓寒對網友提出的各種問題的總結回覆，而這無疑是一個很好的辦法，以表明這些敏感話題並非韓寒本人提出。

在〈談革命〉中，韓寒認為在中國進行革命起義不僅不可能成功，而且也不是好選擇。首先，不可能成功是因為國家擁有絕對的權力。韓寒完全明白，只要國家一聲令下，線上的討論空間就會完全消失：「官方只要一掐斷網路和手機訊號，我估計不用政府維穩機器出馬，那些無法用ＱＱ聊天或者玩不了網路遊戲看不了連續劇的憤怒群眾就足以將我們撲滅。」其次，革命不是好選擇，因為缺乏公民文化：「因為大部分國人眼中的自由，與出版、新聞、文藝、言論、選舉、政治都沒有關係，而是公共道德上的自由，比如說沒有什麼社會關係的人，能自由的喧嘩，自由的過馬路，自由的吐痰，稍微有點社會關係的人，我可以自由的違章，自由的鑽各種法律法規的漏洞，自由的胡作非為。」韓寒的立場可以追溯到梁啟超，與一個世紀以來的知識分子菁英話語相符，他認為普通人缺乏民主制度所需的公民文化，他們會反對民主，因為民主限制他們違背公共道德的自由。在這個語境下，他進一步提出，民主會轉變成對社會菁英的鎮壓：「學生，群眾，社會菁英，知識分子，農民，工人，肯定不能達成共識。」他以太平天國和白蓮教起義為例，指出「文藝青年們看好的領袖一個禮拜估計就全給踢出局了」，革命將成為窮人掠奪富人財產的機會，「說得好聽一點就是把應該屬於我們的錢還給我們，說難聽一點就是掠奪式的均富」。最富有的人早就把財產轉移出國，因此「最後倒霉的還是中產，準中產甚至準小康者」。[108]

此外，韓寒也沒有忽視消費資本主義的麻痺作用：「就算社會矛盾再激烈十倍，給你十個哈維爾在十個城市一起演講，再假設當局不管，最終這些演講也是以被潤喉糖企業冠名並登陸海淀劇院而告終。」其結果就是，如果舉行選舉，他們都會被擁有無限財力的中共綁架，或者被馬化騰這種能夠利用自家的即時通訊服務催票的中國新貴資本家綁架，「到時候馬化騰一定會入黨的」。因此，唯一的辦法就是培養民眾的道德品質，提高他們的教育水平：「當街上的人開車交會時都能關掉遠光燈了，就能放心革命了。但這樣的國家，也不需要任何的革命了，國民素質和教育水平到了那個分上，一切便都是自然而然的事情了。」[109]

這些精心編排的論點將韓寒置於知識菁英主義的主流中，這一傳統貫穿整個二十世紀的中國，他們一方面害怕「沒讀過書」，道德低下的群眾剝奪知識菁英的影響力，一方面又害怕「資本主義」將選舉變成金融利益控制的騙局。韓寒確實經常使用「文人」這一古典稱謂指稱知識分子。在一篇訪談中，他指出他以前對大眾民族主義的批判和最近對革命的批判之間存在聯繫：「其實我一直站在群眾的對立面。但是當時的這種對立面，相對來說，是自由主義者或者社會菁英更能接受的那種，現在我可能又站在了那些自由主義者或者說比較激進的自由主義者的對立面。」[110]這正是前幾章提到的，其他民間知識分子所反對的位置。不過，韓寒在其中一點上超出他的前輩：他不再自信滿滿地認為知識分子能夠在任何政治變革中發揮核心作用，也不認為他自己的能力足以對政治文化造成重大影響，他在第二篇文章中深入探討這個問題。

第二篇文章〈說民主〉的觀點與第一篇類似。捷克的天鵝絨革命不能作為中國的樣板，因為中國人「素質」太低，會帶來「低素質」的民主。韓寒用對話錄的方式反諷地承認，讀者可能會懷疑他拿了政府「維穩的回扣」，並明確說明，在他看來，民主的到來是必然的。儘管如此，他還是重申，他在賽車活動期間，在縣城遇到的普通人可能確實心懷不滿，但是「他們對強權和腐敗的痛恨更多源於為什麼不是我自己或者我的親戚得到了這一切，而不是如何去限制和監督……只要政府給他們補足了錢，他們就滿意了」。[111]這是對他的「人民要權益不要權利」觀點的重新闡述。他還特別強調黨的壓倒性存在，八千萬黨員（加上親屬有三億人）霸占了整個體制。[112]

但是在這篇文章中，韓寒也強調了文人的批判角色，他說文人「應該扮演一棵牆頭草，但必須是一棵反向牆頭草。文人需有自己的正義，但不能有自己的站位。越有影響力就越不能有立場……所以未來的中國如果有革命，誰弱小，我就在那裡，它若強大了，我就去它對手那裡。我願犧牲自己的觀點而爭取各派的同存」。[113]在這個出人意料的結論中，韓寒從王小波對弱勢群體的支持中獲得靈感，挑戰那種為了對當權者施加影響力，就必須與當權派保持密切關係的菁英傳統。這是韓寒複雜政治觀中「民間」的那一部分。

第三篇文章〈要自由〉仍舊主張為了中國文化的繁榮發展，應當解除言論自由和創作自由的限制。整篇文章在修辭上更像是請願：前兩篇文章的作用是宣布放棄抽象和無法實現的理想，第三篇則是一篇極具說服力的陳情書，要求實現與作家自己的職業息息相關的切實權利：

上篇文章裡說，民主，法制，就是一個討價還價的過程。聖誕再打折，東西還是不會白送的。那我就先開始討價還價了。首先，作為一個文化人，在新的一年裡，我要求更自由的創作。我一直沒有將這個寫成××自由或者××自由，是因為這兩個詞會讓你們下意識的覺得害怕和提防。雖然這些自由一直被寫在憲法裡。事實上，它一直沒有被很好的執行。我也替我的同行朋友——媒體人們要一些新聞的自由。新聞一直被管制的很嚴。還有我的拍電影的朋友們，你不能理解他們的痛苦。[114]

韓寒重申審查制度和中國文化缺乏國際影響力之間的關係。他承諾有了更多的自由就會盡量少談敏感話題，但同時也開玩笑式地威脅要「在每一屆的作協或者文聯全國大會時」親臨現場抗議，並總結「以上是基於我的專業領域的個人訴求」。[115]韓寒還提及其他和他的職業相關的問題，特別是版權問題。他是反對中國科技公司百度抄襲Google Books推出「百度文庫」事件的領軍人物。[116]對職業精神的肯定，仍然可以和對傳統普遍知識分子的批判以及另類特殊知識分子的崛起聯繫起來。韓寒甚至利用這一立場提出明確的政治要求：「一在言論上的開化，二是個人利益的伸張和社會保障的健全，第三要取消所謂的顛覆國家罪。」[117]

不到一年後，李承鵬在北京大學發表一篇演講，並在網路上被大量轉載。他對言論自由提出類似的要求，將其與毛澤東時代的強制噤聲聯繫起來。和王小波一樣，李承鵬也指出：「在大饑荒，整個民族失語……不能說『我餓了』，不能說『我愛你』，更不能說真話。比如你們的校友，林昭。」他在演講的結尾提出：「一個國家最可怕的……是民眾失去說話的權利和能力……一個曾創造出世界上最美麗語言……的民族，現在『說話』成為大的問題，大家在貧乏、無趣和塑料味兒的話語環境中度日，重複著彼此皆知的謊話、鬼話、屁話……我對這個國家會一直批評，我對這個民族一直充滿希望。」[118]李承鵬的演講呼應了王小波對毛澤東時代言論淪為權力工具，而需要「走出」沉默的反思。

在「韓三篇」發表後幾天所寫的新年寄語中，韓寒再次將他的論點表述為某種職業精神：

> 在好幾年前，我還是一個堅決的革命者，認為凡是一黨專制的，就要推翻它，必須多黨派，必須直選，必須三權分立，必須軍隊國家化……但是逐漸我發現，這種態度和那些獨裁者的「我死後，管他洪水滔天」在感情上其實差不多……所以，我不希望多成為一些別的什麼，而一切和我的工作有關的自由，我會依照憲法，不停的要。[119]

他把這種轉變歸咎於一些自由派不妥協的態度，他們有時為了信仰歪曲事實。[120]韓寒聲稱他對事實的興趣比對意識形態的興趣更大，並把批判他的漸進民主立場的自由派知識分子形容為社會菁英：

> 他們看不起我，我不是那麼正派的讀書人，搞學術研究的，所以沒資格談民主自由。理論上我看的書肯定要比普通老百姓多，你既然看不起我，那肯定就更看不起老百姓，但是又要拉老百姓過來做後盾……現在的問題是，菁英跟知識分子有時候比人民更傻，只是讀了幾本

書而已，除此以外他們連人民是什麼，人民在哪裡都不知道。[121]

這是韓寒立場的核心矛盾：作為民間知識分子，他既批評群眾的道德缺陷，也批評社會菁英不聆聽群眾意見。

「韓三篇」發表後，對他的攻擊反而更多了。二〇一二年，自由派科普部落客方舟子指控他找人代筆（其中有韓寒的父親韓仁均和他的文學經紀人路金波）。[122]習近平掌權後，加強對網路的限制，二〇一三年，韓寒成為清理「大V」行動中的連帶受害者：他的部落格寫作幾乎終止，雖然大部分舊文沒有被刪除，還能繼續瀏覽。他轉而投身電影業，二〇一四年的首部製作《後會無期》就取得不錯的反響。隨後，北京大學教授肖鷹指控他抄襲以前的影片，還有不少人指控他抄襲別人的文學作品。這些攻擊的菁英主義特徵非常明顯：肖鷹在官媒《中國青年報》上攻擊韓寒教育程度低，連高中文憑都沒有，稱他是大資本的代言人，如同文化大革命中的革命小將，充當反智英雄的角色。[123]韓寒的第二部影片《乘風破浪》（二〇一七）也很成功，但被批評帶有沙文主義者的偏見。總的來說，公共爭議——其中一些毫無疑問地由幕後的既得利益者推動——嚴重破壞韓寒面向大眾發聲的能力。

韓寒對知識分子地位的討論有幾點突出的貢獻。首先，他的介入凸顯出一種擊敗各種浮誇和空洞話語的決心，無論這些話語來自政府的宣傳部門還是高談闊論抽象概念的傳統菁英知識分子。他始終熱心於嘲諷虛偽和那些出於自己的目的扭曲編造事實之人，特別是審查部門。與這些人相比，他更喜歡探討實際問題，其中很多問題都與他作為作家的職業精神或者日常經歷相關。

他更喜歡提出具體的論斷而不是制定宏偉的藍圖。這種偏好看起來並不僅僅是避免審查的策略，而是實質性的選擇。儘管他對國人的文明程度和找到不同社會階級的共同利益表示懷疑，但他還是喜歡站在「普通人」的立場上批評各種形式的特權。在這方面，他有時甚至會為公共知識分子辯護：「是的，我是個公知，我就是在消費政治，我就是在消費時事，我就是在消費熱點……大家都關心這個現世，都批判社會的不公，毒膠囊出來的時候譴責，貪官進去的時候慶祝，哪怕是故作姿態，甚至騙粉騙妞騙讚美，那又如何……不該鼓動大家都唾棄公知，而是鼓勵大家都成為公知。」[124]

雖然他也承認消費主義和社群媒體的交流形式會降低批判性討論的質量，韓寒最終還是反對只受私人資金贊助和控制的「意見領袖」，而為「公共知識分子」辯護。作為一名知識分子，他代表「民間」和菁英主義的複雜混合。

公共空間：以「單向街」為例

在新興網路文化的評論家中，也有一些人嘗試復興書店、沙龍、文學的公開討論等舊有模式，將它們帶入民間領域。這類場所大有傳統，代表的是幾家知名的書店沙龍，比如北京的三味書屋在一九八〇年代曾是非常活躍的聚會場所；一九九三年，由劉蘇里在大學雲集的北京市海淀區創辦的萬聖書園；一九九七年創辦於上海的季風書園。在這一傳統上繼續努力、打造出新型空間的案例中，最有意思的是「單向街」，由記者、作家許知遠（生於一九七六年）於二〇〇六年創辦的私人合作社式的圖書館兼書店。許知遠畢業於北京大學計算機系，早年曾撰寫新世代文化變遷方面的文章，二〇〇一年成為《經濟觀察報》的知名專欄作家，二〇〇五年開始為新成立的《金融時報》中文網和香港的《亞洲週刊》撰稿。他的部落格「思維的樂趣」（英文名為Think Again）很受歡迎，名字來自於王小波的文章。二〇〇一年，許知遠出版第一本文集《那些憂傷的年輕人》，這本書使不少人將他譽為「一代中國文藝青年的精神領袖」。[125]在〈自序〉中，許知遠將自己定位為知識分子，儘管這個稱呼不可避免地會引來嘲諷和懷疑。但是，他寫道：「我是一個通俗知識分子，是遊走在思想的山峰與現實的平地之間的人，我試圖在相互孤立的二者之間建立更密切的聯繫。這種聯繫有著至關重要的意義。」[126]透過這種方式，許知遠在自己的思想中融入對菁英主義的批判，這種批判從一九九〇年代初就有所顯示。

二〇〇五年末，許知遠與十幾位新聞界和商界中志同道合的朋友，包括于威（《彭博商業週刊》的記者），每人出資人民幣五萬元成立一家合作社性質的私人書店，許知遠稱其運營模式「更像個NGO」，「沒錢了股東就拿錢進來」。[127]單向街位於圓明園，名字來自於班雅明（Walter Benjamin）的一篇論文，既是一家交換圖書的圖書館，也是一家獨立書店，還是所有人都能參加的免費文化沙龍，講者包括洪晃、陳冠中、閻連科、廖偉棠、莫言和嚴歌苓等人。[128]單向街不是商業場所，股東們稱其為「理想主義者的烏托邦」，從其英文口號「We read the world」（我們閱讀世界）中就可見一斑。當圓明園的租金上漲到無法承受時，書店的文化聲望也吸引到不少新開業的購物商城的經營者，而藉此在二〇〇九年入駐「藍色港灣」，又在二〇一二年遷到朝陽區的另一家商城。二〇〇六到二〇一四年期間，單向街組織了六百六十場沙龍，吸引超過十一萬名參與者。[129]

許知遠的文字捕捉到九〇年代末網路蓬勃發展帶來的天真熱情：

> 我們似乎看到了一個不同的世界。去他媽的政治問題、意識形態問題、道德立場問題，這些東西如今陳腐不堪了。我們有了蘋果電腦和Google、出國旅行、充沛的工作機會與性愛；也可以大談矽谷精神與搖滾精神的相似之處，評論九一一與美國外交政策，偶爾還引用一下詹姆斯．喬伊斯。我們心安理得地說，告別革命吧，中國需要的是漸進；放棄批評吧，我們要的是建設，強調道德是愚蠢的，因為它通往災難；我們聰明、時髦、以為無所不知、或許還挺酷的……我們是中國經濟奇蹟的一代。[130]

然而，許知遠雖然承認市場打開了新的空間，但他對生活的商業化持批判態度：「『經濟人』的身分，給我們帶來了二十年活力、自由，它比更之前的『政治人』的要愉快得多。但是，我們不是越來越體驗到，我們終究是想生活在一個社會裡，而不是『一家公司』裡，一個社會需要的是信任、安全感、仁慈、文學、藝術、詩歌，而不僅是股票經紀、程序員、推銷商、流行歌手。」[131]因而，合作社和四海一家式的書店可以視為在不被利潤或政治定義的第三部門建立社群的一種嘗試。

和書店沙龍一起推出的還有文藝和知識雜誌《單向街》，二〇〇九至二〇一四年以「記錄、探索、批評」為副標題，共發行五期，每一期都購買書號，以單行本形式由不同的出版社出版。每一期的專題勾勒出一條清晰的編輯路線。第一期題為「最愚蠢的一代：網路和物化，如何摧毀了一代人的頭腦」（二〇〇九年七月）；接下來是「先鋒已死？沒有偉大的作品，只有平庸的年代」（二〇一〇年三月）；第三期是性別問題特刊「複雜．性：理解國情，理解性生活」（二〇一〇年十月）；第四期探討了異國情調「他鄉：尋找生活的坐標」（二〇一一年三月）；最後一期名為「反智的年代」，於二〇一四年出版。對反智主義的批判是貫穿雜誌的鮮明主題，許知遠和編輯們試圖捍衛某種菁英主義立場，這種立場更接近一九八〇年代的啟蒙運動，而不是二〇〇〇年代的民間知識分子。一位記者注意到，許知遠本人在採訪中對這種立場頗為執著：「有人說他寫的文章過分地旁徵博引，他反問：『難道不應該了解更多嗎？讀者有時候太無知了。』有人說他談論中國的口氣『就像一個外來者』——真應了《祖國的陌生人》這本書的名字——他再次反問：『他們了解自己的國家嗎？他們大概也沒看過我寫的幾本書，不知道我寫的是什麼。』」[132]在另一篇文章中，他為知識分子的成就做了辯護：「由於常年生活在一股反智的情緒中，人們幾乎忘記了，二十世紀中國最自由、最有希望的時刻，都是與知識菁英們緊密相關。」[133]

許知遠的這一觀點在一篇論韓寒的文章中闡述得最為完整。這篇文章發表於二〇一〇年，是對韓寒當選《時代》週刊世界百大影響力人物的回應：

沒人能否認韓寒的魅力……他能在種種誘惑面前保持警惕，況且他才二十七歲。有些時候，他不僅嘲諷，還期待創造意義，儘管他還不清楚這意義到底是什麼……但很多人……把他推到了一個令他本人都尷尬的位置——他要成為這個時代的英雄，象徵著思想的力量，象徵著對權力的反抗。但這不是韓寒，人們越是把他推向這個位置，越暴露出這個時代、這些高聲吶喊者的愚蠢、脆弱與怯懦。在某種意義上，韓寒的勝利不是他個人的勝利，而是這個正在興起的庸眾時代的勝利。

他賽車、寫作、表演……他還下意識響應了日趨熾烈的反智傾向，他的文章總是如此淺顯直白，沒有任何閱讀障礙，也不會提到任何你不知道的知識；還有他嘲諷式的挑釁姿態，顯得如此機智，他還熟知挑戰的分寸，絕不真正越政治雷池一步；他也從來不暴露自己內心的焦灼與困惑，很酷……

自由是需要付出代價的，它不僅要反抗，而且有明確的主張。這需要智力與情感上的成熟，並願意為自己的決定承擔後果。對於韓寒的熱烈推崇，是整個社會拒絕付出代價的標誌。當我們沉浸於只言詞組的嘲諷時，一定誤以為自己已消解了這可惡的權力體制，其實一點沒變，嘲諷只是為上面裹了一層糖衣……他可以進行象徵性、邊緣性的反抗了，然後還全身而退，像是去商場進行一次購物。[134]

許知遠對韓寒的批判是雙重的：批判瞄準了韓寒文章的淺顯直白，無法為討論帶來任何新知，以及他缺乏冒險和道德參與，在許知遠看來，這使他對政權的批判沒有任何殺傷力。對許知遠來說，韓寒部落格體現出的思維模式概括了中國社會的矛盾：只要不會因批判而付出政治代價，這個社會就樂於沉醉在對政權的膚淺批判中，成為新的消費文化的一部分。在更實質的層面上，許知遠的立場反映出對網路深深的疑慮：「網路上聚集的輿論力量沒有轉化真正的社會進步，它經常是即興表演式的……人們放縱自己的情緒，使得公共空間迅速私人化，一場私人爭吵、一種個人情緒，有可能迅速占領整個網路空間。」[135]然而同時，許知遠對韓寒的批判多少有些言不由衷，他把韓寒和劉曉波做了對比，又承認這種對比是不公平的。對韓寒部落格寫作的描述也完全可以套用在許知遠自己身上。他在二〇一〇年的一篇文章中就承認：「當米克洛斯（哈拉斯蒂）直接詢問我時（是否寫了兩個版本），我不得不承認，我也是個自覺的自我審查者。」[136]許知遠對學術複雜性的偏好低估了韓寒顯而易懂的諷刺對廣泛讀者群所產生的影響力。

二〇一四年，單向街透過一千萬美元的信託基金進行資產重組，改名為「單向空間」；于威成為CEO，企業性質也發生了變化。單向空間借鑑台灣文化和生活連鎖店「誠品」和日本的連鎖書店「蔦屋書店」的經驗，增加分店數量，引入生活類產品，推出以Buzzfeed為樣板的新聞APP「微在」。《單向街》雜誌更名為《單讀》，由吳奇編輯，再次以圖書形式發行，一開始歸入廣西師範大學出版社的「理想國」書系，該社此前就曾出版過幾期《單向街》，而在「理想國」遇到麻煩後，從二〇一六年起改由台海出版社出版。[137]同時，類似的一批人編輯的另一本雜誌《東方歷史評論》，也是以圖書形式發行的裝幀精美的紙本出版品。這份雜誌的副標題是「歷史的、批判的、審美的」，由東方文化集團資助，也列入廣西師範大學出版社的「理想國」書系。後續則購買個別書號，以圖書形式由其他出版社出版。有幾期《東方歷史評論》也遇到一些麻煩，紙本出版耽誤了好幾年：二〇一六年，中央廣播電視大學出版社出版第九期和第十三期，兩年後，論明治日本的第十期和歷史學家馬勇編輯的第十一期「潰敗的邊緣：從甲申到甲午」才在二〇一八年初由另一家出版社出版。在此期間，大部分內容轉至線上，先是在雜誌的網站和微博上發表，後來又轉到微信公眾號「東方歷史沙龍」。

差不多在此時，許知遠描述了自己面對社會發展時的無力感：「你發現社會和歷史的變化，沒有朝你期待的方向，反而你的表達越來越無力，需要不斷後退和防守，這時候，你真的會感覺到某種無能。當然有時候我們誇大了自己的無能和失敗感，因為這種誇大是對我們能力與勇氣不足的掩蓋，我很擔心自己處在這種狀況下。」[138]許知遠表示，經營書店和刊物是為了維持多樣性：「我對多元社會有相信。多元訊息裡，人的可能性被最大的激發出來。」[139]單向街空間確實是成功的商業項目，擁有三間分店，每年舉辦五百多場活動和各種線上活動，每年吸引到超過五十萬名顧客，網站上線頭兩年的訂閱人數就達到兩百萬。二〇一六年後，單向街設立了圖書獎。于威在網站上的一句話表明這種品牌經營的成功之處：「這裡不只是書店，更是一處理想主義者營造的烏托邦。在這裡，你可以逃離日常生活的逼仄，點亮自己的精神，遇見思想上的同道。」[140]

雖然許知遠現在有時被稱為「經商的知識分子」，[141]但他持續為這種立場辯護：「我當然是公共知識分子，為什麼不是啊？這是社會中非常重要的一個力量，他們會替很多人來思考一些超越狹隘的個人利益，有關公共利益的事情……在中國當然它被極度地污名化了。但是不能因為被污名化，你就真的覺得（污）了……來侮辱知識分子的人都是很愚蠢的人，都非常愚蠢，而且他們會為此付出代價的……這個社會這麼烏煙瘴氣，跟整個知識分子群體消失有多大的關係啊！」[142]值得注意的是，許知遠從二〇一六年開始為梁啟超立傳，梁啟超本人也是企業家。許知遠為「單向街」和《單讀》設立積極的目標，在媒體越來越商業化而失去所有獨立性的背景下，創辦一家全方位的文化企業為知識分子提供一種能夠發聲的獨立性。《單讀》既可以獲得商業上的成功，也可以維持平台的獨立運作。當被問及「單向街」能否成為「主流」時，許知遠答道：「當然是好的，可能對於我個人不一定好，但對於社會是很好的。可能誠品不像過去那麼有先鋒性，但過去在台灣有五十家這樣的誠品，對台灣社會有多大的影響力，多好的變化啊！他就是對整個生活質量的一個提升，我當然希望（成為主流）了，我不反對這個東西。」[143]在這個意義上，單向街及其出版物可以被描述為「民間」：雖然也頌揚中國知識分子傳統上的菁英主義，但它也繼承王小波的傳統，強調廣泛傳播「知識的樂趣」。雖然它依賴越來越商業化的活動，但也嘗試用這些活動建立獨立的知識分子平台。它的最終目標是建立新型主流文化，在這種文化中，文化產品的吸引力可以將批判思維和廣泛閱讀帶入主流。

當然，許知遠也很清楚，這樣的敘事有些理想化。二〇〇九年以來，他在台灣出版了論調越來越悲情的散文集：《極權的誘惑》（二〇一〇）、《祖國的陌生人》（二〇一一）和《抗爭者》（二〇一三）。[144]其中一些文章，包括〈極權的誘惑〉（關於西方知識分子和蘇聯），收入廣西師範大學出版社「理想國」書系二〇一二年出版的文集《時代的稻草人》。這個標題使人想起葉聖陶一九二三年創作的，隱喻知識分子無能為力的童話故事。許知遠在與文集同名的文章中解釋說：「如果你仍想保持思維的獨立性，繼續某種社會批判，則是個『多餘人』。政權、大眾都認定，你對他們的思維方式的挑戰。不管他們是以國家利益、民族主義還是受侮辱的大多數的名義，他們都是集體性地，本能地厭惡個人。」[145]在這樣的時代，知識分子成了稻草人。

儘管許知遠秉持有原則的菁英主義立場，對「沉默的大多數」批判性地面對而非一味接受，但他對菁英也有所批判，在文集的〈自序〉中寫道：

譴責時代的空洞、大眾的盲從、試圖建立某種文化標準固然沒錯，但變成一個僵化的啟蒙菁英同樣危險，是萊昂內爾．特里林說的吧：「我們天性中的某種悖論引導著我們，一旦我們使我們的同胞成為我們啟蒙關注的目標，接著我們就會使他們成為我們憐憫的目標，然後成為我們智慧的目標，直到成為我們強迫的目標。」倘若對照二十世紀的中國歷史，這一切都似曾相識……

但改變怎樣發生？我悲嘆的不是大眾的平庸（他們常常如此），而是菁英階層的普遍墮落。很少人願意站在越來越狹窄的中間地帶，批評僵化的權力——不管它以何種面目出現，還同時還保持充分的自省——思考「我」自身的局限性。菁英們不僅不準備領導這個時代，還成為最熱衷的跟隨者，生怕被大眾的狂歡所拋棄。

很有可能，我正是自己批評的典型對象，這些常常失衡的文字就是一種明證。在其中，我在鏗鏘的批判與感傷的無力之間，不斷搖擺。所幸，這些文字都標明了寫作日期，你大可自行判斷，我變得更成熟，還是更褊狹了。146

儘管在接受「大眾」時有些疑慮，但許知遠還是能與「啟蒙」知識分子的菁英主義立場及其在二十世紀鼓動社會改造的歷史保持批判的距離，他也能批判地指出，菁英知識分子無力面對當今時代的挑戰。這種雙重批判當然提出了一個問題，那就是他本人的立場如何？

在二〇一六年一月發表於香港的一篇文章中，許知遠回顧自己自我審查的策略和他對成為異見者的恐懼，這樣的異見者「著迷於對政治禁區的探索，除此之外，他們什麼也看不到，什麼也不想討論」，以至於自行與社會完全脫節。他形容二〇〇九年是一個轉折點，那一年，一位參與公民組織的朋友被捕入獄：「我意識到自己的一貫自我欺騙，浪費了很多時間與精力，在那些因自我審查帶來的模糊的表達上。夢中，我與一條蟒蛇搏鬥。我試圖抓住牠的咽喉，推開牠，卻被緊緊纏住，然後驚醒。」[147]這位朋友很可能就是許志永，許知遠在其他幾篇文章中也提到過他。在另一篇文章中，許知遠認同許志永以「沉默的大多數」立場作為知識分子的另類選擇：

社會菁英很少關注他們（上訪者）的存在，菁英們要大談中國的全球領導力、經濟增長率，弱者們不過是發展中不可避免的犧牲……強者不因其強大，而對弱者抱有仁慈和責任，反而是傲慢和冷漠；弱者則心生怨憤和仇恨，他們可能喪失自尊而變得不擇手段；而更多的人，沒品嘗過權勢的傲慢，也沒有體驗過弱勢的卑微，卻有一種普遍性的玩世不恭和嘲諷心態，而在其背後是一種深深的無力感——這現實難以改變，只能默認它的存在。

許志永和他的同志們，是這個時代一個清亮的異端聲音。他們不是追隨著昔日知識分子的軌跡，僅僅透過自由、民主、憲政這樣的名詞與宣言來改變中國。他們深知，倘若不經由具體而微的行動，這些美好言辭只能空洞的浮在社會表層。他們也從未用大膽挑釁政府的姿態，來表明自己的政治態度，因為他們推崇的現實態度有可能改變很多個體的命運……但這樣一種力量，卻仍舊遭遇了如此困境。[148]

透過與社會菁英保持距離，關注弱勢群體，聚焦具體措施，許志永等人致力於沉默的大多數的利益。許知遠特別強調，公盟與國家和市場保持了同等距離：「而三十年的改革之後，我們看到了市場力量的迅速興起，卻沒看到社會力量的成熟。只有在一個健康而強大的市民社會才能去培育多元的價值觀，讓人們既抵制強大的政治力量，又防止僅僅淪為生產者和消費者，使每個人成為健康的公民……公盟像是過去六年中國法治進程的某種縮影，一群青年人如何用法律的武器來幫助普通人獲得基本的權利和尊嚴。」[149]許志永被捕引發許知遠內心的某種痲痺感：「它讓你喪失了所有的敏感，讓所有扭曲事物都在你心中變成了常態，因為是常態，你喪失了反抗的憤怒。」[150]

如哈拉斯蒂預言的那樣，許知遠制定了「兩個版本」的策略。他沒有對所有文章進行自我審查，而是為中國讀者撰寫避免踩線的文章，但在大陸以外的網站和報刊上則發表未經審查的版本：「我在海外中文世界自由的寫作、出版可能有政治敏感性的作品，在中國國內出版非政治性的作品。」[151]二〇一二年習近平掌權後，加強對公共輿論的控制，許知遠最終接到一位朋友來電，告知他的名字已被列入禁止在大陸出版的作家名單。這份名單據傳與香港的「雨傘運動」（為爭取普選，在二〇一四年秋天持續三個月的示威活動）有關：

儘管沒人確認這條禁令，但不再有機構敢於出版我的作品，即使它是毫無政治內容。我的名字成了某種禁忌，儘管沒人清楚這禁忌的因何而起，又會怎樣結束……一個更令我不安的事實出現了，我越來越擔心，我知識分子的身分會對公司未來的成長造成傷害，我不再是一個獨立聲音，要為一整個團隊負責。這是中國再明確不過的規則，倘若你想獲取商業上的成功，必須在政治上保持溫順……我幾乎徹底放棄了對政治與時事的責備，在一些時候疏遠了我的異議者的朋友……它也帶來了另一個後果。我開始對中國劇烈的政治變化感到麻木，既然我不能責備、分析它，我就假裝它的不存在。我似乎再次變成了一個自我欺騙者，像是對於極權制度這頭「房間裡的大象」視而不見……我為自己的膽怯感到屈辱與羞愧。我第一次開始嘗試寫日記，記錄下內心的分裂，期待書寫能平撫它。152

這篇文章中表現出的自責，就如許知遠此前就曾從其他作家文章中指出的，是對許多知識分子的無助感的補償。然而，其中也與許知遠的計劃保持一致：透過商業運作維持平台，培育文化討論的公共空間，而不是與體制一決高下。在某個層面上，許知遠和韓寒互為鏡像，他們既「在人民之間」，同時也屬於社會菁英。

網路上的打壓

中共新領導層在二〇一二年上台後，宣布將對網路政策做出重大調整。如克利莫斯所言，在胡錦濤時期，雖然審查日趨升級，但「網路還是成為了活躍的社交和公共交流空間」，[153]但在習近平治下，國家的政策目標發生變化，特別強調安全和網路的全面管控策略。新成立的「網絡安全和信息化領導小組」將網路的技術管控、宣傳功能和經濟監管職能集於一個統合的管理機構之下。「九號文件」將開放的網路（列在「西方新聞觀」條目下）列為「七不講」之一。二〇一三年四月，魯煒被任命為網信辦（網絡安全和信息化辦公室，二〇一四年四月改為國家互聯網信息辦公室）主任，隨後發布了線上討論的「七條底線」。在二〇一三年八月十九日的一次秘密談話中，習近平稱網路是黨的新型輿論鬥爭的兩大主戰場之一（另一個是媒體的「傳統」戰場）。整個二〇一三年秋天，多名「大V」被捕（最知名的是薛蠻子，還有慕容雪村等多人），[154]大量帳號被封殺，最高人民法院還對「尋釁滋事」和「傳播謠言」做出新的解釋（訊息發送人數超過五百，或轉發數量超過五千），將其擴展到線上活動。

二〇一四到二〇一五年，政府還通過並嚴格執行實名制新規，使管控更為強力和全面（囊括電話、網站和社群媒體）。最高人民法院最後還規定，在法律案件中未能向當局提供網路用戶身分和聯絡人資訊的服務提供商也要承擔法律責任。[155]這一決定加速用戶向微信等基於私人群組的社群媒體轉移。[156]微信的一個特點就是不能和網路完全互通：例如，搜索引擎無法搜到微信公眾號的內容。這使中國的網路用戶越來越隔絕於世界之外。二〇一四年三月，當局又對微信公眾號進行一次整治（當時已經限制公眾號每天只能發布一篇文章）。最後，還發起一場操作系統「中國化」的運動（政府機關的電腦不再預裝Windows系統，而外國的服務提供商則被要求向中國的監管部門提交源代碼和用戶訊息）。二〇一五年三月，習近平將這些舉措總結為「網路＋」。

雖然一些人調整了自己的論述，或者找到保護性更強的管道，但總體而言，部落客和記者失去過往的輝煌。他們在二〇〇八年重大事件的助推下的崛起，曾是新世紀頭十年中獨特而具有代表性的現象。儘管如此，他們的活動還是持久地改變了菁英和民間之間的關係。在中國的網路上，出現一種由民間部落客和作家們組成的批判性公眾，在某種程度上還成為年輕一代的主流。依靠特殊知識、與國家和市場都保持距離、關注弱勢群體狀況的民間精神，在一定程度上與早期的網路技術保持一致。與之相比，大眾民族主義者雖然常常和民間空間有所聯繫，但他們和其他民間知識分子並相同，因為他們受到國家的大力支持，國家鼓勵甚至協助公開表達這種民族主義情緒。[157]

韓寒選集英文版的出版在近期（二〇一六）引發一些爭論，部落客莫之許批評知識分子在韓寒身上寄託很高的期望，但是很明顯的，他不可能改變體制。在對這一指控的回應中，曾金燕認為，一方面這種期許把標準定得過高（不是所有社會問題都能歸罪於知識分子），另一方面，韓寒原來的聲音已經被淹沒。韓寒是短暫的部落格時代的產物，在讀者日益深陷同溫層小圈子的社群媒體時代，他根本無法存活下來。由於中國政府打壓知識分子，很多人離開體制，還有人變得憤世嫉俗、態度過於苛刻。相較下，曾金燕相信在體制內開展實際行動仍然是社會代價較低的選擇：不是因為這些行動能改變體制，而是因為這些行動是有意義的。「我們可能改變不了政治，但應拒絕被政治改變。沒有幻想的人生和歷史，是停滯和死寂。」[158]

隨著網路出現的新型公共文化在民間知識分子的崛起中至關重要。商業媒體的發展不僅使民間知識分子賴以生存的公共話語更加多元化，還創造出「民間新聞」（《南方周末》語）的空間：這樣的新聞不僅追求效益，也秉持專業精神，充分報導普通讀者關切的話題。網路為民間部落客和記者創造更多的機會，無論他們是普通公民，還是艾未未和韓寒這樣的「大V」。而書店和紙質刊物等更傳統的公共空間也能提供新的可能性，比如單向街。值得注意的是，對草根的忠誠和殘留的菁英主義之間的矛盾，仍舊影響著一些最知名的評論家：即使一個人自我定位為反菁英，但菁英主義的印記還是會有所殘留。韓寒號稱為普通人立言，他一方面為挫敗民族主義等各種「宏大理念」而自豪，一方面又大談他眼中的公眾的道德缺陷。許知遠批評反智主義，並為生產高質量的文化內容而自豪，同時又批評菁英的虛偽。從這個意義上講，民間知識分子尚未解決他們前輩在整個二十世紀奮力面對的難題，這並不令人意外。

結論

本書的導論勾勒了一群沒有官方身分、從事自由職業、與草根階層有聯繫的知識分子。他們當中不是所有人都三者兼具，每條標準也存在詮釋空間。但是，本書將這一群體暫時定名為「民間知識分子」，認為他們具有以下特徵：對具體知識的運用、底層身分認同、對公共討論多元化的追求，以及對國家的政治管控和市場經濟中蘊含的新型霸權的批判態度。列文森（Joseph Levenson）有一個知名的觀點，他認為儒家文人的天下情懷多少在一九五〇年代力倡共產主義普遍真理的知識分子那裡獲得新生。即便是一九八〇年代的民運人士，也大體秉持相同的普遍主義立場，力求獲得官方地位和國家認可。如今，名牌大學和智庫中的菁英知識分子大體上仍然接受國家的收編，不過他們傾向於低調運用自己的普遍知識與能力，接受新的角色，成為為國家（通常在業餘時間裡也為市場）服務的專家。與之相比，一九九〇年代的民間知識分子開始在很大程度上挑戰普遍知識分子對國家的依賴。他們批評上一輩知識分子的菁英主義立場，這使他們關注中國社會邊緣地帶存在的更具體的問題。他們自稱是「沉默的大多數」的一分子，認為是時候「走出沉默」，傳達許多權利受剝奪群體的聲音。透過將他們的公共介入置於普通公民的框架中（而不是擺出知識分子的特權），他們不僅挑戰了歷史上的文人模式，還挑戰了廣為接受的馬克思主義階級社會理論中知識分子扮演的先鋒角色——或具有中國特色的後馬克思主義變種學說，即知識分子在所謂的「階層社會」（strata society）應當成為某個階級的代言人的說法。

本書的研究試圖提供一份相對廣泛的草根知識分子樣本。因其特殊性，他們面對的是不同的公眾，雖然有些人如艾曉明和韓寒（以一種非常不同的方式）在某種程度上也跨越了不同專業的界限。王小波一九九二年從大學辭職後，成為第一位自由撰稿人，並以他與「弱勢」或者說「底層」群體的聯繫為基礎，在新興的商業媒體中進行公共介入。李銀河和艾曉明在社會學和性別研究領域延續王小波的工作。朱文和于堅等作家則提倡民間文學和詩歌。

一九九七年反右運動四十周年後，一些業餘史學家開始質疑官方的革命敘事。沈志華早已在學術界之外建立檔案庫並從事研究。郭于華則在學術界內展開共和國初期的口述史研究。胡傑拍攝關於林昭的紀錄片，喚醒許多人對非官方歷史和獨立紀錄片的興趣。楊繼繩研究大饑荒的著作引發全面的公開爭論，最終導致他編輯的《炎黃春秋》雜誌被整肅。如前所述，這裡的民間歷史指的是體制外的歷史學家為不屬於菁英集團的個人和群體撰寫的非官方歷史，這樣的歷史旨在建立知識，而不是獲取物質上或者名義上的好處。

獨立電影為體制外知識分子參與重要的社會議題並向另類公眾傳播他們的成果提供新的管道。賈樟柯在擁護這種另類的知識生產方式的合法性時最具說服力，吳文光則與草根社群保持著最密切的合作關係，研究大饑荒時期的鄉村生活和鄉村記憶。二〇〇一年首次舉辦獨立電影節後，草場地和宋莊等「城中村」的藝術和電影社群為馬莉和趙亮等導演提供拍攝大型紀錄片的空間，使他們能與訪民等被剝奪權利的群體合作，同時減輕他們的財務壓力。

二〇〇三年孫志剛事件發生後，滕彪和許志永成功地挑戰了「遣返」無城市暫住證的農民工這一做法的合憲性，為維護訪民等底層群體利益的新型法律和非營利工作開闢道路。于建嶸和其他學者在體制內向政府建言，並同時建立支持訪民的草根組織。雖然他們的研究並不純然超然與學術，但許志永和于建嶸並沒有像有機知識分子一樣將訪民收入自己麾下，其在試圖建立新的理論霸權時常這樣做。相反地，他們試圖尋找解決社會問題的實際辦法，這與繪製與普通人生計關係甚少的政治或憲政藍圖的菁英立場大不相同。

二〇〇八年的西藏抗議、汶川地震和北京奧運風波後，民間的民族主義在網路上大行其道，背後常有國家的公開支持。作為回應，長平和韓寒等公民記者和部落客開始運用新的策略爭取沉默的大多數的支持。許知遠等其他作家批評各種新型的民粹主義，並試圖創建單向街這樣的開放空間，以培養訊息更靈通、思想更具世界性的讀者大眾。

雖然個人也發揮了作用，但本書力求避免傳統思想史中過分注重個人的視角，而是聚焦於非正式刊物、商業化的報紙、書店、藝術村和社群媒體等知識分子空間和關係網。本書試圖不把少數個人刻畫成英雄，而是記錄一個社會現象，從而重新定義那些在當今中國被稱為知識分子的群體。成為知識分子不再意味著接受傳統的高等教育（比如高中肄業生韓寒），或者像在前現代、五四和馬克思主義語境中那樣具有穩定、卓越的社會經濟地位。此外，前幾代中國知識分子幾乎都是男性，這種性別等級和其他等級一樣也受到了挑戰，艾曉明、李銀河、郭于華、馬莉、曾金燕等女性草根知識分子的突出地位就是明證。本書嘗試從眾多案例研究中推演出一種趨勢，而不是呈現一套系統性理論。本書並不認為這是當代中國社會唯一的重要趨勢。但是在越來越碎片化的當代中國研究領域，學術研究需要找回一些具有啟發性的、更宏大的觀點。邊緣地帶的轉變常常會引發向心的動力，最終就算不能改變主流觀點，至少可以提供新的定義。

本書的材料安排也是基於一系列常常超出不同群眾邊界的知識分子爭論。業餘史學家對大饑荒的死亡人數和紅衛兵的道歉是否真誠展開辯論，從而介入共和國初期歷史中未被書寫的章節。紀錄片導演引發各種爭議，關於描寫下崗工人或其他底層群體時透露的政治含義，以及關於如何在不被國家話語收編或操縱的情況下向這些群體表達自己的立場，特別是當他們的影片向外國觀眾放映時。法律活動家則爭論在憲政框架下關注實際議題，是否意味著放棄任何對體制的挑戰。秦暉等人認為自由主義和新左派的二分法過度聚焦於人為的「主義」，而掩蓋了中國社會的實際「問題」，在中國社會，國家和市場常常攜手對抗普通民眾。他們不再使用國家—市場對立的陳舊框架，而是認為思考國家和市場如何經常與民間社會產生衝突，如此才能獲得真知灼見。

二〇〇八年中國奧運會面臨的挑戰，引發激烈而且仍未結束的爭論，爭論焦點在於雙重標準和國際媒體是否以不同的標準來評判中國。韓寒要求改革的溫和訴求，引發有關媒體知識分子局限性的延長討論。如同在自由民主國家，轉向社群媒體，導致看法相似的小型同溫層間形成公共爭論的新型極化。許多爭論常會觸及自由主義和新左派二元對立的大議題，但實際爭論一般來說則打破知識的界限，並在具體議題的語境下重新劃分意識形態分野。

本書使用「民間」一詞——書中提到的很多人也用「民間」來描述自己的立場和活動，而不是使用來自西方理論的術語或者概念。這種選擇也挑戰了中國社會只能透過中國政府偏好的（通常是馬克思主義）的範疇來進行分析的看法。然而，就像其他廣泛使用的普通詞彙，「民間」的含義也有些曖昧不清。儘管本書嘗試勾畫出其語義上的邊界，但不可能賦予其嚴格的定義，因為這個詞在不同語境下具有不同的含義且持續演變。前述章節中有幾個與「民間」相關且貫穿始終的主題：沉默的大多數、發聲的必要性、對國家和市場的批評、草根和非菁英的地位。然而，「民間」並不等同於明確的公民社會或者對公民身分的深入理解。類似地，在最近一份關於俄羅斯反對派的研究中，賈波維茲（Mischa Gabowitsch）認為，反政府抗議並不一定會推進個人的自由意識或者權利，而是會促進各種非暴力的公民參與，其能增進團結和建立人與人之間的社群關係。[1]因此，「民間」一詞也凸顯出當今中國的公民身分仍然是有條件的。

「民間」一詞確實強調關注底層群體，並質疑發聲者之於這些群體的關係；民間知識分子傾向於將自己的介入，植根於在這些群體中獲得的共同經歷以及一手知識或見解。應當強調的是，菁英和草根仍然在進行有效的討論。第六章簡述了對傳統菁英知識分子和國家支持的反智民粹主義的同步批評帶來的一些衝突。更寬泛地來說，本書試圖凸顯出一個重要的「跨界」（crossover）知識分子群體的存在，他們在草根工作和學術或專業領域之間游移。因此，民間的角色不應視為具有排他性。然而，這種新的動態模式也挑戰了廣為接受的理論，即草根中的個人不具備自主的思想生活，只能將他們作為社會主義國家及其新主流文化內的消費者或者元素才能有效地研究。從「民間」概念的視角審視知識生產，就能清楚地看到，中國社會包含許多不同形式的批判性參與，這類參與一般來說挑戰了以前研究異議活動時使用的模型。雖然本書討論的許多人仍在體制內（正如中國的很多人都一直如此）抑或在體制邊緣或體制外工作，但重要的轉變在於，舊有的反體制方法越來越被批評為過於理論化、菁英主義和脫離人民的生活。反之，另一套新的批判話語已經形成，這套話語則植根於更廣泛的社會實踐之中，例如法律訴訟和使用社群媒體。儘管如一位評論家所言，當前的政權可以「為大多數人提供穩定的、實際的效益」，[2]但批判話語還是可能越來越與普通人的生活有關。「沉默的大多數」具有共同的被剝奪感，這被公認為中國社會中許多人焦慮感的來源。[3]

這種重組不僅代表中國知識分子傳統的改變，也代表對馬克思主義社會理論的重新評價。在官方論述中，自從鄧小平為知識分子平反，他們就被視為工人階級內部的一個「階層」。與此同時，一九九二年後的市場化無疑為許多「知識分子」（特別是學者和專業人士）提供實現中產階級生活方式的機會。郝志東因此認為知識分子在中國新的社會金字塔中也構成他們自己的階級。受剝奪群體的出現，挑戰了中國社會內部存在邊界明確的階級結構的觀點，且在更深層次上，削弱了主流馬克思主義理論在認識論上的一元論。強調知識分子身為沉默的大多數的一員的民間身分，表明社會並不是按照階級來劃分而是出現極化，一邊是既得利益者（包括政治和經濟菁英），一邊是形形色色、目標迥異的受剝奪群體。對很多新馬克思主義批評家而言，這樣的社會理論是有問題的，甚至是錯誤的。他們一般來說否認知識分子以沉默的大多數的成員身分進行介入的合法性，他們還堅持認為知識分子應當與工人階級為伍，反抗經濟菁英，或者工人階級應當產生自己的有機知識分子以爭取自身的階級利益。在本書每一章探討的各種介入中都能看到這類批判的身影。林春反駁王小波論沉默的大多數的文章，她認為從定義上而言，知識分子就是「覺醒的少數」。呂新雨堅持認為王兵的紀錄片《鐵西區》是為挽救毛澤東創建的工人階級而做的充滿懷舊意味的懇求。汪暉重申在研究共和國歷史時，有必要突出階級鬥爭。潘毅和陳敬慈則批評于建嶸的控訴，後者認為黨國對工人階級做了工具性的「物化」。趙月枝則認為，媒體的市場化導致腐敗和資本利益的操控。

本書還是一部關於知識的社會建構的著作。在認識論層面，民間視角是多元的，隱約定義了一種新的研究方法，可以被放在毛澤東時代結束後、社會和人文學科緩慢重建這一更大的時間框架中去審視。[4]本書第二章回顧了王小波對知識分子的地位和作用的批判，後面的章節則涵蓋實證研究的三個主要方面：過去（民間歷史）、現在的社會（作為民族誌的紀錄片），以及公民權利和中國的政治體制（草根政治）。最後一章則關於閱讀並傳播這些另類空間生產的知識的各種公眾。在這個意義上，本書也嘗試在「後社會主義」之外為探討中國問題另闢蹊徑。一九九〇年代的各種「後學」知識分子仍然受到馬克思主義社會科學方法暗示的唯一真理概念，以及基於現代化的線性的、達爾文主義歷史觀的強烈影響，而民間知識分子一般則認為知識的建構需要更加個人化和多元化。業餘史家試圖打造一個公開討論爭議性歷史事件的平台。紀錄片導演以實證和個人化的方式調查社會現象。于建嶸等社會科學家也呼籲理論思考的多元化。這些趨勢中有不少可以追溯到王小波的觀點，即知識分子應當區分認知問題和規範問題，並保持價值中立。鮑曼注意到，這種更加溫和的自我認識形式無法給出任何階級結構或者歷史演變，也意味著無產階級不再是知識分子的皮格馬利翁。或如王小波所言，知識分子現在要透過寫作教育自己而不是教育他人。

回到經典的知識分子理論，我們會問，民間知識分子的興起，是否會挑戰我們對知識分子的理解。第一章引用了布赫迪厄和傅柯針鋒相對的觀點。布赫迪厄認為知識分子的公共權威來自於他們在自身專業領域中的聲望，進而可以在普世立場上發聲；傅柯則認為特殊知識分子的權威不僅基於聲望，還基於他們在社會特定地點從事的知識生產活動。於是知識可以透過他律性的專家或自主性的特殊知識分子來產生。民間知識分子無疑是傅柯式的，他們無論獲得何種聲望，一般來說都很難與該領域的權威相容。以前的文人有一種社會使命感，而本書分析的許多話語則凸顯出民間知識分子拒絕接受這種使命感。如電影人季丹在對呂新雨的回覆中肯定地表示，獨立導演對拍攝對象而言就像薩滿一樣。民間知識分子信奉實證，通常不會在理論化、動員和帶領草根或者任何階級實現另類社會理想的行動中扮演領導或者先鋒角色。這種轉向（inflexion）使他們更普遍地拒絕階級代表性、歷史目的論和現實主義美學。民間知識分子既不是某些基於階級的新革命主義綱領的擁護者，也不是爭取官方「承認」的各種利益集團的喉舌。相反地，他們在草根層面參與了知識建構的政治。他們基於民族誌式的社會科學調查，以及一種對於調查對象的感性形式——更注重個人經歷和參與，闡述一種新型知識。在最早由獨立紀錄片提出的方法中，日常實踐比大敘事更為重要。正如于建嶸在反思評價近三十年學術發展時強調的，在他看來，最迫切的任務是推進並接受研究方法和知識的多元化。這一遠離馬克思主義學術的重大轉變，當然會引起國家的關切，對電影節、非官方歷史刊物、法律援助小組、部落客和微博博主等民間平台的加劇打壓就是例證。雖然近年來社會自主性的空間越來越少，但中國社會仍在持續走向多元化，而對社會和政治一元論的削弱可能會對黨形成更深刻的挑戰。而傳統學術型知識分子的邊緣化也可能有助於方法更趨多元化，這也會促進「西方學術界內中國思想的主流化」。[5]然而，民間社會能否抵禦監控日益嚴密的國家的侵蝕，這是還沒有定論的問題。

從更廣闊的視角來看，全世界都在努力推動公民知識，並反思專家意見、公民知識和政治決策之間的關係，民間知識分子的崛起也可以視為這種努力的一部分。隨著自由民主國家中的傳統知識菁英越來越受到跨國企業的收編，並被重新包裝成「思想領袖」，[6]人們需要反思知識分子作為特殊知識生產者的地位，這種知識既不是簡單地將普世（或者黨派）立場應用於實際問題，也不是提供給經濟和政治菁英的那種商品化的專業知識。反思學術與草根之間的關係似乎是世界各地大部分社會的當務之急。在這個意義上，中國的民間知識分子雖然看似充滿矛盾，但也許能夠為公民知識重構如何作為一種新型知識分子的出發點，提供富有成果的例證。

附錄

再論民間知識分子：對話魏簡

曾金燕

魏簡（Sebastian Veg）二〇一九年出版了突破性著作——《在人民之間：業餘史家、獨立導演、維權律師與部落客，從草根崛起的力量，當代中國知識分子的聲音與行動》。從二〇二〇年夏天到二〇二一年二月，我和徐曦白陸陸續續翻譯了《在人民之間》。作為譯者，我們十分感激魏簡同意本書的翻譯提議。我們相信這會促進華語世界對中國民間知識分子議題的探討，也會推動我們與書中的主人公們一起審視自身在中國的社會語境下的處境、思考與社會介入，重新回答何為知識分子的問題。在翻譯的過程中，魏簡為譯者提供了寶貴的協助：不厭其煩地回答譯者的一些困惑並通讀譯稿，提供原始中文資料，並對中文版的內容做了少量更新。

在本篇對話中，魏簡從民間知識分子的研究出發，探討了美國大選中華語知識分子支持川普的現象、新疆內蒙古西藏等民族危機中非漢族知識分子的處境、《國家安全法》生效前後香港本土知識分子的焦慮，以及女性主義批判如何「民主化」知識分子的研究方法等問題。

曾金燕：您在《在人民之間》一書裡討論了民間知識分子創造的另類空間、半公共空間和「對抗性公眾」（counterpublics）。您寫作此書時，已經提到其衰落的趨勢，現在這些空間大量地消失了。這種情況下，關於民間知識分子的研究（聚焦於九〇年代和二十一世紀的頭十五年）對中國和世界的啟發，您是如何思考的？

魏簡：這個問題在理論層面和實證層面都非常有意思。在理論層面，關於公共空間及其內在排斥性維度的批判性反思已經有很多。許多學者提議採用「對抗性公眾」，以這種不同的視角來審視群組如何在公共空間裡形成自己的勢力。卡爾霍恩（Craig Calhoun）指出重要的一點：嚴格意義上來說，當人們致力於透過特定的用語、在特定的平台上（物理空間、刊物或者溝通網絡）建立一種「對抗性公眾」時，就意味著他們不再試圖參與公眾的網絡來維繫主流的公共空間。這種「對抗性公眾」的意義，與「對抗性文化」的定義更接近。它也呼應斯科特（James Scott）於「隱藏的文本」（hidden transcripts）的觀點——在用標準溝通用語的掩蓋下，人們用自己獨特的方式進行溝通。

在實證層面，我們可以觀察大概從二〇〇八年北京奧運之後中國開始發生的變化，這種變化在二〇一三年「九號文件」面世後變得更快了。毫無疑問，官方對民間知識分子以及幾乎所有類型的批判性論述都進行大力打壓。我在寫《在人民之間》的過程中，就發生了不少事，有些則是本書完成後發生的。我一直以來認為香港是中國的一個「離岸公共空間」，現在香港卻成了中國當局最新直接打壓的一個空間。所以說，非菁英、非主流的發聲空間越來越小，這是毫無疑問的。

然而，我還不至於認為現在已經完全沒有公共空間。舉個例子，還記不記得當孫春蘭前來

「視察」抗疫成果時，武漢人從公寓大樓的窗戶裡大聲呼喊？另一個例子是李文亮的微博帳號，成了一座網路紀念碑。我認為，這些例子表明人們沒有完全放棄公共表達。當然，你說得對，許多人已經退回到封閉的、也許可以被稱作「對抗性公眾」的話語社群。尤其是在技術允許政府密切監控人們在說什麼的情況下，政府似乎不反對甚至相當樂於讓一些思想相近的人私下相互交流，比如微信群聊。

但是，九〇年代和二十一世紀前十年的「民間」時刻，在中國知識分子史中也不是獨一無二的。二十世紀的不同階段都有過民間的聲音，在二十世紀之前可能也有過。例如一九二〇年代初的新農村運動，以及當時的主要倡導者，如周作人；一九六〇年代蘭州右派創辦的《星火》雜誌，就是一份典型的民間刊物；一九七〇年代初知青群體中出現的地下閱讀小組也是一個例子。更廣義地說，儘管政府控制嚴密，中國社會還是在持續演進，演進的方式並不總是那麼容易衡量，也許依舊會令觀察者感到驚訝。

曾金燕：近年來，在您的著作出版之際，中國的自由派和民間知識分子群體裡出現許多公開支持川普的人。他們是如何形成這種思想上、情感訴求上，或者政治上的轉向呢？進一步說，川普現象對中國知識分子提出什麼樣的問題和反思？

魏簡：我在猶豫如何回答、討論這個問題，因為我沒有做過直接研究，也許需要更具體的類型學來研究。林垚提議用「燈塔主義」的解釋，有一定道理。自從威爾遜總統最早提倡自決並在一九一九年巴黎和會上否決中國的主張以來，美國在歷史上曾經給中國知識分子帶來了啟發（與失望）。但可能還有其他因素。一些中國學者和公共知識分子對美國政治的極度認同，當然是由於中國缺乏「正常」的政治生活。一些中國知識分子反對共產主義，他們認為民主黨支持美國的對華「接觸」政策，因此十分失望，這使他們轉投共和黨的懷抱。

儘管中國（以及香港和台灣）和美國都有川普的支持者，但流亡美國的群體在傳播川普訊息的過程中起到了關鍵作用。正如我們在之前的案例所看到的，在伊朗、阿富汗、伊拉克等國的流亡人士的小圈子裡，政治很容易被極端化，結果對社群本身經常造成非常大的傷害。一些說客直接採納少數支持他們的政治人物的黨派觀點。所以說，誰才是川普中文訊息的生產者和接收者？研究這種訊息傳播網路的問題會很有意思。

同時這也是媒體的問題。世界上許多人已經不再從多元化的訊息來源獲取新聞，而是依賴演算法推送給他們的新聞流。這在中國更是個問題，因為中國的演算法內置審查，而許多人依靠它獲取新聞。另一方面，中國的一些人由於無處不在的審查與宣傳，對「主流媒體」極度不信任，以至於他們只從與之對立的訊息渠道中獲得訊息。我們知道，《大紀元》在美國的華語社群中推動對川普的支持，起到相當可觀的作用，在中國的讀者群中可能也是如此。許多人的訊息渠道從來不會向他們展示多元化的訊息。

不過，我還是認為不應該誇大這個現象。根據一些粗略的估計，總體上華裔美國人對川普的支持率並不高於一般美國選民。霍希爾德（Arlie Hochschild）的《家鄉裡的異鄉人》（*Strangers in their Own Land*）一書，已經在更為廣泛的美國語境中研究川普政策的直接受害者為什麼投票給川普的問題；她討論路易斯安那州因川普廢除環境保護和公共衛生政策而直接受苦的工人依舊投票給川普。同樣地，你也可以看到一些支持川普的共和黨人，比如克魯茲（Ted Cruz），否決一項為離開香港尋求避難的人提供協助的法案。這也同樣適用於從中國逃出來的異議人士。最後，我們也不應該忘記，中國的知識分子當中有一些頭腦十分清醒的人，他們為那些願意超越社群媒體謾罵刺激的讀者提供全面細緻的分析。

曾金燕：近年來，您的研究聚焦於香港社會的急劇變化，它和中國政治是怎樣一種關係？可否請您談一談，您研究的香港社會人群中，和民間知識分子對照，有哪些值得關注的特點和議題？

魏簡：正如我所說的，自從太平天國起義，王濤逃難到香港成為香港十九世紀後半期最早的最主要的華語報業企業家後，香港就已經成為中國的一個離岸公共空間，這比梁啟超起的類似作用還要早幾十年。在整個二十世紀的幾個關鍵節點上，香港成為辯論和政治異議的重要場所，包括一九三〇年代逃離國民黨政權的知識分子和一九五〇年代逃離共產黨政權的知識分子、一九四九年成立新亞書院的新儒家學者，以及一九八九年之後，金觀濤和劉青峰在香港中文大學創辦的《二十一世紀》期刊。因此，我會說香港作為一個知識中心，具有民間元素。

在這個意義上（香港在地理上、政治上和文化上遠離北京菁英中心而被視作邊緣），一些中國菁英知識分子經常貶低香港是「文化沙漠」。香港也許沒有他們渴望的菁英文化機構，這也取決於他們所指的歷史時期，但香港有兩點特殊之處：首先，香港有許許多多來自中國不同地區以及中國之外的社群。儘管這些社群本身可能在語言上和對外部人士而言相對封閉，但很多社群內部有生機勃勃的文化生活。第二點，香港擁有法律和經濟上基礎實現的印刷資本主義

（print capitalism），尤其是在一九五〇年代和六〇年代，還有更廣義上的包括電影和音樂的娛樂資本主義。儘管公開的政治活動被壓制（哪怕有審查，支持國民黨和共產黨的報紙也都生存了下來），香港在殖民時期的審查法也相對寬鬆。印刷資本主義容許許多被剝奪公民權利的知識分子透過寫作生存（劉以鬯就是完美的例子）。之後，隨著查良庸（金庸）等紙媒企業家的興起，香港擁有客觀報導和寫作水平優良的優質媒體。香港的知識分子圈子確實更傾向資本主義，在這個意義上與和國家及市場都保持距離的民間知識分子不同。但香港還有大學（且不說具有殖民色彩的香港大學，新亞書院就為一九六三年成立的香港中文大學鋪就了道路）以及聲望頗高的中學，一些知識分子可以在這裡教書。許多知識分子試圖在政治和學術理想、教育追求、政治評論之間取得平衡，並且透過寫小說或電影劇本來增加收入。

一九六〇年代起，香港在地緣政治舞台（在北京、台北、倫敦、華盛頓和莫斯科之間）的政黨政治與本土議題之間，也有建設性的緊張關係。當時的流亡知識分子並沒有立即連接上香港的本土議題。一九七〇年代知識分子「本土化」，具有更為強烈的本土意識，加上日益增長的反殖民行動，與此同時探尋香港的未來，而這在八〇年代又更加明顯了。因此，在「高級政治」和「本土議題」之間的緊張關係，也是非常典型的民間知識分子特質。在這裡，我特別要聯繫到陳建民教授在香港中文大學動人的告別演講，描述出他個人的知識分子足跡，就是從七〇年代的本土社會運動開始的。

曾金燕：我在以色列海法大學做博士後研究時，巴拉諾維奇（Nimrod Baranovitch）引導我研究「少數民族」作家、藝術家和學者，因而我自然格外關注以漢語講述自身民族（蒙古族、維吾爾族、藏族）故事的知識分子的文化生產和思想論述，以及他們自身的命運。您的研究沒有涉及這個知識分子群體，但他們和民間知識分子有著邊緣視角、對著權力說話和行動，以及自身被邊緣化的共性。「少數民族」知識分子面臨著更為快速的母語和民族文化消亡的命運，以及肉身上類似夾邊溝農場知識分子的遭遇。您認為在「少數民族」知識分子和中國民間知識分子之間，可以形成何種對話關係？又或說，民間知識分子研究對「少數民族」知識分子研究可以帶來何種啟發？

魏簡：謝謝你提出這個問題，因為關注中國的非漢族人群的處境變得越來越重要了。我寧願不用「少數民族」一詞，因為你所提到的人群，在被吞併或人口轉移之前，在他們的歷史疆域內，曾經是或者經常是大多數。在研究伊始，我確實考慮過這個問題。因此我嘗試納入關於民間知識分子和非漢族知識分子的一些討論，尤其是公盟（由法學博士許志永、滕彪等創辦的，致力於權利運動的非政府組織）關於二〇〇八年拉薩三．一八事件的報告。當然，我其實可以更詳細地描寫王力雄、唯色、伊力哈木或扎西文色的寫作以及他們的其他工作。我沒有這樣做的主要原因是，作為關注讀者社群和溝通網絡的人，我的基本假設是他們的漢語寫作是更大的多語言討論的一部分，這個領域最好由至少能粗通藏語、維吾爾語或蒙語的學者們來做研究。中國的公共空間已經有許多問題，表達了不是用漢語書寫的被邊緣化的聲音，但由於我的語言局限，我感覺不是很適合放在我的研究中加以正常化。當然，是可以研究個人以及他們作為語言上的中介或中心。但在本書中，我希望能夠聚焦網絡和讀者公眾，而非個人。這也是為什麼我覺得這樣的研究需要我不具備的技能。

曾金燕：您的書特別強調社會性別的視角，這在知識分子研究中，也是先鋒的。可否請您具體回顧社會性別與知識分子學的關係？在中國知識分子研究中，女性主義批判如何可以「民主化」研究的主題和方法？

魏簡：在女性民間知識分子方面，我從你的書和你寫艾曉明的文章裡學到了很多。正如公共空間的範式，知識分子研究領域在歷史上充滿了性別偏見。在最近一本探討知識分子研究的文集裡，其中一章的題目就極具挑釁性：「女人可以成為知識分子嗎？」。[1]它的目的不在於質疑女性參與了十八世紀以來定義歐洲知識分子的啟蒙運動，而在於強調在知識分子角色和地位體制化的過程中存在著性別上的不對等。女性往往是啟蒙論述的對象（包括二十世紀初中國的社會變革倡導者，纏足就是一個明顯的例子），但是當女性自己開始成為說話的主體時，她們的啟蒙論述卻很少主張性別視角。性別與公共—私人領域的界限之間的互動，是一個特別豐富的、可以繼續探討的研究領域。

近年來中國思想史研究中出現一些有意思的研究，我希望未來可以持續關注。劉禾（Lydia Liu）、卡爾（Rebecca Karl）和高彥頤（Dorothy Ko）的《中國女性主義的誕生》（*The Birth of Chinese Feminism*）一書非常具有啟發性，其中一個核心人物晚清時期的女性主義無政府主義者何殷震，她的歷史地位我們都很了解。史謙德（David Strand）研究一九一一年革命的著作則關注另外一個很有揭示意義的事件：在一九一二年國民黨成立大會在北京湖廣會館召開時，國民黨的婦女選舉倡議者唐群英掌摑了宋教仁，以抗議孫中山向袁世凱妥協，在新憲法中犧牲了婦女選舉權等議題。[2]當然，我們都知道丁玲在延安譴責性別等級。所以，我認為在思想史中，性別方向有很多工作可以做。除了知識分子之外，學者們對研究中國二十世紀歷史不同階段的女性角色也很有興趣，特別是賀蕭（Gail Hershatter）和郭于華分別做了毛澤東時代在集體農場工作的女性的口述史，賀蕭還做了上海性工作者的研究。正如你所說的，我相信女性主義的批判有助於「民主化」研究方法，即更加關注社會的非菁英部門。我肯定十分期待讀到你對這個議題的進一步研究。

形成一種公共意識：對話賈樟柯

二〇一四年四月十三日，香港國際電影節與法國現代中國研究中心共同舉辦一場交流活動，題為「介於公共與私人之間：中國獨立影像的空間」。本文為上述活動中魏簡、張美君、*茱迪（Judith Pernin）等學者、觀眾與導演賈樟柯的對話紀錄，由曾金燕於二〇二一年二月十二日整理。

可感知的空間：私人與公共

魏簡：你能不能談一談獨立電影這個概念，它跟公共空間和私人空間有什麼樣的關係？獨

* 譯註：張美君博士長期任教於香港大學比較文學系，專研香港文學與電影，二〇一五年因病去世，師生同仁深切懷念，著作包括近期編譯出版的《幻魅都市：張美君博士香港電影研究論文集》（香港：手民出版社，二〇二一）。

立電影的出發點可能是在一個很私人的空間裡，幾個朋友之間做一些東西。但是後來越來越可以說，這個「私人」的獨立電影還是在社會上占了一定的位置。因為它涉及到很多社會的問題，很多其他領域可能涉及不到的問題，包括對底層的關注。能請你就這些方面談一談嗎？

賈樟柯：要談這個問題，可能得回溯到過去中國文化的一個現實情況，因為，實際上從一九四九年之後，逐漸地所謂革命文藝就占了主導。過去的，帶有個人色彩的個人感受的這樣一種藝術就被邊緣化，逐漸消失了。比如說，一直到八〇年代改革開放以後，我們更年輕一代才能夠了解到比如說沈從文的小說，比如說張愛玲的小說，可能才有機會看到費穆的電影。

在一九四九年之後，在推行革命文藝的過程中，革命文藝其實形成一種模式。這個模式首先從大的敘事上來說，它是通俗加傳奇的一種構成模式。所謂通俗，就是對主流的意識形態來說，最重要的是要有效地傳達到社會的各個層面、各個角落，包括教育程度很低的最基層的社會。那麼，通俗性就成了革命文藝很重要的一個特點。另外就是傳奇性。這個傳奇本身，就是要塑造一種革命文藝，主流意識形態所希望塑造的一個英雄形象。比如說，我們能看到過去的那些革命文藝，像《白毛女》、《紅色娘子軍》這樣的影片，其實背後都有很強的英雄色彩。

在這樣的一個主流的文藝形態背後，它形成幾個重要的特點。首先就是整個影片透過通俗和傳奇的結構，傳達主流的話語。這個主流話語一直對後來的創作有影響。對很多作者來說，當我們進入到藝術創作的時候，其實已經忘記了我們個人的生活感情、表情是可以傳達的。最典型的例子，是傷痕文學或者傷痕電影。當文革那樣一個大的動蕩，那樣大的一個災難結束之後，傷痕文學作者所持的觀點是非常主流的，完全是在轉述黨對這個事件的態度。這很可惜。也就是在這樣的一個模式裡，你會發現有很多東西消失了，比如說日常空間、世俗生活、私人空間都是消失的。在主要的革命文藝的空間構成裡，單位是最主要的，以及會議。你會看到不停地在開會，會議才是公共性的生活。

唯一能保留、能出現的一些意識形態比較淡的場景，可能是打籃球，或者說是集體勞動。在這樣的模式裡面，私人空間是受到限制的。你很少在那個時代的電影裡看到真實的私人空間，比如說兩夫婦在家庭裡面的，或者一個真實的家庭生活的情況。整個革命文藝帶來的就是以單位為基本的一個社會結構方法，結構起來的人際關係。

說到這個，到了改革開放以後，文化解禁之後，特別是到了九〇年代……因為經過八〇年代很狂熱的哲學思潮：那時候在我的老家，很偏遠的一個縣城，我們都可以看到尼采的著作、叔本華的著作。那個時候，透過嚴肅文學跟嚴肅哲學著作的閱讀，帶來對自我的關注，對個人的權利、個人的潛意識、個人的內心、個人的弱點的關注。八〇年代對中國文化的一個改變就是，我們透過哲學的思潮逐漸了解到，我們個人可以作為一個藝術表達的主體，來呈現我們的觀點，特別是來呈現我們的弱點，而不是作為一個講述者，主流話語的替身，一種無所不在無所不能的形象。從電影的領域來說，我覺得到九〇年代開始有了中國所謂的獨立電影，從張元、王小帥他們最早的獨立影片開始。我覺得它首先是對世俗生活和日常生活的一種回歸。銀幕上可以出現的是一個真實的中國的人的形象，比如說有焦慮的中國人，受到變革影響的中國人，生活上有困難的中國人，而不是以前主流電影裡面所呈現的，無限誇張的幸福感。

這些改變，一方面，就是作者作為一個真實的個人回歸到作品裡面；另一方面，我覺得世俗生活的個人空間開始了。這樣一種個人化的傾向開始出現在銀幕上，像《冬春的日子》，一對男女他們相愛，他們的空間有在北京的畫室、在他們狹小的家、在他們的故鄉。他們要回到故鄉去，那裡有他們私人記憶的空間：老的火車站、舊的鐵道，還有曠野。

整個空間的結構，這樣一種私人空間的回歸，是因為背後有這樣一種文化調整，有這樣一種改變。還有一點是，像剛才也提出傳播的空間的問題。在這個傳播方面，作為一個導演我身體力行，我能體會到對獨立電影來說的兩個階段的壓力。第一個階段的壓力是在二〇〇三年之前，從一九九〇年第一部獨立影片、張元的《媽媽》到二〇〇三年中國開始電影的市場化、工業化的這個過程裡，最大的一個困擾是意識形態的壓力、審查的壓力。那個時候大量產生——獨立電影的另外一個名字，實際上就是地下電影。因為所有公開發表的機會、在主流的商業管道裡傳播的機會，完全被堵死了。那個時候最重要的傳播是私人傳播：如果我有一個《冬春的日子》錄像帶，我借給魏簡看，魏簡再借給別人看。甚至大學跟酒吧，這樣的傳播環節都是受到限制的，更多的是透過家庭空間來傳播。

到了二〇〇三年之後，中國開始認為電影也是一個工業，整個消費主業也來到中國。那個時候開始受到雙重的壓力。審查還存在，雖然它有很多開放、進步的痕跡，但是它的管理方法本身沒有多大的改變。另一方面就受到市場的壓力。現在的一個問題就是，像這樣類型的影片，首先受市場的排斥、市場的拒絕。權力經過新的化妝，它會說這不是我們的問題，是市場不接受。所以我覺得一直有這樣的壓力。獨立電影變成一個美術館的藝術，一拍完就是美術館系統（展映）。我覺得電影首先是一個正常的商業系統，獨立電影不等於排斥商業系統，然後其次才是圖書館的系統、美術館的系統。現在很可惜，最正常的一個建立作品跟觀眾橋梁的商業系統，遠遠沒有開放給獨立電影和獨立電影導演。所以，從這個角度來說，這個所謂更公共的傳播空間，還是沒有打開。

魏簡：你剛才提到這些私人敘事的故事，他們在社會領域裡會占什麼樣的位置？這些人講自己的故事，或者你拍一些很私人的故事，你希望他們跟整個社會討論的問題有什麼樣的關係？你曾經強調過這種倫理考慮，你希望對拍攝對象抱持什麼樣的倫理態度？

賈樟柯：首先，私人感受的呈現和私人觀察這種個體的角度非常重要。如果結合我的工作來談的話，比如說我自己一九九七年拍第一部電影《小武》，從那個時候起，我作為一個中國人，非常清晰地知道我自己成長跟生活的這個背景是一個變化的背景。在從事電影工作之前我就能感受到這種變化：比如七〇年代末的改革帶給我們的變化，從好的角度來說，有物質的改善。我七〇年出生，在我五六歲文革還沒有結束，因此我有很強的飢餓記憶，那個時候物質真的很有限，有飢餓的感受。我也會有暴力的記憶。我也會看到開會，開萬人大會批鬥某一個人。為什麼要批鬥？批鬥那個人是誰？我不知道，但是那個恐怖的記憶我是有的。

到七〇年代末之後，很快就是包產到戶的農村改革，很快就解決飢餓的問題，然後開始物質層面的改善，比如生活中開始有了電視機，開始有了洗衣機。電視節目從革命文藝開始有了通俗文藝，開始有上海的電視劇，有《上海灘》、《霍元甲》可以播放。從這些通俗文藝裡面開始有了另外一種社會群體，比如說黑社會。我們原來還有個東西叫黑社會。這些都是你從變革的角度看到的，都是我自己親身經歷的一種有細節的記憶。比如說從流行音樂的角度，我們過去唱的都是革命歌曲。即使是一個孩子，你學的第一首歌可能都是〈我們是社會主義接班人〉。我一直講，當時我們唱的歌都是複數，都是「我們」，但是你聽鄧麗君的時候，她是單數，她說「月亮代表我的心」，代表個人有自我。

從這個私人的角度，對我來說，一直有無數變革的記憶。這些記憶不是抽象的，不是一些概念。但是當更強烈的經濟變革到來的時候，從另外一個公共的角度來看，這個變革往往缺少細節。比如說從一個籠統的社會學、政治學或者經濟學的角度，這場變革留下來的是一些概念。比如說，談到三峽工程，會有一些概念一些數字，說有一百萬人移民了，說有十幾個有兩千年歷史的城市淹沒了——那它是不可感知的。

我覺得對電影來說，如果我們從一個個體經驗的角度出發的話，我們個體經驗裡面、日常生活裡面感受到的無數細節，可以讓這場變革變得有感情、可以感受。我覺得個體的經驗並不等於說是一種獨特的經驗，往往個體的經驗代表一種大多數的、一種普遍性的經驗。從這個角度來說，我非常喜歡王小波老師。許〔倬雲〕先生他說，其實對藝術來說，如何建立好一種個人跟眾人的關係，也就是一個個體的經驗如何屬於一個集體的經驗跟記憶。我覺得個人經驗能提供給這個變革的社會，或者說哪怕它不變革，只是日常生活中一種可感的細節，而這些生命的細節、這些在其他任何領域不能呈現的，也就只有藝術領域能夠呈現。

從這個角度來說，個人經驗反而是一個正常的經驗。另外，獨立的個人經驗，能夠產生什麼樣的作用？從二〇〇三年開始有機會在中國公開發行我的電影，從《世界》、《三峽好人》到

《二十四城記》，一直有一種來自媒體的疑問，說你一直拍這個底層社會，但底層人民不看你的電影。看起來這是一個很聰明的問題，很尖銳地指出我工作上的悖論。但是，對我來說它一點都不是一個悖論。一部電影，它作為文化的一部分產生的作用，從來不是靠人數來堆積。今天中國一本書的銷售量一萬兩千本已經是暢銷書了，那麼它才有一萬兩千個人看而已。周星馳的電影一放，幾個億的人在看，廚師都在看。我看《功夫》的時候，是在深圳買到最後夜裡兩點的票，都是剛下班的廚師戴著白帽子就來了，你肯定沒法跟它比。文化的作用，不是一對一的。不是說電影拍了有兩億人看它才有作用。電影是形成一種公共意識。當你觀察你意識到的問題，個人的經驗形成一種公共意識的時候，那麼在整體的文化上會有它的作用。

這些年，不單是電影，也不單是文藝，包括新聞、社會學的研究，很多東西都集中在一起；文化還是產生它極大的一個改變社會的作用，到今天沒有人敢說我們可以忽視這些普通人，沒有人敢說這種話，那這種公共意識是怎麼形成的？我覺得就是文化的作用。談到我最新的電影《二十四城記》。九〇年代中期是中國工人下崗最厲害、最嚴重的時候，那個時候有一種強者哲學，認為就是要變革，必須從計劃經濟轉變到市場經濟。這是一個共識，所有人都認為計劃經濟不合理，應該轉換到自由經濟。這個沒問題。但是，在那種情況下，就有一種強者意識說，為了完成這個轉變必須犧牲很多人，這個犧牲是必須付出的。這就不對了。它就是一個目的正確論。這個過程為什麼就要有犧牲呢？不犧牲你就要犧牲他呢？為什麼他們就是被犧牲者呢？那個時候文化的梳理還存在很大的問題。到今天，﹁關注普通人﹂這已經是一個公共意識，我覺得已經深入人心了。

從個人經驗、個人記憶、個人的要求，到傳播過程裡的局限性，我覺得都不是我們應該擔憂的。因為你真的不知道它會怎麼樣發生作用。比如說我自己喜歡電影，是因為看了《黃土地》。《黃土地》當時看的人好像也比較少，但是到今天，它可以說是八〇年代很重要的一個文化經驗，影響了文化，也影響了社會。如果真的要有一個文化的作用的話，我覺得它就是一個例子。

魏簡：你提到王小波，獨立電影會不會影響到王小波的「沉默的大多數」？你覺得透過這些半私人半公共空間，是什麼樣的過程可以創造這種輿論的意識？

賈樟柯：我自己不認為沉默的大多數是麻木的，我不這樣認為。在真實的接觸裡，你會發現其實他們透過各種各樣的方法保持著閱讀，保持著看電影的習慣，保持著思考。剛才我們談到傳播的問題。的確是，主流的商業管道傳播是有問題的。比如說在中國的中小城市，沒有銀幕。像我老家縣城，人口很多，八〇年代原來有三家影院，現在這三家影院都倒閉了，整個縣城沒有一塊銀幕：一個影院是超市，一個影院賣家具，一個影院炒股票，它變成三個空間了。但影片以另一種形式在傳播，比如說網路。我自己在考察的時候發現，就在山西的煤礦，在偏遠的煤礦村莊，都會有給礦工使用的網吧，都可以下載電影。從這個角度來說，傳播還是在，雖然它的途徑在改變，但是並不是說這樣的影片沒有機會被大多數的人看到，還是有這樣的機會。

魏簡：你在電影裡雖然要講一個私人的故事，還是會拍一個很公開的、很公共的場所，就像剛才提到的《二十四城記》的工廠。你覺得個人跟這些空間有什麼樣的關係？這些空間跟體制有什麼樣的關係？你為什麼要做出這種對比？

賈樟柯：所有公共空間背後都有權力、都有社會結構。首先，穿行在這些公共空間裡面的人，他自身有一種跟秩序、跟體制聯繫的感覺在裡面。舉個例子，如果大家去中國坐趟火車，火車不單是一個公共空間，不單是一個旅行的空間，它是一個權力特別集中的一個空間。若你當時恰恰沒有買到座位，你要趕路，你上了這個車，你要去找列車員或者列車長買一張票、找一個座位──你真的就是在和權力打交道，不是在和一個運輸公司打交道，是在跟鐵道部打交道。基本上，那個體制所有負面的東西你都能感受到。所以當人穿行在公共空間裡面的時候，透過他們個人的狀態、個人的精神面貌，我們完全可以理解整個公共系統、整個權力系統是怎麼樣影響到個人。

舉個例子，在拍《公共場所》的時候，我去拍大同的一個火車站。我看到一個人，因為旅途很疲勞，睡著了。睡著之後我觀察他，突然發現一個細節，就是他拿了一個包。雖然他已經睡著了，但是他的兩隻手緊緊地抓著那個包的拉鍊。就是在睡眠狀態裡，他的手都是不離開那個拉鍊的。所以，從那緊緊握著的手，你會發現旅途之危險、社會之混亂、無處不在的偷竊。這些，你都可以透過個人的一個動作、個人的反應，把這個空間本身背後的社會面貌、社會狀態、社會權力的形象，呈現出來。

導演的位置與創作：私人與公共

魏簡：我想請問你業餘愛好或者專業愛好有關的問題。導演拍這些〔普通人、底層〕，你有沒有「以天下為己任」的感覺？

賈樟柯：什麼？

魏簡：就是去關注底層是否出於「以天下為己任」這種態度？官方不管他們，所以要從其他角度去看這些問題。或者這些拍攝完全是私人的，作為私人的愛好，對這些人感興趣？又為什麼感興趣？你怎麼看這些問題，希望你自己站在什麼樣的位置？

賈樟柯：我從來不覺得我有一種責任要拍這一類型的電影，我也不覺得我可以代表這一類型人，實在是一個太私人的情況。我自己就成長在這樣的環境裡面，我是一個再普通不過的中國家庭裡的孩子，我是在再普通不過的中國縣城裡成長的。在這個成長過程裡，我看了太多、經歷了太多的事情。這些事情，它給了我想講出來的一種動力，我變成一個想表達的人；我看到的生活和我遇過的人，讓我想出來表達。

比如說，在小的時候，在中學的時候，心裡面很有講述的願望，但你講不清楚怎麼辦？那就去跳霹靂舞，用身體來解決這個問題。後來就開始寫詩。我覺得每個時代的中國人、年輕人，都會選擇一個方法來表達自己。八〇年代詩歌很活躍，寫著朦朧詩，北島、顧城他們就去寫詩。那麼寫詩也覺得不夠，幹嘛？就開始寫小說，最後就找到電影。電影是我最喜歡的一種表達的方法。這個過程，完全是很自然的、一個尋找個人出路的過程。很痛苦、很迷茫，又想說出來，那就找一個方法。在那種環境裡，也不會彈鋼琴，高雅的也來不了，寫作是最簡單的，拿一張紙、拿一支筆就開始了。到了九〇年代初，看了《黃土地》之後，我覺得這個太好了。我覺得它超語言。我以前寫字，那還得認識字，你才能分享這個。電影不一樣，只要聽得懂這個語言，你就可以拍。所以，我自己選擇導演這個職業，不是出於一種責任感，而是出於個人表達的出路。如果不講出來，當然也有很多人不在意，那就是性格的問題了。我有很多朋友也不管這些，也不講出來，該怎麼樣就怎麼樣。但你恰恰是一個，可能是一個敏感的、感懷的人，有點浪漫就變成一個導演了，它很偶然。

話又說回來，每個人選擇一種工作、一種理想，一定有它的一種社會理想，不可能沒有。對我來說，把我經歷的熟悉的生活呈現出來，我有這種內心的願望。在讀北京電影學院的時候，我看了好幾年中國的官方電影，跟我們的生活沒有任何關係。那我的生活在哪呢？我覺得我應該拍。但是，我特別不願意談它是一種責任，或者甚至是一種使命，因為往往我們在強調這種責任跟使命的時候，就像也在強調你的權力、你自己的話語權。我是比較排斥這樣一種思路的。剛才你談到演員的問題。我覺得包括用非職業演員自身的自然的狀態，就是對我過去工作背景裡、那種銀幕世界的一種反叛。在那個銀幕世界裡，所有人都不是一個自然的人，它是一個經過訓練的人，語言發音是普通話，而且是表演系培訓出來的普通話，像播音員一樣的普通話。為什麼不用非職業演員呢！就像王宏偉，他的身體都是歪的，我們每個人在生活裡面都是歪的，沒有人一直是表演的狀態。

從語言的角度來看，用非職業演員，他們可以講方言。我覺得普通話是一個很暴力的東西。每一種方言都是人的母語，為什麼拍電影的時候要限制人家說母語，非要說普通話、說一個學來的東西？每一次讓非職業演員用母語、用方言表演的時候，語言的魅力色彩真是光芒四射，而且每一種語言自身的、表達的那種詞彙的準確性，是普通話沒有辦法相比的。比如說「我愛你」這個普通話，這個很彆扭，男女表達之後，怎麼說？廣東的電影裡、香港的電影裡，就是「我好鍾意你」。這個「鍾意」很好，它很含蓄又沒有愛那麼猛，還沒到那個階段，我覺得它那種分寸是非常好的。談到這個，它也是我們的一種私人經驗，私人魅力的一種釋放。這到現在好一點。在我剛拍《小武》的那個時代，中國的電影審查制度還有一條，就是為了推廣普通話，電影不許使用方言，如果使用，必須打報告。最後這個電影裡基本上只有毛澤東能說方言，還有周恩來，其他人都不允許說母語。它是另一種專制。

從紀錄片到劇情片：走向社會真實

張美君：剛才你說這個表達的問題，我很有興趣。你很多時候都是先有一部紀錄片，然後再拍一部劇情片，這個過程好像是說，一個藝術家，他就在生活的素材裡面找一個角度去創作。我想知道你在什麼時候有什麼感動？去找哪一個角度？在什麼情況下你就想我要這個角度，我要從這部紀錄片去那部劇情片了？

賈樟柯：之前是我自己一直挺喜歡。我工作的主體還是拍劇情片，但我一直希望我能保持拍紀錄片的習慣。第一次產生紀錄片跟劇情片的關聯，是二〇〇一年，那時我第一次使用數碼機拍公共場所。春天的時候，大概拍了一個月，拍了這部紀錄片（《公共場所》）。因為這部紀錄片是以空間為結構展開的，當時我選擇很多空間，比如火車站、汽車站、舞廳、餐館。那時候開始有很多桑拿，有個特點是，桑拿成為很多男人夜不歸宿的地方，每個桑拿裡面都住了一些不願意回家的人。那時候我想去訪問這些人，為什麼夜裡都不回家要住在桑拿房裡？

在拍的過程中，大同的公共空間給我留下特別深的印象。當時有一個很大的反差。一方面整個中國的經濟開始加速發展：二〇〇一年左右，那一年奧運會也申辦成功了，WTO也加入了；另一方面傳統的這些還在，因為大同是一個依靠煤礦能源的城市。那時候整個城市因為轉制，工廠煤礦關閉，帶來很大的蕭條感。一方面是傳媒（的呈現），從電視這樣的公共媒介裡，我們看到經濟的奇蹟。在那裡我也生活了很長的時間，每天看電視的時候，都能看到各種品牌的發表會，LV、PRADA這種新的品牌開始進入了，各種汽車新車的發表會，奔馳（賓士）、BMW也都有。另一方面，是這個現實生活裡，年輕人局促的物質限制。在那種情況下，因為拍了這部紀錄片，我就特別想拍一部劇情片，是關於這個城市的、關於這樣一個資源枯竭城市裡面的這樣一個故事。

所以，電影《任逍遙》是因為一個城市而有了一個故事；因為一種空間，有了礦區的那些蕭條的建築，有了這樣的空間而觀察到那些年輕人而想拍電影。它帶來一個改變。從此以後，我有兩個靈感來源，一方面是某一個人、某一種人物形象，另一方面就是空間。我覺得從《世界》〔二〇〇四〕開始，我一直在尋找一種公共的空間、公共的事件，來作為一種我拍電影的互動。在《世界》裡面，在北京、在深圳真的有世界公園，有這樣的建築，我們可以去看。這個公園本身有很多當代的、文化的、心理的訊息，然後在這個真實的公園背景上去虛構一個故事。到《三峽好人》的時候，真的有這麼一個大壩，真的有這些移民跟這些淹沒的、拆遷的城市。在公共的建築、公共的事件背後來虛構一部電影。到《二十四城記》的時候，就有一個真實的工廠：四二〇廠有十萬工人，它真的變成一個商業的樓盤「二十四城」。

我希望建立起一種電影跟現實、虛構跟真實之間有意思的關係。再過十年或者二十年看這一類型的電影的時候，因為這樣一種互動感，我希望我的電影能有一種文獻性，也就是說，它不完全是虛構的，不完全是劇情的想像。這個虛構的背後有真實的、有據可查的、標誌性的痕跡，我們都可以查到、都可以看到。或許也是因為關於遺忘的擔心。的確，我們是太容易遺忘的一個民族，昨天發生的事情今天就已經忘記得一乾二淨了。有些真實的東西，從內心的感覺上來說，就是劇情片裡面混合的紀錄片，讓我覺得它有文獻性，讓我覺得它是一個無懈可擊的真實生命經驗，是真實存在的一種無懈可擊的證明吧。

茱迪：你談過對音樂的興趣。你現在片子，用音樂用得跟以前的片子不一樣，你能不能談一下？

賈樟柯：我以前的電影，比較多的還是喜歡用所謂有緣音樂。什麼叫「有緣音樂」呢？比如說電影裡面這個人在看電視，電視裡面在放這個音樂，那它就作為一個音樂的元素出現。他走在街上馬路上，旁邊的店裡面在放什麼音樂就有什麼音樂，或者主人公在唱卡拉ＯＫ，他唱什麼那它也是一種音樂。

到《二十四城記》的時候，主觀的音樂比較多。我找了兩個作曲，一個是日本的半野喜弘，一個是台灣的林強。半野喜弘負責前半段，很集體化的，用交響樂方法，強調那種有規則的集體化的感覺。片尾是林強的電子音樂，個人的、很自由的。這兩種音樂色彩的變化，幫助我闡釋這個故事的題材。表面上，《二十四城記》是在談計劃經濟到市場經濟的轉變，但這背後，對個人來說，有一種集體生活到個人生活，集體主義到個人主義的變化。過去工人生活在工廠裡面的時候，他會覺得自己是工廠的一個螺絲釘，是這個體制的一個組成部分，個人是不重要的。到了八〇年代，自我意識逐漸發展之後，到現在，我覺得普遍的是這種自我意識、個人自由的問題。這是一個很大的改變，電子音樂的色彩可以配合這樣的大的改變。

拍這部電影，我有很大的認識上的改變。開始拍《二十四城記》的時候，我還是多少會有一些我自己個人的判斷。我會懷著很強烈的批判的色彩來進入這個主題。我搜集到的資料，都是這個體制本身給普通的工人帶來的傷害，對個人自由的束縛跟限制。但是訪問的時候，又發現，他們在最初選擇這種體制的時候，非常理想主義、非常純淨，而且非常信任這個體制，認為它是在改造中國、改變個人、給個人帶來幸福的路徑。歷史是一個非常複雜的情況，我們不能用一個簡單的價值來判斷，不能用一個簡單的批判來面對歷史遺產。它是豐富的訊息、複雜的情況。從這個角度來說，我希望所有電影都能呈現出一種複雜性，中國現實的複雜性，歷史的複雜性。我覺得這樣一種態度非常重要。

我很喜歡長鏡頭。長鏡頭本身語言上的魅力，我很喜歡。人的自然的狀態、人在完整的時空裡的這種時間感，種種美學上的魅力，我都非常喜歡。另一方面，我覺得長鏡頭本身有一種民主色彩，它不打斷人物，它觀察人物，給人物一種尊敬的態度。整個影片，我也希望沒有一個強加給觀眾的觀點，每一個觀眾都可以是一個強大的主體，可以有個人的經驗投入到電影裡，可以有個人的判斷。這種方法的使用，實際上也都是對過去那種革命文藝的一種叛逆。我覺得應該要有更多這樣的公共原則，貫徹在電影裡面。它當然跟我的成長有關係，在拍電影的過程中，也是把自身教育裡的局限性打破，去接受更多公平的、自由的原則。

觀眾問答

觀眾：請問你們覺得有什麼方法可以幫助培養更多獨立的紀錄片導演，或者是製片像賈樟柯一樣，可以去表現中國現在變化的情況？有什麼方法可以去做？怎樣可以不用以很地下的方式播放他們的影片？

賈樟柯：這個，千言萬語從何說起呢？怎麼改變呢？這些年都沒大改變。首先從中國的情況來說，我覺得改變審查制度還是一個很重要的舉措，因為實際上，比如說我們剛才談到的獨立電影就很難進入到主流院線。除了這些行業上的考慮之外，現在還有一個制度，叫做電影技術審查，規定你必須用很昂貴的器材拍攝電影，才允許進入商業管道。很多獨立導演是用DV、用HDDV拍的，但這已經從技術上限制你進入到商業管道裡面。

首先是解放、鬆綁的過程，怎麼樣能夠讓這一類型的影片，只要影院願意接受就可以進入這個系統。另一方面，也還是需要有一種關心的機制，特別是介紹這種工作的機制。我在一九九七年拍第一部電影，那個時候也是地下狀態不允許公演，但是整個媒體還有很多熱心的介紹、很多評論。那這一類型電影，首先在媒體的層面可以介紹給公眾。現在非常可惜，我覺得真的是封閉得很厲害，公眾接受這一類型資訊的管道都非常少。很難用一句話講清楚，需要改變、需要做的事情真的太多了。

觀眾：你們的電影在外國也很有影響力，拿了很多獎，好多國家也可以看到。這些看電影的外國人看到你們的電影，其中底層的文化、底層的空間，你們拍得很有美感。這些外國人去中國的時候，可能也會想看這些地方。你認為電影跟旅遊這個關係上，你的電影會發出什麼作用？還是你可以做的更多？

賈樟柯：我工作的時候，從來沒跟旅遊結合在一起。我沒有責任要我的電影服務於旅遊業，或者要帶動一方的經濟。從傳播的角度來說，有很多電影，像張藝謀導演的《大紅燈籠高高掛》拍完之後，他拍攝的地方「喬家大院」就很火。它是延伸性的一個偶然，就是說是一個附加的、附帶的結果，一種成果。從導演的角度，拍電影的時候，我覺得它不是服務於某一個產業、服務於某一個經濟的增長，它其實還是一個自己的觀點還有自己對生活的理解，感情的一個表現物。這樣的電影，從大的角度來說也非常需要。從二〇〇〇年以後，中國的經濟的確快速發展，是增長力最高的經濟體。但是，中國能夠輸出的、傳播出去的電影非常有限。整個中國變成一個沒有心情、沒有表情的經濟體，它只是一個經濟體。如果人們能夠透過獨立電影，透過真實的中國人的生活了解所謂中國的情況、中國的表情的話，這個國家會變成一個有故事的國家，一個城市會變成一個有感情的城市，那自然地，它會消除一些隔膜。

觀眾：你最近的電影《河上的愛情》，把蘇州拍得美得不得了。你會從這個方向去發展你的電影、去拍你的電影嗎？

賈樟柯：你說的方向是指？

觀眾：去找一些很有特色的中國的地方拍出來。

賈樟柯：這就看故事的需要了。像《河上的愛情》，是因為這個故事本身在講兩對男女，他們都是詩人，都是九〇級的，都曾經很有理想，他們都錯過了各自的愛情，多少年之後他們再次聚會，談今天他們感情的困境跟現狀。那麼，這樣一個有分離、有時間的電影非常適合有河流的城市。中國文化裡，河流跟時間都有關係，所謂逝者如斯，婦孺皆知，河流本身它是記憶，和時間結合在一起。所以找一個有河流的城市去拍攝這樣一個跟時間有關係的電影，對我來說是比較必要的。從這個角度來選擇這個城市。

觀眾：《三峽好人》得獎以前，你還是一個獨立電影導演，你拍的電影都是關於老百姓的故事，都是用悲憫的但是有距離的鏡頭來觀察、來記錄他們。但是你現在已經出名了，你的生活會不會跟老百姓有距離了？如果有或者是沒有，那麼對於你的創作有沒有影響呢？

作為一個藝術家，可能都會經歷的過程就像你說的，有一些不能不說出來的東西。你年輕的時候用詩、用小說，最後你找到電影了。但是這個青春期過了以後，你怎麼走下去呢？你年輕的時候可能有很多的想法，但是你快四十歲了，這個關，你自己怎麼過呢？跟你的作品的關係怎麼處理？

昨天的座談會上，導演說國際電影節對中國的獨立電影，好像有一種期待的眼光。國際電影節成了中國獨立電影唯一一個比較實在的出路，你怎麼看這個期待的眼光？

賈樟柯：首先謝謝你對我的擔憂，從創作的角度，從生活的角度來說，我自己住在北京、已經不再飛揚地住了十幾二十年了。它並不是說你作為一個人必須二十四小時待在一個環境裡，才能夠獲得那個環境的所有生活的感受跟訊息。中國所發生的一切，中國變革所帶來的所有的這些生活上的情況，我不是一個局外人，我是一個經歷者，我一直在經歷這個改變。從情感上來說，你是生活在城市，還是生活在鄉村，沒有那麼大的障礙。你自己的感情跟情感，還跟那個土地有沒有聯繫，跟那個階層的人民有沒有聯繫，這是最重要的。如果你有聯繫，不切斷你個人跟他的聯繫，你就一直在那個生活裡。

再一方面，從創作的角度來說，體會一種生活、了解一種現實非常重要，但同時擁有判斷力、擁有想像力，和擁有觀察力一樣重要。越是面對現實，越需要想像力。只有透過想像力，我們才能在慌亂的、非常悖論的現實社會裡找到自己的角度跟觀點。對我來說，我電影創造力的維持，不是我對現實一直把握、占有多少現實，而是我這個人能保持多長時間的創造力跟想像力。它是決定我能不能未來走得更好，能不能一直拍這一類型電影的最基本的元素。

談到國際電影節，你要說期待的目光，我能感受到。我覺得這個期待本身不單是電影節，實際上，對中國電影的關心和熱情和對這個國家的關心有關係，你很難無視中國這個國家的存在。但是，就像我剛才說的，我們能夠輸出的真正能夠跟全人類分享的作品太少，所以它是一個沒有表情的發展經濟體。在這樣的情況下，更會激發人們透過電影、透過文學了解中國人、了解中國生活的一種熱情。它的確是一個事實，但是不應該把電影節看成為一個起點，同時也是一個終點。實際上，應該只是一個起點。所以我一直強調在獨立電影商業管道的努力。有一種獨立精神，它變得只留下獨立的立場、獨立的態度，而光有立場跟態度，是不夠的。獨立電影跟發行沒有聯繫，獨立電影跟發行不了也沒有聯繫。這個過程裡，如果有導演願意努力去推進獨立電影在商業管道裡發行的話，是一個很麻煩的事情，是需要付出智慧、付出體力的事情。但是，如果我們能夠逐漸地在政治上獲得商業管道傳播獨立電影的可能性的話，它會發生根本的變化。比如說這一次我發行《二十四城記》，很多記者也問說，你怕不怕你這個電影沒有人看，票房不好？當時我說，其實對獨立電影跟市場的關係來說，不怕失敗，就怕不存在，因為不存在，你連一個聲音都沒有了。

觀眾：你剛才提到文獻性，你拍劇情片希望將來可以作為一種文獻。我們一般會把文獻歸入紀錄片，現在你把紀錄片跟劇情片混在一起，文獻的部分會不會把它的可行性約束了？

賈樟柯：我並不是很擔心。對我來說，劇情跟虛構也是一個達到真實的橋梁。比如說在《二十四城記》裡面，它虛構的部分實際上是集中了特別多的真實的講述，將這種講述更加有效地組織在一起，像把訊息組織在一起的這種方法。我特別喜歡波蘭導演奇斯洛夫斯基，可能你們叫奇士勞斯基。奇士勞斯基有一句話我很欣賞，他說有時候拍紀錄片，你會發現越是靠近真實人物，你拍到的越是一種荒謬，那為什麼呢？因為記錄行為本身，有時候它得到的結果可能是相反的。

在人際關係裡面，我們無法記錄、比如說無法依靠動作表現我們的潛意識，這些東西反而是透過劇情的方法，可以呈現出一種真實來。對於電影來說，我所談的真實，不是物理上的真實，是一種經驗的真實。不是說這個歷史上是不是真的有張三李四，是不是真的發生過這個情節，而是一種內在的、心理的、感情上的真實。從這個角度來說，人類的藝術一直是虛構的藝術，我們需要虛構，也是希望透過虛構來達到一個美學層面的、經驗層面的真實。在我的電影裡面所說的真實，是美學層面的真實感、真實的經驗，而不一定是物理上的存在。從這個角度，我並不擔心虛構是否會削弱這個真實本身。

從文獻性上來說，我剛才講的，並不是說單純地靠虛構本身來形成這種文獻性。文獻性背後是記錄跟虛構的結合。比如說在《二十四城記》裡，有五個真實的工人的講述，還有四個虛構的人物結合在一起。這虛構的部分，能夠有效地將記錄所達不到的講述呈現處理；這些真實的人物的每一個講述都是一個真實的個案，而這些個案本身形成存在的一種證明。它們結合在一起互相作用的時候，實際上是有一種文獻性的。另外一方面，是透過跟真實的公共事件、公共建築發生關聯。比如說世界公園這樣一個空間，它背後實際上帶來的文化心態很複雜。世界公園本身看起來的開發性，跟它事實上的這種封閉性、封閉感——將世界各地的景觀微縮背後本身的文化心態、消費心態，這些東西作為一個存在，在一個虛構的電影出現的時候，這個真實的存在，提供了一個虛構的碼頭。如果說虛構是一個船的話，這個真實的存在，它是一個碼頭，形成了互文關係。

這是非常大膽地去跟現實裡面某一種存在來互動、來共舞，結合起來形成一個新的虛構的文本。這個新的虛構的文本，它的構成裡有一個我們直接呈現出來的現實。比如說在《二十四城記》裡，我們最後能夠說服那個工廠不改名——叫四二〇廠。它是一個保密代碼。整個過程花了很多精力，但有必要。雖然這個電影有一半是虛構的，但是我希望這個工廠的存在，到這個樓盤的存在，是行不更名、坐不改姓，多少年後，它真的是一個文獻。這個工廠存在的過程，五十年的歷史跟虛構的故事之間，多少年後，會有一個新的互文關係，產生一種新的文化價值。我希望透過這種方法來獲得一些互文性，就是文獻性。從傳播的角度來說，我的這個樂觀是來自這裡。當然，從生意的角度是非常保守的，是不願意去碰這樣的東西。但是，即使是從生意的角度，也是有機會的。

剛才沒有時間展開說這個問題。人們一直強調要建立藝術院線，這些年都沒有建起來，背後還是審查的問題，不是錢的問題。為什麼？因為到目前為止，進口電影的審批許可還是政府兩家公司，中影公司跟華夏公司，它們才有權利進口。在這種情況下，依靠本地製作生產出來的、能夠有藝術水準的影片，能不能支持三百六十五天影院的排片的需要？我看是支持不了。像法國MK2，除了本土的、法國、歐洲的電影之外，可以買伊朗的，可以買哈薩克斯坦的，買南非的。法國有無數的中小型進口電影的發行公司，支持院線的連續放映。也只有這樣，它才能形成一個完整的品牌。我自己去MK2，一定能找到一部合我的口味的電影。但是如果在中國，如果我們建起藝術院線，有了硬件，但是沒片子放，放了三個月之後，這個電影院放的就跟其他影院一模一樣，還是那些電影。所以，審查和意識形態控制，對電影商業的可能性一直是控制著。如果我們想像，真的能夠有這樣一種藝術院線，考慮到人口數量，還有獨立電影所呈現出來的新的觀點、社會的真實的情況——始終會有一些人對了解自己真實的生活狀況有需要——我覺得還是有機會。

現在是有很多階段性的麻煩。比如說，這一類型的電影主體觀眾本來應該是年輕人，但是在中國的話，就是很難。因為大學生都不去電影院看電影了，都網路下載，便宜方便。一個宿舍四個同學每人下載一段，晚上一拼就看了。這時候怎麼樣調整適應？拿我的例子來說，《三峽好人》在中國發行的時候，票房一百多萬，但是看的人特別多是透過網路、DVD，各種各樣的管道來觀看。以前，盜版DVD最影響票房、影響市場；現在，基本上這個行業已經衰落了，就連盜版都衰落了，因為連盜版五塊錢都不願意花，就看電腦。它有一個經濟變革過程，要整體的收入提高，我覺得有很多困難。的確是看起來很頭痛，就好像當初盜版的時候很頭痛，那麼巨大的利益鏈，後來網路取代它了，網路讓這個行業衰落了。談到網路，如果知識產權有很多回收的方法，能夠得到保障版權，那網路也不失為一個很好的傳播管道，很好的一個回收管道。只不過，現在所有投資人都拿不回錢來，不知道誰賺了那個錢。在這個問題上，的確是，一方面困難重重，一方面我覺得也還有機會。

觀眾：你為什麼在《二十四城記》這裡面啟用大牌的職業演員跟非專業演員的結合，而且還用了一些原創的音樂做背景音樂，這是有利於你主觀情感的表達，還是有利於這部電影的傳播呢？第二個問題就是，你覺不覺得你的電影把一些負面的訊息過分擴大，擴大一些過分負面的消息，讓我們這些八〇後接近九〇年代的人看了以後就覺得特別反叛、特別贊同？好像拍個電影如果你不揭短，不說負面的，沒有性工作者，沒有犯罪，就不是獨立電影。你覺得會不會帶有這樣的訊息？

賈樟柯：我這個電影裡面沒有性工作者也沒有犯罪。

觀眾：不，就打個比方，就好像《小武》裡面就有性工作者，好像我看一些獨立電影，真的就是沒有性工作者、沒有犯罪就覺得不是獨立電影、不夠酷的意思。

賈樟柯：首先這部電影採用一些演員、知名的演員，希望能夠傳達給觀眾一個訊息，就是這部電影是由真實跟虛構一起構成的，所以在這個電影裡沒有所謂的非職業演員，只有真人，涉及真實的人物。所以，它不是演的，就是它自己。用陳沖、呂麗萍，就是很清晰地告訴觀眾這一部分是虛構的。我並不是想拍一部假的紀錄片，如果我想拍一部假的紀錄片，找一些非職業演員，大家都不知道他是誰，你拍了一個完全是真實的一個紀錄。但是，不是。這部電影有虛構的部分，那就用演員來呈現這個虛構本身。對任何一個作品來說，它都會有主觀色彩，客觀是一種努力一種態度。同樣一部紀錄片你要剪輯，你剪片的時候你強調什麼、迴避什麼、重視什麼、隱藏什麼，已經是介入過的了。所以任何一部影片都是作者介入過的，所以用演員來把這樣的一種態度呈現出來。音樂剛才已經講過。

如果你有機會大量看中國銀幕上生產的影片的話，你會發現這類型電影太少了，而不是太多了。比如說，你可能會有工作的壓力，有上學的壓力，你的生命活動一定有無數個危機，但是，你會發現主流的銀幕世界都沒有這些危機，這個主流的銀幕世界都是和諧社會，都是幸福感很強的。我看過很多這種電影，看起來就是寫實的，傳達很好的訊息。我如果願意的話，一年最少能看三十部。比如說，一個大學生去某個村莊社會實踐，發現這個村莊很貧困，孩子上不起學，然後就決定留下來，在孩子歡歌笑語裡完成自己人生價值的實現。那個貧困只是一個概念，孩子其實很幸福，整個是幸福感特強。這種電影一年你要看三十部不止，大量的。但是，我們自己真實的生存境遇是什麼？我覺得藝術可貴的就在於，我們不只是看中國的，還看外國的，不僅看一百年前的、五十年前的，還看當代的。所有藝術它一直在重複一個東西，就是人類的困境，我們生活在一個什麼樣的困難裡面。你看那些能夠永恆的作品，都在講這個困難是一時找不到方法的，那些能找出方法解決的作品，都大浪淘沙被淘汰掉了。

藝術它一直重複我們無法解決的生命的悖論，生命的困難，然後獲得一種生存的力量。從這個角度來說，它並不是什麼揭短不揭短。對於我來說，那是我的生活，我揭我自己嗎？實際上的確是這類型的電影太少了，對這類型的人群關心也太少了。比如說你剛才提到犯罪，提到性工作者，那些東西在主流的話語裡，有多少空間可以解釋呢？要知道除了銀幕世界，還有版面、電視台這個系統。對於獨立電影來說，它作為一個獨立的聲音，其實應該提醒的是在這個社會上被遮蔽掉的、被我們忽略掉的一種生存和境遇。那麼，這樣的文化才是一種讓人肅然起敬的文化，就好像我們看俄羅斯的作品，沒有一個愉快的，都是談人的不容易。

觀眾：請問你拍電影之前，劇本有沒有去審查？在公眾場所拍戲，有沒有去申請批准？

賈樟柯：現在中國的這個電影管理的條例，就是有兩次審查，一次審查就是說拍攝之前，要有大概五百字的故事提報，然後這個故事允許之後，才能獲得所謂拍攝的許可。第二次審查就是當影片剪輯完成之後又有一次審查。只有這次審查通過之後，才能獲得商業發行的許可。一般來說，所有能夠進入戲院的影片都要經過這兩次審查。

場地使用的問題，什麼方法都有，也有就這麼去拍了。不去省城，因為如果去申請審批可能會不讓你拍。舉個例子，前幾天我不是拍電影而是拍照片，要拍一輛汽車燃燒，在一個立交橋下面。我真的不知道該向誰申請，因為公安也管，交通也管，高速公路也管，消防隊也管，當地村子也管，這個就真的不知道向誰去申報。在這種情況下有時候，你就只能冒險去拍。另一方面比如說《二十四城記》在工廠拍攝，我一定要獲得這個工廠的同意，因為那是一個保密工廠，如果沒有許可進不去，不同情況。

觀眾：你請專業演員，也有真實演員，但是比方說你的片子在海外上映的時候，海外觀眾可能不認識呂麗萍、陳沖、趙濤，那對他們來說可能會誤解，認為這個片子就是一部紀錄片。從技術上，會不會造成這種誤解？

賈樟柯：電影語言上也有一些設計。比如說其他的真實的人物，都是直接進入到講述狀態，而幾個虛構人物都有一個小小的敘事狀態和一個小小的劇情狀態出現。呂麗萍拿著輸液的鹽水瓶在工廠裡面遊走，在拍的過程裡也用了軌道，這種非常典型的劇情片拍攝方法，然後才回到它的講述狀態。那整個畫面打開的方法也是很故事片的方法，很劇情片的方法。除了他們本身的知名度的提示之外，在電影語言跟敘事的結構上也有一些劇情化的處理。

觀眾：從《世界》開始，你開始更關注一些公共空間和公共世界，包括你現在也出書，也寫專欄，你是否認為自己是一個公共知識分子呢？

賈樟柯：我算知識分子嗎？沒想過這個問題。做很多事情，就是覺得一個是有興趣，一個是有精力。拍電影實在是一個周期太長的事情，從寫劇本到拍到完成一年多，那麼一年多裡其實有很多精力沒有地方放，就寫些東西，做一些所謂的跨界的工作。但是並沒有一個很強的意識，要透過這種跨媒介的工作，給公共的這個世界提供更豐富的東西。它還是個人的一種愛好。

觀眾：你拍的電影很多就像你說的反映真實生活，在這種拍攝過程中，你有沒有害怕，或者說因為反映了不一定能去改善它，不知道能做什麼而覺得不如不去面對它、不去揭它？因為揭這個傷疤自己會很痛、會很難過。你有沒有過這種惶恐？

賈樟柯：我沒有過這種惶恐。

觀眾：有一些很殘酷的真實。

賈樟柯：我明白你的意思。我覺得講出來本身就是一個有價值的事情，說這樣的經驗、這樣的經歷。就是說，打破沉默本身就是很重要的一種收穫，很重要的一種價值，對我來說已經很滿足了。

觀眾：不用去看它能改變什麼？

賈樟柯：我剛才講，改變本身不是依靠一部電影，是依靠整個文化一起來改變的。我從來有一個態度就是相信文化的力量。要不然我們這幫人幹這個事情為什麼？是相信它的力量，堅信個人能做的很少，不誇張個人的能力，但是相信整個文化的能力。誇張個人的一個作品，希望一個作品能夠改變什麼，或者一個導演能夠改變什麼，一方面是智商做不到，一部作品真的幹不了，一個人也改變不了什麼。再一方面，在我們的文化裡面，一直強調過多的給自己這樣一種任務，這種叫什麼？使命。實際上你是在索要一種權力。對我來說，保持獨立性有一個很重要的工作，就是跟權力保持距離。和權力保持距離，除了要面對權力之外，還要面對自我。你過多地強調個人的能力，實際上你在強調你的權力。

觀眾：請問你究竟有多浪漫和能做到多浪漫？從你的作品裡，我們可以看見悲憫與批判，背後是一種浪漫主義的精神在支持。你承認你是非常浪漫的人嗎？

賈樟柯：我剛才說的這個浪漫，是指在我的成長經驗裡，大家都比較務實，藝術是一個不務實的選擇。我們這個年紀的人，當時都特別急於就業，急於賺錢，做一些實在的工作。我如果不是有那麼一點感情傷懷，不是有一點浪漫的話，有可能現在是一個開煤礦的，或者做什麼很務實的工作，務實地生活下去。

在選擇藝術工作的時候，背後還是有一種選擇。在生活實際的物質的需要跟精神的需要之間，對我來說，更傾向於精神的需要，所以它就變得浪漫。像拍電影的過程裡面，我始終覺得，如果換一個詞可能更準確，詩意。不管是面對什麼樣的人群，面對什麼樣的歷史階段，實際上會有很多詩意的片斷，這個詩意的片斷，往往對於我個人來說是一個陌生的時刻。在這個陌生的時刻，會突然發現我們自己的生活的問題，或者說自己習慣的生活的概念，或者是說體會，被打破了。

從時間上，也會有這種感覺。現在我們的生活安排得很滿，大家都有手提電話，溝通都很方便。我剛到北京上大學的時候，有一個朋友從我老家來看我，他要坐三四個小時的汽車到太原，然後要坐十幾個小時的火車到北京。然後，我們倆坐下來之後，聊了半個多小時我該上課去了，他就去火車站，要回去。我當時沒有什麼感覺，前幾天突然覺得特別感動，發現當時他是用兩天的時間來跟你見面半個小時。我覺得他就是一種詩意，對我來說是一個非常溫暖的詩意。在這種感受的影響下，再看古代的武俠相約，明年桃花盛開、我們正月初幾在哪裡相會，那都很浪漫，真的是詩意。那些已經被我們的習慣改變了的生活，那些片刻，都是詩意了。我覺得，不管什麼樣的電影，應該都有一些這樣的時刻，能一下擊中觀眾，擊中自己。

觀眾：你最近這幾年在看什麼書？跟在九〇年代的時候，拍《站台》的時候所看的有什麼不同的？

賈樟柯：最近這幾年看的比較多的是歷史書籍，包括很多漢學家寫的中國思想史、中國文化史。這兩年開始讀我們家鄉的縣誌，以前覺得很枯燥，現在覺得它特別驚心動魄，因為所有東西都是我熟悉的，但是那些歷史是我非常不了解的。我要拍一個一九〇五年左右的故事，就是廢科舉，當時的公共事件。我在關於我們老家的縣誌裡讀到廢科舉之後，當地的秀才造反，因為一批靠教私塾生活的鄉村知識分子都失業了，跟《二十四城記》裡面工人失業是一樣的，賴以生存的方法因為時代的變革都改變了。這一部分閱讀特別有興趣。小說也會跟進，我特別喜歡兩個作家，一個是南京的韓東，一個是朱文，朱文也是導演，他們的小說也會讀。

在九〇年代初，就是剛拍電影的那個時候，有點像補課，大量地讀，比如說沈從文的小說、張愛玲的小說。他們的著作很長時間是被封閉的，就是不怎麼談論，也不允許看。現在在補歷史的課。我剛看完《吳法憲回憶錄》，在座的有些不知道他是誰，他是文革時候林彪一個空軍司令的助手，因為林彪事件受到牽連。他從自己的紅軍時代一直寫到文革結束，是在寫政治動蕩給個人帶來的印象。

張美君：今天我們跟你的談話裡面，有很令人感動的地方，就是你講到改變的問題。從你講的話裡可以看到，文化藝術從來都是細水長流的東西，不是一天就可以改變的，你不斷地從局內人的角度，作為一個觀察者、內部人士去堅持，我很感動。不要看今天有沒有改變，改變是可以有的，就是有一個很長的道路要走。

魏簡：這是最好的結論了。今天我們就到這裡。非常感謝大家，感謝觀眾，感謝賈樟柯。

賈樟柯：謝謝大家。

三十位民間知識分子小傳

本書的論點是，在研究當代中國知識分子的動態時，個人發揮的作用不像幾十年前那樣突出。協會、出版品和非正式關係網可能是更有意義的研究對象。在此前提下，這份名單——限定在三十位知識分子——純粹是為了方便讀者快速查閱本書中提到的主要人物而設（按姓氏筆畫排序）。同樣有資格入選的知識分子還有很多。因此，這份名單應當作為一份索引而不是具有代表性的樣本。

于建嶸：一九六二年生於湖南。社會學家、部落客、社會活動家。以商業律師的身分致富後，在社科院從事學術工作，同時保持一定的獨立性。在訪民議題上特別活躍。

于堅：一九五四年生於雲南。詩人、紀錄片導演、本土文化活動家。一九九〇年代期間，他是民間詩歌的重要倡導者，也曾拍攝數部關於大眾記憶和鄉村生活的獨立紀錄片，並參與「雲之南紀錄影像展」的活動。

王小波：一九五二年生於北京，一九九七年過世。小說家、雜文家。一九八〇年代陪伴妻子李銀河赴美留學，一九九〇年代開始出版小說和文集。他是改革開放時期最早的自由撰稿人之一，並成為影響深遠的雜文家和社會評論家。

王兵：一九六七年生於陝西。紀錄片導演。他拒絕一切體制內關係，主要和海外製片人合作，拍攝多部關於國企私有化（《鐵西區》，二〇〇三）、夾邊溝勞改農場和其他社會弱勢群體的影片。

朱日坤：一九七六年生於廣東。紀錄片製片人、導演。在宋莊開辦「現象咖啡」和網站，組織宋莊電影節。近年，他也製作幾部關於公民權利的紀錄片。

艾未未：一九五七年生於北京。視覺藝術家、部落客。他調查汶川地震中的死難者，並製作成影片與藝術裝置。二〇一一年因「逃稅」被拘留，二〇一五年移居德國。

艾曉明：一九五三年生於武漢。退休教授、紀錄片導演、女權活動家。她是在廣州中山大學教授性別研究的先驅，二〇〇三年參與黃靜約會強姦致死案後，開始以行動者的身分拍攝紀錄片，內容涵蓋社會抗爭、河南愛滋病和毛澤東時期被遺忘的歷史事件。

吳文光：一九五六年生於雲南。紀錄片導演。他的《流浪北京》（一九九〇）是中國一九四九年以來第一部獨立製作的紀錄片。二〇一四年前的工作室位於草場地。吳文光在關於村民和農民工的計劃中開創參與式紀錄片的模式，並自二〇一〇年起，運用於專門記錄大饑荒歷史的「民間記憶計劃」。

吳思：一九五七年生於北京。記者、雜文家。他曾在多家報社任職，後擔任《炎黃春秋》雜誌編輯十七年之久，直至二〇一四年底。目前在天則研究所任職。

吳迪：一九五一年生於北京。退休電影學者、研究毛澤東時期的業餘史家。二〇〇八年，他開始出版非正式刊物《記憶》，致力於毛澤東時代的大眾記憶。

李銀河：一九五二年生於北京。社會學家、社會運動家。王小波（一九九七年去世）的妻子。作為社科院體制內的學者，她是中國同性戀研究領域以及LGBT和性別議題倡議方面的開創者。

沈志華：一九五〇年生於北京。華東師範大學歷史學教授。研究生期間曾因「洩露國家機密罪」被判刑兩年，離開學術界後倒賣黃金致富，使他能購買大量前蘇聯秘密檔案並自行建立相對獨立的研究機構。

季丹：一九六三年生於黑龍江。紀錄片導演。她從北京師範大學畢業後，留學日本並旅居西藏，製作一系列關於當代社會議題的影片，包括農民工。

易思成：一九七六年生於雲南。人類學家、電影評論家。獲得視覺人類學博士學位後，他在雲南社科院任職，並在創辦和運營「雲之南紀錄影像展」中發揮重要作用。影展在二〇一三年被關閉。

長平（張平）：一九七一年生於四川。調查記者、編輯、社論主筆。二〇〇〇年代初，他在南方報業集團中聲名鵲起，特別是因一九九九年張君案事件的調查報導，以及二〇〇八年西藏三·一四事件時在《金融時報》中文網發表的社論。二〇一一年移居德國。

胡傑：一九五八年生於山東。視覺藝術家、紀錄片導演。他曾在軍隊和新華社任職，後成為獨立導演。居住在南京，因一系列調查毛澤東時代創傷事件的紀錄片而聞名。

栗憲庭：一九四九年生於吉林。策展人、藝術評論家。一九八九年策劃「中國現代藝術展」後開始遠離體制，先搬到圓明園藝術村，後定居在宋莊。他在那裡成立栗憲庭電影基金，支持宋莊的獨立電影節，直到二〇一六年。

秦暉：一九五三年生於廣西。清華大學經濟史學教授。作為社會民主的主要倡導者，他曾大力批評中國的菁英知識分子過於注重「主義」而輕視「問題」。

馬莉：一九七五年生於浙江。記者、紀錄片導演。二〇一七年前居住在宋莊。她的影片深入探討訪民（《京生》，二〇一一）和精神病院（《囚》，二〇一七）等敏感的社會議題。

許志永：一九七三年生於河南。律師、NGO工作者、民權活動家。他和滕彪一起在孫志剛案、公盟創立，以及訪民和農民工子女學校的研究上發揮重要作用。二〇〇九年公盟被關閉後，他發起新公民運動，因此被捕、入獄四年，二〇一七年出獄，二〇二〇年再次被捕。

許知遠：一九七六年生於江蘇。記者、雜文家、文化企業家。他在《金融時報》中文網和《亞洲週刊》的專欄很有影響力，二〇〇五年後在北京創辦單向街書店和《東方歷史評論》等刊物。

郭于華：一九五六年生於北京。清華大學社會學教授。她主要研究農村社會，其著作《受苦人的講述》（二〇一三）運用口述歷史資料探討毛澤東時代的農村社會。

郭玉閃：一九七七年生於福建。NGO活動家。他在北京大學獲政治經濟學碩士學位後，曾參與「公盟」，後自行創建智庫「傳知行」（二〇〇七—二〇一三）。二〇一四年被捕，二〇一五年保釋出獄。

曾金燕：一九八三年生於福建。學者、部落客、性平活動家。同前夫胡佳一起記錄並拍攝他們的軟禁生活。二〇一七年，獲得香港大學性別研究博士學位，目前從事紀錄片製片與教學研究。

楊繼繩：一九四〇年生於湖北。退休記者、業餘史家。退休前一直在新華社工作，退休後開始搜集與大饑荒和文革相關的非官方檔案，曾短期擔任《炎黃春秋》主編，二〇〇八年在香港出版著作《墓碑》。

楊顯惠：一九四六年生於甘肅。記者、小說家。他曾在甘肅接受勞動改造，退休後致力於採訪夾邊溝勞改農場的倖存者。反右運動期間，夾邊溝農場有數千人餓死。二〇〇三年，出版著作《夾邊溝記事》。

賈樟柯：一九七〇年生於山西。導演、製片人。體制外從事電影拍攝的第一代導演中的領軍人物（《小武》，一九九七）。他的影片後來也獲得國家認可，但仍專注於被主流忽視的題材。

滕彪：一九七三年生於吉林。律師、NGO工作者、民權活動家。二〇〇三年孫志剛事件後，他呼籲建立違憲審查制度，並創建獨立的NGO「公盟」（二〇〇三—二〇〇九）從事研究和倡議工作。二〇一一年被捕，二〇一四年流亡美國。

錢理群：一九三九年生於重慶。一九五七年作為北京大學學生參加「百花運動」，後在貴州幾所職業學校任教多年。一九九七年反右運動四十周年紀念後，他作為北京大學文學教授成為反右運動研究領域的先鋒。

韓寒：一九八二年生於上海。部落客、小說家、賽車手。高中肄業後，他成為暢銷小說家，二〇〇八至二〇一二年期間撰寫的部落格影響力巨大，常常對政治議題發表批評。所辦雜誌《獨唱團》遭當局為難後轉而從事電影製作。

4 Brantley Womack認為，毛澤東的反社會科學運動和更廣義的反智主義基於一種概念，即教育系統被菁英控制，意見被利益而非知識所決定。Brantley Womack, "From Urban Radical to Rural Revolutionary: Mao From the 1920s to 1937," in *A Critical Introduction to Mao*, ed. Timothy Cheek (Cambridge: Cambridge University Press, 2010), 61-86.

5 Gloria Davies, "Knowing How to Be: The Dangers of Putting (Chinese) Thought Into Action," in *Chinese Thought as Global Theory: Diversifying Knowledge Production in the Social Sciences and Humanities*, ed. Leigh Jenco (Albany: State University of New York Press, 2016), 51. 黃樂嫣將「從未中斷的真理傳統」，例如體現為儒家和馬克思主義認識論之間的連續性，視為中國思想家和社會科學家獲得更高國際能見度的主要障礙。雖然在國際上傳播更多來自中國的論述是一件好事，但本書贊同她的觀點，即只有在中國內部實現更多元化的論述之後，才能進行這樣的國際傳播。

6 Daniel Drezner, *The Ideas Industry* (Oxford: Oxford University Press, 2017).

附錄　再論民間知識分子：對話魏簡

1 Mary Evans, "Can Women be Intellectuals?" in *Intellectuals and Their Publics: Perspectives from the Social Sciences*, ed. Christian Fleck, Andreas Hess and E. Stina Lyon (New York: Routledge, 2009), 29-40.

2 David Strand, *An Unfinished Republic: Leading by Word and Deed in Modern China* (Berkeley: University of California Press, 2011).

文化，2011）；《抗爭者》（新北：八旗文化，2013）。

145 許知遠，〈時代的稻草人〉，2001年7月，《時代的稻草人》，頁242。

146 許知遠，〈自序：時代的喧囂〉，2012年5月27日，《時代的稻草人》，頁ii-iii。

147 許知遠，〈當極權從盤旋頭頂的巨蟒變成令人麻木的大象〉，端傳媒，2016年1月12日，https://theinitium.com/article/20160112-opinion-totalitarianism-of-china-xuzhiyuan/。巨蟒的比喻來自Perry Link, "The Anaconda in the Chandelier," *New York Review of Books*, April 11, 2002.

148 許知遠，〈許志永們並非孤立無援〉，2009年8月5日，《亞洲週刊》（香港），第32期（2009）。

149 許知遠，〈我們這一代〉，《金融時報》中文網，2009年8月7日，收錄於《極權的誘惑》，頁244-245。

150 許知遠，〈許志永遭遇的荒誕〉，2013年7月28日，《亞洲週刊》（香港），第30期（2013）。

151 許知遠，〈當極權從盤旋頭頂的巨蟒變成令人麻木的大象〉。

152 同上註。

153 Rogier Creemers, "The Pivot in Chinese Cybergovernance," *China Perspectives*, no. 4 (2015): 5.

154 "Chinese Internet: A New Censorship Campaign Has Commenced," *Guardian*, May 15, 2013.

155 Rogier Creemers, "The Pivot in Chinese Cybergovernance," 10.

156 Ibid, 9-10. 克利莫斯注意到，微博的使用量自2012年的頂峰起出現下滑。

157 Patrick Gorman, "Red Guard 2.0: Nationalist Flesh Search in China," *Journal of Contemporary China* 26, no. 104 (2017): 83-98.

158 曾金燕，〈韓寒，「口炮黨」和「送飯黨」之爭〉，《紐約時報》中文網，2016年9月29日，https://cn.nytimes.com/opinion/20160929/letter-zengjinyan-hanhan-response/zh-hant/。

結論

1 Mischa Gabowitsch, *Protest in Putin's Russia* (Cambridge: Polity, 2017).

2 John Runciman, "China's Challenge to Democracy," *Wall Street Journal*, April 26, 2018.

3 Andrew Nathan, "The Puzzle of the Chinese Middle Class," *Journal of Democracy*, April 2016, 5-19.

130 許知遠，〈我們這一代〉，《金融時報》中文網，2009年8月7日，收錄於《極權的誘惑》（新北：八旗文化，2010），頁247-248。

131 許知遠，〈一切都是可以交換的〉，《金融時報》中文網，2007年5月24日，http://www.ftchinese.com/story/001011551。

132 〈單向街許知遠：「我還是記者吧，但不是好記者」〉，微信公眾號「愛策兒」，2014年8月20日，https://www.tmtpost.com/132130.html。

133 許知遠，〈集體遺忘症〉，2010年6月12日，收錄於Xu Zhiyuan, *Paper Tiger: Inside the Real China*, trans. Michelle Deeter and Nicky Harman (London: Zeus, 2015), 99.

134 許知遠，〈庸眾的勝利〉，2010年5月10日，收錄於*Paper Tiger*, 31-33. 在〈南昌的夜〉一文中，許知遠對整個「網路世代」和他們改變中國的能力表達類似的疑慮（2012年6月5日，https://chinadigitaltimes.net/chinese/224619.html）。

135 許知遠，〈從即刻滿足到即刻遺忘〉，2018年10月19日。

136 許知遠，〈內在的自由〉，2010年7月，《時代的稻草人》（桂林：廣西師範大學出版社，2013），頁215。

137 「理想國」系列是中國出版環境下典型的創造性產物：廣西師範大學出版社在出版人何林夏帶領下成立一家私營企業BBT，意為「Be Better」，以劉瑞琳為主編，出版「理想國」（名字取自柏拉圖的名著《理想國》）書系。這個書系包括好幾本敏感書籍，如歷史學家高華（他在香港出版《紅太陽是怎樣升起的》）逝世後出版的文集和章詒和描寫文化大革命的短篇小說集。很多人認為這是劉瑞琳被迫辭職以及何林夏在二〇一六年四月被逮捕的原因，見〈廣西師大出版社集團原董事長何林夏涉受賄被捕〉，端傳媒，2016年5月24日，https://theinitium.com/article/20160524-dailynews-helinxia/。

138 許知遠，〈微在、單向街都是我最體面的生意，商業與作家也可以相安無事〉，2016年5月7日，https://www.huxiu.com/article/149056.html。

139 董美圻，〈單向街：一家書店的商業逆襲〉。

140 〈單向街書店：曾因高租金撤店，現成中國文藝地標，被地產商奉為為座上賓〉，2016年7月21日，https://read01.com/zh-tw/JmADM5.html。

141 許知遠，〈微在、單向街都是我最體面的生意，商業與作家也可以相安無事〉。

142 許知遠，〈我當然是公共知識分子〉，2016年5月20日，http://www.bowangzhi.com/2016/05/20/xuzhiyuan2/。

143 同上註。

144 許知遠，《極權的誘惑》（新北：八旗文化，2010）；《祖國的陌生人》（新北：八旗主義的危險。〈學會在妥協中追求〉，《南方人物周刊》，2012年1月14日。

113 韓寒，〈說民主〉。

114 韓寒，〈要自由〉，個人部落格，2011年12月26日，收錄於 *This Generation*, 245.

115 同上註。

116 韓寒，〈我只是在探索〉，個人部落格，2010年1月15日，收錄於 *This Generation*, 123.

117 〈公敵韓寒〉。

118 李承鵬，〈說話：北大演講錄〉，2012年11月16日，《全世界人民都知道》（北京：新星出版社，2012），頁191-197。這本文集討論的議題和韓寒的部落格很接近，從反對環境惡化的大規模抗議、農民工戶籍、民族主義和雙重標準，到延緩民主和台灣經驗。文集在被查禁前的不到一年時間裡售出七十多萬冊。

119 韓寒，〈我的2011〉，個人部落格，2012年1月8日，收錄於 *This Generation*, 253-254.

120 見韓寒論村長錢雲會的文章：〈需要真相，還是需要符合需要的真相〉，2011年1月2日。在另一篇訪談中，他認為歪曲事實的自由派主要是「公知」（〈學會在妥協中追求〉）。

121 〈公敵韓寒〉。

122 方舟子，〈《韓三篇》為韓仁均所寫的鐵證〉，《財經》，2012年11月19日，http://blog.caijing.com.cn/expert_article-151278-43833.shtml。韓寒，〈寫給每一個自己〉。

123 肖鷹，〈天才韓寒是當代文壇的最大醜聞〉，《中國青年報》，2014年8月19日，http://opinion.people.com.cn/n/2014/0819/c1003-25496316.html。

124 韓寒，〈就要做個臭公知〉，個人部落格，2012年3月，收錄於 *The Problem with Me*, 117-118.

125 金澤香，〈少數派許知遠〉，微信公眾號「文藝美學網」，2017年9月6日，轉引自https://www.sohu.com/a/190055603_707966。許知遠，《那些憂傷的年輕人》（海口：海南出版社，2001）。

126 許知遠，〈自序：46年之後〉，《那些憂傷的年輕人》，http://www.tzytxt.com/read/19795_1.html。

127 董美圻，〈單向街：一家書店的商業逆襲〉，《商業價值》，2014年12月1日，https://www.tmtpost.com/173843.html。

128 同上註。

129 同上註。

2010年4月5日，收錄於*This Generation*, 144.

98「但是，我們可憐的孩子們，奶粉毒害的是你們，疫苗傷害的是你們，地震壓死的是你們，被火燒死的是你們。就算是成人們的規則出了問題，被成人用刀報復的也是你們……年長者失職了，願你們長大以後，不光要庇護你們自己的孩子，還要讓這個社會庇護所有人的孩子。」韓寒，〈孩子們，你們掃了爺爺的興〉，個人部落格，2010年5月2日，收錄於*This Generation*, 160

99 塵翎，〈閱讀韓寒：回歸說話的藝術〉，《明報星期日生活》（香港），2010年7月25日。塵翎稱讚韓寒的文字語調自然，沒有半點「毛腔」。

100 慕容雪村是另一位與審查制度發生正面衝突後越來越直言不諱的作家，聲望頂峰時，他的微博有八百五十萬粉絲。Murong Xuecun, "Absurdities of China's Censorship System," *Time*, February 22, 2011.（這是他描寫傳銷團夥的非虛構作品《中國，少了一味藥》〔北京：中國和平出版社，2010〕的獲獎感言）慕容雪村誠懇，韓寒則輕佻並多次強調憲法賦予他表達自我的權利。最終，慕容雪村的所有社交媒體帳號都被關閉。Verna Yu, "Changing Faces," *South China Morning Post*, July 12, 2015.

101 張潔平、李萌，〈當韓寒遇見香港〉，《亞洲週刊》（香港），2008年8月3日。

102 Priscilla Jiao, "Writer Walks Tightrope of the Censors in Magazine," *South China Morning Post*, August 24, 2010.

103 韓寒，〈格調不高怎麼辦〉，個人部落格，2011年11月2日，收錄於*This Generation*, 223.

104 韓寒，〈所謂文化大國〉，2010年2月1日，廈門大學的演講。

105〈大陸新生代作家韓寒專訪〉。

106 韓寒，〈太平洋的風〉，個人部落格，2012年5月11日，收錄於*The Problem with Me*, 164-165.

107〈大陸新生代作家韓寒專訪〉。

108 韓寒，〈談革命〉，個人部落格，2011年12月23日，收錄於*This Generation*, 232, 233, 235. 另見韓寒對中國的網際網路變成局域網路的諷刺描述：〈我只是在猜想〉，2010年1月17日，原載韓寒的新浪部落格，後被刪除。

109 韓寒，〈談革命〉，收錄於*This Generation*, 236-238.

110〈公敵韓寒〉（訪談），《南都周刊》，個人部落格，2011年1月16日。

111 韓寒，〈說民主〉，個人部落格，2011年12月24日，收錄於*This Generation*, 240, 242.

112 在另一篇訪談中，韓寒進一步指出，如果民眾的投票取決於八百萬「農民」的聲音，而政客又承諾透過給中產階級加稅實現他們的社會保障，那麼就可能帶來民粹

86 William Callahan, "Shanghai's Alternative Futures: The World Expo, Citizen Intellectuals, and China's New Civil Society," *China Information*, no. 26 (2012): 268.

87 引自Giorgio Strafella and Daria Berg, "The Making of an Online Celebrity," 359 n. 79.

88 2008年，韓寒獲得公盟頒發的一個獎項，許志永稱他是「典型的公民」。Evan Osnos, "The Han Dynasty"。陳思和，〈韓寒讓人狂熱〉，新浪網，2009年4月24日。

89 許知遠，〈庸眾的勝利〉，《鳳凰週刊》（香港），2010年5月11日。實際上，韓寒的讀者群比許知遠所寫的更加菁英化。

90 在"Shanghai's Alternative Futures"中，柯嵐安認為韓寒既不在體制內也不在體制外。這種論點不太具有說服力：雖然在某種意義上，韓寒當然是在（全球）資本主義體系之內，但他相當獨立於中國的體制之外，獨立程度可能超過本書提到的其他所有民間知識分子。反過來說，柯嵐安的結論將韓寒置於哈維爾的語境下，將他描述為「公民知識分子最重要的例子，透過網路這一平行社會從事構建公民社會的工作」（頁268），這也是誇大其詞。自2012年起中國網路遭受的打壓已經充分說明，部落格文章不是推進公民社會的充分條件。

91 在獎項宣布當天，韓寒在部落格上發文，內容是由一組引號組成的三個點。這個貼文獲得一百五十萬點擊量和兩萬八千多條評論。Evan Osnos, "The Han Dynasty."

92 例如，在韓寒的小說《1988》中，一個主要角色掏出一把手槍並說：「我要了這個型號，六四式。」韓寒，《1988：我想和這個世界談談》（香港：明報，2010），頁249。韓寒在香港被問及六四是否應當平反時，回答說：「你要問任何一個文化人應不應該平反，我相信都會得到一樣的答案。當然。」張潔平、李萌，〈當韓寒遇見香港〉，《亞洲週刊》（香港），2008年8月3日。

93 Giorgio Strafella and Daria Berg, "The Making of an Online Celebrity," 358. 斯特費拉和白岱玉正確地指出，韓寒和體制內的知識分子都支持文化民族主義並反激進主義。

94 Giorgio Strafella and Daria Berg, "The Making of an Online Celebrity," 357.

95 韓寒，張潔平訪談，〈我沒有立場：只分對錯〉，《亞洲週刊》（香港），第1期（2010）。

96「為什麼我們的政客能在世界的政治舞台上挺起了腰桿？……是因為你們，每一個廉價勞動力，你們是中國的籌碼，GDP的人質。無論這是中國特色的社會主義還是封建特色的資本主義，在未來的十年裡，這些年輕人都是無解的，多麼可悲的事情，本該在心中的熱血，它塗在地上。」韓寒，〈青春〉，個人部落格，2010年5月28日，收錄於*This Generation*, 51.

97「真正苦難深重的人已經未必能夠申訴。」韓寒，〈陌生人的來信〉，個人部落格，

70 艾未未，〈建築與空間〉，個人部落格，2006年1月13日，收錄於*Ai Weiwei's Blog*, 8-9.

71 Tinari, "A Kind of True Living." 後共產主義先鋒藝術和民主運動聯繫的經典觀點另見Ralph Crozier, "The Avant-Garde and the Democracy Movement: Reflections on Late Communism in the USSR and China," *Europe-Asia Studies* 51, no. 3 (1999): 483-513.

72 艾未未，〈不同的世界，不同的夢想〉，個人部落格，2006年9月4日，收錄於*Ai Weiwei's Blog*, 98.

73 同上註。

74 艾未未，〈山寨版的理想〉，個人部落格，2009年1月4日，收錄於*Ai Weiwei's Blog*, 192. 艾未未在討論假奶粉時進一步闡述了他對這個問題的看法，他的結論是中國奇蹟建立在販賣山寨產品的基礎上。

75 比如，艾未未在一篇部落格文章中寫道：「再就是強調不同年代的建築的設防標準不同，死者死於制度之下，就沒有責任人。沒有說清楚的是，在那些倒塌的學校中，哪一座樓是屬於哪一個時代的什麼標準建造的，這事有那麼複雜嗎。」艾未未，〈今天是你說什麼我都不信了〉，個人部落格，2009年5月7日，收錄於*Ai Weiwei's Blog*, 220.

76 艾未未，〈國家有數嗎？〉，個人部落格，2008年7月28日，收錄於*Ai Weiwei's Blog*, 178.

77 William Callahan, "Citizen Ai," 905.

78 艾未未，〈公民調查〉，個人部落格，2009年3月20日，收錄於*Ai Weiwei's Blog*, 209.

79 艾未未，〈做客天涯〉，個人部落格，2009年3月24日，收錄於*Ai Weiwei's Blog*, 214.

80 Giorgio Strafella and Daria Berg, "The Making of an Online Celebrity: A Critical Analysis of Han Han's Blog," *China Information* 29, no. 3 (2015): 353.

81 〈大陸新生代作家韓寒專訪：上海是冒險家的樂園，卻是人民的地獄〉，《天下》，2010年3月。

82 韓寒，〈應該廢除學生作文〉，個人部落格，2007年6月15日，收錄於*This Generation*, 24.

83 Evan Osnos, "The Han Dynasty," *New Yorker*, July 4, 2011.

84 Wu Chen, "Han Han: Finding Happiness by Being Different," *China Daily*, September 30, 2009.

85 用斯特費拉和白岱玉的話來說，韓寒具有「溫和實用」的態度，以及「主流和常識性的觀點」。Giorgio Strafella and Daria Berg, "The Making of an Online Celebrity," 358.

2011), xxi.

58 對微信公眾號審查的研究，見Jason Q. Ng, "Politics, Rumors, and Ambiguity: Tracking Censorship on WeChat's Public Accounts Platform," *Citizen Lab*, July 20, 2015, https://citizenlab.org/2015/07/tracking-censorship-on-wechat-public-accounts-platform/. 另見Eric Harwit, "WeChat: Social and Political Development of China's Dominant Messaging App," *Chinese Journal of Communication* 10, no.3 (2017): 312-327.

59 Yang Guobin, *The Power of the Internet in China*, 215.

60 Rebecca MacKinnon, "China's 'Networked Authoritarianism,' " *Journal of Democracy* 22, no. 2 (2011): 32-46. 當然，這場技術樂觀主義者和技術悲觀主義者之間的爭論在學者間大規模地展開，一方是Larry Diamond, Clay Shirky, W. Lance Bennett 和Alexandra Segerberg等學者，另一方則是Manuel Castells和Nicholas Carr等。

61 Yang Guobin, "The Internet and the Rise of a Transnational Chinese Cultural Sphere," *Media Culture and Society* 25, no. 4 (2003): 469-490.

62 周志興，〈我的四位老師〉，《我創辦了共識網》（南京：江蘇鳳凰文藝出版社，2015），頁79-97。

63 周志興，〈這一串腳印〉，《我創辦了共識網》，頁238。

64 周志興，〈五年坎坷路，一首正氣歌——我創辦了共識網〉，《我創辦了共識網》，頁219。共識網還出版共三卷的文章合集作為內部文件：《共識文集：國事庚寅說、改革庚寅說、思潮辛卯說》（北京：世界華文出版機構，2010）。

65 周志興，〈共識需要改革；也需要妥協〉，《我創辦了共識網》，頁269。

66 William Callahan, "Citizen Ai: Warrior, Jester, and Middleman," *Journal of Asian Studies* 73, no. 4 (2014): 914。柯嵐安擴展了「公民知識分子」的類別，不只包括賈樟柯，他的確可以作為一個很好的比較案例，還包括退休的民族主義官員劉明福和黨內學者潘維（頁916-917），顯示柯嵐安對「公民知識分子」的定義可能過於寬泛。

67 艾未未，〈感言〉，《南方周末》（廣州），2008年2月14日，http://infzm.com/contents/580。另見Philip Tinari, "A Kind of True Living: The Art of Ai Weiwei," *Artforum International* 45, no. 10 (2007): 453-459，以及貝嶺編，《瞧艾未未》（新北：貿騰發賣出版，2011）。

68 艾未未，〈問候你的母親〉，個人部落格，2009年2月27日，收錄於*Ai Weiwei's Blog*, 207.

69 艾未未嘲笑了他的作用是將「中國元素」帶入鳥巢設計的說法。艾未未，〈關於『鳥巢』〉，個人部落格，2008年7月9日，收錄於*Ai Weiwei's Blog*, 163.

還認為即使這種多元領域傾向於消費和商品化，它還是起到自由化的政治作用，在國家與統一的意識形態的範圍外創建空間，以及抵制列寧主義。但是，同時應當指出的是，黨也試圖利用這種流行文化來宣傳自己的理念（例如培養「愛國」的流行明星），從而透過一種不那麼具有強迫性，可能還更有效的方式傳達黨的意識形態。

44 〈改革共識倡議書〉，RFI，2012年12月26日，http://cn.rfi.fr/中国/20121226-中國70多位知名學者聯名推出《改革共識倡議書》。

45 Qian Gang, "Why *Southern Weekly* Said No" and "Why *Southern Weekly*," *China Media Project*, January 11 and February 18, 2013; David Bandurski, "A New Years' Greeting Gets the Axe in China," *China Media Project*, January 3, 2013（包括了原來的獻詞）；Xia, Guan, and Cheng, "Power Structure and Media Autonomy in China."

46 賀衛方，〈中國憲政之路〉，2013年10月4日，這次講話的影像紀錄共三集，見 https://www.youtube.com/watch?v=5WrGY9TpXQo。

47 Rogier Creemers, "China's Constitutionalism Debate: Content, Context, and Implications," *China Journal*, no. 74 (July 2015): 91-109.

48 Steven Millward, "China Now Has 731 million Internet Users, 95% Access from Their Phones," *Tech in Asia*, January 23, 2017, https://www.techinasia.com/china-731-million-internet-users-end-2016.

49 北大的「一塌糊塗」論壇在2004年被關閉。

50 更全面的內容，見Yang Guobin, *The Power of the Internet in China: Citizen Activism Online* (New York: Columbia University Press, 2009), esp. chap. 2, "The Politics of Digital Contention," 44-63.

51 翟明磊編，《中國猛博：新媒體時代的民間話語力量》（香港：天地圖書，2009）。

52 陳婉瑩，〈前言〉，翟明磊編，《中國猛博》，頁5。

53 同上註，頁6。

54 翟明磊編，《中國猛博》。

55 Christoph Steinhardt and Fengshi Wu, "In the Name of the Public: Environmental Protest and the Changing Landscape of Popular Contention in China," *China Journal*, no. 75 (January 2016): 61-82.

56 Rebecca MacKinnon, "Chinese Censorship 2.0: How Companies Censor Bloggers," *First Monday* 14, no. 2 (2009), http://journals.uic.edu/ojs/index.php/fm/article/view/2378/2089.

57 新浪就是如此招募到艾未未，參見Ai Weiwei, *Ai Weiwei's Blog: Writings, Interviews, and Digital Rants, 2006-2009*, ed. and trans. Lee Ambrozy (Cambridge, Mass.: MIT Press,

Bloomberg/Taipei Times, April 30, 2016, http://www.taipeitimes.com/News/editorials/archives/2016/04/30/2003645141/1. 不過，端傳媒在2017年4月宣布裁員並轉為付費瀏覽的商業模式。

33 另可見Zhai Minglei, "The Kou Yanding I Knew," *China Change*, February 5, 2015, https://chinachange.org /2015/02/05/the-kou-yanding-i-know/. 翟明磊後來在香港出版數本記錄這一時期媒體變遷的書，例如翟明磊，《出大事了：新媒體時代的突發事件與公民行動》（香港：天地圖書，2013）。

34 王波明畢業於哥倫比亞大學，父親王炳南曾任外交部副部長。王岐山和周小川等人都曾參與1989年3月成立的中國證券市場研究設計中心。《財經》的主管單位是中華全國工商業聯合會，後者給《財經》免受政治介入的相對自由。王波明在2015年遇到一些麻煩，當時《財經》記者王曉璐不得不為報導股市大跌而公開道歉。

35 例如在2001年2月的「呂梁案」中，呂梁被控操縱股價。《財經》的任務性質決定其歸中華全國工商業聯合會所主管。

36 程益中的話引自Evan Osnos, "The Forbidden Zone," *New Yorker*, July 20, 2009.

37 Zhao Yuezhi, "Underdogs, Lapdogs, and Watchdogs," 60-62.

38 Jonathan Ansfield, "Editor Departs China Magazine After High- Profile Tussle," *New York Times*, November 9, 2009, http://www.nytimes.com/2009/11/10/business/global/10mag.html。

39 關於中國調查報導的出現，見David Bandurski and Martin Hala, eds., *Investigative Journalism in China: Eight Cases in Chinese Watchdog Journalism* (Hong Kong: Hong Kong University Press, 2010)。Jonathan Hassid在*China's Unruly Journalists: How Committed Professionals Are Changing the People's Republic* (London: Routledge, 2016)一書中將中國的記者分為四類：共產黨內的專業人士、一般記者、美式記者和倡導型專業人士。

40 引自Qian Gang and David Bandurski, "China's Emerging Public Sphere," 71. 錢鋼和班志遠還注意到「專業主義」的用法出現於九〇年代。對新聞界重要人物更全面的概述，另見錢鋼和陳婉瑩編，《中國傳媒銳思錄：13位香港大學訪問學者的演講》（香港：天地圖書，2012），其中收錄了戴晴、盧躍剛、楊恆均、陳平、吳思、周舵、熊培云、笑蜀、于建嶸、程益中、翟明磊、張鳴和冉雲飛的演講。

41 Zhao Yuezhi, "Underdogs, Lapdogs, and Watchdogs," 69-70.

42 Liu Qing and Barrett McCormick, "The Media and the Public Sphere in Contemporary China," *Boundary* 2 38, no. 1 (2011): 125.

43 Qian Gang and David Bandurski, "The Media and the Public Sphere," 124。劉擎和麥康勉

in China: The Case of Southern Weekend," *Journal of Contemporary China* 26, no. 104 (2017): 233-248.

22 Cho Li-Fung, "The Development of Investigative Reporting," 181. 左方，《鋼鐵是怎樣煉不成的》，頁238。

23 Qian Gang and David Bandurski, "China's Emerging Public Sphere," 42.

24 〈讓無力者有力，讓悲觀者前行〉（社論），《南方周末》（廣州），1999年1月1日，http://news.sina.com.cn/m/2013-01-04/114025952416.shtml。錢鋼和班志遠還引用另一篇社論，這篇社論呼籲「給弱者以關懷，讓無力者有力」（〈因為我們是記者〉，《南方周末》，2000年11月8日）。江藝平和錢鋼於2001年6月離職後，新的《南都周刊》總編向熹以「更多的知識是更大的力量」和「在這裡，讀懂中國」為口號。Cho Li-Fung, "The Development of Investigative Reporting," 192.

25 2013年的事件後，新浪網羅列出《南方周末》（廣州）從1997到2013年歷年的新年獻詞，見http://news.sina.com.cn/m/2013-01-04/122825952555.shtml。

26 笑蜀，〈走自己的路，讓別人說去吧〉，《南方周末》（廣州），2008年4月17日。

27 〈曹雅學：中國改革開放年代的新聞自由實驗——與長平的訪談〉，美國之音，2016年12月13日，https://www.voachinese.com/a/changping-interview-20161212/3633987.html。

28 黎佩芬，〈長平到底說了什麼？〉。

29 Chang Ping, "The Fate of Press Freedom in China." 其他文章包括對重慶紅衛兵墓地、石家莊爆炸案的報導，以及對中東地區獨裁與石油資源關係的評論。事實證明，在張君案中，官方無法接受「犯罪有社會根源，最終能夠追溯到某項具體的官方方針」的說法。

30 因為香港政府兩年都沒有受理他的工作簽證申請，長平只能在海外辦公。

31 《陽光時務週刊》的創辦人陳平曾在八〇年代任職於趙紫陽的團隊，後來投資香港的一家衛星電視運營商（陽光衛視）。這份香港週刊由長平擔任主編，程益中擔任副主編，記者團隊中有曾在2010年報導烏坎事件的張潔平和報導中國NGO發展的趙思樂。週刊在運營的一年半中延續了中國獨立新聞媒體最好的傳統，直到2013年初被停刊。

32 根據他的官方傳記，蔡華（1977年生於福建）畢業於中國政法大學，後獲得史丹佛大學J.D.學位。他一開始在最高人民法院工作（1997-2003），後來在香港做公司律師，專業是科技領域的交易。雖然端傳媒很快被中國屏蔽，但每月仍有兩百萬人次的瀏覽量。Shai Oster, "Internet Media Start-ups Fight China's Censorship Crackdown,"

歲時，我居然說，活著的作家中，寫文章論排名老子天下第二，現在想起來都臉紅，更讓我臉紅的是，當年我心中那個第一居然是李敖。」韓寒，〈寫給每一個自己〉，個人部落格，2012年4月，收錄於Han Han, *The Problem with Me: And Other Essays About Making Trouble*, ed. and trans. Alice Xin Liu and Joel Martinson (London: Simon and Schuster, 2016), 108.

13 韓寒經常談到雙重標準，並認為中國需要「更高的標準」：「如果中國要贏得尊重，我們就必須創造更好的產品並樹立更高的標準，不僅僅是汽車的標準。」Han Han, "My Feelings About the Recent Anti- Japanese Protests," *South China Morning Post*, September 28, 2012.

14 韓寒，〈不要動不動就舉國暴怒〉，個人部落格，2008年6月4日，收錄於*This Generation*, 51.

15 同上註。

16 關於流行文化和消費主義的論戰歷史，見Jing Wang, ed., "Chinese Popular Culture and the State," special issue of *Positions: East Asia Cultures Critique* 9, no. 1 (2001); Michel Hockx and Julia Strauss, introduction to "Culture in the Contemporary PRC," ed. Michel Hockx and Julia Strauss, special issue of *China Quarterly*, no. 183 (September 2005): 523-531.

17 黎佩芬，〈長平到底說了什麼？〉，《明報星期日生活》（香港），2011年3月30日。

18 Qian Gang and David Bandurski, "China's Emerging Public Sphere," in *Changing Media, Changing China*, ed. Susan Shirk (New York: Oxford University Press, 2011), 40.

19 Zha Jianying, *China Pop: How Soap Operas, Tabloids, and Bestsellers Are Transforming a Culture* (New York: New Press, 1996)。于品海最近的投資項目包括「多維新聞網」和「香港01」。

20 Zhao Yuezhi, "Underdogs, Lapdogs, and Watchdogs: Journalists and the Public Sphere Problematic in China," in *Chinese Intellectuals Between State and Market*, ed. Edward X. Gu and Merle Goldman (London: Routledge, 2004), 43-74.

21 〈就新聞真實性問題：致作者〉，《南方周末》（廣州），1993年11月5日，相關討論見Cho Li-Fung, "The Development of Investigative Reporting and Journalistic Professionalism in Southern Weekend," in *Chinese Investigative Journalists' Dreams: Autonomy, Agency, and Voice*, ed. Marina Svensson, Elin Sæther, and Zhi'an Zhang (Lexington: Lexington Books, 2014), 185。另見左方，《鋼鐵是怎樣煉不成的》（香港：天地圖書，2014），頁238-253；Ying Xia, Bing Guan, and Gong Cheng, "Power Structure and Media Autonomy

台。「四月網」的成員自稱是團結在反西方媒體旗幟下的「多元」群體，見該團體創始人之一胡亦南的文章：Hu Yinan, "Forget About 'Rising China,' " *Financial Times*, September 20, 2013.

3 例如"Chinese Demand Carrefour Boycott for Tibet Support," Reuters, April 15, 2008, https://www.reuters.com/article/us-china-tibet-carrefour-idUSPEK24412820080415.

4 當然，如第五章所寫，一些傳統的普遍知識分子也對這一類爭論感興趣，比如汪暉，但是他們的介入在一定程度上是由其記者和部落客的立場所驅動的。

5 長平，〈西藏：真相與民族主義情緒〉，《金融時報》中文網，2008年4月3日，http://www.ftchinese.com/story/001018387。

6 同上註。

7 文峰，〈造謠自由的南都長平〉，《北京晚報》（北京），2008年4月14日，http://news.21cn.com/today/zhuanlan/2008/04/14/4592381.shtml。「當紅炸子雞」源於粵語，香港媒體以此指稱娛樂明星；這裡也隱含著對資本主義娛樂媒體和透過香港傳入的海外影響的批判。

8 多家英文媒體在二十一世紀初開始提供中文報導，無論是原始的中文報導還是轉譯自英文的報導：《金融時報》的中文報導始於2005年（2013年達到兩百萬註冊用戶），《華爾街日報》和《紐約時報》分別始於2010年和2012年。"FTChinese Names Editor in Chief," *Marketing Interactive*, February 25, 2015, http://www.marketing-interactive.com/ftchinese-names-editor-in-chief. 後兩家媒體的網站在2013年被中國屏蔽，《金融時報》中文網在2017年被短暫屏蔽後仍在運營。

9 韓寒，〈趕集〉，個人部落格，2008年4月20日，http://blog.sina.com.cn/s/blog_4701280b010092vq.html，收錄於Han Han, *This Generation: Dispatches from China's Most Popular Literary Star (and Race Car Driver)*, ed. and trans. Allan H. Barr (London: Simon and Schuster, 2010), 34-35.

10 韓寒，〈回答愛國者的提問〉，個人部落格，2008年4月23日，http://blog.sina.com.cn/s/blog_4701280b0100945n.html，收錄於*This Generation*, 36-40.

11 論起2010年的釣魚島衝突，韓寒認為中國的老百姓是房客，房東現在則和鄰居因為地上的一片瓦起了爭執。他也特別指出，政府核准抗議的雙重標準：「一個對內不能和平遊行的民族，他的對外任何遊行是完全沒有價值的，那只是一場集體舞。」韓寒，〈遊行的意義〉，共識網，2010年9月18日，收錄於*This Generation*, 187-188.

12「我在二十歲出頭的時候主張抵制日貨，是個民族主義者，2008年的時候開始反對抵制家樂福；我小時候主張打仗收復台灣，現在都不好意思承認自己這麼說過；十七八

and Scholars in Decades,'" *Guardian*, April 17, 2015, https://www.theguardian.com/lifeandstyle/2015/apr/17/chinas-feminist-five-this-is-the-worst-crackdown-on-lawyers-activists-and-scholars-in-decades; Leta Hong Fincher, "China's Feminist Five" *Dissent*, Fall 2016, https://www.dissentmagazine.org/article/china-feminist-five.

168 "A Café Chat with Li Tingting," *China Change*, July 26, 2016, https://chinachange.org/2016/07/27/a-cafe-chat-with-li-tingting/.

169 鋒銳律師事務所的網站（已關閉）稱其使命是：「鋒銳律師團隊對現代公民社會和法治建設的真正貢獻，在於進行具有影響力公益訴訟並為弱勢公民提供法律援助。」引自Sui-Lee Wee, "How Support for a Chinese Rights Lawyer Could Have Led to Crackdown," Reuters, July 13, 2015.

170 "This Morning in Beijing, One Lawyer Gone Missing, Another Lawyer Kidnapped, and Fengrui Law Office Visited by Police," *China Change*, July 9, 2015, https://chinachange.org/2015/07/09/breaking-this-morning-in-beijing-one-lawyer-gone-missing-another-lawyer-kidnapped-and-fengrui-law-office-visited-by-police/.

171 Yaqiu Wang, "Wu Gan the Butcher," *China Change*, July 22, 2015.

172 Eva Pils, "From Independent Lawyer Groups to Civic Opposition," 130.

173 Eva Pils, *China's Human Rights Lawyers*, 94.

174 Chaohua Wang, "I'm a Petitioner – Open Fire!" *London Review of Books*, November 5, 2015.

第六章　記者、部落客與新的公共文化

1 Robert Barnett估計，有兩名保安、十八名圍觀群眾，以及三十到兩百二十九名抗議者在衝突中喪命。Robert Barnett, "The Tibet Protests of Spring 2008," *China Perspectives*, no. 3 (2009): 12.

2 「Anti-CNN」網站由清華大學畢業生饒謹創建，2009年改名為「四月網」，繼續批判西方媒體和政府，見Rebecca MacKinnon, *Consent of the Networked: The Worldwide Struggle for Internet Freedom* (New York: Basic Books, 2012), 34-40.「四月網」等民族主義團體在何種程度上可以被稱為「民間」，是一個很值得考慮的問題。麥康瑞（Rebecca MacKinnon）指出，「四月網」在2011年爆料美國駐華大使洪博培（Jon Huntsman）與「茉莉花革命」行動者同時出現在北京王府井，這並非政府授意，而是「民族主義群眾」的產物。不過，饒瑾很快就被官方媒體收編，西藏爆發抗爭後頻頻在央視亮相，這是他與大多數民間知識分子的重要區別，後者沒有這種發表平

151 許志永，〈中國新公民運動〉，2012年5月29日。

152 同上註。

153 艾華認為許志永的宣言沒有號召公民不服從，而是要求切實履行憲法。Eva Pils, *China's Human Rights Lawyers*，260.

154 許志永，〈公民許志永關於月末公民同城聚餐和小圈子差別的說明〉，2013年5月6日，http://xuzhiyong2012.blogspot.com/2013/05/blog-post_4.html。

155 許志永，〈誰把「自由、公義、愛」當成敵人，一定是中華民族的敵人〉，《公民專刊》（北京），第8期，頁78，引自Eva Pils, *China's Human Rights Lawyers*, 255（原作者未註明引文日期）。

156 許志永，〈公民自勉：服務、擔當、放下〉，2013年4月23日，《堂堂正正做公民》，頁278。

157 許志永，〈致習近平先生的公開信〉，2012年11月15日，《堂堂正正做公民》，307。

158 Josh Chin, "Chinese Activists Challenge Beijing by Going to Dinner Over Unassuming Meals," *Wall Street Journal*, November 7, 2013. Eva Pils, "From Independent Lawyer Groups to Civic Opposition," 134.

159 許志永，〈公民自勉〉。

160 許志永，〈誰把自由、正義、愛當成敵人，一定是中華民族的敵人〉，《公民專刊》（北京）第8期，頁78，引自Pils, *China's Human Rights Lawyers*, 261.

161 滕彪，〈就地政法——從穩控模式到掃蕩模式〉，《東網》（香港），2014年5月25日，https://hk.on.cc/cn/bkn/cnt/commentary/20140525/bkncn-20140525000314483-0525_05411_001.html。

162 許知遠，〈許志永遭遇的荒誕〉，《亞洲週刊》（香港），第30期（2003），http://yzzk.com/cfm/blogger3.cfm?id=1374723647400。

163 許志永，〈法庭的最後陳述：為了自由、公義、愛〉，2014年1月22日，《堂堂正正做公民》，頁334。

164 同上註，頁338。

165 同上註，頁339、341、342。

166 Tom Philips, "Pu Zhiqiang Given Three-Year Suspended Sentence," *Guardian*, December 22, 2015, https://www.theguardian.com/world/2015/dec/22/pu-zhiqiang-chinese-human-rights-lawyer-sentenced-to-three-years. 維吾爾族學者伊力哈木・土赫提因涉嫌「從事分裂活動」在二〇一四年被判處無期徒刑。

167 Zeng Jinyan, "China's Feminist Five: 'This Is the Worst Crackdown on Lawyers, Activists

Reform Era," *Journal of Democracy* 26, no.3 (2015): 140.

140 Feng Chongyi, "Charter 08 Framer Liu Xiaobo Awarded Nobel Peace Prize: The Troubled History and Future of Chinese Liberalism," *Asia-Pacific Journal* 8, no.2 (2010), https://apjjf.org/-Feng-Chongyi/3285/article.html.

141 于建嶸，〈情真意切：永別〉，2017年7月13日，https://www.bannedbook.org/bnews/renquan/minyun/20170713/790871.html。

142 秦暉，〈中國更需要民主討論與重新啟蒙〉，博訊，2009年3月1日，https://news.boxun.com/news/gb/pubvp/2009/03/200903011250.shtml。

143 秦暉，〈論現代思想的共同底線〉，《田園詩和狂想曲》韓文版序，轉載於《愛思想》，http://m.aisixiang.com/data/62489.html。

144 例如，秦暉論述了中國經濟的模式和成長表現（〈命令經濟與計劃經濟〉，《南京大學學報（哲學社會科學版）》（南京），第3期〔2003〕，頁97-105；〈中國改革前舊體制下經濟發展績效芻議〉，《雲南大學學報（哲學社會科學版）》，第2期〔2005〕，頁54-69）、歷史視角下的社會與經濟不平等（〈世紀之交中國的經濟轉軌，社會公正與民主化問題〉，《戰略與管理》（北京），第1期〔2003〕）、國企改革（〈「減員增效」與「就業優先」的「辯證關係」：國有資產「減值妙訣」〉，《時間自由》〔杭州：浙江人民出版社，2004〕，頁103-106）、稅制改革（〈稅費改革，村民自治與強幹弱枝〉，《農民中國：歷史反思與現實選擇》〔鄭州：河南人民出版社，2003〕，頁17-41），以及城市貧民窟和農民工（〈城市化與貧民權力——近代各國都市下層社區變遷史〉，《南方都市報》（廣州），2008年4月13日，http://www.aisixiang.com/data/18345.html）。

145 秦暉，〈權力、責任與憲政：兼論轉軌中政府的大小問題〉，《二十一世紀》（香港），總第21期（2003年12月號），頁75-76。

146 滕彪，〈誰是許志永？〉。

147 滕彪，〈誰是許志永?〉。

148 〈公民承諾〉，老虎廟部落格，2010年6月17日，後轉發在公民網站，https://cmcn.org/archives/458。

149 Eva Pils, *China's Human Rights Lawyers*, 232. 同時，也希望律師能夠基於其專業知識和倫理發揮特定作用。Eva Pils, *China's Human Rights Lawyers*, 274.

150 迄今為止對新公民運動最詳盡的記錄和討論，包括溯源至孫志剛案和公盟，見Eva Pils, "From Independent Lawyer Groups to Civic Opposition: The Case of China's New Citizen Movement," *Asian-Pacific Law and Policy Journal* 19, no. 1 (2017): 110-152.

133 同上註。

134 廖亦武，《中國底層訪談錄》（武漢：長江文藝出版社，2001；台北：麥田出版社，2002）。老威（廖亦武），盧躍剛訪談，〈關於《中國底層訪談錄》的對話〉，《南方周末》（廣州），2001年4月29日。廖亦武聲稱有三位資深編輯因這篇文章被解聘，見〈專訪禁書作家廖亦武〉，美國之音，2011年4月23日，https://www.voachinese.com/a/article-20110423-china-writer-120531854/780956.html；沈勵志，〈詩人廖亦武與《南方周末》大地震〉，2001年6月，http://www.angelfire.com/sk/jiuxin/backyard/plagiarist48.htm。不過，一般認為，這幾位編輯被解聘，是對之前一篇極為煽情的輪姦案報導的處罰，見Cho Li-Fung, "The Development of Investigative Reporting and Journalistic Professionalism in Southern Weekend," in *Chinese Investigative Journalists' Dreams: Autonomy, Agency, Voice*, ed. Marina Svensson, Elin Sæther, and Zhi'an Zhang (Lexington, Ky.: Lexington Books, 2014), 191.

135 胡平，〈序〉，廖亦武，《中國上訪村》（紐約：明鏡出版社，2005），頁2。

136 廖亦武，《中國上訪村》，頁39。

137 一場關於底層文學的大型學術會議於2006年舉辦，見〈文學如何面對底層〉，《綜合新聞》，2006年5月16日。與之形成對比的是，批評家們急於歸類為「新左翼文學」的作品（以曹征路的《那兒》為代表）則聚焦於國有企業改革而不是王小波所構想的「弱勢群體」，見Wang Ban and Jie Lu, eds., *China and New Left Visions: Political and Cultural Interventions* (Lexington, Ky.: Lexington Books, 2012) 一書中鍾雪萍等人論底層文學的章節。

138 Jessica Teets, "Let Many Civil Societies Bloom: The Rise of Consultative Authoritarianism in China," *China Quarterly* 213 (March 2013): 19-38. 該文寫於習近平掌權前夕，作者認為中國正在轉向「協商民主」（借用中共官員李君如的話），黨國透過與公民社會協商以建立共識。如今這看來這不大可能。與之相比，Patricia Thornton在同一期《中國季刊》（*China Quarterly*）中指出，中共在草根NGO中扮演的角色越來越重，形成「黨管的NGO」（PONGO）。Patricia Thornton, "The Advance of the Party: Transformation or Takeover of Urban Grassroots Society?" *China Quarterly*, no. 213 (March 2013): 1-18.

139 Carl Minzner, "The Turn Against Legal Reform," *Journal of Democracy* 24, no.1 (2013): 69. 在明克勝（Carl Minzner）看來，這種轉變導致習近平治下的「改革終結」：「政治穩定、意識形態開放、經濟高速成長曾經是中國改革時期的標誌。但是這些都結束了。中國正在進入一個新時代——後改革時代。」Carl Minzner, "China After the

no.2 (2008): 88.

115 于建嶸，〈中國的底層社會：我的研究和立場〉。

116 同上註。

117 張雄，〈農村問題專家于建嶸紅了〉，《南都周刊》（廣州），2010年12月9日，http://style.sina.com.cn/people/p/2010-12-09/091970942.shtml。

118 于建嶸，〈農民工養老保險需要制度創新〉，《新京報》（北京），2005年4月18日。

119 于建嶸，〈以制度性安排保障農民的土地權利〉，《南方周末》（廣州），2006年9月14日；〈土地承包經營權流轉的主體是農民〉，《中國經貿導刊》（北京），第23期（2008），頁25。關於土地私有化的激烈爭論，見Sally Sargeson, "The Demise of China's Peasantry as a Class," *Asia Pacific Journal* 14, no.13 (2016), http://apjjf.org/2016/13/Sargeson.html.

120 于建嶸，〈要重視農村階層幹群關係中的信任危機〉，《人民論壇》（北京），第18期（2008），頁40-41。

121 于建嶸，〈在底層發現政治〉，《城市中國》（北京），第38期（2009），收錄於《底層立場》，頁253。

122 于建嶸，〈底層社會的權利邏輯〉，《南風窗》（廣州），第5期（2008），頁22-23。

123 于建嶸，〈剛性穩定：中國社會形勢的一個解釋框架〉，《燕山大講堂》（北京），第31期（2009年5月9日）。

124 于建嶸，〈30年來中國公民權利意識的變遷〉，《半月談》第5期（2008），收錄於《底層立場》，頁280。

125 于建嶸，〈守住社會穩定的底線〉，北京財政部禮堂，2009年12月26日。于建嶸認為「群體性事件」可分為三類：維權、泄恨和騷亂。

126 于建嶸，〈公盟的困境是我們社會的悲哀〉，《底層立場》，頁286。

127 張雄，〈農村問題專家于建嶸紅了〉，《南都周刊》（廣州），2010年12月8日。

128 同上註。

129 Editor's note in "Selection of Postings from Yu Jianrong's Sina Weibo Account," *Contemporary Chinese Thought* 45, no.4 (2014):58. 于建嶸的微信公眾號在2016年末被封，但微博帳號截至2018年1月仍然存在。

130 張雄，〈農村問題專家于建嶸紅了〉，《南都周刊》（廣州），2010年12月8日。

131 Eva Pils and Marina Svensson, "From Nonperson to Public Intellectual," 14.

132 于建嶸，〈責任與良知：中國學者30年〉，《人民論壇》（北京），第4期（2008），收錄於《底層立場》，頁296。

99 關於于建嶸所在的社科院研究所提交的報告《信訪的制度性缺失及其政治危害》，見于建嶸，〈對信訪制度改革爭論的反思〉，《中國黨政幹部論壇》，2005年5月，轉載於人民網，http://theory.people.com.cn/GB/40540/3409533.html；趙凌，〈國內首份信訪報告獲高層重視〉，頁57。

100 于建嶸，《信訪制度調查及改革思路》（北京：中國社會科學院，2004）。趙凌，〈國內首份信訪報告獲高層重視〉，頁62-63。

101 于建嶸，〈對信訪制度改革爭論的反思〉。

102 Minzner, "Xinfang," 178, 134.

103 例如，于建嶸，〈中國信訪制度的困境和出路〉，《愛思想》，2012年11月23日。

104 于建嶸，〈我為什麼主張廢除信訪制度〉，2016年5月2日，于建嶸微信公眾號首發，愛思想等網站轉載；〈勞動教養制度發展的兩個階段〉，《財經》（北京），2011年5月30日，http://www.chinavalue.net/Finance/Blog/2011-5-30/773664.aspx。

105 Eva Pils and Marina Svensson, "From Nonperson to Public Intellectual: The Life and Works of Yu Jianrong. Guest Editor's Introduction," *Contemporary Chinese Thought* 45, no.4 (2014): 9.

106 賀雄飛，〈後記〉，于建嶸，《底層立場》（上海：上海三聯書店，2010），頁297。

107 劉晉鋒，〈教授于建嶸常年接待上訪者，稱要為自己階層說話〉，《新京報》（北京），2010年11月3日。這造成一段非常痛苦的往事，于建嶸六歲時被拖出教室，他唯一的一件上衣外套也被撕破。

108 引自劉晉鋒，〈教授于建嶸常年接待上訪者，稱要為自己階層說話〉。

109 出版成書《岳村政治》（北京：商務印書館，2001）。

110 于建嶸，〈中國的底層社會：我的研究和立場〉，2008年7月29日在人民大學的演講，http://www.aisixiang.com/data/20274.html。

111 于建嶸，〈中國的底層社會：我的研究和立場〉。知識分子關注「農村問題」是一項傳統，但于建嶸的立場在理論上與之前的介入有些差別（例如陳桂棣和春桃的《中國農民調查》〔北京：人民文學出版社，2004〕）。

112 同上註。

113 于建嶸還認為，在這些群體中，「以法抗爭」超過了「以理維權」。于建嶸，〈解決中國農民問題需要新思維——于建嶸對話〉，共識網，2010年1月20日。于建嶸同意Elizabeth Perry「規則意識」壓倒「權利意識」的觀點。Elizabeth Perry, "A New Rights Consciousness?" *Journal of Democracy* 20, no.3 (July 2009): 17-20.

114 Pun Ngai and Chris Chan, "The Subsumption of Class Discourse in China," *Boundary* 2 35,

84 這個時間表由應星提出，見趙凌，〈國內首份信訪報告獲高層重視〉，《南方周末》（廣州），2004年11月4日。

85 Carl Minzner, "Xinfang, an Alternative to Formal Chinese Legal Institutions," *Stanford International Law Journal*, no.103 (2006): 105.

86 Isabelle Thireau and Hua Linshan, *Les ruses de la démocratie* (Paris: Le Seuil, 2010), 215-219.

87 Eva Pils, *China's Human Rights Lawyers*, 319.

88 Isabelle Thireau and Hua Linshan, *Les ruses*, 250.

89 Eva Pils, *China's Human Rights Lawyers*, 115-118.

90 Ibid, 82.

91 Eva Pils and Marina Svensson, "Yu Jianrong, from Concerned Scholar to Advoate for the Marginalized," *Contemporary Chinese Thought* 46, no.1 (2014): 12. 關於司法精神醫學的使用，另見Eva Pils, "Taking Yuan Seriously," *Temple International and Comparative Law Journal*, no.25 (2011): 285, 316-321。于建嶸，〈精神病學專家孫教授的拍腦袋學術〉，《南方都市報》（廣州），2009年4月6日。

92 在他們的模型中，「官僚吸納」是國家的三種吸納方式之一，另外兩種是「商品吸納」和「恩庇吸納」。Ching Kwan Lee and Yonghong Zhang, "The Power of Instability: Unraveling the Microfoundations of Bargained Authoritarianism in China," *American Journal of Sociology* 118, no.6 (2013): 1475-1508. 另見William Hurst, Mingxing Liu, Yongdong Liu, and Ran Tao, "Reassessing Collective Petitioning in Rural China: Civic Engagement, Extra-state Violence, and Regional Variation," *Comparative Politics* 46, no.4 (July 2014): 459-478. 該書作者指出，除了福建（對公民組織的一些容忍減少了上訪量），訪民的抗爭示威通常被當地政府和犯罪組織組成的「邪惡共生」（insidious symbiosis）勢力鎮壓。

93 Li Lianjiang, Liu Mingxing, and Kevin O'Brien, "Petitioning Beijing: The High Tide of 2003-2006," *China Quarterly* 210 (June 2012): 313-334.

94 Eva Pils, *China's Human Rights Lawyers*, 50.

95 Ibid, 47, 29.

96 Li Lianjiang, "The Magnitude and Resilience of Trust in the Center in Contemporary China: Evidence from Interviews with Petitioners in Beijing and a Local Survey in Rural China," *Modern China* 39, no.1 (2013): 3-36.

97 Eva Pils, "Taking Yuan Seriously," 302.

98 Isabelle Thireau and Hua Linshan, *Les ruses*, 431-435.

盟，2008），https://docs.google.com/Doc?id=df4nrxxq_91ctcf6sck。維色部落格上的版本http://woeser.middle-way.net/2009/05/314.html）包含谷歌檔案中缺失的附錄一。

70 相較之下，比如汪暉，則強調以下幾點：西方的東方主義（Orientalism）、將世界簡化為民族國家的願望、中國自主的重要性、階級政治的終結與宗教的復興、現代化與傳統生活方式之間的衝突，以及如何「承認」弱勢群體的兩難，他認為這是中國後社會主義時期的總體性危機的一部分。他在結論認同在他看來，以保衛奧運火炬的愛國學生運動為表現形式的民間中國。汪暉，〈東方主義、民族區域自治與尊嚴政治——關於「西藏問題」的一點思考〉，《天涯》（海口），第4期（2008年7月），頁173-191。Sebastian Veg, "Tibet, Nationalism, and Modernity: Two Chinese Contributions," *China Perspectives*, no.3 (2009): 98-107.

71 許志永，〈公盟〉，頁109。

72 公盟，《藏區3.14事件》，I.2.〔2〕。

73 同上註，VI。

74 許志永，〈公盟〉，頁105。

75 Eva Pils and Joshua Rosenzweig, "Beijing Confronts a New Kind of Dissident," *Wall Street Journal*, January 26, 2014.

76 Christoph Steinhardt, "State Behavior and the Intensification of Intellectual Criticism in China: The Social Stability Debate," *Modern China* 42, no.3 (2016): 300-336. 石磊（Christoph Steinhardt）強調，至少到2013年為止，知識分子對「維穩」話語的批判反應都日趨強烈。

77 Eva Pils, *China Human Rights Lawyers*, 259. 傘形公司（註冊為企業）繼續運營，但不能使用海外資金。

78 滕彪，〈誰是許志永？〉。

79 許志永，〈公盟〉，頁110。

80 作者2014年6月11日與滕彪的訪談。最初「公民」一詞被認為太過敏感，不能公開使用。許志永，〈公盟〉，頁111。

81 許志永，〈因果——一次關於新公民運動的對話〉，2013年4月24日，https://xuzhiyong2012.blogspot.com/2013/04/blog-post_3211.html。

82 許志永，〈致中國公民書〉，《堂堂正正做公民》，頁176-255。2013年12月，一群律師公開呼籲成立憲法法院。Eva Pils, *China's Human Rights Lawyers*, 65.

83 *A Sword and a Shield*, ed. Mosher and Poon一書在前幾頁中例舉出四十五位中國人權律師。艾華認為大約有兩百位人權律師。

52 曾金燕，〈郭玉閃和土氣的傳知行〉。郭玉閃的觀點轉引自趙思樂，〈專訪北京「傳知行」創辦人郭玉閃：抱著絕望姿態做專業的維權〉，《陽光時務》（香港），2012年12月24日。

53 笑蜀，〈義人郭玉閃〉，https://cn.nytimes.com/opinion/20141017/cc17xiao/ 。笑蜀認為郭玉閃深服儒學，尤服一個仁字。

54 許志永，〈一生為了一個夢想〉，頁20-21。鐵嶺政府直接通知北京大學，並由公安部透過教育部向北大施壓。許志永因導師朱蘇力的保護才免予開除，儘管他們的政治觀點存在分歧。

55 許志永，〈一生為了一個夢想〉，頁12、15。

56 許志永，〈鄉村之行：《中國改革》農村版的日子〉，《堂堂正正做公民》，頁24。

57 滕彪，〈誰是許志永？〉。

58 許志永，〈我們在一起，走進上訪村〉，《堂堂正正做公民》，頁92。

59 滕彪，〈誰是許志永？〉。

60《公盟年鑑》中有最完整的案件時間表：https://xgmyd.com/archives/29099。

61 Teng Biao, "Defense in the Second Trial of Xia Junfeng's Case." 最早翻譯刊登在Red in China網站，現已無法瀏覽，其他網站還能找到這篇文章，如China Change，https://chinachange.org/2013/02/18/teng-biao-defense-in-the-second-trial-of-xia-junfeng-case/。夏俊峰兩次上訴都被駁回，在2013年9月25日被處決。另見Teng Biao, "Politics of the Death Penalty in China," *China Change*, January 16, 2014.

62 自從全國律師協會成為這一行的主要看守者，吊銷律師執照並威脅那些沒有開除維權律師的事務所，「要求直選」就成為體制內反抗的一種手段。

63 Andrew Nathan, introduction to Xu Zhiyong, *To Build a Free China: A Citizen's Journey* (Boulder, Colo.: Lynne Rienner, 2016), ix. 同時期也出現其他法律援助事務所（例如在清華大學等地）。

64 滕彪形容公盟的立場是「不為反對而反對」。滕彪，〈誰是許志永？〉。許志永回憶說，他認為報告應當包括三分之一成果、三分之一批評、三分之一建議，滕彪則認為公民應當持批判性的立場。許志永，〈批評者〉，《堂堂正正做公民》，頁151。

65《中國信訪報告2004-2007》（北京：公盟，2008）。

66 滕彪，〈誰是許志永？〉。

67 許志永，〈這十年〉，《堂堂正正做公民》，頁173。

68 "Open Letter," *Chinese Law and Government* 46, nos. 5-6 (2013): 61-62.

69 公盟法律研究中心，〈前言〉，《藏區3.14事件社會、經濟成因調查報告》（北京：公

38 許志永，〈公盟〉，《堂堂正正做公民》，頁101；滕彪，〈誰是許志永〉。根據滕彪的說法，張星水2006年後就退出了公盟。

39 作者2014年6月11日與滕彪的訪談；許志永，〈公盟〉，頁105。「傳知行」和「中國死刑關注」等法律NGO也都註冊為企業。Eva Pils, *China's Human Rights Lawyers*, 248.

40 許志永，〈這十年〉，《堂堂正正做公民》，頁170。

41 滕彪，〈誰是許志永？〉。

42 《公民月刊》2007年3月的創刊語特別提到成為公民而不是臣民或「老百姓」的重要性，以及這本雜誌歡迎所有公民的參與。〈關於《公民月刊》〉，《公民月刊》（北京），2017年3月，https://cncitizens.wordpress.com/about-2/。

43 滕彪，〈誰是許志永？〉。

44 這些組織可以看作NGO：中國絕大部分NGO都屬於「服務提供」類組織。公盟則屬於「敏感領域倡議」類組織，這類NGO最容易成為當局的鎮壓對象。見Fengshi Wu and Kinman Chan, "Graduated Control and Beyond: The Evolving Government-NGO Relations," *China Perspectives* 3 (2012): 9-17.

45 Edward X. Gu, "Social Capital, Institutional Change, and the Development of Non-Governmental Intellectual Organizations in China," in *Chinese Intellectuals Between State and Market*, ed. Edward X. Gu and Merle Goldman (London: Routledge, 2004), 40. 後一種安排也稱「二級掛靠」。

46 茅于軾，笑蜀訪問，〈專訪茅于軾：天則的23年，和這3年「挫折時代」〉，端傳媒，2016年10月4日。

47 茅于軾，〈把毛澤東還原成人〉，財新網，2001年4月26日，文章後來被移除，英文翻譯見"Judging Mao as a Man," *Wall Street Journal*, July 6, 2011.

48 Wendy Wu and Jane Cai, "Beijing Internet Censors Close Websites of Liberal Economic Think Tank," *South China Morning Post*, January 22, 2017.

49 公開信發表在天則國際合作夥伴的網站上：Sheng Hong, "Unirule Announcement on the Website Incident," Atlas Network, January 24, 2017, https://www.atlasnetwork.org/assets/uploads/misc/20170124_Unirule_announcement_on_website_incident.pdf.

50 陸軍，〈中國NGO不會因為多了一部法律就手足無措〉，中國數字時代，2015年7月16日，https://chinadigitaltimes.net/chinese/2015/07/陸軍：中国NGO不会因為多了一部法律就手足无措/。

51 曾金燕，〈郭玉閃和土氣的傳知行〉，個人部落格，2015年5月21日，https://zengjinyan.wordpress.com/2015/05/21/郭玉閃和土氣的傳知行/。

25 Fu and Cullen, "Weiquan (Rights Protection) Lawyering in an Authoritarian State," 122.

26 Rachel Stern, "Activist Lawmakers in Post-Tiananmen China," *Law and Social Inquiry* 42 (Winter 2017): 238.

27 作者與滕彪的訪談，香港，2014年6月11日。

28 Teng Biao, "Rights Defence" (Weiquan), Microblogs (Weibo), and Popular Surveillance (Weiguan)."

29 艾曉明1954年生於武漢，1985年去到北京，在北京師範大學攻讀文學博士學位（劉曉波剛剛在該系獲得博士學位）。她對天安門運動持懷疑態度，以旁觀者的身分觀察學生運動。九〇年代初，她對王小波的作品產生強烈興趣並開始與他通信。艾曉明1994年離開北京，赴廣州中山大學任教。1999年她在美國田納西州南方大學訪問一年，此間越來越關注民權運動。二〇〇〇年代起，她一直參與公民活動，特別是紀錄片拍攝。2014年，艾曉明以六十歲退休。

30 黃靜在湖南湘潭的一所小學任教，2003年2月24日，二十一歲的她被發現陳屍學校宿舍，死時裸體。當局一開始試圖隱瞞案件，但網路請願和動員帶來的公共壓力最終使案件獲得重新審理，疑似強姦案的法律調查程序也得以改革。此案更深遠的背景，見Pauline Stoltz, Marina Svensson, Sun Zhongxin, and Qi Wang, eds., *Gender Equality, Citizenship, and Human Rights: Controversies and Challenges in China and the Nordic Countries* (London: Routledge, 2010).

31 Ian Johnson, "The People in Retreat: An Interview with Ai Xiaoming," *New York Review of Books Daily*, September 8, 2016.

32 Ai Xiaoming, "The Citizen Camera," interviewed by Ying Qian and Chang Tieh-chih, *New Left Review*, no.72 (November-December 2011):67-69. 艾曉明說：「他（胡傑）的觀點和我不同——有一次他對我說他不能再做這部片子了，因為他不相信那是一起強姦。我們為此有很多爭論。」（頁69）

33 Ian Johnson, "The People in Retreat."

34 Ai Xiaoming, "The Citizen Camera," 75-76.

35 Ian Johnson, "The People in Retreat."

36 Ibid.

37 曾金燕，〈導論〉，《中國女權：公民知識分子的誕生》（香港：城市大學出版社，2016），頁4；Zeng Jinyan, "The Politics of Emotion in Grassroots Feminist Protests: A Case Study of Xiaoming Ai's Nude Breasts Photography Protest Online," *Georgetown Journal of International Affairs* 15, no.1 (2014): 31-42.

的影響。在他看來，維權運動興起的五個決定性因素分別是：法律職業的建立和公民維權意識的提高；新媒體和智慧型手機的出現使公民記者可以直接在網上發布訊息；市場經濟的發展；中產階級的權利剝奪感；自由主義的回歸和民主運動的堅韌。Teng Biao, "Rights Defence (Weiquan), Microblogs (Weibo), and Popular Surveillance (Weiguan): The Rights Defense Movement Online and Offline," *China Perspectives*, no.3 (2012): 29-39.

14 許志永也提到孫中山對「民權」一詞的使用，例如〈一生為了一個夢想〉，《堂堂正正做公民》，頁7。具有諷刺意味的是，許志永生於河南省民權縣，該縣建立於民國時期。他就讀的中學名為「民權高中」。

15 滕彪，曹雅學採訪，〈誰是許志永？〉，「公民網」，2014年4月11日，https://cmcn.org/archives/1914。《亞洲週刊》(香港)，第52期(2005年12月25日)，https://www.yzzk.com/?id=1367556872793&docissue=2005-52。

16 Kevin O'Brien, "Rightful Resistance," *World Politics* 49, no.1 (1996): 33.

17 Eva Pils, China's Human Rights Lawyers, 66.

18 Anthony Spires, "Contingent Symbiosis and civil Society in an Authoritarian State: Understanding the Survival of China's Grassroots NGOs," *American Journal of Sociology* 117, no.1 (2001): 1-45.

19 艾華認為：「和六四運動相比，現在的人權運動推動者在運用法律時更加嫻熟專業。他們還能援引官方近三十年來一直宣傳的依法原則。這種堅持『遵循規則』、依法，以及拒絕賄賂、規避規則和私下協議的思維模式並不限於維權律師。」Eva Pils, "The Practice of Law as Conscientious Resistance," 113.

20 Eva Pils, *China's Human Rights Lawyers*, 236. 艾華注意到，年輕律師不贊同這種策略。另見Eva Pils, "Rights Activism in China: The Case of Lawyer Gao Zhisheng," in *Building Constitutionalism*, ed. Balme and Dowdle, 256-259. 該文討論到丁子霖對高智晟的批評。

21 滕彪，〈公民維權與社會轉型〉。

22 滕彪，〈八九民主運動與公民維權運動〉，2014年5月，作者個人存檔。

23 滕彪，〈我們退無可退——滕彪六四晚會演講〉，公民網，2014年6月5日，https://cmcn.org/archives/4222。

24 Jerome A. Cohen, "China Human Rights Lawyers' Current Challenges and Prospects," in *A Sword and a Shield*, ed. Mosher and Poon, 38-43. 高智晟於2006年提出維權應保持非暴力，但應該更加政治化、更有組織性、更加街頭導向，這在律師中引發激烈討論，見滕彪，〈八九民主運動與公民維權運動〉。

專業化，清單見Hualing Fu and Richard Cullen, "*Weiquan* (Right Protection) Lawyering in an Authoritarian State: Building a Culture of Public-Interest Lawyering," *China Journal*, no.59 (January 2008): 123.

4 Eva Pils, *China's Human Rights Lawyers*, 49.

5 Teng Biao, "What is Rights Defense?" in *A Sword and a Shield*, ed. Mosher and Poon, 122-123.

6 Eva Pils, *China's Human Rights Lawyers*, 50. 其中的「通俗化」（vernacularize）一詞借自Sally Engle-Merry, *Human Rights and Gender Violence* (Chicago: Chicago University Press, 2006).

7 He Weifang, "The Nascence and Growing Pains of a Professionalized Legal Class," *Columbia Journal of Asian Law* 19 (2005): 138-152.

8 Yu Xingzhong, "Judicial Professionalism in China: From Discourse to Reality," in *Prospects for the Professions in China*, ed. William Alford, Kenneth Winston, and William Kirby (London: Routledge, 2009), 78-108. 另見Eva Phils, *China's Human Rights Lawyers*, 48.

9 〈被收容者孫志剛之死〉，《南方都市報》（廣州），2003年4月24日。

10 Teng Biao, "The Sun Zhigang Incident and the Future of Constitutionalism: Does the Chinese Constitution Have a Future?," occasional paper, Centre for Rights and Justice, Chinese University of Hong Kong Faculty of Law, December 30, 2013, 1. 另見Eva Pils, *China's Human Rights Lawyers*, 49.「關於審查《城市流浪乞討人員收容遣送辦法》的建議書」公開信發表後，賀衛方和其他四位學者又聯署一封要求調查孫志剛案件的公開信。另見Keith Hand, "Using a Law for a Righteous Purpose: The Sun Zhigang Incident and Evolving Forms of Citizens' Action in China," *Columbia Journal of Transnational Law* 45 (2007): 114-159, reprinted in *Building Constitutionalism in China*, ed. Stephanie Balme and Michael Dowdle (Paris: Sciences Po, 2009), 221-242.

11 許志永，〈孫志剛之死：公民建議〉，《堂堂正正做公民》（香港：新世紀出版社，2014），頁27。該文章記述了孫志剛事件並附有公開信原文（頁39-40）。

12 Teng Biao, "The Sun Zhigang Incident," 5. 滕彪在另一篇文章中表達類似的觀點，特別指出在八〇年代，很難將自由和民主的概念與影響人民生計的問題掛鉤（頁123），與之相反地，到了二〇〇〇年代，「草根菁英」已經開始支持人權（頁128）。Teng Biao, "What is Rights Defense?" in *A Sword and a Shield*, ed. Mosher and Poon, 122-128.

13 滕彪，〈公民維權與社會轉型〉，博訊，2010年6月26日，https://blog.boxun.com/hero/201007/wqgc/2_1.shtml。在另一篇文章中，滕彪提到自由主義和哈維爾對運動

136 Ying Zhu and Seio Nakajima "The Evolution of Chinese Film as an Industry," in *Art, Politics, and Commerce in Chinese Cinema*, ed. Ying Zhu and Stanley Rosen (Hong Kong: Hong Kong University Press, 2010), 29.

137 例如，顧長衛的電影《最愛》(2011)。

138 Yiwen Cai, "Less Censorship Could Make Independent Films Suffer," *China Film Insider*, November 9, 2016, http://chinafilminsider.com/less-censorship-make-independent-film-productions-suffer.

139 《中華人民共和國電影產業促進法》(2016年11月7日)，http://www.npc.gov.cn/zgrdw/npc/xinwen/2016-11/07/content_2001625.htm。Sidney Leng, "Indie Filmmakers Struggle to Rewrite the Script in Chinese Cinemas," *South China Morning Post*, October 8, 2017, http://www.scmp.com/news/china/society/article/2114377/indie-filmmakers-struggle-rewrite-script-chinese-cinemas.

140 在這種意義上，體制雖然允許「吸收」一部分電影，但依舊壓制「獨立」電影的理念。Chris Berry則認為，儘管有壓力，獨立電影依舊能在新的利基中生存下來。Chris Berry, "The Death of Chinese Independent Cinema?" *Asia Dialogue*, July 3, 2017, http://theasiadialogue.com/2017/07/03/the-death-of-chinese-independent-cinema/.

第五章　草根專業人士：維權律師、學者與訪民

1 艾華指出六四對維權運動的發展「具有重大意義」。Eva Pils, "The Practice of Law as Conscientious Resistance," in *The Impact of China's 1989 Tiananmen Massacre*, ed. Jean-Philippe Béja (London: Routledge, 2011), 109.

2 非常感謝艾華指出這一點並仔細審讀本章。

3 Eva Pils, *China's Human Rights Lawyers: Advocacy and Resistance* (London: Routledge, 2015), 39. 艾華還注意到，1989年通過的《行政訴訟法》已經允許公民起訴政府。傅華伶詳細記述九〇年代人們如何策略性地在非敏感案件中運用公益訴訟。Fu Hualing,"Developing Rule of Law Through Human Rights Lawyers," in *A Sword and a Shield: China's Human Rights Lawyers*, ed. Stacy Mosher and Patrick Poon (Hong Kong: China Human Rights Lawyers Concern Croup, 2009), 129-140. 艾華進一步認為在2003年或2004年(「人權」一詞在這一年寫入憲法)之前，早期改革派並沒有意識到司法改革對黨國的威脅。在她看來，胡錦濤的「三個至上」(2007年12月)標誌著國家對此的回應。Eva Pils, "The Dislocation of the Chinese Human Rights Movement," in *A Sword and a Shield*, ed. Mosher and Poon, 141-159. 九〇年代通過多部法律，推動法律領域的

2009, 50-55.

118 文海，《放逐的凝視》，頁266。

119 王宏偉、邱炯炯，〈基金，學校，電影節〉，《電影作者》，第6期（2014），頁197。大概在同一時期，記錄上海楊佳襲警案的《我還有話要說》一片被阻止放映（政府試圖購買影片的所有權），導演應亮被迫離開北京，到香港定居。

120 2011年，多部電影涉及敏感的歷史主題，例如王兵的《夾邊溝》和胡傑的《我的母親王珮英》。

121 栗憲庭，〈我們只是想做自己喜歡的電影〉。

122 文海，《放逐的凝視》，頁272。

123 栗憲庭，〈協力建設「小環境」〉，2012年8月10日，《第九屆北京獨立影像展畫冊》（2012），無頁碼。

124 根據曾金燕的紀錄，沒收了一千五百二十二部影片。曾金燕，〈當我們談論獨立電影時，我們談論什麼〉，頁10。

125 王宏偉、邱炯炯，〈基金，學校，電影節〉，頁200。

126 王宏偉 ，〈木耳的故事〉，《第十一屆北京獨立影像展畫冊》（2014），頁2。

127 位於北京北郊的皮村也有類似的活動，這裡的勞工博物館「工友之家」（2002年成立）在2016年也被迫搬離。

128 王宏偉、邱炯炯，〈基金，學校，電影節〉，頁201。

129 易思成，〈前言〉，《第五屆雲之南紀錄影像展》，無頁碼。

130 同上註。

131 文海，《放逐的凝視》，頁273、275。

132 呂新雨，〈新紀錄運動的力與痛〉。

133 Ou Ning, "Interview about the Notebook Project Bishan Commune," in *Bishan Commune: How to Start Your Own Utopia* ([Copenhagen]: Ovopress, 2015), 14; Ou Ning, "Social Change and Rediscovering Rural Reconstruction in China," in *New Worlds from Below: Grassroots Networking and Informal Life Politics in Twenty-First Century East Asia*, ed. Tessa Morris-Suzuki (Canberra: Australian National University Press, 2017), 37-50.

134 Calum Macleod, "Crushed Dreams of Utopia in Rural China," *Times* (London), May 2, 2016.

135 例如，文學和文化學學者唐小兵提出一個「異議假設」，根據這種假設，西方學者只對在中國被邊緣化和被禁止的作品感興趣，而忽略主流作品。Tang Xiaobing, *Visual Culture in Contemporary China* (Cambridge: Cambridge University Press, 2015), 199.

103 于建嶸，〈宋莊文化：當代中國北方農村社會變遷〉，「東書房」（于建嶸的微信公號），2014年2月6日。

104 舒可文，〈栗憲庭的村莊史〉，《三聯生活周刊》，第43期（2008年11月18日），http://lifeweek.com.cn/2008/1118/23322.shtml。

105 Yue Zhang, "Governing Art Districts: State Control and Cultural Production in Contemporary China," *China Quarterly*, no. 219 (September 2014): 838.

106 Yue Zhang, "Governing Art Districts," 840.

107 Sun Meng, "The Production of Art Districts," 176-209。

108 七九八工廠在九〇年代成為藝術區，廠房在2000年被拆除並進行私有化。2003年，業主七星集團不再續約，準備拆遷並修建高科技園區。2004年，學者向市政府提議保留該地區。2006年，儘管政府停辦了大山子藝術節，但還是指定七九八地區為文化創意產業園區。租金在五年內增長約七倍，畫廊的數量從2003年的二十二個增長到2008年的三百九十八個。商業活動全面開展，七九八隨後成為了旅遊熱點。Yue Zhang, "Governing Art Districts," 835.

109 Yue Zhang, "Governing Art Districts," 829.

110 文海，《放逐的凝視》，頁80、82。

111 作者對栗憲庭的採訪，宋莊，2015年7月11日。

112 根據電影節節目單的紀錄，周春芽贊助了2009年第四屆北京獨立影像展；東方集團的徐小平贊助了2010年的第五屆北京獨立影像展；設計師丁東贊助了2010年的中國紀錄片交流周；曾梵志贊助了2012年的第九屆北京獨立影像展。

113 Yomi Braester討論了（栗憲庭和草場地的）「獨立電影學校」，見：Yomi Braester, "Film Schools in the PRC: Professionalization and Its Discontents," in *The Education of the Filmmaker in Europe, Australia, and Asia*, ed. Mette Hjort (New York: Palgrave Macmillan, 2013), 214-215. 他注意到，栗憲庭電影學校的成功與政府對北京電影學院的加緊控制有關（崔子恩被禁止教學，崔衛平日益受到排擠直到2011年退休，張憲民則迴避了敏感議題）。

114 栗憲庭，〈我們只是想做自己喜歡的電影——第六屆《北京獨立電影展》序〉，2001年10月5日，《第六節北京獨立電影展畫冊》（2001）。自2008年起，朱日坤開始在現象網站上發表年度報告《中國獨立影像》。

115 文海，《放逐的凝視》，頁92。

116 朱日坤，〈前言〉，《第四節北京獨立電影展畫冊》（2009），無頁碼。

117 Abe Markus Nornes, "Bulldozers, Bibles, and Very Sharp Knives," *Film Quarterly*, Fall

苦修者的聖地》(1992);蔣越,《天珠在西藏》(1992);傅紅星,《甘孜藏戲團》(1992)。

95 新一代電影導演和香港之間因而形成一種連結(賈樟柯在香港成立他的製片公司西河星匯)。Li Cheuk-to, Wong Ain-ling, and Jacob Wong, "New Chinese Cinema at the HKIFF: A Look Back at the Last 20 Years," *China Perspectives*, no. 1 (2010): 79. 香港在書籍出版方面的角色也體現出類似的關聯。

96 賈樟柯,〈有了VCD和數碼攝像機以後〉。Seio Nakajima, "Film Clubs in Beijing: The Cultural Consumption of Chinese Independent Films," in *From Underground to Independent*, ed. Pickowicz and Zhang, 161-188。北京第一家「藝術影院」由香港百老匯於2010年初在MOMA開辦。

97 文海,《放逐的凝視》,頁75。

98 Chris Berry and Lisa Rofel, introduction to *The New Chinese Documentary Film Movement*, ed. Berry, Lu, and Rofel, 3-13.

99 舒可文,〈老栗前史〉,《三聯生活周刊》,第43期(2008年11月18日),http://lifeweek.com.cn/2008/1118/23320.shtml。根據栗憲庭的說法,圓明園藝術村始於一九八六年,最早入駐的是藝術家田斌。圓明園的住房便宜,附近大學食堂的餐費也很低廉,對那些不想進入體制工作的畢業生來說十分理想。趙亮和胡傑都拍攝過圓明園藝術村及其拆遷的電影:胡傑,《圓明園的藝術家》(1995);趙亮,《告別圓明園》(1995/2006)。此外,鄭闊的《暖冬》(2011)則記錄了七九八藝術家反對土地強徵的抗爭。

100 Sun Meng, "The Production of Art Districts," Ph.D. diss., University of Chicago, 2010。當時,宋莊村被定為農村,土地由村委會集體所有。藝術家「買」地時只能獲得「小產權」,有別於國有的、可以「售」給私人的城市土地(通常以七十年租約為形式,可續約)。這意味著當地方政府將農村土地重新劃定為城市土地進行開發和出售時,「小產權」的持有者在土地上建造的建築不受法律保護,得不到任何補償,只能接受政府提出的任何條件並遷移。一些知名的藝術家,比如草場地的黃銳,就陷入過這種法律困境。亦可見〈著名學者于建嶸工作室面臨拆遷〉,《明報》(香港),2017年5月23日,https://news.mingpao.com/pns1705241495562354987。

101 孟靜,〈小堡地理〉,《三聯生活周刊》(北京),第43期(2008年11月18日),http://lifeweek.com.cn/2008/1118/23318.shtml。

102 曾焱,〈萬物生長〉,《三聯生活周刊》(北京),第43期(2008年11月18日),http://lifeweek.com.cn/2008/1118/23321.shtml,包括對栗憲庭的引述。

好地融入《站台》。這真的非常特別。對我個人來說，當我學會怎麼騎腳踏車，我第一件事就是騎好長一段去看火車，因為我從來沒見過火車。那時我已經十幾歲了。」Stephen Teo, "Cinema with an Accent—Interview with Jia Zhangke, Director of Platform," *Senses of Cinema*, July 2001, https://www.sensesofcinema.com/2001/feature-articles/zhangke_interview/.

82 有人也許會說，電影這種對廢墟的審美癡迷揭示它班雅明式的內核，隨著鏡頭像克利（Paul Klee）畫中的天使那樣隨風前行，電影也傾向將過去視為一座越來越高的廢墟之山。

83 呂新雨，〈《鐵西區》：歷史與階級意識〉，頁5。

84 賈樟柯，〈其餘的都是沉默〉，《中國工人訪談錄》（濟南：山東畫報出版社，2009），頁3。

85 亦可見Pernin, *Pratiques indépendantes du cinéma documentaire*, 226-234. 史雯認為，關注地震的紀錄片標誌著從保留見證到更加介入式或者對抗性的方法的轉變。Marina Svensson, "Digitally Enabled Engagement and Witnessing: The Sichuan Earthquake on Independent Documentary Film," *Studies in Documentary Film* 11, no. 3 (2017): 200-216.

86 于堅，〈鏡頭後面的懺悔〉，易思成編，《今天，或黃金時代》，頁3。

87 "Fly on the Wall: Interview with Liu Jiayin, Director of Oxhide & Oxhide II," *Artspace China* (University of Sydney), June 3, 2011, http://blogs.usyd.edu.au/artspacechina/2011/06/the_universal_in_particular_in.html.

88 Jie Li, "Filming Power and the Powerless," *China Perspectives*, no. 1 (2010): 41.

89 趙亮在《良友》雜誌上的訪談：February 1, 2010, trans. Yan Yuqian, *dGenerate Films*, https://www.dgeneratefilms.com/post/zhao-liang-interviewed-about--i-petition--i.

90 趙亮，〈我更看重優雅的表達〉，「現象網」，2009年5月4日，趙亮個人網站轉錄，http://zhaoliangstudio.com/work/petition?lang=zh-CN。

91 〈紀錄片與社會現實〉，「現象網」，2009年7月24日。

92 Ying Qian, "Power in the Frame," 108.

93 Zhang Xianmin, "Questioning and Understanding: On the Chinese Free Documentary Movement Since 2000," in *Asian Documentary Today*, ed. Jane H. C. Yu (Busan: Busan International Film Festival, 2012), 58-59. 張憲民引用齊放民間放映聯盟的例子，它自2011年開始活躍，從社交媒體上發展出來，在十六個城市具有據點。

94 Lin Xudong, "Documentary in Mainland China." 在新亞洲潮流單元放映的六部片，包括吳文光，《1966，我的紅衛兵時代》（獲小川紳介獎）；SWYC（結構．浪潮．青年．電影）小組，《我畢業了》（1992）；郝志強，《大樹縣》（1992）；溫普林，《青浦：

70 同上註，頁ix。

71 曾金燕，〈當我們談論獨立電影時，我們談論什麼〉，收錄於文海，《放逐的凝視》，頁9-23。

72 這部分的內容初稿曾經以中文形式在雲之南紀錄影像展內部發表上刊出。

73 Yi Sicheng, "A Window to Our Times: China's Independent Film Since the Late 1990s," Ph.D. diss., University of Kiel, 2006, 38.

74 茱迪（Judith Pernin）的統計顯示，在九〇年代，每年只有不到十部紀錄片面世，但現在每年出產二十到五十部紀錄片，同時大概有五十位活躍的導演，每年拍攝約五百部影片。Judith Pernin, *Pratiques indépendantes du documentaire en Chine*, 10. 她指出四個重要的討論面向：空間的運用、參與式觀察的態度、非官方記憶，以及災難的呈現。錢穎建議採用另一種根據六種主題建立的鬆散類型學：流浪藝術家、國家權力、私密電影、拆遷、行動主義電影和證言。Ying Qian, "Power in the Frame: China's Independent Documentary Movement," *New Left Review*, no. 74 (March-April 2012): 105-123. 史雯和愛德華認為，獨立紀錄片顯示出主流影像一般會隱藏的東西：人和身分、事件和處境、記憶和歷史經驗。Dan Edwards and Marina Svensson, "Show Us Life and Make Us Think: Engagement, Witnessing, and Activism in Independent Chinese Documentary Today," *Studies in Documentary Film* 11, no. 3 (2017): 164.

75 文海，〈扎根：一個中國獨立紀錄片人的自白〉，《放逐的凝視》，頁333。

76 Ying Qian, "Power in the Frame," 105.

77 對中國火車和鐵路的這種理解，可參考：Emma Yu Zhang, "Socialist Builders on the Rails and Road: Industrialization, Social Engineering, and National Imagination in Chinese Socialist Films, 1949-1965," *Twentieth Century China* 42, no. 3 (2017): 255-273.

78 Sidney Leng, "Why a Chinese State Media Journalist Gave Up His Career to Become an Independent Filmmaker," interview, *South China Morning Post*, July 9, 2017, http://www.scmp.com/news/china/article/2101845/filmmaker-recalls-chinas-golden-age-documentaries.

79 Ning Ying, "My Motivation Is to Depict People I Can Identify With," interviewed by S. Louisa Wei, *China Perspectives*, no. 1 (2010): 66.

80 見本書附錄〈形成一種公共意識：對話賈樟柯〉。當然，火車和旅行的主題，也激發了解放和逃離山西破落村鎮的幻想，這是賈樟柯的劇情片《站台》（2000）裡火車的隱喻角色。

81 賈樟柯，〈《公共場所》導演的話〉，《賈想》，頁105。 賈樟柯在另一個訪談中說：「顯而易見地是，我對火車有特殊的愛好。火車意味著希望和未來。火車的主題非常錄片可以呈現真實嗎？〉，《明報周刊》（香港），2009年11月28日，頁48。

60 王小魯，〈「主體」漸現：二十年中國獨立紀錄片的觀察〉，《電影藝術》（北京），第6期（2010年6月），頁72-78，收錄於易思成編，《今天，或黃金時代》（昆明：雲之南紀錄影像展內部出版，2011），頁169、174。

61 呂新雨，〈《鐵西區》：歷史與階級意識〉，《讀書》（北京），第1期（2004），頁9、10、15。

62 此次討論，將李陀、崔衛平、賈樟柯、西川、歐陽江河和汪暉聚在一起，研討實錄發表於《讀書》，第2期（2007），頁3-31，以及〈《三峽好人》：故里、變遷與賈樟柯的現實主義〉，歐陽江河編，《中國獨立電影：訪談錄》（香港：劍橋大學出版社，2007），頁240-275。

63 汪暉，〈賈樟柯的世界與中國的大轉型〉，《人文與社會》，2007年2月5日，http://wen.org.cn/modules/article/view.article.php/article=152。

64 這種馬克思主義和後馬克思主義之間底層觀點的衝突，類似於林春對於王小波「沉默的大多數」的批判呈現出來的衝突（見第二章）。

65 Wang Bing, *Alors, la Chine*, interview by Emmanuel Burdeau and Eugenio Renzi (Paris: Les Prairies Ordinaires, 2014), 92. 譯註：原文以法文發表，本段翻譯自本書作者的英譯版。

66 論壇的討論參見Ying Qian, "Just Images: Ethics and Documentary Film in China," *China Heritage Quarterly*, no. 29 (March 2012), http://www.chinaheritagequarterly.org/scholarship.php?searchterm=029_qian.inc&issue=029.

67 中國獨立電影導演們逐漸從評論家們那拿回理論化論述的控制權，其中一個重要努力是電影人集體編輯的非官方期刊《電影作者》，以PDF格式發表。這個群體由十二名成員於2012年6月在導演毛晨宇的湖南老家中成立，他們認為「獨立電影整體需要被作為當代文化中的主體話語之一被集體認同，需要強勢聚集和集體表徵」。毛晨宇，〈詞喊革命，還是青年人在隱喻？〉，《電影作者》，第1期（2012），頁i。2011年，「薩滿—動物」宣言在南京舉行的中國獨立影像年度展（CIFF）期間被張貼在一面牆上，現可見於網路：〈薩滿．動物——對2011年10月31日CIFF紀錄片論壇的回應〉，https://site.douban.com/129499/widget/notes/5494326/note/181581347/。

68 Dan Edwards and Marina Svensson, "Show Us Life and Make Us Think: Engagement, Witnessing, and Activism in Independent Chinese Documentary Today," special issue, *Studies in Documentary Film* 11, no. 3 (2017): 164. 艾曉明的方法在這期特刊裡的其他文章中有進一步的紀錄。

69 歐陽江河，〈編者前言〉，歐陽江河編，《中國獨立紀錄片：訪談錄》，頁viii-x。

範大學出版社，2004），頁2。

50 朱靖江，〈導論：尋找的年代——中國獨立紀錄片的前世今生〉，梅冰、朱靖江編，《中國獨立紀錄片檔案》，頁6-7。朱靖江同時注意到，新型態的電視節目也促使這股拍攝普通人的潮流（頁8）。

51 朱靖江，〈導論〉，頁12。

52 羊子，〈思考的電影與想像民間化——羊子訪談〉，梅冰、朱靖江編，《中國獨立紀錄片檔案》，頁53。

53 朱日坤、萬小剛，〈序〉，朱日坤、萬小剛編，《影像衝動：對話中國新銳導演》（福州：海峽文藝出版社，2005），頁1。

54 崔衛平，〈中國大陸獨立製作紀錄片的生長空間〉。

55 張憲民、張亞璇編，《一個人的影像：DV完全手冊》（北京：中國青年出版社，2003）。該文集討論了四部外國紀錄片和四部中國電影：朱文的《海鮮》（2001）、賈樟柯的《公共場所》、杜海濱的《鐵路沿線》、艾未未的《盒子》（2001），做了十二位紀錄片導演的個人檔案，以及使用DV拍攝的技術建議和多篇論文。

56 呂新雨，〈在烏托邦的廢墟上〉，頁13。吳文光質疑將這麼多風格迥異的電影劃為同一種運動，認為這僅僅是一群朋友分享一些觀點以及一種製作紀錄片的新方式，在DV攝影機出現以前就開始了。Wu Wenguang, "Filmer l'imprévisible," 33.

57 呂新雨，〈在烏托邦的廢墟上〉，頁16。海外學者堅持質疑這些電影的「獨立性」，例如張英進寫道：「當他們聽從海外資助機構的指令並向其匯報時（這些機構包括國際電影節、私人基金會或電視台）『獨立』意味著什麼？」Yingjin Zhang, "Thinking Outside the Box: Mediation of Imaging and Information in Contemporary Chinese Independent Documentary," *Screen* 48, no. 2 (2007): 19. 麥格拉斯注意到：「在西方社會，中國獨立電影以『在中國被禁！』作為引起轟動的市場宣傳，這種現象不可否認地是揮之不去的冷戰文化論述的症狀。」Jason McGrath, "The Independent Cinema of Jia Zhangke: From Postsocialist Realism to a Transnational Aesthetic," in *The Urban Generation*, ed. Zhang Zhen, 108). 與此相反，呂新雨的研究則顯示新紀錄片運動的起源十分「本地」，海外利益只是後來才出現的。

58 呂新雨，〈新紀錄運動的力與痛〉，《讀書》，第5期（2006），頁12-22。

59 用賈樟柯自己的話來說：「虛構也是通向『真實』的一個橋梁。這其中由我們對於『真實』的理解——『真實』是怎麼發生、如何實現的；它是一個什麼層面的『真實』？『真實』本身是一種經驗和判斷，並不是我們拍紀錄片的手段，所以在我的紀錄片裡面有很多擺拍，我做很多假，我會找真實的人來演。」〈賈樟柯X杜海濱：紀

40 賈樟柯解釋，他從魯迅的小說《阿Q正傳》（1921）的「示眾」場景得到啟發，而設計出《小武》中的場景。Michael Berry, *Jia Zhangke's Hometown Trilogy: "Xiao Wu," "Platform," "Unknown Pleasures"* (Houndmills, U.K.: Palgrave Macmillan on behalf of the British Film Institute, 2009), 46-47. 賈樟柯在訪談中也反覆強調，普通空間就是他電影的某種母體，包括這些空間「最不現實的」的面向。賈樟柯，〈公共場所自述〉，《賈想》，頁107。

41 從這個視角來說，張真將獨立電影人定位為「都市世代」也許是有問題的：都市作為場景並不新（許多「都市」電影是由第五代製作），且大多數獨立電影的場景都在鄉村小鎮。張真提出，都市範式可理解為「一個具有批判性的類別，它將影像實踐置於生活之中，時常擾動社會、文化和政治經驗」，而這和「現場」的意思非常接近。Zhang Zhen, Introduction to *The Urban Generation*, ed. Zhang Zhen, 8.

42 Wu Wenguang, "Filmer l'imprévisible," interviewed by Judith Pernin, *Monde chinois*, no. 14 (October 2008): 32. 譯註：原文以法文發表，本段翻譯自本書作者的英譯版。

43 Ai Xiaoming, "Caméra-stylo, pour un réquisitoire social," interviewed by Judith Pernin, *Monde chinois*, no. 14 (October 2008): 37. 譯註：原文以法文發表，本段翻譯自本書作者的英譯版。Margherita Viviani認為應在「明確朝向社會運動和公民參與」的意義上重新定義「獨立」。Margherita Viviani, "Chinese Independent Documentary Films: What Role in Contemporary China?" paper presented at the *Asian Studies Association of Australia* biennial conference, July 5-8, 2010, Adelaide.

44 Paul Pickowicz, "Social and Political Dynamics of Underground Filmmaking in China," in *From Underground to Independent*, ed. Pickowicz and Zhang, 1-21. Valerie Jaffee, "Bringing the World to the Nation: Jia Zhangke and the Legitimation of Chinese Underground Film," *Senses of Cinema*, no. 32 (July-September 2004), http://sensesofcinema.com/2004/feature-articles/chinese_underground_film/.

45 崔衛平，〈中國大陸獨立製作紀錄片的生長空間〉。

46 呂新雨，《紀錄中國》，頁204，引用自李小山，〈被發現的女性視角——關於紀錄片《回到鳳凰橋》訪李紅、李小山〉，《今天》，第3期（2001年），頁53。

47 崔衛平，〈中國大陸獨立製作紀錄片的生長空間〉，頁84。

48 程青松、黃鷗，《我的攝影機不撒謊：先鋒電影人檔案——生於1961-1970》（北京：中國友誼出版公司，2002；再印，北京：山東畫報出版社，2010）。該書包括對章明、姜文、張元、王超、路學長、婁燁、王小帥和賈樟柯的訪談。

49 梅冰，朱靖江，〈前言〉，梅冰、朱靖江編，《中國獨立紀錄片檔案》（西安：陝西師

26 見本書附錄〈形成一種公共意識：對話賈樟柯〉。

27 賈樟柯，〈我不詩化自己的經歷〉（1998），《賈想》，頁30。

28 有評論指出，在張藝謀的電影《秋菊》中，主人公不是一個個人，而是「被壓迫農婦這個超越個人生命的符號」，而農民工「沒有鞏俐的永恆魅力，幾乎算不上是『國家電影』的符號」。Zhang Zhen, "Introduction. Bearing Witness: Chinese Urban Cinema in the Era of 'Transformation' (Zhuanxing)," in *The Urban Generation*, ed. Zhang Zhen, 6.

29 賈樟柯，〈一個來自中國基層的民間導演〉，《賈想》，頁55。

30 賈樟柯提到王小波和許倬雲之間的一次對話，關於藝術如何可以建立個人與社會之間更豐富的關係。見本書附錄〈形成一種公共意識：對話賈樟柯〉。

31 同上註。

32 同上註。

33 吳文光，〈DV：一個人的影像〉，《鏡頭像自己的眼睛一樣》（上海：上海文藝出版社，2001），頁256-263。

34 同上註。

35 吳文光，〈現場：和紀錄方式有關的書〉，《現場》，第1期（2000），頁274-275。

36 吳文光，〈2017：冷暖問題〉，草場地微信公號，2017年12月31日，http://www.ifuun.com/a201801068649526/。

37 Luke Robinson, "Contingency and Event in China's New Documentary Film Movement," Nottingham University, 2007, 27, http://eprints.nottingham.ac.uk/546/. Luke Robinson, *Independent Chinese Documentary: From the Studio to the Street* (New York: Palgrave Macmillan, 2013), 30.

38 引用自Luke Robinson, "From 'Public' to 'Private': Chinese Documentary and the Logic of Xianchang," in *The New Chinese Documentary Film Movement*, ed. Berry, Lü, and Rofel , 180; Cui Zhen, "Jilupian Nanren: Hu Xinyu fangtan" (The documentary *The Man*: An interview with Hu Xinyu), 22film, 2005, http://www.22film.com/ultracms/content/857/1.htm. 新浪博客轉發連結：http://blog.sina.com.cn/s/blog_4c616d21010007c9.html。實際上，胡新宇呼應了于堅早前支持民間詩歌的宣言，見于堅，〈拒絕隱喻〉（1995年8月），《于堅集》，卷5，頁125-136，以及本書第一章。

39 在這種意義上，也許有人會說獨立電影的某些作品更受蘇聯前衛實驗而非義大利新現實主義的影響。對此我也有討論，見Sebastian Veg, "From Documentary to Fiction and Back: Reality and Contingency in Wang Bing's and Jia Zhangke's Films," *China Perspectives*, no. 3 (2007): 136.

年為止共發行十七冊。另一份期刊是《先鋒譯叢》(天津),從2000年開始發行,也關注獨立影像,前五期主題分別是「搖滾與文化」、「『怪異』理論」、「六十年代」、「電視與權力」和「網路幽靈」,後來則專注於實驗劇場、實驗建築和實驗電影(第9期)。

17 賈樟柯,〈我的焦點〉,《今日先鋒》(北京),第5期(1997),收錄於《賈想》(北京:北京大學出版社,2009),頁18。

18 賈樟柯,〈業餘電影時代即將再次到來〉,《南方周末》(廣州),1998年11月13日,收錄於《賈想》,頁34-35。

19 賈樟柯,〈有了VCD和數碼攝像機以後〉,《賈想》,頁37、38。工作單位有時會為主管「內部參考放映」外國電影,但不對一般大眾開放。

20 賈樟柯,林旭東採訪,〈一個來自中國基層的民間導演〉,《今天》,第3期(1998年6月),收錄於《賈想》,頁46、69。在這個話題上的拓展討論,亦可見梁以文,〈從邊緣到世界的民間史詩〉,《賈樟柯電影世界特輯》(香港:香港藝術中心,2005),頁18-20。

21 賈樟柯曾反覆強調,他用「業餘」一詞,指的是對待拍攝對象的一種心態模式,而非電影技術的水平。然而,「並非由藝術家創造的無法企及的藝術理想」仍然很難實現。Valerie Jaffee, " 'Every Man a Star': The Ambivalent Cult of Amateur Art in New Chinese Documentaries," in *From Underground to Independent*, ed. Pickowicz and Zhang, 103.

22 季丹,《危巢》(2010)的導演闡述,《第五屆雲之南紀錄影像展場刊》(昆明:雲南美術,2011),頁29。

23 見本書附錄〈形成一種公共意識:對話賈樟柯〉。

24 同上註。

25《三峽好人》在威尼斯國際影展獲獎,但國家新聞出版廣電總局局長張宏生批其「沒有愛,不值得觀看」。Guo Qiang, "Film Chief Chides 'Cold Hearted' Director," *China Daily*, March 26, 2007. 總體上來說,方言在被批准製作的電影中是不受歡迎的,且在表現如毛澤東等重要的政治人物時也禁止使用。Dali Yang, "Language and the Politics of Identity in China in the Age of Globalization," in *Is There a Greater China Identity? Security and Economic Dilemma*, ed. I Yuan (Taipei: National Chengchi University, 2007), 159-172. 關於使用方言的完整討論,見Liu Jin, "The Rhetoric of Local Languages as the Marginal: Chinese Underground and Independent Films by Jia Zhangke and Others," *Modern Chinese Literature and Culture* 18, no. 2 (2006): 163-205.

9　呂新雨，〈在烏托邦的廢墟上〉，頁5。《彼岸》原是高行健的一部戲劇，導演牟森把它用於實驗性劇場表演，後來獨立紀錄片導演蔣越再將其拍攝成片。于堅，〈新紀錄：牟森的《彼岸》〉，《于堅集，卷5：拒絕隱喻》（昆明：雲南人民文學出版社，2004），頁176-182。黃文海（又名文海）批判了呂新雨的解讀，認為蔣越實際上試圖拍攝一部關於戲中演員的烏托邦樂觀主義的片子，而呂新雨的立場則是後一九八九知識分子典型的犬儒主義。文海，《放逐的凝視》，頁37。

10　呂新雨寫道：「新紀錄運動對於當今中國的意義在於：它建立了一種自下而上的透視管道，在當今中國社會政治經濟格局下，透視出不同階層人們的生存訴求及其情感方式；它是對主流意識形態的補充和校正，是使歷史得以『敞開』和『豁亮』，是允諾每個人都有進入歷史的可能性，是創造歷史，是一個社會民主的體現。」〈在烏托邦的廢墟上〉，頁23。

11　張元和朱文與王小波、李銀河關係密切。王小波是《東宮西宮》的編劇之一，劇情基於他的小說〈似水柔情〉以及他和李銀河關於同性戀的研究《他們的世界》。見本書第二章以及Chris Berry, "Staging Gay Life in China: Zhang Yuan and East Palace, West Palace," in *Chinese Connections: Critical Perspectives on Film, Identity, and Diaspora*, ed. Tan See-kam, Peter X. Feng, and Gina Marchetti (Philadelphia: Temple University Press, 2009), 165-176.

12　賈樟柯，〈我不相信，你能猜對我們的結局〉，《南方周末》（廣州），2010年7月21日。

13　Lin Xudong, "Documentary in Mainland China," *Yamagata International Documentary Film Festival Publications*, 2005, https://www.yidff.jp/docbox/26/box26-3-e.html.《流浪北京》在多個外國電影節上映，包括1991年的香港國際電影節和山形電影節。.

14　有兩個研究列出較為詳盡全面的片單，見*From Underground to Independent: Alternative Film Culture in Contemporary China*, ed. Paul Pickowicz and Zhang Yingjin (Lanham, Md.: Rowman and Littlefield, 2006), 209-244 and 245-248; Judith Pernin, *Pratiques indépendantes du documentaire en Chine: Histoire, esthétique et discours visuels (1990–2010)* (Rennes, France: PUR,2015), 263-280.

15　本書「作為民間知識分子的獨立導演」的部分內容修改自：Sebastian Veg, "Opening Public Spaces," in "Filming in the Space of the People," ed. Judith Pernin and Sebastian Veg, special issue of *China Perspectives*, no. 1 (2010): 4-10.

16　《今日先鋒》（北京）是北京師範大學教授蔣原倫和王蒙編輯的系列期刊／叢書。1994年起由生活・讀書・新知三聯書店出版，2000年後由天津科學院出版社出版，至2013

lawmakers-seek-protect-dead-communist-heros-new-law/.

128 資中筠，〈革新中國傳統歷史觀〉。

第四章 從邊緣探索及改變社會：獨立電影的興起與落幕

1 崔衛平，〈中國大陸獨立製作紀錄片的生長空間〉，《二十一世紀》（香港），第77期（2003年6月），頁92、94。首屆獨立影像節中途被當局打斷。林旭東注意到杜海濱的電影《鐵路沿線》獲得首獎。李鐵成又提出「亞體制」概念，見李鐵成，《體制與亞體制：重讀中國獨立電影的獨立性》（香港中文大學博士論文，2012）。

2 羊子，〈民間的涵義〉，《南方周末》（廣州），2001年9月30日。關於羊子（生於1973年），見文海，《放逐的凝視：見證中國獨立紀錄片》（台北：傾向出版社，2016），頁77。

3 同上註。

4 Seio Nakajima, "Film as Cultural Politics," in *Reclaiming Chinese Society: The New Social Activism*, ed. You-tien Hsing and Ching Kwan Lee (New York: Routledge, 2009), 159-183.

5 例如，《南方周末》曾組辦DV競賽「全民亂拍——影響力」，每季支持十個影像計劃。第一次徵集在2007年展開，主題是「家族」。該競賽的豆瓣頁面：〈全民亂拍——影響力：南方周末DV行動徵集啟事〉，2007年11月1日，https://www.douban.com/group/topic/2143419/。

6 呂新雨，〈在烏托邦的廢墟上——新紀錄運動在中國〉，《紀錄中國：當代中國新紀錄運動》（北京：生活・讀書・新知三聯書店，2003），頁4。

7 Chris Berry強調「六四事件」在早期新紀錄片的「核心結構性缺席」。Chris Berry, "Getting Real," in *The Urban Generation: Chinese Cinema and Society at the Turn of the Twenty-First Century*, ed. Zhang Zhen (Durham, N.C.: Duke University Press, 2007), 119.

8 例如，Paola Voci認為獨立電影人強調視覺性（視覺漫遊）而非論述（口頭異議）：「口頭異議（如《河殤》）公開宣稱可以成為動員人民、啟發甚至組織革命的力量。視覺漫遊者則幾乎從不將他們的批判轉為一個實踐計劃；然而，他們對意識形態吸納的不屈服抵抗，取而代之呈現『一些真切的東西』，這應當得到我們的關注。」Paola Voci, "From the Center to the Periphery: Chinese Documentary's Visual Conjectures," *Modern Chinese Literature and Culture* 16, no. 1 (2004): 105. 還可以參見Luke Robinson的觀點，他對比《河殤》中具有目的論的時間和獨立電影中的偶發性時間。Luke Robinson, *Independent Chinese Documentary: From the Studio to the Street* (New York: Palgrave Macmillan, 2013), 74-84.

117 宋彬彬，〈40年來，我一直想說的話〉，《記憶》（北京），第80期（2012年2月4日），https://news.qq.com/a/20140113/001794_all.htm。《記憶》有好幾期特刊專論宋彬彬事件，如第47、49、80期，以及最近的第112期。

118《東方》雜誌紀念特刊的目錄被刪節，但封面沒有改動，可以看到未刪節的目錄；官方後來廢止這份刊物。Edward X. Gu, "Social Capital, Institutional Change, and the Development of Non- governmental Intellectual Organizations in China," in *Chinese Intellectuals Between State and Market*, ed. Edward X. Gu and Merle Goldman (London: Routledge, 2004), 35-37。

119 王蒙，〈反思文革責無旁貸〉，《炎黃春秋》（北京），2016年3月，http://www.yhcqw.com/html/qsp/2016/39/1639224332EKECH10107383HJ162KAI3H3B.html。

120 王海光，〈從「徹底否定」到「徹底反思」〉，《炎黃春秋》（北京），2016年5月，http://www.yhcqw.com/html/qsp/2016/39/1639225449J5FH6101080228KBKC96C7BAG.html。本段改寫自Sebastian Veg, "Debating the Memory of the Cultural Revolution in China Today," *Modern Chinese Literature and Culture*, August 2016，http://u.osu.edu/mclc/online-series/veg2/.

121 馬勇，〈今天該如何反思文革〉，《鳳凰評論》（香港），2016年2月17日。

122 胡平，〈大力推薦楊繼繩先生新著《天地翻覆：中國文化大革命史》〉，「中國人權　」，2017年2月5日，https://www.hrichina.org/chs/zhong-guo-ren-quan-shuang-zhou-kan/hu-ping-da-li-tui-jian-yang-ji-sheng-xian-sheng-xin-zhu-tian-di。

123 楊繼繩，〈道路、理論、制度：我對文化大革命的思考〉，《記憶》（北京），第104期（2013年11月30日），頁18、22。

124 秦暉，〈我們該怎樣反思文革〉，《問題與主義：秦暉文選》（長春：長春出版社，1999），頁10-12。在另一篇文章中，秦暉將毛澤東時期的經濟不平等比作種姓制度，見秦暉，〈世紀之交中國的經濟轉軌、社會公正與民主化問題〉，《戰略與管理》，第1期（2003）。

125 何蜀，〈眾溪奔湧匯江海：文革研究路上20年所知所感〉，《昨天》（重慶），第77期增刊（2016年9月30日），頁60。

126 這場討論提出的知識分子地位問題呼應了摒棄菁英視角的大趨勢，不過對楊絳的一些具體指控則不是那麼合理。見Sebastian Veg, "Debating the Memory of the Cultural Revolution in China Today."

127 Jack Hu, "Chinese Lawmakers Seek to Protect Dead Communist Heroes with New Law," *Global Voices*, March 25, 2017, https://www.hongkongfp.com/2017/03/25/chinese-

做到講真話、說真事、吐真情、辨真理，恢復歷史的原貌，彰顯真善美的人性，以此激勵生者，警示來者！」Jean-Philippe Béja, "Writing About the Past," 32. 另見Chris Buckley, "Conviction for Memoirs Is Reminder of Mao Era," *New York Times*, February 25, 2015.

105 Ian Johnson, "China's Brave Underground Journal," *New York Review of Books*, December 4, 2014.

106 香港中文大學中國研究服務中心民間歷史網站的簡介：「這是一個普通人的歷史網站，邀請讀者來信來稿並推薦作品，參與其中。對回憶文字中可能發生的失誤，也歡迎讀者來信指出。」http://mjlsh.usc.cuhk.edu.hk/default.aspx

107 烏扎拉·迪，〈從官方到民間——王年一的道路與意義〉，《記憶》（北京），第1期（2013年9月），頁15-17。王年一，《大動亂的年代》（鄭州：河南人民出版社，1988）。

108 啟之（吳迪），〈《記憶》主編告讀者〉，《記憶》（北京），第92期（2013年1月），頁148。

109 同上註，頁148。

110 同上註，頁150。

111 按照吳迪的說法，王友琴（北大中文系畢業，目前在芝加哥大學任教，並擔任文革受難者紀念網站編輯，網站內容於2004年出版成書）要求《記憶》全文轉載她的一篇已發表文章，雜誌編輯則認為只需要刊登節選。編輯謝絕後，王友琴指責他們收了宋彬彬的錢，發表宋彬彬版本的1966年「八五事件」。吳迪還指出王友琴研究中的問題，比如她直接引用印紅標著作中的1966年北京「紅八月」死亡統計，但沒有註明出處。啟之（吳迪），〈《記憶》主編告讀者〉，頁150。

112 其他描寫紅衛兵暴力受害者的紀錄片有張珂的《青春墓園》，講述重慶的紅衛兵墓地，還有徐星的《我的文革編年史》（2007）和《罪行摘要》（2013）。

113 啟之（吳迪），〈《記憶》主編告讀者〉，頁151。

114 Jonathan Kaimann, "China Cracks Down on Social Media with Threat of Jail for'Online Rumours'?" *Guardian*, September 10, 2013, https://www.theguardian.com/world/2013/sep/10/china-social-media-jail-rumours.

115 焦國標，〈發刊詞〉，《黑五類憶舊》（網路），第1期（2010年7月30日），頁2-3。

116 這類文章的第一篇是王克明，〈我打谷志有〉，《炎黃春秋》（北京），2008年第5期，頁64，後編入「懺悔錄」專欄。王克明和宋小明後來出版著作《我們懺悔》（北京：中信出版社，2014）。

分子」，見Paul Pickowicz,"Memories of Revolution and Collectivization in China: The Unauthorized Reminiscences of a Rural Intellectual," in *Memory, History, and Opposition*, ed. Watson, 127-148.

88 賀蕭（Gail Hershatter）的研究這方面頗具影響力，*The Gender of Memory: Rural Women and China's Collective Past* (Berkeley: University of California Press, 2011)，中譯本有張贇譯，《記憶的性別：農村婦女和中國集體化歷史》（北京：人民出版社，2017）。

89 郭于華，《傾聽底層：我們如何講述苦難》（桂林：廣西師範大學出版社，2011）。

90 例如，郭于華，〈權力如何閹割我們的歷史記憶〉（公開講座講稿），《現代大學周刊》（北京，後更名為《思想與理想》），2015年12月15日。

91 郭于華，〈「弱者的武器」與「隱藏的文本」：研究農民反抗的底層視角〉，《讀書》（北京），第7期（2002年），頁11-18。

92 郭于華，《受苦人的講述》，頁2。

93 孫立平，〈傾聽「被革命捲入者」的心靈〉，頁xix。

94 郭于華，《受苦人的講述》，頁13、27、23。

95 同上註，頁155。

96 同上註，頁164。

97 詳見Jean-Philippe Béja, "Writing About the Past."

98 Wu Si, "*Annals of the Yellow Emperor*," 47. 另見Mary G. Mazur, "Public Space for Memory in Contemporary Civil Society: Freedom to Learn from the Mirror of the Past?" *China Quarterly*, no. 160 (December 1999): 1019-1035, esp. 1027-1032.

99 江迅，〈獨家專訪《炎黃春秋》雜誌社社長杜導正——中國民主慢步前進突破〉，《亞洲週刊》（香港），第22期（2007年6月11日）。

100 資中筠，〈革新中國傳統歷史觀〉，《炎黃春秋》（北京），2014年7月。

101 Wu Si, "*Annals of the Yellow Emperor*," 48.

102 丁東，〈《老照片》和歷史記憶〉，《神州交流／*Chinese Cross-Currents*》（澳門），2006年4-6月，頁95-96。

103 另一份半官方雜誌是《看歷史》（成都，原名《先鋒國家歷史》），由商業出版社（成都先鋒文化傳媒）支持，2007年至2013年2月期間發行，後因涉及台灣問題被整肅，改制為純商業雜誌。

104 Jean-Philippe Béja在研究中引用《往事微痕》創刊號中所寫的辦刊宗旨：「我們幾位耄耋之年的老人，總想讓大家（也包括我們自己），能將經歷過的大事小事寫出來，

73 微博上的這種現象的分析，可參見Jun Liu and Hui Zhao: "Social Media and Collective Remembrance," *China Perspectives*, no. 1 (2015): 41-48.

74 引自Jun Liu, "Contested Past: Social Media and the Production of Historical Knowledge of the Mao Era," in *Popular Memories of the Mao Era*, ed. Veg, 66. 林治波在2014年7月被任命為蘭州大學新聞學院院長，引發了爭議。

75 Wendy Qian, "In Going Back to 1942, Chinese Film Director Takes Subtle Aim at Communist Party," *Atlantic*, March 28, 2013. 另見劉震雲的評論文章：Liu Zhenyun, "Memory, Loss," *New York Times*, November 30, 2012, http://www.nytimes.com/2012/11/30/opinion/global/why-wont-the-chinese-acknowledge-the-1942-famine.html.

76 徐友漁，〈為三千六百萬餓殍立墓碑〉，《開放》（香港），2008年10月。

77 楊繼繩，〈駁餓死三千萬是謠言〉，《炎黃春秋》（北京），2013年12月。

78 Anthony Garnaut, "The Mass Line on a Massive Famine," *The China Story*, October 8, 2014, https://www.thechinastory.org/2014/10/the-mass-line-on-a-massive-famine/.

79 Wu Si, "*Annals of the Yellow Emperor*: Reconstructing Public Memory of the Mao Era," trans. Stacy Mosher, in *Popular Memories of the Mao Era*, ed. Veg, 43-60.

80 楊繼繩為「萊昂斯新聞良知與正義獎」所寫的答謝詞，2016年3月10日，http://nieman.harvard.edu/awards/louis-lyons-award/yang-jisheng-speech-transcript/.

81 Bérénice Reynaud, "Translating the Unspeakable: On-Screen and Off-Screen Voices in Wu Wenguang's Documentary Work," in *The New Chinese Documentary Film Movement: For the Public Record*, ed. Chris Berry, Xinyu Lu, and Lisa Rofel (Hong Kong: Hong Kong University Press, 2010), 157-176。關於村民影像計劃，見Huang Xuelei, "Murmuring Voices of the Everyday: Jia Zhitan and His Village Documentaries," *Journal of Chinese Cinemas* 10, no. 2 (2016): 166-186.

82 Paul Pickowicz, "A Hundred Years Later: Zou Xueping's Documentaries and the Legacies of China's New Culture Movement," *Journal of Chinese Cinemas* 10, no. 2 (2016): 187-201.

83 吳文光，〈「民間記憶計劃」中的大饑荒紀錄片〉，《二十一世紀》（香港），第142期（2014年4月），頁104。

84 吳文光，〈「民間記憶計劃」中的大饑荒紀錄片〉，頁104。

85 同上註，頁105。

86 比如，郭睿帶著她的影片參加2013年11月在蘇州舉辦的首屆全國公共歷史會議。

87 羅兵的影片有《羅家屋：我和任定其》（2011）、《羅家屋：天地無情》（2012）和《羅家屋：永別羅家橋》（2013）。任定其讓人想起Paul Pickowicz描述的「村民知識經常進行公共介入的史學家是袁偉時（廣州中山大學），他的專欄文章集結成《昨天的中國》（杭州：浙江大學出版社，2012）。

57 見沈志華的演講「韓戰的起源」，由《東方歷史評論》於2013年4月13日在北京舉辦，以及他的著作《毛澤東、史達林與韓戰》（廣州：廣東人民出版社，2003）。

58 汪暉，〈二十世紀中國歷史視野下的抗美援朝戰爭〉，《文化縱横》，第6期（2013年12月），頁78-100。

59 楊奎松，〈以論帶史的尷尬〉，《東方早報》，2013年12月29日。

60 楊奎松，〈也談「去政治化」問題〉，《東方早報》，2014年1月19日。

61 高華，《紅太陽是怎樣升起的》（香港：香港中文大學出版社，2000）。David Chang, review of *How the Red Sun Rose*, *China Review International* 15, no. 4 (2008): 515-521。據出版社說，高華這本書的中文版在2018年已再刷十九次。

62 高華，〈有關毛澤東研究的幾個問題〉，2002年10月18日在上海華東師範大學的講座，http://book.ifeng.com/shupingzhoukan/special/duyao67/wenzhang/detail_2012_02/24/12762728_0.shtml。

63 Susanne Weigelin-Schwiedrzik, "Trauma and Memory."

64 楊繼繩，《墓碑》（香港：天地圖書有限公司，2008），頁5-26。

65 閻連科，《四書》（香港：明報出版社，2010）。另見Sebastian Veg, "Creating a Literary Space to Debate the Mao Era: The Fictionalization of the Great Leap Forward in Yan Lianke's Four Books," *China Perspectives*, no. 4 (2014): 7-16.

66 Yu Hua, "China Waits for an Apology," *New York Times*, April 9, 2014, https://www.nytimes.com/2014/04/10/opinion/yu-hua-cultural-revolution-nostalgia.html.

67 本節部分內容曾發表在Sebastian Veg, "Literary and Documentary Accounts of the Great Famine: Challenging the Political System and the Social Hierarchies of Memory," in *Popular Memories of the Mao Era*, ed. Veg, 115-136.

68 Ian Johnson, "Finding the Facts About Mao's Victims," interview with Yang Jisheng, *New York Review of Books Daily*, December 20, 2010, http://www.nybooks.com/blogs/nyrblog/2010/dec/20/finding-facts-about-maos-victims/.

69 楊繼繩，《墓碑》，頁17。

70 同上註，頁21、49。

71 編輯部，〈以誠實和良知祭奠饑荒〉，《南方人物周刊》（廣州），第16期「大饑荒」特刊（2012年5月21日），頁35。

72 謝貽卉也拍攝過關於李盛照的紀錄片《右派李盛照的飢餓報導》（2012）。

China," *China Quarterly*, no. 218 (June 2014): 514-539.

46 七篇故事在2002年以《夾邊溝記事》(天津：天津古籍出版社)出版；另外十九篇故事收入2003年第二版《告別夾邊溝》(上海：上海文藝出版社)；2008年再版時改回原名《夾邊溝記事》(廣州：花城出版社)。該書被禁的新聞，見Solidot, "*Chronicles of Jiabiangou* and Other Works Removed from Electronic Bookstores Within China," *China Digital Times*, July 16, 2017, https://chinadigitaltimes.net/chinese/564154.html.

47 另見王兵為楊顯惠的第三本書《甘南記事》所寫的書評〈良知、責任與文學的真實性〉，《南方人物周刊》，第13期(2012年4月22日)，頁109。

48 對這兩部影片更詳細的討論，見Sebastian Veg, "Testimony, History, and Ethics," and Sebastian Veg, "The Limits of Representation: Wang Bing's Labor Camp Films," *Journal of Chinese Cinemas* 6, no. 2 (2012): 173-187。

49 〈「右派」勞改營50年〉，《南都周刊》(廣州)，2010年12月3日，https://news.qq.com/a/20101203/000777.htm或 者http://news.sina.com.cn/c/sd/2010-11-26/152021539314.shtml。

50 關於《夾邊溝祭事》影片製作和發行的具體過程，以及內容的詳細討論，見Zeng, Jinyan. "Visualizing Truth-Telling in Ai Xiaoming's Documentary Activism," *Studies in Documentary Film* 11, no. 3 (2017): 184-199。

51 Ian Johnson, "The People in Retreat: An Interview with Ai Xiaoming," *New York Review of Books Daily*, September 8, 2016.

52 Judith Pernin, "Filmed Testimonies, Archives, and Memoirs of the Mao Era: Staging Unofficial History in Chinese Independent Documentaries,"in *Popular Memories of the Mao Era*, ed. Veg, 137-160。張先癡，《勞改回憶錄》(台北：秀威資訊，2013)。

53 劉洋碩，〈重返大堡：1960少年勞教往事〉，《南方人物周刊》，第30期(2013年9月2日)，頁12，http://www.nfpeople.com/story_view.php?id=4781。

54 吳虹飛，〈沈志華：重金搜集蘇聯檔案〉，《南方人物周刊》(廣州)，第18期(2008年6月21日)，頁70-73。

55 曹樹基起初是人口和流行病學史學者，於2005年在香港出版關於大饑荒的著作，並在多份中文學術期刊上發表關於反右運動的論文。曹樹基，《大饑荒：1959-1961年的中國人口》(香港：香港時代國際出版有限公司，2005)。

56 例如楊奎松一篇很不尋常、關於毛澤東的英文論文，他用了很大篇幅論述毛澤東在一九二〇年代倡導湖南獨立。Yang Kuisong, "Mao's Winding Road to Socialism," *Caixin*, January 18, 2015. 另一個例子是沈志華在2017年夏天對中國對朝政策的介入。另一位

China Morning Post, April 29, 2013. 2015年，自由亞洲電台（Radio Free Asia）報導有數千名鎮暴警察封鎖了通往靈岩山的道路，幾十位行動者在林昭祭日當天被捕。

33 彭令范，〈我父母和林昭的墓地〉，《南方周末》，2013年12月2日。彭令范承認自己腦海裡想像過一個場景：林昭的靈魂在胡佛檔案館與蔣介石相遇，並對他說「我母親認識你」。

34 艾曉明，〈林昭遺稿研究之一〉，《東方歷史評論》（北京），2014年2月25日。還可見傅國涌等編，《林昭之死：1932-1968四十年祭》（香港：開放出版社，2008）；曾金燕，〈紀錄片電影再現女性抗爭者：對話艾曉明〉，《思想》（台灣），第41期（2020），頁239-251。

35 Jean-Philippe Béja, "Writing About the Past, an Act of Resistance: An Overview of Independent Journals and Publications About the Mao Era," in *Popular Memories of the Mao Era*, ed. Veg, 21-42。

36 譚蟬雪，《求索：蘭州大學「右派反革命集團案」紀實》（香港：天馬出版有限公司，2010），頁13。

37 譚蟬雪，《求索：蘭州大學「右派反革命集團案」紀實》，頁14。

38 錢理群，〈心是顫動的，血是熱的，靈魂是聖潔的！〉，收錄於譚蟬雪，《求索》，頁2。

39 同上註，頁7。

40 胡傑的影片《星火》（2013）進一步引發對於《星火》團體的興趣和討論，其團員指出的體制問題在當今依舊具有相同的意義。

41 和鳳鳴的《經歷：我的一九五七年》第一版於2001年出版（蘭州：敦煌文藝出版社）。其他夾邊溝回憶錄中較有名的是哲學學者高爾泰和前地方幹部刑同義的作品：高爾泰，《尋找家園》（廣州：花城出版社，2004）；刑同義《恍若隔世：回眸夾邊溝》（蘭州：蘭州大學出版社，2004）。對夾邊溝回憶錄的概述，見黃勇，〈夾邊溝右派勞教文學書寫〉，《二十一世紀》，第102期（2007年8月），頁118-126。

42 錢理群，《拒絕遺忘》；師濤，〈呼籲儘快建立「夾邊溝紀念館」〉，博訊，2002年9月15日，http: //blog.boxun.com/hero/shitao/45_1.shtml。

43 邵燕君，〈文學，作為一種證言——楊顯惠訪談錄〉，《上海文學》，第12期（2009），頁94。

44 同上註，頁94。

45 更詳盡的討論，見Sebastian Veg, "Testimony, History, and Ethics: From the Memory of Jiabiangou Prison Camp to a Reappraisal of the Anti-Rightist Movement in Present-Day

(2007): 75-87.

22 智量，《飢餓的山村》（桂林：灕江出版社，1994）。

23 王小波，〈沉默的大多數〉，《思維的樂趣》（昆明：雲南人民出版社，2006），頁3。

24 總的來說，本章從筆者最近編輯的*Popular Memories of the Mao Era: From Critical Debate to Reassessing History* (Hong Kong: Hong Kong University Press, 2019)中汲取靈感。

25 Jonathan Unger, ed., *Using the Past to Serve the Present: Historiography and Politics in Contemporary China* (Armonk, N.Y.: M. E. Sharpe, 1993); Ching Kwan Lee and Guobin Yang, eds., *Re-envisioning the Chinese Revolution: The Politics and Poetics of Collective Memories in Reform China* (Washington, D.C.: Woodrow Wilson Center Press, 2007).

26 Susanne Weigelin-Schwiedrzik, "Trauma and Memory: The Case of the Great Famine in the People's Republic of China (1959-1961)," *Historiography East and West* 1, no. 1 (2003): 41-67; Felix Wemheuer, "Der Weg in die Hungersnot: Erinnerungen chinesischer Intellektueller an den ländlichen 'Großen Sprung nach vorne' (1958-1961)" (The path to famine: Memories of Chinese intellectuals about the rural "Great Leap Forward" [1958-1961]), *Asien*, no. 25 (2005): 25-41; 孫立平，〈傾聽「被革命捲入者」的心靈〉，收錄於郭于華，《受苦人的講述：驥村歷史與一種文明的邏輯》（香港：香港中文大學出版社，2013），頁xv-xix。

27 Rubie Watson, "Memory, History, and Opposition Under State Socialism: An Introduction," *Memory, History, and Opposition Under State Socialism*, ed. Rubie Watson (Santa Fe, N.M.: School of American Research, 1994), 10-12.

28 彭令范，〈我的姐姐林昭〉，1998年11月，《愛思想》，2006年4月29日。關於林昭，還可參見最近的研究Lian Xi, *Blood Letters: The Untold Story of Lin Zhao, a Martyr in Mao's China* (New York: Basic Books, 2018).

29 Jie Li, "Virtual Museums of Forbidden Memories," *Public Culture* 21, no. 3 (2009): 541.

30 Ian Johnson, "China's Invisible History: An Interview with Filmmaker and Artist Hu Jie," *New York Review* blog, May 27, 2015, https://www.nybooks.com/daily/2015/05/27/chinas-invisible-history-hu-jie/.

31 傅國湧，〈讀林昭十四萬言書〉，《南方周末》，2008年5月1日。

32 2013年的紀念儀式吸引了一百多位哀悼者（還有兩百名警察），此時警方已在林昭墓旁架設攝影機，安全部門也已拜訪盤查當地的志工嚮導。Patrick Boehler, "Remembrance of Dissident Lin Zhao Obstructed on 45th Execution Anniversary," *South*

版社，2007），頁1-15。

8 錢理群，〈寫在前面〉，《拒絕遺忘》，頁17。

9 同上註，頁18。

10 錢理群，《拒絕遺忘》，頁496。

11 其中一位草根行動者是成都的冉雲飛，他計劃調查四川省內1978年未被平反的九十六位右派分子，主要是以前的「壞分子」和反右運動後社會主義教育運動的受害者。冉雲飛，〈從官方史料看一個省的反右運動〉，端傳媒，2015年7月10日。香港的「五七學社」在其中也發揮了重要作用。

12 例如，韓松的紀錄片《北大五一九》。該片導致宋莊的北京獨立影像展在2014年被停辦。

13 例如，陳徒手（《北京青年報》文化增刊編輯）的研究〈北京高校50年代對教授入黨的態度〉，《南方周末》，2011年12月6日。另可見陳徒手，《人有病，天知否》（北京：人民文學出版社，2000）。關於馬莉，見〈訪談馬莉：在一定的尺寸上燃燒〉，2013年12月8日，訪談家，第1期（2016），http://cul.qq.com/a/20170615/004737.htm。

14《關於建國以來黨的若干歷史問題的決議》，1981年6月27日。

15 巴金，〈紀念〉，《隨想錄選集》（北京：生活・讀書・新知三聯書店，2003），頁53。

16 劉再復，〈新時期文學的突破和神話〉，《人民日報》，1986年9月8日，全文後來以「文學與懺悔意識：讀巴金的《隨想錄》」為題收錄於《劉再復集》（哈爾濱：黑龍江教育出版社，1988），頁313-326。

17 劉曉波，〈危機！新時期文學面臨的危機〉，《深圳青年報》，1986年10月3日。

18 嚴家其、高皋，《「文革」十年史》（香港：大公報社，1986），英譯本為*Turbulent Decade: A History of the Cultural Revolution*, trans. Danny Kwok (Honolulu: Hawai'i University Press, 1996)。作者特別將「專制政治制度」列為文革「大災難」的關鍵因素之一。*Turbulent Decade*, 3, 529.

19 見徐友漁編，《1966：我們那一代的回憶》以及徐友漁對紅衛兵運動的研究《形形色色的造反》（香港：香港中文大學出版社，1999）。

20 王朔，〈動物凶猛〉，《收穫》，第6期（1991年），頁130-169。

21 Wendy Larson, "Okay, Whatever: Intellectuals, Sex, and Time in Wang Xiaobo's The Golden Years" and "As You Wish It: *In the Heat of the Sun*," in *From Ah Q to Lei Feng: Freud and Revolutionary Spirit in 20th Century China* (Stanford, Calif.: Stanford University Press, 2009), 132-153, 157-183; Sebastian Veg, "Utopian Fiction and Critical Examination: The Cultural Revolution in Wang Xiaobo's The Golden Age," *China Perspectives*, no. 4,

被點名具有菁英主義，宣稱自己為「公共利益和公共意識的看門人」和「社會正義和世道良知的守護人」（王小波很可能不認為他自己有這樣的角色）。

128 袁鵬，〈中國真正的挑戰在哪裡？〉，《人民日報》（海外版），2012年7月31日，http://news.sina.com.cn/pl/2012-07-31/035924873558.shtml。

第三章　研究毛澤東時代的民間史家：紀念、記錄、爭論

1 《中共中央批轉〈關於全部摘掉右派分子帽子的請示報告〉的通知》（中發【1978】11號），1978年4月5日；《批准中共中央組織部、中共中央宣傳部、中共中央統戰部、公安部、民政部貫徹中央關於全部摘掉右派分子帽子決定的實施方案》（中發【1978】55號），1978年9月17日。

2 牛漢、鄧九平主編，《記憶中的反右派運動》，《第一卷：原上草》、《第二卷：六月雪》、《第三卷：荊棘路》（北京：經濟日報出版社，1998）。該書收錄一九五七年北京大學的文字記錄，包括聶紺弩、丁玲、陳企霞、王蒙等著名知識分子的個人陳述。

3 北京大學中文系教授賀桂梅主要研究社會主義時期的宣傳小說，她最早羅列此類出版物，稱這一波是「世紀末懷舊情緒」的表達。她認為，對那些已被平反並在八〇年代與國家合作的自由派知識分子來說，這些回憶錄和研究是一種轉而反對國家的表現，因為國家的經濟改革削弱了他們的社會影響力。賀桂梅，〈世紀末的自我救贖——一九九八年「反右」書籍熱的文化分析〉，《上海文學》，2000年4月，頁71-76。

4 《最後的貴族》中有幾章的初稿曾於2002年和2003年在半官方刊物《老照片》上發表。該書原名為「往事並不如煙」（北京：人民文學出版社，2004），出版後隨即暢銷直到被禁，後在香港以「最後的貴族」為名再版（香港：牛津大學出版社，2004）。未刪節的港版書在中國以正版、盜版和電子版等各種方式流傳。章詒和之後的《伶人往事》（長沙：湖南文藝出版社，2006）和其他八本書也都在2007年遭禁，並被告知再也不能在中國出版。2010年，章詒和以自己在文革中的十年牢獄生活為藍本，在香港出版一套描寫女性囚徒的小說，顯示菁英知識分子如何從紀念「最後的貴族」轉而嘗試從底層視角反思歷史。

5 戴煌，《九死一生》（北京：中央編譯出版社，1998；再版，上海：學林出版社，2000）。更多右派回憶錄，見殷叔平的《秋望》和孔令平的《血紀》。

6 例如，戴為偉關於母親的回憶錄〈宣敘調〉，發表於香港中文大學中國研究服務中心架設的網站「民間歷史」：http://mjlsh.usc.cuhk.edu.hk/Book.aspx?cid=4&tid=1206。

7 錢理群，〈不容抹殺的思想遺產——重讀《北京大學右派分子反黨言論匯集》、《校內外右派言論匯集》〉，《拒絕遺忘：「一九五七年學」研究筆記》（香港：牛津大學出

Postsocialist Modernity, 79. 吳義勤稱，「斷裂」標誌著「新生代小說」的開始。吳義勤，《自由與局限：中國當代新生代小說家論》（北京：人民文學出版社，2010），頁8-10。Julia Lovell認為慕容雪村和徐則臣是「斷裂」作者們「逆流」書寫的當代繼承人。Julia Lovell,"Finding a Place: Mainland Chinese Fiction in the 2000s," *Journal of Asian Studies* 71, no. 1 (2012): 20-23.

115 朱文，〈斷裂：一份問卷和56份答卷〉，收錄於汪繼芳編，《斷裂》，頁267-271。

116 韓東，〈備忘：有關「斷裂」行為的問題回答〉，收錄於汪繼芳編，《斷裂》，頁309。

117 韓東，〈備忘〉，頁310、311。

118 引自Eric Abrahamsen, "Broken," *Words Without Borders*, August 2008, http://www.wordswithoutborders.org/article/broken.

119《他們》（南京）從2002年起一直在網路上發表。關於韓東和于堅的完整討論，見Maghiel van Crevel, "Desecrations: Han Dong's and Yu Jian's Explicit Poetics," in *Chinese Poetry*, 365-397.

120 這是我對柯雷（Maghiel van Crevel）的類型學的重新表述。Maghiel van Crevel, *Chinese Poetry in Times of Mind, Mayhem, and Money* (Leiden: Brill, 2008), 25.

121 Maghiel van Crevel, *Chinese Poetry*, 365, 409. 于堅，〈穿越漢語的詩歌之光〉，楊克編，《中國新詩年鑒》（廣州：花城出版社，1999），頁1-17。

122 韓東，〈論民間〉，收錄於何小竹編，《1999中國詩年選》（西安：陝西師範大學出版社，1999），頁1-18。

123 當然，一些文學作家繼續在邊緣地帶創作批判性作品，但他們已經不再享有八〇年代曾經擁有的文化權威地位。

124〈影響中國公共知識分子五十人名單〉，《南方人物周刊》（廣州），2004年9月9日，https://business.sohu.com/20040909/n221965075.shtml。其他已故的致敬名單有：自由主義思想家殷海光（1919-1969）、經濟學家顧准（1915-1974）、《人民日報》副總編王若水（1926-2002）、經濟學家和文革批評者楊曦光（1948-2004），以及水文學家和大壩計劃的批評者黃萬里（1911-2001）。

125 見本書附錄〈形成一種公共意識：對話賈樟柯〉。

126 二〇〇〇年代的文學實踐如何擴大到「底層文學」、「工人文學」、網路文學和奇幻，見邵燕君，《新世紀第一個十年小說研究》（北京：北京大學出版社，2016）。

127 吉方平，〈透過表象看實質：析「公共知識分子」論〉，《解放日報》（上海），2004年11月15日，《人民日報》（北京），2004年11月25日轉載。名單上的知識分子也

99 同上註，頁183。

100 王小波，〈君子的尊嚴〉，《三聯生活周刊》（北京），第5期（1995），《我的精神家園》，頁180。

101 王小波，〈文化的園地〉，《三聯生活周刊》（北京），第17期（1996），《我的精神家園》，頁171-172。

102 王小波，〈寫給新的一年（1996）〉，《我的精神家園》，頁216。

103 李銀河、韓袁紅、臧策，〈關於王小波的對話〉，收錄於韓袁紅編，《王小波研究資料》，上冊，頁2。

104 艾曉明，〈不虛此生〉，收錄於韓袁紅編，《王小波研究資料》，上冊，頁277。

105 易暉，〈狂野漫遊〉，《當代文學管窺》（北京：文化藝術出版社，2014），頁168。

106 孫郁，〈王小波遺墨〉，《收穫》（上海），2010年6月。

107 王小波，〈沉默的大多數〉，頁11。

108 李靜，〈一個作家的精神視野〉，《王小波研究資料》，下冊，頁653。

109 王小波，〈沉默的大多數〉，頁12。

110 王小波，〈小說的藝術〉，《博覽群書》（北京），第3期（1996），《我的精神家園》，頁61。

111 王小波，〈藝術與關懷弱勢群體〉，《中華讀書報》（北京），1996年2月28日，《我的精神家園》，頁149。

112 王小波，〈從《黃金時代》談小說藝術〉，頁63-64。

113 陳曉明，《表意的焦慮：離市祛魅與當代文學變革》（北京：中央編譯出版社，2001），頁321。

114 朱文，〈斷裂：一份問卷和56份答卷〉，《北京文學》（北京），第10期（1998），頁19-47，後來以書的形式出版，收錄於汪繼芳編，《斷裂：世紀末的文學事故：自由作家訪談錄》（南京：江蘇文藝出版社，2000）。更多關於〈斷裂〉的討論，見Kong Shuyu, *Consuming Literature: Best Sellers and the Commercialization of Literary Production in Contemporary China* (Stanford, Calif.: Stanford University Press, 2005), 34. 白傑明注意到，諷刺的是，這份宣言發表在一份重要的官方雜誌上。Geremie Barmé ,"Time's Arrow: Imaginative Pasts and Nostalgic Futures," in *Voicing Concerns: Contemporary Chinese Critical Inquiry*, ed. Gloria Davies (Lanham, Md.: Rowman Rowman and Littlefield, 2001), 238. 麥格拉斯（Jason McGrath）支持陳曉明的觀點，即「斷裂」作家的重要性基於他們轉向「日常生活細節，如今這成為疏離視角的關鍵，賦予故事現代性的感受，儘管相對缺乏形式上的實驗性」。Jason McGrath,

(1993): 151-170.

80 林春，〈清醒的少數〉，《讀書》（北京），第5期（1998），頁51-55。

81 王小波，〈中國知識分子與中古遺風〉，頁21。

82 何清漣，〈當前中國社會結構演變的總體性分析〉，《書屋》（長沙），2000年3月。亦見秦暉，〈世紀之交中國的經濟轉軌，社會公正與民主化問題〉，《戰略與管理》（北京），第1期（2003）。

83 何清漣，〈當前中國社會結構演變的總體性分析〉。

84 王小波，〈道德保守主義及其他〉，《東方》（北京），第5期（1994），《思維的樂趣》，頁63。

85 王小波，〈有與無〉，《思維的樂趣》，頁187。

86 Sebastian Veg, "Utopian Fiction and Critical Examination: The Cultural Revolution in Wang Xiaobo's The Golden Age," *China Perspectives*, no. 4 (2007): 75-87.

87 王小波，〈一隻特立獨行的豬〉，《三聯生活周刊》（北京），第11期（1996），《思維的樂趣》，頁130、131。

88 王小波，〈李銀河的中國人的性愛與婚姻〉，《我的精神家園》，頁29。

89 同上註，頁31。

90 1997年，「流氓行為」去罪化；2001年，「同性戀」從精神疾病清單中移除。

91 王小波，〈關於同性戀問題〉，《中國青年研究》，第1期（1994），《我的精神家園》，頁37。亦可見李銀河、王小波，《他們的世界：中國男同性戀群落透視》（太原：山西人民出版社，1992）。

92 王小波，〈有關同性戀的倫理問題〉，《我的精神家園》，頁39。

93 王小波，〈他們的世界序〉，1992年11月，《我的精神家園》，頁43。

94「本土」一詞，既指調查研究的草根性質，也指費孝通倡導的社會學方法的「本地化」。

95 王小波，〈拷問社會學〉，《方法》（北京），第12期（1997），《我的精神家園》，頁50。

96 泰勒（Charles Taylor）發展了「平等尊嚴」概念，見Charles Taylor, *Multiculturalism and the Politics of Recognition* (Princeton, N.J.: Princeton University Press, 1992).

97 王小波，〈個人尊嚴〉，《三聯生活周刊》（北京），第5期（1995），《我的精神家園》，頁176。

98 王小波，〈飲食衛生與尊嚴〉，《遼寧青年》（瀋陽），第3期（1996），《我的精神家園》，頁186。

如在《德意志意識形態》中的「優勢國家」(dominant countries)。

74 哈維爾的文章在中國最早受到的關注，是李歐梵在《二十一世紀》創刊號上發表的一篇對該文英文版的中文評論。李歐梵，〈哈維爾的啟示〉，《二十一世紀》(香港)，第1期(1990年10月)，頁48-53。王小波很可能拿到這份創刊號，因為上面有他的老師許倬雲的文章。崔衛平以地下出版的形式發表過哈維爾一九九四年的文集。文海，《放逐的凝視：見證中國獨立紀錄片》(台北：傾向出版社，2016)，頁32，註5。崔衛平，沈山訪談，〈哈維爾與當代中國知識分子〉，《愛思想》，2011年12月19日。哈維爾在中國因李慎之的一篇文章而廣為人知：〈無權者的權力和反政治的政治：後極權主義時代的人生哲學〉，《觀察文叢》，第1期(1999年1月)，後收入崔衛平在博訊網上的翻譯文集，https://blog.boxun.com/sixiang/haweier/index.htm。《北京文學》在1999年2月出版一期哈維爾特刊，包括徐友漁的〈存在的意義和道德的政治〉、崔衛平的〈信仰生活〉，以及〈無權者的權力〉節選(頁6-24)。

75 David Goodman, *Class in Contemporary China* (Cambridge: Polity Press, 2014), 14. 更完整的討論，見James Watson, ed., *Class and Social Stratification in Post-revolution China* (Cambridge: Cambridge University Press, 1984).

76 Goodman, *Class in Contemporary China*, 9. 在七〇年代，工人和農民兩個階級之外，又補充了一個「階層」：知識分子。

77 〈關於建國以來黨的若干歷史問題的決議〉，1981年6月27日。

78 與意識形態下的正統階級觀相平行的是，陸學藝提出了根據職業劃分的階級類型學(階層)。他採用紀登斯(Anthony Giddens)的職業階級概念，根據對工作群體的調查，衍生出十種社會階層。陸學藝，《當代中國階層研究報告》(北京：社會科學文獻出版社，2002)。儘管階級和階層之間的關係依舊曖昧，但階層理論的本意是要支持江澤民倡導的大量中產階級構成橄欖形社會的理念。Alvin So, "The Changing Pattern of Classes and Class Conflict in China," *Journal of Contemporary China*, no. 33 (2003): 363-376; Iván Szelényi, "A Theory of Transitions," *Modern China*, no. 34 (2008): 165-175; Pun Ngai and Chris Chan, "The Subsumption of Class Discourse in China," *Boundary* 2 35, no. 2 (2008): 84.

79 Sally Sargeson, "The Demise of China's Peasantry as a Class," *Asia Pacific Journal* 14, no. 13 (2016), http://apjjf.org/2016/13/Sargeson.html. 當然，「農民」的概念是一種共產主義的建構。Myron T. Cohen認為，在前現代時期，最為通用的詞是「農夫」和「莊戶」。Myron T. Cohen, "Cultural and Political Inventions in Modern China: The Case of the Chinese 'Peasant,' " in "China in Transformation," special issue of *Daedalus* 122, no. 2

60 王小波，〈序〉，《我的精神家園》，頁2。宋強、喬邊，《中國可以說不：後冷戰時代的政治與情感抉擇》（北京：中華工商聯合出版社，1996）。

61 許紀霖，〈他思故他在：王小波的思想世界〉，《上海文學》（上海），第12期（1997），收錄於韓袁紅編，《王小波研究資料》，下冊，頁581。

62 戴錦華，〈智者戲謔〉，《王小波研究資料》，上冊，頁299。

63 王小波，〈我看文化熱〉，《南方周末》（廣州），1996年7月12日，《思維的樂趣》，頁65。

64 戴錦華，〈智者戲謔〉，《王小波研究資料》，上冊，頁290。

65 王小波，〈寫給新的一年（1997）〉，《光明日報》（北京），1997年1月3日，《我的精神家園》，頁218-219。

66 李銀河，〈浪漫騎士、行吟詩人、自由思想家——悼王小波〉（1998），收錄於韓袁紅編，《王小波研究資料》，上冊，頁160。

67 丁東對李銀河的訪談，〈小波的人生選擇〉，收錄於韓袁紅編，《王小波研究資料》，上冊，頁271。

68 秦暉，〈流水前波喚後波——論王小波與當代批評現實主義文學的命運〉（1998），收錄於韓袁紅編，《王小波研究資料》，上冊，頁321。

69 王小波，〈積極的結論〉，《中國青年研究》（北京），第4期（1994），《思維的樂趣》，頁40-41。

70 王小波，〈沉默的大多數〉，頁11。

71 例如，在中國知網資料庫按時間順序搜索可以發現，除了生物學領域的一些少數文章（關於老鼠或其他試驗動物的「弱」對照組），最早使用「弱勢群體」一詞的文章出現在1997年，即〈沉默的大多數〉發表之後的一年。兩篇代表性的文章是：烏熱爾圖，〈弱勢群體的寫作〉，《天涯》（海口），第2期（1997），頁26-30（一位鄂溫克少數民族作家撰文討論Ralph Ellison的小說*Invisible Man*）；宋秀卿，〈急需關注的社會弱勢群體：城市貧困人口〉，《百科知識》（北京），第7期（1997），頁41-42（一位北京大學社會學家的短文）。孫皖寧認為「底層」是中國版本的「subaltern」，她進一步討論「中國的底層」，但僅僅提到西方學術研究。Wanning Sun, *Subaltern China: Rural Migrants, Media, and Cultural Practices* (Lanham, Md.: Rowman and Littlefield, 2014), 11, 32–41. 另可見“Class and Class Consciousness in China” of *Journal of Contemporary China* 21, nos. 77-78 (2012).

72 作者對李銀河的訪談，北京，2017年7月12日。

73 「優勢」（dominant）和「弱勢」（dominated）可見於一些馬克思文本的中文翻譯，例

45 王小波，〈我為什麼要寫作〉，《香港文學》（香港），第11期（1994年3月），《我的精神世界》，頁52。

46 王小波，〈思維的樂趣〉，頁15。摩爾（Sir Thomas More）在中國經常被引用為社會主義的先驅。

47 王小波，〈理想國與哲人王〉，頁91-92。

48 王小波，〈《代價論》，烏托邦，聖人〉，《博覽群書》（北京），第5期（1997），《思維的樂趣》，頁196。

49 同上註。

50 王小波，〈理想國與哲人王〉，頁93。

51 同上註，頁94。

52 王小波，〈思維的樂趣〉，頁17-18。

53 王小波，〈生活和小說〉，《我的精神家園》，頁11。

54 李靜，〈一個作家的精神視野——重讀王小波雜文〉，《南方文壇》（南寧），第2期（2008），收錄於韓袁紅編，《王小波研究資料》，下冊，頁655。房偉也有相同的觀點，強調儘管王小波被重新想像成「自由主義的文化英雄」，但他實際上反對八〇年代啟蒙運動的文化菁英主義。房偉，《文化悖論與文學創新：世紀末文化轉型中的王小波研究》，（上海：上海三聯書店，2010），頁170。

55 王小波，〈洋鬼子與辜鴻銘〉，《三聯生活周刊》（北京），第15期（1996），《思維的樂趣》，頁79。

56 王小波將知識分子和毛澤東主義國家之間的受虐關係，比喻為造訪清帝國的「雙性戀虐待狂洋鬼子」的冒險故事：「那個洋鬼子見到中國人給人磕頭，心裡興奮得難以自制：真沒法想像有這麼性感的姿勢——雙膝下跪！以頭搶地！！口中還說這一些馴服的話語！！！他一位受跪拜者的心裡一定欲仙欲死。聽說臣子見皇帝要行三磕九叩之禮，他馬上做起了皇帝夢：每天作那麼快樂的性遊戲，死了都值！總而言之，當時中國的政治制度在他看來，都是妙不可言的性遊戲和性儀式，只可惜他是個洋鬼子，只能看，不能玩……」王小波，〈洋鬼子與辜鴻銘〉，《思維的樂趣》，頁78

57 王小波，〈警惕狹隘民族主義的蠱惑宣傳〉，《三聯生活周刊》（北京），第22期（1966），《思維的樂趣》，頁102。

58 王小波，〈肚子裡的戰爭〉，《三聯生活周刊》（北京），第9期（1997），《思維的樂趣》，頁127-128。

59 王小波，〈極端體驗〉，《南方周末》（廣州），1996年10月11日，《思維的樂趣》，頁76。

25 王小波，〈皇帝做習題〉，《南方周末》（廣州），1997年3月28日，《思維的樂趣》，頁142。

26 王小波，〈理想國與哲人王〉，《思維的樂趣》，頁94。

27 王小波，〈智慧與國學〉，《讀書》（北京），第11期（1995），《思維的樂趣》，頁87。

28 王小波，〈科學的美好〉，《金秋科苑》（北京），第1期（1997），《思維的樂趣》，頁174。

29 王小波，〈科學的美好〉，頁175。

30 王小波，〈自序〉，1995年6月，《思維的樂趣》，頁1。

31 王小波，〈序〉，1997年3月20日，《精神家園》，頁1。

32 王小波，〈序〉，1997年3月20日，《精神家園》，頁3。

33 王小波，〈思維的樂趣〉，頁16。

34 王小波，〈文化之爭〉，《思維的樂趣》，頁67-70。

35 王小波，〈智慧與國學〉，頁86。

36 王小波，〈沉默的大多數〉，頁4。紅五類為革命幹部、烈士、工人、士兵和農民；黑五類為地主、富農、反革命分子、「壞分子」和右派。

37 王小波，〈沉默的大多數〉，頁3、8。

38 王小波，〈沉默的大多數〉，頁8。

39《黃金時代》也有表達類似的觀點，主人公王二起初拒絕認罪，因為他不肯使用黨幹部的語言，最後只同意以寫小說的形式悔過，而實際上則是以此來嘲諷他們。「青春無悔」的說法出現於九〇年代前期下鄉知青的懷舊潮中。

40 此時傅柯在中國幾乎無人知曉。關於九〇年代後期傅柯的接受，以及北京大學的「傅柯小組」，見張旭，〈我們為什麼那麼迷戀傅柯〉，《澎湃》（上海），2014年12月30日，https://www.thepaper.cn/newsDetail_forward_1289930。

41 王小波在看了《年輪》這部關於上山下鄉運動的知名電視劇後，以〈承認的勇氣〉一文直接批評知青文學：「知青文學的作者們總是這樣來解釋當年的事：這是時代使然，歷史使然；好像除了這樣的洋相，自己就沒有責任了。」王小波，〈承認的勇氣〉，《我的精神家園》，頁140。

42 王小波，〈承認的勇氣〉，頁140-141。

43 同上註，頁142。

44 艾曉明對宋華與王小平的訪談，〈成長歲月〉（2007），收錄於韓袁紅編，《王小波研究資料》，上冊，頁165-166。

巨大困難。李靜，〈王小波退稿記〉，《書城》（上海），2014年5月，頁35-40。

5 Ying Xia, Bing Guan, and Gong Cheng, "Power Structure and Media Autonomy in China: The Case of Southern Weekend," *Journal of Contemporary China* 26, no. 104 (2017): 233-248.

6 王小波，〈沉默的大多數〉，《思維的樂趣》（昆明：雲南人民出版社，2006），頁10。

7 由王夫之提出，見第一章註釋31。

8 王小波，〈思維的樂趣〉，《思維的樂趣》，頁19。

9 王小波，〈論戰與道德〉，《東方》，第4期（1994），《思維的樂趣》，頁56。

10 王小波，〈中國知識分子與中古遺風〉，《東方》（北京），第3期（1994），《思維的樂趣》，頁23-24。

11 王小波，〈中國知識分子與中古遺風〉，頁26。

12 楊絳，《洗澡》（香港：三聯書店，1988）。

13 王小波，〈知識分子的不幸〉，《東方》（北京），第3期（1996），《思維的樂趣》，頁29。

14 王小波，〈知識分子的不幸〉，頁30。

15 王小波，〈知識分子的不幸〉，頁32。姚文元（1931-2005）起初是一位文學批評家，在一九七〇年代，成為激進的四人幫成員。

16 王小波，〈我看國學〉，《中國青年研究》（北京），第2期（1955），《思維的樂趣》，頁82。

17 王小波，〈救世情結與白日夢〉，《南方周末》（廣州），1996年8月23日，《思維的樂趣》，頁95。

18 王小波，〈人性的逆轉〉，《思維的樂趣》，頁108。

19 同上註，頁111。

20 同上註，頁113。

21 王小波，〈體驗生活〉，《三聯生活周刊》（北京），第13期（1996），《思維的樂趣》，頁140。

22 王小波，〈我看老三屆〉，《中國青年研究》（北京），第6期（1995），《我的精神家園》，頁15。

23 王小波，〈道德墮落與知識分子〉，《思維的樂趣》，頁52。

24 在這個方面，歷史學家楊早指出，雖然王朔使用低俗來揭露八〇年代作家所理想化的「崇高」的偽善，但王小波則以狂歡的而非犬儒的形式反對權力的壓迫。楊早，〈一份王小波的方式紀念王小波〉，《大家》，2017年4月18日。

已經變成一個知識分子。這變化使我非常不舒服又無可奈何。」王朔，自序，《自選集》（北京：華藝出版社，1998），頁4，引用自Geremie Barmé, *In the Red*, 358.

112 Gloria Davies, *Worrying about China*, 15-18. 實際上，「憂患」一詞是否有此含義是個關鍵問題：列文森（Joseph Levenson）認為，前現代的「憂患」含有普世的、倫理的（而非愛國的）價值，而在打破儒家秩序之後，它的現代衍生才帶有民族主義的價值。Joseph Levenson, *Confucian China and Its Modern Fate*, 3 vols. (London: Routledge, 1958-1965).

113 趙毅衡在1997年寫道：「中國的後現代主義事實上已經將自己轉變為一套保守主義者的理論，用於為體制化的主流文化辯護。」Henry Zhao, "Post-ism and Chinese New Conservatism," *New Literary History* 28 (1997): 42.

114 汪暉，〈現代中國的思想狀況與現代性問題〉，《天涯》（海口），第5期（1997年9-10月）。譯註：本段引文採用《愛思想》，2003年7月9日刊登的網路版，https://www.aisixiang.com/data/689-2.html。

115 此觀點呼應徐賁此前的研究結論。Ben Xu, *Disenchanted Democracy: Chinese Cultural Criticism After 1989* (Ann Arbor: University of Michigan Press, 1999), esp. chap. 3, 88-128.

116 例如1991年恢復的院士制度，至少在兩個重要場合藉由喚起學術規範抵制了政治介入，見Richard Suttmeier and Cong Cao, "China's Technical Community: Market Reforms and the Changing Policy Cultures of Science," in *Chinese Intellectuals Between State and Market*, ed. Gu and Goldman, 138-157.

117 Gloria Davies, *Worrying about China*, 232. 又見克利莫斯（Rogier Creemers）關於中國知識分子「一元論」的討論：Rogier Creemers , "Why Marx Still Matters: The Ideological Drivers of Chinese Politics," *China File*, December 16, 2014.

第二章　王小波與沉默的大多數：重新定義天安門之後的知識分子

1 《黃金時代》最早在香港發表精簡版《王二風流史》（香港：繁榮出版社，1992），隨後在台灣出版，《黃金年代》（新北：聯經出版公司，1992）。

2 王小波，〈從《黃金時代》談小說藝術〉，《出版廣角》（桂林），第5期（1997），《我的精神家園》（昆明：雲南人民出版社，2006），頁63-64。

3 艾曉明，〈世紀之交的文學心靈〉（1997），收錄於韓袁紅編，《王小波研究資料》，上冊，頁140-156。

4 《北京文學》的李靜是王小波的第一個編輯，寫過王小波第一批小說在審查上遇到的

Formalised Language and the Conundrum of Stability," *Journal of Current Chinese Affairs* 42, no. 2 (2013): 122.

102 Jason McGrath, *Postsocialist Modernity: Chinese Cinema, Literature, and Criticism in the Market Age* (Stanford, Calif.: Stanford University Press, 2008), 13-18. 有必要提醒的是，「社會主義」依舊是中國的官方教條，寫在憲法裡不可侵犯，因此使用「後社會主義」一詞時須特別注意。

103 詹明信，唐小兵譯，《後現代主義與文化理論》(西安：陝西師範大學出版社，1986)。亦可見Arif Dirlik and Zhang Xudong, "Postmodernism in China;" Wang Ning, "The Mapping of Chinese Postmodernity," *Boundary* 2 23, no. 3 (1997): 1-18, 19-40. 王寧概括一九八〇年代的文學趨勢，視為後現代主義的例子：先鋒小說、新現實主義、市場文學（王朔）、歷史小說、文學批評主義、後殖民論述。

104 Wang Chaohua, "Minds of the Nineties," 21-22.

105 這一類型學受到如下著作的啟發：Antoine Compagnon, *The Five Paradoxes of Modernity* (New York: Columbia University Press, 1994), 143-175.

106 Thomas Epstein, introduction to Mikhail Epstein, Alexander Genis, and Slobodanka Vladiv-Glover, *Russian Postmodernism: New Perspectives on Post-Soviet Culture*, trans. Slobodanka Vladiv- Glover (New York: Berghahn Books, 1999), vii–xii. 以概念論為例，揭露「自我的幻覺、意識形態與獨白式論述的過分主導，進而開啟蘇維埃—俄羅斯文化的沉默經驗」(頁viii)。

107 Gloria Davies, *Worrying About China*, 84.

108 Jing Wang, *High Culture Fever: Politics, Aesthetics, and Ideology in Deng's China* (Berkeley: University of California Press, 1996), 2-3.

109 Xudong Zhang, "The Return of the Political: The Making of the Post-Tiananmen Intellectual Field," in *Postsocialism and Cultural Politics*, 76. 遺憾的是，張旭東大部分的論點都由挑釁的規範性用詞構成，使他在中國學術菁英貧乏的派系爭論中成為黨派的參與者，而非持平的觀察者。例如他在九〇年代對於自由派理論家的討論：「徐友漁和任劍濤寫作中透露出的『自由派論述』完全是前理論的、不具批判性的、非歷史的。」(頁55)

110 Xudong Zhang, "Introduction: The Cultural Politics of Postmodernism," in *Postsocialism and Cultural Politics*, 19-20.

111 Xu Jilin, "The Fate of an Enlightenment," 183. 王朔在最終「反悔」之前，多年抗拒知識分子的標籤。白傑明注意到王朔極具諷刺的一句話：「我想說的是我在多年寫作中學院內和公民社會中的知識分子。Timothy Cheek, *The Intellectual in Modern Chinese History*, 262-319.

89 Timothy Cheek, "The End of Intellectuals," 353, 351.

90 He Li, *Political Thought and China's Transformation: Ideas Shaping Reform in Post-Mao China* (New York: Palgrave Macmillan, 2015). Ma Licheng, *Leading Schools of Thought in Contemporary China*, trans. Jing L. Liu (Singapore: World Scientific, 2013).

91 張博樹，《改變中國：六四以來的中國政治思潮》（香港：溯源出版社，2015）。

92 Perry Link, *The Uses of Literature: Life in the Socialist Literary System* (Princeton, N.J.: Princeton University Press, 2000).

93 Perry Link, "Politics and the Chinese Language," *China File*, December 26, 2012.

94 Edward X.Gu and Merle Goldman, *Chinese Intellectuals Between State and Market.*

95 Edward X. Gu, "Social Capital, Institutional Change, and the Development of Non-governmental Intellectual Organizations in China," 21-42.

96 Zhidong Hao, *Intellectuals at a Crossroads*, 129-130. 半獨立的著名期刊包括《學人》（南京，陳平原主編）、《中國社會科學季刊》（北京，鄧正來主編）、《原道》（長沙，陳明主編）、《公共論叢》（北京，劉軍寧主編，1994-2000）、《世界》（北京，李陀主編）、《戰略與管理》（北京，秦朝英主編，1998年因一篇外交政策的文章被停刊）、《東方》（北京，鍾佩璋主編，1993-1996，因一期文革特刊被停刊）、《讀書》（北京，黃平與汪暉主編，1995-2007）、《天涯》（海口，韓少功與蔣子丹主編）、《炎黃春秋》（北京，1991-2016），以及由財政官僚支持的媒體公司如《財經》（北京）。郝志東也列出一系列提供新的公共空間的電視節目，尤其是「焦點訪談」和「東方時空」。

97 Zhidong Hao, *Intellectuals at a Crossroads*, 224. 這一觀點似乎有些主觀。首先，九〇年代進入商業領域的人並非全是八〇年代那些曾經秉持普世主義、中立的人文主義者，他們大部分在進入市場之前，無疑就是後毛澤東時代國家機器中的「螺絲釘」。其次，職業化並不只催生追逐金錢的專家，也為新型態的批判自主性創造條件，之後會再詳述。

98 Miklós Haraszti, *The Velvet Prison*, 157-158.

99 Geremie Barmé, *In the Red*, 12.

100 關於這個政策的討論，可見中國社會科學院的例子：Margaret Sleeboom-Faulkner, "Regulating Intellectual Life in China: The Case of the Chinese Academy of Social Sciences," *China Quarterly*, no. 189 (March 2007): 83-99.

101 Maurizio Marinelli, "Jiang Zemin's Discourse on Intellectuals: The Political Use of

77 Qin Hui, "Dividing the Big Family Assets," in *One China, Many Paths*, ed. Wang Chaohua, 148-149.

78 一些認同新左派的思想者，對中國政府自九〇年代末開始走的國家主導的資本主義道路表示滿意，而許多「自由派」則批判它帶來的權貴資本主義、腐敗和不平等。正如Jase Short對新左派的描述：「在這個陣營中，許多思想家有一種假設，認為中國的官僚政府代表絕大多數人的利益，若沒有政治權力的壟斷，新自由主義式的改革將會殘酷吞噬所有國民。他們對黨的改革已經吞噬所有國民這一點毫無知覺，持有一種在某些西方左派間常見的觀點，即錯誤地宣稱中國代表西方資本主義的一種另類，而不是新自由資本主義的一個例子。」Jase Short, "Review of China's Rise: Strength and Fragility by Au Loong-yu," *International Viewpoint*, March 23, 2015.

79 Wang Chaohua, "Minds of the Nineties," 34-35.

80 Sebastian Veg, "The Rise of China's 'Statist' Intellectuals: Law, Sovereignty, and 'Repoliticization,' " *China Journal*, vol. 82 (July 2019): 23-45.

81 例如葛兆光，〈異想天開：近年來大陸新儒學的政治訴求〉，《愛思想》，2017年7月1日，http://www.aisixiang.com/data/104951.html。許錫良持有類似觀點，聲稱要區分某些儒家民主派（如盛洪）和大部分以阻止政治改革為主要目標的國學學者。許錫良，〈國學果然是一個陰謀〉，《財經》（北京），2010年5月18日。

82 Frederic Wakeman設想五種可能的傳統角色：政策制定者、務實的改革者、倫理的理想主義者、審美家、隱士。Frederic Wakeman, "The Price of Autonomy: Intellectuals in Ming and Ch'ing Politics," *Daedalus* 101, no. 2 (1972): 35-70.

83 Zhidong Hao, *Intellectuals at a Crossroads*, 56.

84 Merle Goldman, *China's Intellectuals: Advise and Dissent* (Cambridge, Mass.: Harvard University Press, 1981).

85 Merle Goldman and Timothy Cheek, "Uncertain Change," 1.

86 李澤厚，〈啟蒙與救亡的雙城變奏〉，《中國現代思想史論》（北京：東方出版社，1987），頁7-49。該文首發於一九八六年《走向未來》的創刊號。

87 資中筠，〈知識分子對道統的承載與失落〉，《財經》（北京），2010年9月13日。

88 Timothy Cheek, "The End of Intellectuals," in *The People's Republic of China at 60: An International Assessment*, ed. William Kirby (Cambridge, Mass.: Asia Center, Harvard University, 2011), 340. 這些角色基本上和戈德曼與齊慕實在〈不確定變化〉（Uncertain Change）中討論的相同：「服務」指意識形態代言人，「顛覆」指道德批評家，「出售」指職業菁英。在齊慕實最新針對1996至2015年期間的研究中，他區分體制內、

China, 72-86.

72 資深記者周瑞金發起了這個辯論（集體用的筆名為皇甫平），1991年2至4月在上海的《解放日報》發表四篇評論支持鄧小平，見Joseph Fewsmith, *China Since Tiananmen*, 49-50. 這些評論激起一系列反駁，始於〈改革開放可以不問姓社姓資嗎？〉，《當代思潮》（北京），第2期（1991年4月20日）：「在自由化思潮嚴重氾濫的日子裡，曾有過一種時髦口號，叫作不問姓『社』姓『資』，結果呢？在不問姓『社』姓『資』的掩護下，有人確實把改革開放引向了資本主義的邪路。在不問姓『社』姓『資』的口號流行時，主張經濟上私有化、市場化，政治上多黨制、議會制，意識形態上多元化，必然會把改革開放引向資本主義道路而斷送社會主義事業。」

73 此觀點的一個版本，見Zhu Xueqin, "For a Chinese Liberalism," in *One China, Many Paths*, ed. Wang Chaohua, 106-107. 江澤民並未反對這個敘事：他一直依賴學術界的一群菁英改革者，在1996年秋天和十二位社會科學院學者的懇談會中提出他的想法，其後在1998年北京大學百年校慶上的著名演講中也積極爭取學術界的支持。Joseph Fewsmith, *China Since Tiananmen*, 207-208.

74 1997年，汪暉發表著名的文章〈現代中國的思想狀況與現代性問題〉，《天涯》（海口），第5期（1997年9-10月），頁133-150。在這篇文章裡，他受資本主義的非馬克思主義批判者如博蘭尼（Karl Polanyi）與布勞岱爾（Fernand Braudel）的啟發，譴責未能系統性理解韋伯「現代性危機」的「新左派」的「簡單」觀點。他進一步主張，毛澤東提供了另類的「反現代性的現代性」。

75 Gloria Davies, *Worrying About China*, 72-86; Wang Chaohua, "Minds of the Nineties," 22-26.

76 根據中國知網的資料庫，最早關於「權貴資本主義」的表述，出現在吳敬璉一篇比較中國和俄羅斯的短文中：〈「權貴資本主義」危害嚴重〉，《領導決策信息》（北京），第13期（2001年4月），頁17。吳敬璉羅列政策辯論中的三個派別：市場經濟的信徒、計劃經濟的信徒、權貴資本主義的倡導者。秦暉早前在和記者何清漣的討論中使用「權貴」一詞，見何清漣的著作《中國的陷阱》（香港：明鏡出版社，1997），後來在中國再版為《現代化的陷阱》（北京：今日中國出版社，1998），這本書揭露系統性的腐敗和社會不平等。秦暉，〈社會公正與學術良心〉，《天涯》（海口），第4期（1997），頁4-9。有意思的是，儘管何清漣受自由派經濟學家樊綱和王曙光批評，她也從未得到左派的支持，卻得到自由派批評家如秦暉的支持。Wang Chaohua, "Minds of the Nineties," 30-33; He Qinglian, "A Listing Social Structure," in *One China, Many Paths*, ed. Wang Chaohua, 163-188.

the Chinese Intellectual Sphere," *East Asian History* 20 (2000): 181-184; Wang Chaohua, "Minds of the Nineties," in *One China, Many Paths*, ed. Wang Chaohua (London: Verso, 2003), 17-22; Gloria Davies, *Worrying About China, 87-105; Jason McGrath*, "Ideologies of Popular Culture: The 'Humanist Spirit' Debate," in *Postsocialist Modernity: Chinese Cinema, Literature, and Criticism in the Market Age* (Stanford, Calif.: Stanford University Press, 2008), 25-58; Giorgio Strafella, *Intellectual Discourse in Reform Era China: The Debate on the Spirit of the Humanities in the 1990s* (London: Routledge, 2017).

66 Xu Jilin, "The Fate of an Enlightenment."

67 許紀霖，〈從特殊走向普遍〉，《公共性與公共知識分子》（南京：江蘇人民出版社，2003）。許紀霖用哈伯瑪斯對普世性和啟蒙的肯定來批駁他所認為的傅柯相對主義。黃樂嫣在她的專著裡也討論許紀霖的立場，見Gloria Davies, *Worrying About China*, 104-105. 許紀霖更廣泛的討論，包括對原文的修訂（頁119-152），見《啟蒙如何起死回生：現代中國知識分子的思想困境》（北京：北京大學出版社，2010）。

68 許紀霖、劉擎、羅崗、薛毅，〈尋求「第三條道路」——關於「自由主義」與「新左翼」的對話〉，英文稿由白傑明翻譯，收錄於*Voicing Concerns: Contemporary Chinese Critical Inquiry*, ed. Gloria Davies (Lanham, Md.: Rowman and Littlefield, 2001), 199-226. 譯註：中文稿刊登於《愛思想》，2007年1月8日，https://www.aisixiang.com/data/12634.html。

69 許紀霖，〈自序〉，《另一種啟蒙》，（廣州：花城出版社，1999），頁14。Timothy Cheek, *The Intellectual in Modern Chinese History*, 294.

70 Wang Chaohua, "Minds of the Nineties," 16-17.「新左派」一詞在1996年1月由香港《明報月刊》提出，當時主要指四位學者：王紹光和胡鞍鋼，他們呼籲強化「國家能力」；崔之元，他呼籲擺脫自由主義和轉型理論的「第二次思想解放」，以及回到毛澤東時代的「制度創新」；以及甘陽，他提出中國獨特的現代化道路，無須都市化和無產階級化。汪暉起初對這四位學者持相當批判的態度，尤其體現在他1996年到1999年期間所寫的文章，收錄於《死火重溫》（北京：人民文學出版社，2000）。頤雷對新左派的批判，見〈背景與錯位——也談中國的後殖民與後現代〉，《讀書》（北京），第4期（1995），頁16-20。

71 Joseph Fewsmith, *China Since Tiananmen*, 113-131; Kalpana Misra, "Neo-Left and Neo-Right in Post-Tiananmen China," *Asian Survey* 43, no. 5 (2003): 717-744; Xudong Zhang, *Post- socialism and Cultural Politics: China in the Last Decade of the Twentieth Century* (Durham, N.C.: Duke University Press, 2008), 78-101; Gloria Davies, *Worrying About*

Organizations in China," in *Chinese Intellectuals Between State and Market*, ed. Gu and Goldman, 21-42. 更廣泛的討論見Andrew Walder, *Communist Neo-traditionalism: Work and Authority in Chinese Industry* (Berkeley: University of California Press, 1986).

53 John Burns, "China's Governance," *China Quarterly*, no. 119 (September 1989): 503.

54 He Baogang, "Chinese Intellectuals Facing the Challenges of the New Century," in *Chinese Intellectuals Between State and Market*, ed. Gu and Goldman, 264.

55 Craig Calhoun, *Neither Gods nor Emperors: Students and the Struggle for Democracy in China* (Berkeley: University of California Press, 1994), 187.

56 He Baogang, "Chinese Intellectuals Facing the Challenges of the New Century," 266.

57 Timothy Cheek, "From Priests to Professionals: Intellectuals and the State Under the CCP," in *Popular Protest and Political Culture in Modern China*, ed. Jeffrey N. Wasserstrom and Elizabeth J. Perry (Boulder, Colo.: Westview Press, 1994), 184-205.

58 Joseph Fewsmith, *China Since Tiananmen*, 2nd ed. (New York: Cambridge University Press, 2008), 115.

59 余英時，〈待重頭收拾舊山河〉，《二十一世紀》（香港），第2期（1990年12月），頁5-7；〈再論中國現代思想中的激進與保守：答姜義華先生〉，《二十一世紀》（香港），第10期（1992年4月），頁143-149。Yü Ying-shih, "The Radicalization of China in the Twentieth Century," *Daedalus* 122, no. 2 (1993): 125-150. 亦可見Joseph Fewsmith, *China Since Tiananmen*, 91-92.

60 陳平原，〈學術史，知識分子，民族主義〉，《現代與傳統》（廣州），第7期（1993），頁27-35。亦可見Gloria Davies, *Worrying About China: The Language of Chinese Critical Inquiry* (Cambridge, Mass.: Harvard University Press, 2007), 213-214.

61 Jean-Philippe Béja, "The Role of Intellectuals in the Reform Process," *Contemporary Chinese Thought* 34, no. 4 (2003): 23.

62 江澤民在1992年第十四次中國共產黨全國代表大會上所作的報告強調「文化體制改革」的重要性，見Kong Shuyu, *Consuming Literature: Best Sellers and the Commercialization of Literary Production in Contemporary China* (Stanford, Calif.: Stanford University Press, 2005), 28-29.

63 Zha Jianying, *China Pop* (New York: New Press, 1996). 關於市場化對文學和文化領域的影響的系統性研究，見Kong Shuyu, *Consuming Literature*.

64 He Baogang, "Chinese Intellectuals Facing the Challenges of the New Century," 270.

65 Geremie Barmé, *In the Red*, 283-301; Xu Jilin, "The Fate of an Enlightenment: 20 Years in

paganda and Culture in Mao's China: Deng Tuo and the Intelligentsia (Oxford: Clarendon Press, 1997).

42 Merle Goldman and Timothy Cheek, "Uncertain Change," in *China's Intellectuals and the State: In Search of a New Relationship*, ed. Merle Goldman and Timothy Cheek (Cambridge: Council on East Asian Studies, 1987), 3.

43 楊奎松，《忍不住的關懷：1949年前後的書生與政治》（桂林：廣西師範大學出版社，2013），頁106。

44 Jean-François Billeter, "The System of Class Status," in *The Scope of State Power in China*, ed. Stuart Schram (London: School of Oriental and African Studies, University of London, 1985), 127-169; James Watson, ed., *Class and Social Stratification in Post-revolution China* (Cambridge: Cambridge University Press, 1984). 因此，儘管艾迪．尤正確地指出1949年之後的知識分子是透過非菁英的方式來定義的，但這種再定義並不一定能避免菁英主義以新的方法重構和實踐。

45 Lynn White, "Thought Workers in Deng's Time," in *China's Intellectuals and the State*, ed. Goldman and Cheek, 254.

46 Michel Bonnin and Yves Chevrier, "The Intellectual and the State: Social Dynamics of Intellectual Autonomy During the Post-Mao Era," *China Quarterly*, no. 127 (September 1991): 571-572.

47 Teresa Wright, "Intellectuals and the Politics of Protest: The Case of the China Democratic Party," in *Chinese Intellectuals Between State and Market*, ed. Gu and Goldman, 176.

48 Maurizio Marinelli, "Jiang Zemin's Discourse on Intellectuals: The Political Use of Formalised Language and the Conundrum of Stability," *Journal of Current Chinese Affairs* 42, no. 2 (2013): 119. 鄧小平，〈在全國科學大會開幕式上的講話〉（1978年3月18日），收錄於《鄧小平文選》（北京：人民出版社，1983），卷2，頁105。

49 例如，當嚴家其接手新成立的政治學研究所時，他成為中國社會科學院最年輕的機構負責人。Carol Lee Hamrin, "Conclusion: New Trends Under Deng Xiaoping and His Successors," in *China's Intellectuals and the State*, ed. Goldman and Cheek, 300.

50 Edward X. Gu, "Non-establishment Intellectuals, Public Space, and the Creation of Non-government Organizations in China," *China Journal* 39 (1998): 39-58.

51 Michel Bonnin and Yves Chevrier, "The Intellectual and the State," 569.

52 Michel Bonnin and Yves Chevrier, "The Intellectual and the State." 亦可見Edward X. Gu, "Social Capital, Institutional Change, and the Development of Non-governmental Intellectual

德威，〈現代中國小說研究在西方〉，《中國文哲研究通訊》，卷1第3期（1991），頁34。

34 Andrew Nathan, *Chinese Democracy* (New York: Knopf, 1985), 225-226.

35 Benjamin Schwartz, "The Intelligentsia in Communist China: A Tentative Comparison," *Daedalus*, no. 89 (1960): 611. 相反地，齊慕實認為二十世紀中國知識分子所追求的主題始終是「自我指派的任務，以及社會普遍期待中國思想家和作家為公共利益服務」（而非國家）。Timothy Cheek, *The Intellectual in Modern Chinese History*, xii.

36 例如魯迅，〈關於知識階級〉（1927年11月13日），《集外集拾遺補編》，收錄於《魯迅全集》（北京：人民文學出版社：2005），卷8，頁223-231；魯迅，〈文藝與政治的企圖〉（1927年12月21日），《集外集》，收錄於《魯迅全集》，卷7，頁115-123。

37 He Baogang, "Chinese Intellectuals Facing the Challenges of the New Century," in *Chinese Intellectuals Between State and Market*, ed. Edward X. Gu and Merle Goldman (London: Routledge, 2004), 267.

38「知識分子」一詞取代了「知識階層」，而根據劉禾（Lydia Liu）的研究，該詞最早從日語對俄語「intelligentsia」的翻譯而來。Lydia Liu, *Translingual Practice: Literature, National Culture, and Translated Modernity–China, 1900-1937* (Stanford, Calif.: Stanford University Press, 1995), 302. 費孝通在他的著名文章〈論知識階級〉（1947）中使用較舊的詞彙。艾迪・尤（Eddy U）的論點是，知識分子在毛時代「觸礁擱淺」，意味著他們的社會類別在馬克思主義用語中被激進地重建，與他們的自我定義相反。Eddy U, "Reifications of the Chinese Intellectual," *Modern China* 35, no. 6 (2009): 604-631.

39 艾迪・尤的研究中顯示了一九五〇年代前期的登記過程如何為知識分子這一類別畫下社會邊界，將其寬泛定義為受過初中或初中以上教育的「中低層白領工人」（頁120），且同時體制化了中國共產黨對於他們的不信任。尤反對知識分子研究中的菁英偏見，並主張更深入辨識中國這一群體的邊界在歷史上的變化。Eddy U,"*The Making of Zhishifenzi*," *China Quarterly*, no. 173 (2003): 100-121. 本書試圖精準定義「民間知識分子」這一類別，它並非延伸自毛時代的「知識工作者」，後者是意識形態上的而非分析上的概念。

40 儘管知識分子在1949年後受到迫害，他們依舊參與中國政府，詳見Timothy Cheek and Carol Lee Hamrin, eds., *China's Establishment Intellectuals* (Armonk, N.Y.: M. E. Sharpe, 1986).

41 Timothy Cheek, "Deng Tuo: A Chinese Leninist Approach to Journalism," in *China's Establishment Intellectuals*, ed. Cheek and Hamrin, 92-123. 亦可見Timothy Cheek, *Pro-*

21 在和中國相關的討論中，康拉德與塞勒尼注意到：「劉少奇提倡在史達林模式上擴展理性的再分配，促使中國工人階級和城市人口快速增長，而他實際上是在推進一個知識分子的階級綱領，即便在意識形態層面上，他和他的支持者不得不成為工業化和工人階級的代言人。」George Konrád and Iván Szelényi, *Intellectuals on the Road to Class Power*, 59. 因此，這與他們將八〇年代鄧小平（作為劉少奇的繼承者）治下的中國知識分子看作一個可能的領導階級的框架是一致的。

22 Miklós Haraszti, *The Velvet Prison: Artists Under State Socialism* (New York: Basic Books, 1987), 92.

23 Geremie Barmé, *In the Red: On Contemporary Chinese Culture* (New York: Columbia University Press, 1999).

24 Zygmunt Bauman, *Legistlators and Interpreters: On Modernity, Post-modernity, and Intellectuals* (Ithaca, N.Y.: Cornell University Press, 1987), 1-7.

25 Zygmunt Bauman, *Legislators and Interpreters*, 175.

26 Edward Said, *Representations of the Intellectual* (New York: Pantheon Books, 1994), xvi-xviii.

27 Edward Said, *Representations of the Intellectual*, xvii.

28 Edward Said, *Representations of the Intellectual*, 64.

29 關於二十世紀中國知識分子角色的綜述：Timothy Cheek, "Citizen Intellectuals in Historical Perspective: Reflections on Callahan's 'Citizen Ai,' " *Journal of Asian Studies* 73, no. 4 (2014): 921-925; *The Intellectual in Modern Chinese History* (Cambridge: Cambridge University Press, 2016).

30 余英時，〈中國知識分子的邊緣化〉，《二十一世紀》（香港），第6期（1991年8月），頁15-25。Jerome Grieder, *Intellectuals and the State in Modern China: A Narrative History* (New York: Free Press, 1981), 2.

31 第一種來自范仲淹（989-1052），第二種來自王夫之（1619-1692）對范仲淹的註解，第三種來自周敦頤（1017-1073）。

32 Perry Link, *Evening Chats in Beijing: Probing China's Predicament* (New York: Norton, 1992).

33 C. T. Hsia, "Obsession with China: The Moral Burden of Chinese Literature," *in A History of Modern Chinese Fiction*, 3rd ed. (Bloomington: Indiana University Press, 1999), 533-554. 夏志清，《中國現代小說史》（香港：香港中文大學出版社，2001）。近來，學者將夏志清自己對「obsession with China」的翻譯「感時憂國」修訂為「執迷中國」，見王

15 Michel Foucault, "La fonction politique de l'intellectuel," 3:113.

16 Gisèle Sapiro, "Modèles d'intervention politique des intellectuels," *Actes de la Recherche en Sciences Sociales*, nos. 176-177 (2009): 14. 本章表1.1是薩皮羅（Gisèle Sapiro）模型的簡化版。薩皮羅提出一個三維模型，衡量知識分子普世性和特殊性程度（布赫迪厄意義上的作家與傅柯意義上的專家）、自主性和他律性程度（與權力的接近程度），以及在場域中的主導程度。根據這個模型，她發展出八個類別的知識分子（對應於不同的歷史情境和角色）。她發現，知識分子在場域中越具有主導性，其介入就越普遍化和去政治化。表1.1 與郝志東在*Intellectuals at a Crossroads*一書中的中國知識分子類型學有相似的地方，他在頁70提出以對權力的忠誠度（有機的／非依附的—中立的／批判的）以及職業（人文的／技術的）作為衡量標準。後者的區分類似於普遍和特殊的區分。後來，這種類型學又更進一步精化，包括三種被定義為「角色」而非「類型」的類別：體制內／有機的，非體制內／職業的，反體制／批判的。Zhidong Hao and Zhengyang Guo, "Professors as Intellectuals in China: Political Identities and Roles in a Provincial University," *China Quarterly*, no. 228 (December 2016): 1039-1060.

17 極權脈絡中的知識分子研究，主要都以傳統的列舉方法，例如Mark Lilla, *The Reckless Mind: Intellectuals in Politics* (New York: New York Review of Books, 2001)，以及Joachim Fest, "Die Intellektuellen und die totalitäre Epoche: Gedanken zu einer Geschichte der Täuschungen und Enttäuschungen," in *Bürgerlichkeit als Lebensform: Späte Essays* (Reinbek bei Hamburg: Rowohlt, 2007), 163-190。比較有社會學方法的研究包括George Konrád and Iván Szelényi, *Intellectuals on the Road to Class Power* (New York: Harcourt, 1979)，以及Vladimir Shlapentokh, *Soviet Intellectuals and Political Power: The Post-Stalin Era* (Princeton, N.J.: Princeton University Press, 1990)。

18 奧爾（Stefan Auer）注意到，相較於自由社會中的知識分子，中歐和東歐的異議知識分子對於自身的角色通常並不那麼樂觀。Stefan Auer, "Public Intellectuals, East and West," in *Intellectuals and Their Publics*, ed. Fleck, Hess, and Lyon, 89-106. 關於「生活在真實中」（頁39-44），見Václav Havel, "The Power of the Powerless," trans. Paul Wilson, in *The Power of the Powerless: Citizens Against the State in Central-Eastern Europe*, ed. John Keane (Armonk, N.Y.: M. E. Sharpe, 1985), 23-96。

19 Czeslaw Milosz, *The Captive Mind* (New York: Vintage, 1990), 8, 11.

20 George Konrád and Iván Szelényi, *Intellectuals on the Road to Class Power*, 1, 32, 12, 222. 亦可見Milovan Djilas, *The New Class: An Analysis of the Communist System* (New York: Harcourt Brace and Jovanovich, 1957).

Intelligensia and Its Calling," *Slavica Lundensia*, no. 22 (2005): 1-22. 鮑曼以出現於十八世紀的啟蒙運動時期的「哲人」(philosophe) 定義「知識分子」。Zygmunt Bauman, *Legislators and Interpreters: On Modernity, Post-modernity, and Intellectuals* (Ithaca, N.Y.: Cornell University Press, 1987), 21.

2 近期很優秀的縱覽可參見Christian Fleck, Andreas Hess, and E. Stina Lyon, eds., *Intellectuals and Their Publics: Perspectives from the Social Sciences* (New York: Routledge, 2009)，尤其是導論部分。

3 Lloyd Kramer, "Habermas, Foucault, and the Legacy of Enlightenment Intellectuals," in *Intellectuals and Public Life: Between Radicalism and Reform*, ed. Leon Fink, Stephen Leonard, and Donald Reid (Ithaca, N.Y.: Cornell University Press, 1996), 37, 38.

4 Lloyd Kramer, "Habermas, Foucault, and the Legacy of Enlightenment Intellectuals," 42, 44.

5 克萊默(Lloyd Kramer)總結道：「最終，傅柯處理的知識分子致力於批評，甚至是理性，使其更接近於哈伯瑪斯，而非當代知識分子生活可能指向的二元對立。畢竟專家也會受到批評；批評家依然要基於他們的學養和專業知識才能做出判斷。」Lloyd Kramer, "Habermas, Foucault, and the Legacy of Enlightenment Intellectuals," 47.

6 Antonio Gramsci, *The Gramsci Reader: Selected Writings 1916-1935* (New York: New York University Press, 2000), 303, 306.

7 Pierre Bourdieu, "The Intellectual Field: A World Apart" (1985), in *In Other Words: Essays Towards a Reflexive Sociology* (Stanford, Calif.: Stanford University Press, 1990), 145, 144.

8 「社會學必須將社會合法呈現的壟斷鬥爭作為研究對象，而不是受困其中。」Pierre Bourdieu, *Leçon sur la leçon* (Paris: Minuit, 1982), 13-14.

9 Pierre Bourdieu, "Pour un corporatisme de l'universel" (1989), in *Les règles de l'art* (Paris: Seuil, Points, 1998), 547. 這正是布赫迪厄倡導「普世的團結主義」的原因：知識分子應該在各自的場域中強化自己的自主性，才能在專業領域外發聲。

10 Pierre Bourdieu, "Le fonctionnement du champ intellectual," *Regards Sociologiques*, no. 17-18 (1999): 20.

11 Pierre Bourdieu, "The Intellectual Field," 146.

12 Michel Foucault, "La fonction politique de l'intellectuel" (1976), in *Dits et écrits*, 4 vols. (Paris: Gallimard, 1994), 3:109.

13 Michel Foucault, "La fonction politique de l'intellectuel," 3:109,110.

14 Michel Foucault, "La fonction politique de l'intellectuel," 3:112.

知識分子與「沉默的大多數」聯合所帶來的政治危險，以及統治菁英採取相應對策的需求：「因此，統治菁英利用社會中間層的沉默的大多數和持續增長的勞工貴族，來強化技術官僚體系裡的支持者，以跨越階級邊界，在各階級內製造出新的階層，其利益將他們與統治菁英緊密相連，絲毫不弱於與他們自身階級的聯繫。」George Konrád and Iván Szelényi, *Intellectuals on the Road to Class Power*, 217.

80 Yang Guobin, "China's Other Revolution," (reply to Edward Steinfeld), *Boston Review*, July 13, 2011, http://bostonreview.net/yang-social-empowerment.

81 樂文城，《王小波傳》（杭州：浙江大學出版社，2013），頁131。

82 丁東，〈小波的人生選擇——與李銀河女士談王小波〉，收錄於韓袁紅編，《王小波研究資料》，上冊，頁270。

83 丁東，〈小波的人生選擇〉，卷1，頁264。

84 王小波，〈沉默的大多數〉，頁11。

85 曾金燕，〈多餘的人的消失〉，《中國女權》，頁235。

86 丁東，〈小波的人生選擇〉，頁265。

87 戴錦華，〈智者戲謔——讀王小波〉（1998），收錄於韓袁紅編，《王小波研究資料》，上冊，頁292。

88 Wendy Larson, "Intellectuals, Sex, and Time in Wang Xiaobo's *The Golden Years*," in *From Ah Q to Lei Feng: Freud and Revolutionary Spirit in 20th Century China* (Stanford, Calif.: Stanford University Press, 2009), 148.

89 例如，郝志東認為當今中國的知識分子可以成為更具抗爭性的工人階級中的有機知識分子。Zhidong Hao, *Intellectuals at a Crossroads*, 307. 在某種意義上，這是中國新左派知識分子的期待之一，但儘管他們聲稱同情工人，他們依舊希望和當局和睦共處，扮演傳統知識分子的領導角色。

90 Jan-Werner Müller, "European Intellectual History as Contemporary History," *Journal of Contemporary History* 46, no. 3 (2011): 574-590.

第一章　草根知識分子：理論與歷史視角

1 「知識分子」一詞在法國流行，與1898年左拉（Emile Zola）介入德雷福斯事件有關。起初它是一個貶義詞，但德雷福斯的捍衛者們強調，作家在公共領域裡作為啟蒙理性擁護者的角色。Christophe Charle, *Naissance des "intellectuels" 1880-1900* (Paris: Minuit, 1990). 然而，人們通常認為，知識分子的出現早於左拉的介入。俄羅斯「知識階層」一詞在十九世紀中出現，很可能源於波蘭。Andrzej Walicki, "Polish Conceptions of the

Between Chinese Intellectuals and the State," in *Chinese Intellectuals Between State and Market*, ed. Gu and Goldman, 12.

70 Yuezhi Zhao, "Underdogs, Lapdogs, and Watchdogs: Journalists and the Public Sphere Problematic in China," in *Chinese Intellectuals Between State and Market*, ed. Gu and Goldman, 73.

71 Anthony Spires, "Contingent Symbiosis and Civil Society in an Authoritarian State: Understanding the Survival of China's Grassroots NGOs," *American Journal of Sociology* 117, no. 1 (2011): 1-45; Fengshi Wu and Chan Kinman, "Graduated Control and Beyond: The Evolving Government-NGO Relations," *China Perspectives* 3 (2012): 9-17.

72 這些發展與後共產主義的中東歐狀況相比，顯示出一種有意思的張力。Vladimir Tismaneanu指出，1989年後「備受讚譽、擁有與共產國家對抗的異議人士的『社會』，卻轉變成反民主的懷舊和情緒源泉」，而強調「公民學者」之必要——亦即，對國家和社會都保有批判性的特殊知識分子。Vladimir Tismaneanu, "Democratic Intellectuals Under Post-communism," *in Between Past and Future: The Revolutions of 1989 and Their Aftermath*, ed. Vladimir Tismaneanu and Antohi Sorin (Budapest: Open University Press, 2000), https://books.openedition.org/ceup/1880.

73 Zhidong Hao, *Intellectuals at a Crossroads* (Albany: State University of New York Press, 2003), 138-139. Carine Defoort編輯的《東方》（北京）雜誌文選，發表在 *Contemporary Chinese Thought* 29, no. 2 (1997).

74 《黃金時代》1992年首先在香港出版，然後是台灣，1994年才在中國大陸出版。《黃金時代》，收錄於《王二風流史》（香港：遠足文化，1992）；《黃金年代》（新北：聯經出版公司，1992）；《黃金時代》（廣州：華夏出版社，1994）。

75 白傑明在其著作最後一章簡單提及王小波，顯示其重要性在近年才浮現。Geremie Barmé, *In the Red: On Contemporary Chinese Culture* (New York: Columbia University Press, 1999), 352。白傑明也談到：「和九〇年代的其他作家相比，王小波也許最能代表那種儒雅的懷疑論者，他們對中國喋喋不休的知識界持有倦怠和警惕，不讓自己成為其中的一分子。」Geremie Barmé, "The Revolution of Resistance," 296.

76 謝泳、丁東，〈王小波：一位知識分子和一個時代〉（1997），收錄於韓袁紅編，《王小波研究資料》，上冊，頁134、136。

77 王小波，〈沉默的大多數〉，頁10。

78 王小波，〈沉默的大多數〉，頁11。

79 有意思的是，康拉德和塞勒尼已經指出在一九七〇年代的匈牙利，技術官僚體系裡的于華在她對農村集體化的研究中探討了史碧華克和葛蘭西，見《受苦人的講述：驥村歷史與一種文明的邏輯》（香港：香港中文大學出版社，2013），頁2-3。于建嶸在〈中國的底層社會：我的研究和立場〉（2008年7月29日，http://www.aisixiang.com/data/20274.html）一文中也提及印度的底層研究。

59 在1989年的民主運動中，這種學生和工人之間可能出現的聯繫或許是當局決定使用武力的一個因素。

60 Merle Goldman, "The Role of China's Public Intellectuals in the PRC," in *The People's Republic of China at 60: An International Assessment*, ed. William Kirby (Cambridge, Mass.: Harvard University Press, 2011), 334. 戈德曼（Merle Goldman）將這個變化回溯到天安門抗議期間知識分子和工人的聯繫。儘管戈德曼相信，呼籲體制改革的《零八憲章》（本書第五章做了討論）象徵著公眾倡議的多樣化，但本書認為，《零八憲章》依舊深受普遍知識分子的「菁英論述」影響，使得秦暉等知識分子拒絕簽署。

61 Pierre Bourdieu, "The Intellectual Field," 140-149. 本書第一章將進一步討論這個問題。

62 郭于華，《傾聽底層：我們如何講述苦難》（桂林：廣西師範大學出版社，2011），頁1-10，首發於《讀書》（北京），第6期（2008）。Pierre Bourdieu, *La Misère du monde* (Paris: Le Seuil, 1993).

63 秦暉，〈我們該怎樣反思文革〉，《問題與主義》，頁10-12。黃樂嫣（Gloria Davies）認為這篇短文非常重要。Gloria Davies, *Worrying About China*, 216-217.

64 例如Joseph Fewsmith, *China Since Tiananmen*, xvii中的一幅政治光譜圖。

65 關於這些爭論，可參考Timothy Cheek, David Ownby, and Joshua Fogel, "Mapping the Intellectual Public Sphere in China Today," *China Information* 32, no. 1 (2018): 107-120。

66 邱志傑，《從華夏到中國》（2015），https://www.artsy.net/artwork/qiu-zhijie-from-huaxia-to-china。這幅水墨畫是邱志傑「寰宇全圖」計劃的一部分，為英文版的封面圖。

67 Merle Goldman and Timothy Cheek, "Uncertain Change," in *China's Intellectuals and the State: In Search of a New Relationship*, ed. Merle Goldman and Timothy Cheek (Cambridge, Mass.: Council on East Asian Studies, 1987), 17.

68 韓寒，〈絕不加入作協〉，《南方周末》（廣州），2007年12月18日，http://www.infzm.com/content/6948。作協在1992年進行了結構改革，不再是黨政機關，而是事業單位；受薪的終身職體系被縮減，並鼓勵個人透過商業出版獲得收入。Kong Shuyu, *Consuming Literature: Best Sellers and the Commercialization of Literary Production in Contemporary China* (Stanford, Calif.: Stanford University Press, 2005), 149.

69 Edward X. Gu and Merle Goldman, "Introduction: The Transformation of the Relationship

www.mingjinglishi.com/2012/01/blog-post_7443.html。

48 Pierre Bourdieu, "The Intellectual Field: A World Apart" (1985), in *In Other Words: Essays Towards a Reflexive Sociology* (Stanford, Calif.: Stanford University Press, 1990), 144.

49 Michel Foucault, "La fonction politique de l'intellectuel." 詳見第一章的討論和類型學的詳述。

50 可以說，二〇〇〇年代的作家得忍受日益濃厚的商業化和文學領域的腐敗。Julia Lovell, "Finding a Place: Mainland Chinese Fiction in the 2000s.," *Journal of Asian Studies* 71, no. 1 (2012):7-32。或說，中國大陸的小說和大陸以外的華文寫作相比，越來越處於劣勢。David Der-wei Wang, introduction to *Chinese Literature in the Second Half of a Modern Century: A Critical Survey*, ed. David Der-wei Wang and Pang-Yuan Chi (Bloomington: Indiana University Press, 2000), xiii-xliii.

51 對此也有不同看法的，齊慕實（Timothy Cheek）認為方勵之是第一個提出知識分子應該形成自己的階級的人，呼應康拉德（György Konrád）和塞勒尼（Iván Szelényi）在*Intellectuals on the Road to Class Power* (New York: Harcourt, 1979)的理論。Timothy Cheek, "From Priests to Professionals: Intellectuals and the State under the CCP," in *Popular Protest and Political Culture in Modern China*, ed. Jeffrey Wasserstrom and Elizabeth Perry (Boulder, Colo.: Westview Press, 1994), 198-199.

52 Michel Foucault, "La fonction politique de l'intellectuel," 100.

53 秦暉，〈自序〉，《問題與主義：秦暉文選》（長春：長春出版社，1999），頁1-6。

54 David Kelly, "Guest Editor's Introduction," special issue on Qin Hui, *The Chinese Economy* 38, no. 4 (2005): 6.

55 秦暉，David Kelly英譯，〈論現代思想的共同底線〉（《田園詩與狂想曲》韓語版序言），收錄於*The Chinese Economy* 38, no. 4 (July-August 2005): 19. 譯註：本段引文採用《愛思想》，2003年7月9日刊登的網路版，https://www.aisixiang.com/data/689-2.html。

56 秦暉，〈中國知識分子大多在討論假問題〉，《鳳凰網》，2015年1月19日。

57 見第一章對於Gloria Davies, *Worrying About China: The language of Chinese Critical Inquiry* (Cambridge, Mass.: Harvard University Press, 2007)的討論。

58 Gayatri Chakravorty Spivak, "Can the Subaltern Speak?" in *Marxism and the Interpretation of Culture*, ed. Cary Nelson and Lawrence Grossberg (Urbana: University of Illinois Press, 1988), 271-313. 感謝匿名評審者指出，史碧華克如何將葛蘭西的形容詞「sublaterno」（相當於「民間」的用法）轉為集合名詞「the subaltern」（相當於「弱勢群體」）。郭

風波：當事人汪暉首次接受採訪〉，《南都周刊》（廣州），2007年7月27日。

38 關於知識分子傳統形象中的性別刻板印象，見曾金燕，〈導論〉，《中國女權》，頁6。

39 Li Hsiao-t'i, "Making a Name and a Culture for the Masses in Modern China," *Positions* 9, no. 1 (2001): 29-68. 亦可見Chang-tai Hung, *Going to the People: Chinese Intellectuals and Folk Literature, 1918-1937*, East Asia Monographs (Cambridge, Mass.: Harvard University Press, 1985); Mark McConaghy, "Printing the Voice of the People: *Geyao Zhoukan* and the Heterogeneity of Minjian Culture," paper presented at Academia Sinica, Taipei, December 11, 2017.

40 Luo Zhitian, "Shifts of Social Power in Modern China: The Marginalization of Intellectuals and the Rise of Marginal Intellectuals," in *Inheritance Within Rupture: Culture and Scholarship in Early Twentieth Century China*, trans. Lane J. Harris and Mei Chun (Leiden: Brill, 2015), 185.

41 Li Hsiao-t'i, "Making a Name and a Culture for the Masses in Modern China." 還可以參見李孝悌，《清末下層社會啟蒙運動，1901-1911》（台北：中央研究院近代史研究所，1992）。在另一篇文章中，李孝悌用「民間文化」來翻譯「通俗文化」（popular culture）。李孝悌，〈上層文化與民間文化〉，《近代中國史研究通訊》，第8期（1989），頁95-104。

42 陳思和，〈民間的還原〉，《文藝爭鳴》（長春），第1期（1994），頁53-61（特別是關於《霸王別姬》的討論，頁59-60）。陳思和，〈民間的沉浮〉，《上海文學》（上海），第1期（1994），頁68-80。

43 甘陽，〈民間社會概念批判〉，林道群和吳讚梅編，《悲劇的力量》（香港：牛津大學出版社，1993），頁141-153。

44 朱學勤，〈思想史上的失蹤者〉，《讀書》（北京），第10期（1995），頁55-63。

45 徐曉，《半生為人》（北京：同心出版社，2005）；孫郁，〈遠去的群落〉，《讀書》（北京），第8期（2005），頁81。

46 錢理群，〈民間思想的堅守〉，《讀書》（北京），第9期（1998），頁7-14。感謝李浴洋提醒我注意朱學勤和錢理群的文章。錢理群的研究包括顧准、譚天榮和遇羅克等思想家。有意思的是，于建嶸也認為遇羅克是毛時代重要的思想家。于建嶸，〈法學博士不知遇羅克是一種遺憾〉，《新京報》（北京），2009年4月11日首發，收錄於同著，《底層立場》（上海：上海三聯書店，2010），頁283-285。

47 錢理群，陳益中採訪，〈改革開放後的自下而上的「民間社會民主運動」〉，2008年6月25日，最初發表在陳益中的部落格（現已無法讀取），可見「明鏡歷史網」，http://

因為他們利用中國新出現的社會和經濟自由，從而可以選擇何時與政府合作，何時在政府體制外活動。」William Callahan, "Shanghai's Alternative Futures: The World Expo, Citizen Intellectuals, and China's New Civil Society," *China Information* 26, no. 2 (2012): 253.

30 William Callahan, "Citizen Ai," 914. 柯嵐安同時引用Robert Weller的「另類文明」觀念，以此作為正在出現的公民社會的基礎。Robert Weller, *Alternate Civilities: Democracy and Culture in China and Taiwan* (Boulder, Colo.: Westview Press, 2001).

31 例如Michael Frolic, "State-Led Civil Society," in *Civil Society in China*, ed. Brook and Frolic, 46-47. 艾華（Eva Pils）在近期的文章中用了爭議更小的概念「自由派群體」。Eva Pils, "Discussing 'Civil Society' and 'Liberal Communities' in China," *China Perspectives*, no. 3 (2012): 3.

32 清華大學政治學者朱旭峰對於「公民行動」的興起持有類似的觀點，這些公共知識分子可以選擇運用他們的專業或者不用，但都作為公民參與其中（他們也許運用自己的名聲，但並不是所有人都在參與行動之前名聲顯赫）。朱旭峰也介紹一些案例，指出公民在行動中發展自己的專業。Zhu Xufeng, "In the Name of 'Citizens': Civic Activism and Policy Entrepreneurship of Chinese Public Intellectuals in the Hu-Wen Era," *Journal of Contemporary China* 25, no. 101 (2016): 748.

33 Ching Kwan Lee and You-tien Hsing, "Social Activism in China: Agency and Possibility," in *Reclaiming Chinese Society: The New Social Activism*, ed. You-tien Hsing and Ching Kwan Lee (London: Routledge, 2010), 1-13.

34 David Palmer, *Qigong Fever: Body, Science, and Utopia in China* (London: Hurst, 2007); Sébastien Billioud and Joël Thoraval, *The Sage and the People: The Confucian Revival in China* (London: Oxford, 2015).

35 曾金燕，〈召喚公民知識分子〉，《中國女權：公民知識分子的誕生》（香港：香港城市大學出版社，2016），頁xxxi-xxxv。關於「多餘的人」，見後記〈賈葭，網絡時代多餘的人〉，頁225-229。曾金燕認為這些「多餘的人」是傳統的知識菁英，對政治僵局感到沮喪，但也疏離於社運行動者，漂浪於為了藝術而藝術和審美主義（頁227）。

36 曾金燕，〈當我們討論獨立電影時，我們談論什麼〉，收錄於文海，《放逐的凝視：見證中國獨立紀錄片》（台北：傾向出版社，2016），頁9-23。

37 例如關於汪暉作為《讀書》主編的討論：長江讀書獎爭議，以及和汪暉在2007年7月被調離主編。Geremie Barmé and Gloria Davies, "Have We Been Noticed Yet?" in *Chinese Intellectuals Between State and Market*, ed. Gu and Goldman, 75-108.〈《讀書》雜誌換帥

Boundary 2 35, no. 2 (2008):75-91.

22 白傑明（Geremie Barmé）指出這個趨勢，他注意到「不結盟的知識分子、專業人士（特別是律師）和社會活動家嘗試各種方法——透過私人的、小範圍的慈善計劃，開展基金會工作、法律案件等等——從而活躍地從事民間行動使得他們的同胞們受益」。Geremie R. Barmé, "The Revolution of Resistance," in *Chinese Society: Change, Conflict, and Resistance,* ed. Elizabeth J. Perry and Mark Selden (London: Routledge, 2000), 307.

23 Perry Link, Richard Madsen, and Paul Pickowicz, eds, *Unofficial China: Popular Culture and Thought in the Peiple's Republic of China* (Boulder, Colo.: Westview Press, 1989), *Popular China: Unofficial Culture in a Globalizing Society* (Lanham, Md.: Rowman and Littlefield, 2001), and *Restless China* (Lanham, Md.: Rowman and Littlefield, 2013).

24 Edward X. Gu, "Social Capital, Institutional Change, and the Development of Non-governmental Intellectual Organizations in China," *in Chinese Intellectuals Between State and Market*, ed. Edward X. Gu and Merle Goldman (London: Routledge, 2004), 21-42.

25 例如Roger des Forges對於公民社會類型所作的綜述並不包括「民間社會」。Roger des Forges,"States, Societies, and Civil Societies in Chinese History," in *Civil Society in China*, ed. Timothy Brook and Michael Frolic (Armonk, N.Y.: M. E. Sharpe, 1997), 68-95.

26〈2010年影響中國時代進程100人評選揭曉〉，《時代周報》（廣州），2010年12月10日。這些「影響人物」包括三聚氰胺毒牛奶的吹哨人趙連海、部落客北風、番禺垃圾焚化爐事件中的活躍分子巴索風雲、環保活躍分子馮永峰、記者和自學成才的律師柳長漢、公民記者魯寧平、廣州城市活躍分子鍾吉章、愛國的漁船船長詹其雄（他在釣魚台附近被日本海上保安廳逮捕）、張自安（未能找到相關資料），以及強制徵收的受害者鍾如九。

27 楊偉東，《立此存照》（香港：溯源書社，2012-2014），至今共4卷，卷1和卷2的對象是知識分子，卷3是「紅二代」，卷四關於香港。Ian Johnson, "A Father's Death Sets Off a Quest to Delve Into China's Soul," *New York Times*, August 12, 2016.

28 David Kelly, "Citizen Movements and China's Public Intellectuals in the Hu-Wen Era," *Pacific Affairs* 79, no. 2 (2006): 183-204.

29 William Callahan, "Citizen Ai: Warrior, Jester, and Middleman," *Journal of Asian Studies* 73, no. 4 (2014): 915. 哈維爾（Václav Havel）曾論述，社群中的人透過「生活在真實中」可以形成一套另類的政治觀點。柯嵐安（William Callahan）由此出發，作出如下定義：「公民知識分子是『獨立的聲音』，這不是因為他們反對政府的權力，而是

retreat-chinese-filmmaker-ai-xiaoming/. 在草根知識分子中常能看到某種形式的反智主義，索維爾（Thomas Sowell）《知識分子與社會》的暢銷就印證了這一點。該書由張亞月、梁興國翻譯（北京：中信出版社，2013）。

11 例如楊軍，〈重建知識分子精神〉，《南風窗》（廣州），第2期（2007年1月16日），頁24-25。中共採納江澤民2002年的「三個代表」思想，面向社會各群體吸收成員。早在1991年洩露的內部文件中，就已出現「執政黨」一詞。思想理論部，〈蘇聯政變之後中國的現實應對與戰略選擇〉，《中國青年報》（北京），1991年9月9日。Anne-Marie Brady, *Marketing Dictatorship: Propaganda and Thought Work in Contemporary China* (Lanham, Md.: Rowman and Littlefield, 2008), 47, 62 n. 52.

12 歐陽覓劍，〈愛與誠缺位的新啟蒙〉，《南風窗》（廣州），第12期（2012年6月6日），頁53。

13 李北方，〈公知與偽士〉，《南風窗》（廣州），第12期（2012年6月6日），頁54-56。

14 風石堰，〈知識分子的體制病：華東師範大學歷史學系教授許紀霖訪談〉，《南風窗》（廣州），第12期（2012年6月6日），頁57-59。

15 石勇，〈社會變了，知識分子變了嗎？〉，《南風窗》（廣州），第12期（2012年6月6日），頁46-50。

16 楊福東，《第一個知識分子》（彩色照片），1999-2000年。Hans Ulrich Obrist, *The China Interviews* (Beijing: ODE, 2009), 375. 楊福東曾多次對當代中國知識分子的角色發表評論，最有名的是其錄像作品《竹林七賢》（2002-），探討了知識分子如何從「烏托邦」逐漸回到現代城市生活。

17 石勇，〈社會變了，知識分子變了嗎？〉，頁46。楊國斌也注意到類似的變化，在網路上探討社會不公問題的「網民」的初始激情，已經被政府控制的水軍如「五毛」和「小粉紅」所淹沒。Yang Guobin, "China's Divided Netizens," *Berggruen Institute*, October 21, 2016, http://insights.berggruen.org/issues/issue-6/institute_posts/143.

18 秦暉，〈流水前波喚後波——論王小波與當代批判現實主義文學之命運〉（1998），收錄於韓袁紅編，《王小波研究資料》（天津：天津人民出版社，2009），上冊，頁333。Qin Hui, "Dividing the Big Family Assets," in *One China, Many Paths*, ed. Chaohua Wang (London, Verso, 2003), 128-159.

19 石勇，〈社會變了，知識分子變了嗎？〉，頁50。

20 Yang Guobin, "Liang Congjie, Public Intellectuals, and Civil Society in China," *China Beat*, December 10, 2010.

21 Pun Ngai and Chris King-chi Chan, "The Subsumption of Class Discourse in China,"

註釋

中文版說明：引用中文資料的條目，大部分找回原始出處而不再標示英文譯本等資料。

導論

1 Timothy Cheek, "Xu Jilin and the Thought Work of China's Public Intellectuals," *China Quarterly*, no. 186 (June 2006): 403.

2 王小波，〈沉默的大多數〉，《思維的樂趣》（昆明：雲南人民出版社，2006）。

3 Michel Foucault, "La fonction politique de I'intellectuel" (The political function of the intellectual), in *Dits et écrits*, 4 vols. (Paris: Gallimard, 1994), 3:109-114.

4 Richard Posner, *Public Intellectuals: A Study in Decline* (Cambridge, Mass.: Harvard University Press, 2001). 徐昕譯，《公共知識分子：衰落之研究》（北京：中國政法大學，2002）。David Kelly, "The Importance of Being Public," *China Review*, no. 31 (2004): 28-37.

5 David Herman, "Thinking Big," *Prospect Magazine*, July 24, 2004, http://www.prospectmagazine.co.uk/2004/07/thinkingbig/.〈影響中國公共知識分子五十人名單〉，《南方人物周刊》（廣州），第7期（2004年9月9日），https://business.sohu.com/20040909/n221965075.shtml。

6 〈誰是公共知識分子？〉，《南方人物周刊》（廣州），第7期（2004年9月7日），https://business.sohu.com/20040907/n221927429.shtml。

7 〈誰是公共知識分子〉。

8 吉方平，〈透過表象看實質——析「公共知識分子」論〉，《解放日報》（上海），2004年11月15日，《人民日報》（北京），2004年11月25日轉發。

9 Joseph Fewsmith, *China Since Tiananmen*, 2nd ed. (New York: Cambridge University Press, 2008), 260. 當時，《南方人物周刊》名單上的兩人（茅于軾和王怡）和名單外的四人被禁止在中國大陸媒體上發表文章。

10 Ian Johnson, "The People in Retreat: An Interview with Ai Xiaoming," *New York Review of Books Daily*, September 8, 2016, https://www.nybooks.com/daily/2016/09/08/people-in-

全球視野
在人民之間：業餘史家、獨立導演、維權律師與部落客，
從草根崛起的力量，當代中國知識分子的聲音與行動

2021年9月初版
定價：新臺幣490元

Printed in Taiwan.

著　者	魏　簡 Sebastian Veg
譯　者	曾金燕、徐曦白
叢書編輯	林月先
校　對	陳佩伶
內文排版	極翔企業
封面設計	許晉維

出版者	聯經出版事業股份有限公司
地址	新北市汐止區大同路一段369號1樓
叢書編輯電話	(02)86925588轉5388
台北聯經書房	台北市新生南路三段94號
電話	(02)23620308
台中分公司	台中市北區崇德路一段198號
暨門市電話	(04)22312023
台中電子信箱	e-mail：linking2@ms42.hinet.net
郵政劃撥帳戶第	0100559-3號
郵撥電話	(02)23620308
印刷者	世和印製企業有限公司
總經銷	聯合發行股份有限公司
發行所	新北市新店區寶橋路235巷6弄6號2樓
電話	(02)29178022

副總編輯	陳逸華
總編輯	涂豐恩
總經理	陳芝宇
社長	羅國俊
發行人	林載爵

行政院新聞局出版事業登記證局版臺業字第0130號

本書如有缺頁，破損，倒裝請寄回台北聯經書房更換。　ISBN　978-957-08-5968-3 (平裝)
聯經網址：www.linkingbooks.com.tw
電子信箱：linking@udngroup.com

國家圖書館出版品預行編目資料

在人民之間：業餘史家、獨立導演、維權律師與部落客，從草根崛起的力量，當代中國知識分子的聲音與行動/魏簡（Sebastian Veg）著．
曾金燕、徐曦白譯．初版．新北市．聯經．2021年9月．432面．17×23公分（全球視野）
譯自：Minjian: The Rise of China's Grassroots Intellectuals
ISBN　978-957-08-5968-3（平裝）

1.中國大陸研究　2.知識分子　3.China-Intellectual life-1976-

546.1135　　110012959